跨境电商与国际物流

机遇、模式及运作

孙 韬◎著

電子工業出版社
Publishing House of Electronics Industry
北京•BEIJING

内 容 简 介

全书围绕“Shopping Globally, Shipping Locally（全球买卖，递送全球）”这个中心主题，介绍了“跨境贸易电子商务”即跨境电商的发展历程及火爆现状，对跨境电商的概念范畴及国家政策利好从不同视角进行了分析，并从跨境出口、跨境进口及供应链、海外仓、国际物流、跨境创新等不同章节介绍了当前行业的热点问题，解析了各种进出口市场机遇及业务模式，让读者较为全面和深入地了解外贸零售、海淘代购、跨境物流、跨境支付、通关税费及配套服务等领域的具体运作。尤为着重阐释了“国际物流”如何助力跨境电商的发展。

图书在版编目（CIP）数据

跨境电商与国际物流：机遇、模式及运作 / 孙韬著. —北京：电子工业出版社，2017.4
ISBN 978-7-121-31069-0

Ⅰ. ①跨… Ⅱ. ①孙… Ⅲ. ①电子商务－商业经营 ②国际物流 Ⅳ. ①F713.36 ②F259.1

中国版本图书馆 CIP 数据核字（2017）第 047573 号

责任编辑：黄爱萍
印　　刷：北京天宇星印刷厂
装　　订：北京天宇星印刷厂
出版发行：电子工业出版社
　　　　　北京市海淀区万寿路 173 信箱　邮编：100036
开　　本：720×1000　1/16　印张：18.25　字数：320 千字　彩插：1
版　　次：2017 年 4 月第 1 版
印　　次：2025 年 4 月第 25 次印刷
定　　价：79.00 元

凡所购买电子工业出版社图书有缺损问题，请向购买书店调换。若书店售缺，请与本社发行部联系，联系及邮购电话：（010）88254888，88258888。
质量投诉请发邮件至 zlts@phei.com.cn，盗版侵权举报请发邮件至 dbqq@phei.com.cn。
本书咨询联系方式：（010）51260888-819，faq@phei.com.cn。

推荐序一

这是最好的时代，良好的社会、市场与技术环境氛围，让每个人都可以去追求自己的梦想。国家“一路一带”、“互联网+”及“区域自贸”等宏大战略，争取全球经济贸易的话语权，跨境电商契合了这个盛大机遇，助力开辟出新的经济空间。国际金融危机以来，全球主要经济体通过实施大规模经济刺激政策，推动全球经济缓慢地走在增长谷底，但全球经济回升基础并不稳固。过去两年，“金砖五国”也未能幸免，纷纷减速，世界经济增长方式存在着结构性矛盾。如今世界已经成了一个超级大商场，跨境电商正在成为全球经济领域一个炙手可热的爆点。

从市场角度看，跨境电商的发展将释放消费者福利、促进就业和优化产业结构，推动模式创新及海外市场品牌营销，改善中小生产商在产业链分工中的地位，平衡国际收支和维护汇率与经济稳定，通过缩短国际贸易产业链，可以扩大企业利润空间、增强国际市场竞争力和提升终端消费者体验，帮助我国传统外贸企业实现转型升级。同时，地方政府正在以更大的力度来支持和发展跨境电子商务，各地建立了一些跨境电商试验园区或创业孵化园，对企业的电商能力、人才培养、出口补贴等各种配套服务方面可提供更多支援。跨境在线交易越来越受价格驱动，销售利润减少，大量附加利润都是从商品的运输和交付中获得的，跨境物流对提升客户服务和商家竞争力都日益重要。

政策管制的宽松和规范化，跨境电商被认为是中国电子商务市场的末班车，最后的创业蛋糕。电子商务已经上升到信息时代的“新商业文明”，业务组织、经营管理、商业模式、价值观念，其影响都是深远甚至是颠覆的。跨境电商可以改变世界贸易的格局与版图，对于中国的商家及物流商来说，应立即行动起来。

中国邮政速递物流股份有限公司 CEO

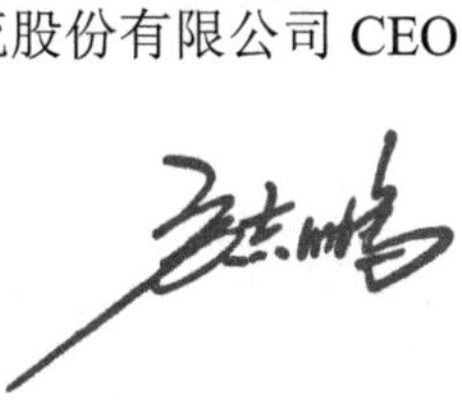

推荐序二

外贸增长趋缓、人口红利消失、内需仍乏力、资源压力增大，这几年中国经济面临着前所未有的困境。除了人民币汇率波动、劳动力成本增加等因素，以美国为代表的发达国家鼓励基于第三次产业革命的再工业化启动经济复苏，这对依附其市场发展的新兴经济体造成出口压力。而中国是世界贸易第一大国，面临的贸易壁垒高于世界各国平均水平，对我国相关优势产品的出口造成了较大的影响。

互联网经济以技术为边界，将资源、要素、市场与技术整合，已在全球范围内俨然涌现为一个巨型互联网经济体。信息经济正成为全球经济主导力量，网络便利性大大降低用户跨境消费门槛，节省用户消费成本。“哪里有束缚，哪里就有挣脱”，政策也不例外，监管的约束在市场供需的冲击下逐渐松动。在无处不在的互联网技术的冲击下，中国的对外贸易正在加速互联网化，信息更加透明、距离加速缩短、物流成本快速降低，品牌跨越国界渗透，消费者享受着足不出户便可以买遍全球的购物便捷，跨境电子商务正在成为当前和未来中国与世界各国经济增长的新引擎、产业转型的新业态、改革开放的新窗口，从而塑造互联网时代的国际经贸新规则。跨境电商是有效实现“互联网+外贸”及推动人民币国际化的重要手段。

跨境电商将推动无国界互动交流与数据资源共享，鼓励企业创新产品服务、商业模式，树立全球化的品牌定位，推动更加平等和普惠的全球贸易，加快各国企业全球化的运营进程，改变企业全球化的运营机制，让贸易运营成本更加低廉。搞电商的最懂物流、搞物流的也最懂电商，跨境电商加速传统贸易向线上化、服务化转变，也为国际物流的发展提供了重大历史机遇，让配套支撑行业的每个从业者有了新的筑梦空间！

纵腾网络科技公司 CEO

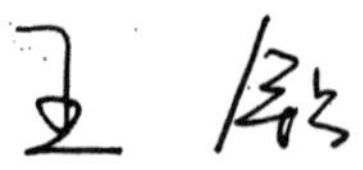

自　　序

“Hello,world!” IT 的一句口头禅，放眼全球电商便是“你好，世界商店！”跨境电商正在成为新时期我国深化国内改革和对外开放的新窗口。跨境出口的草莽阶段已进入后半场，拥有设计、品牌及工厂等资源或能力的企业迎来利好，外贸各环节复杂度降低，单纯卖货竞争更为激烈；进口的圈地运动日渐完成，政策既不是一剂“春药”也非达摩之剑，需求还在、市场不灭，上游再起烽火……在 BAT 完全控制下的领域几乎寸草不留，但还无法控制跨境电商，在强大风险资本的支持下，更多的独立跨境电商平台有机会成为“独角兽”。跨境红利正在缩小，全渠道融合、数字化营销、C2B 驱动型消费、社交化电商、大数据洞察、消费者触达、品牌赋能、供应链扁平化、全球市场通路、共享经济等概念亦飞来飞去，谁知道下一个 BAT 将出现在什么领域，国际化应该有其一。

跨境电商及海淘这两年红遍神州大地，众多参与者蜂拥而入这个“蓝海”市场。很多新入者对如何做好跨境电商缺乏经验及知识，望洋兴叹。本书提供外贸电商相对专业的内容，并非简单的概念，尽可能把握方向和规律，以经验点明方法，从入门到进阶。跨境电商和国内电商在产品属性、供应链、支付、通关、物流等方面都有显著差异，尤其是跨境物流，交付难于交易，周期长、成本占比高、流程复杂，风吹草动都将直接影响电商运作。随着全球和区域自由贸易的深度推进，全球物流业的发展经历了深刻的变革并获得了越来越多的关注。物流像是电商的军备竞赛，“Fast Shipping”成为境外买家的最佳评价，电子商务不仅带动了快递业的爆发，还促进了传统物流向“可视、可控、可量化”的智能化提升，中国物流业将展现强劲的发展潜力。诸如，跨境试点、通关模式、外贸营销、进口供应链、跨境支付等话题深处行业潜水区，以及算得上年度热词的“海外仓”亦分别予以呈现。

跨境电商带来了更多的市场新机遇，得物流者得电商、得电商者得互联网。“隔行如隔山、望山跑死马”，在极具动态的新行业中没有太多历史规律可循，文中参考引用的内容，进一步了解则大有裨益。本书的主题正如其名，全球买卖、递送全球即未来之趋势，商品供给全球化、物流体验本地化。

前　言

看久了国内互联网市场BAT三国酣战，淘系、京东各占两极，而跨境电商时局未定、风云再起，出口电商平台正从春秋五霸迈向战国群雄，进口纷争之乱象更像五代十国，异军突起的新晋领袖是闯王进京还是清兵入关仍待时日，兵马未动粮草先行，支付、供应链、营销、物流等隔岸观火大发战争财。全球电商，带头大哥Amazon一骑绝尘、既卖商品又掌控供应链及物流，Alibaba东方一霸何惧四方，楚汉相争指日重现，谁会一统江湖？跨境电商，可谓故事异彩纷呈。2016年热点中，跨境进口“四八新政”一夜惊魂、行业波澜跌宕，很多人感叹“猜中了开头却没猜中结尾”。这里要先扪心自问一下对贸易有多懂，跨境电商不是说要完全背离贸易的本质，当然仍要坚信经济学原理，只要国内需求还在，供给还在境外，生意就会有，跨境仍在。浴火重生，请继续站在这风口中。本书行文结构以贸易进出口为主要划分，但对于一些平台或区域的分析，关、检、税、汇等与跨境贸易密切的口岸运作，或多或少两者都谈及。海外仓本属国际物流的组成，由于比较热门、重要，所以单做介绍。

（1）出口。中国跨境电商起于跨境B2C出口，不避讳地说应源自去eBay卖货。本章围绕如何做进行展开，细数各路跨境电商平台、点评主流市场。早期跨境出口就像捡钱，如今FBA稳居头条，新进来的小卖家还想如前辈那样随便直邮几个小包赚美元愈发困难。本章还全面介绍了选品、支付结汇、退税、营销及物流线路等内容。

（2）进口。跨境的“火”烧起来是靠一阵鲁莽的进口“风”，政策红利、资本追捧、市场激进，以及买手代购、海淘转运、直购直邮、保税进口、试点口岸、供应链等，都成了各路“玩家”言之必提的内容。消费者切实获得了好处，但市场培育期一过，政策有点手起刀落，本书深度解读后自然豁然开朗。

（3）海外仓。出口贴近消费市场、进口贴近采购市场、运作贴近物流枢纽，进口备货仓或海淘转运集货仓相对简单，这里主要谈及海外仓在出口领域的作用。很多海外仓运营企业在这个领域摸爬滚打了好几年，并不为人们熟知。海外仓在重点国家的选址和布局大同小异，库内作业值得探讨，应用技术缩减成本是未来的重要课题。

（4）国际物流。跨境电商选题范围很大，单讲“国际物流”这个主题，主要是鉴于物流及通关问题已经成为跨境电商的命门，在过度竞争之下，物流成为真真切切的第三利润源。特此畅谈一下笔者从事的行业，尤其是快递市场及其国际化发展趋势。中国电子商务之所以引领世界，得益于能够向更多消费者提供更多商品及其物流体系。

（5）跨境创新。这是一个金戈铁马、豪杰辈出的年代，地球村电商、全球供应链，跨境电商行业的创业者星光灼灼、具有声名，跨境电商相关的上下游市场同样活跃，企业应该抓住这些契机，围绕新兴的跨境数字化消费，梳理思路，赢得先机，行动起来。

目　录

第 1 章 跨境行业综述

经济长兴的三驾马车为"投资"、"贸易"、"消费"，而跨境电商"跨"贸易、"电"消费，独占两车！

近几年，我国经济下行压力很大，制造业成本不断上升，传统外贸竞争优势弱化，加之全球贸易整体疲软，集装箱式的大额跨境交易受到显著冲击。相比于传统外贸，我国的互联网经济正在领跑全球，跨境电商发展迅猛，以跨境小额交易为代表的在线零售表现出明显的竞争优势。国家政策也连续利好，支持跨境电子商务发展，用"互联网+外贸"实现优进优出，带动我国对外贸易和国民经济增长，发挥我国制造业大国优势，扩大海外营销渠道；促进国内消费升级、优化生产制造和外贸产业链，增加就业，推进大众创业、万众创新，打造新的经济增长点。跨境电商构建的开放、高效、便利的贸易环境，帮助小微企业拓宽进入国际市场的路径，为产品创新和品牌创立提供便利的平台和宝贵的机遇，同时催生出符合未来数据时代发展要求的国际经贸新规则，也有利于加快实施共建"一带一路""互联网+"等国家战略，培育我国开放型经济新优势。跨境电商作为一种被国家认可的贸易通道，跨境进口可以满足境内消费者全球化的需求，并合法地纳入监管与统计。目前，跨境电商占外贸进出口的比重大约是 17%，其中又有 90%是 B2B 模式，跨境零售部分只占外贸进出口的 3%左右[①]。跨境电商的快速发展和"碎片化"特点，对人民币这种新兴的国际货币提供了一次良好的国际化机遇，但交易的虚拟化增加了获取税收证据的难度，国际避税问题突出，查验走私与侵权问题剧增，也是当前面临的一些新情况。

1.1 跨境概念

跨境电商，即"跨境贸易电子商务"，国际上流行的说法叫 Cross-border eCommerce，特指跨境网络零售，如外贸小额批发及 2C 类。所谓跨境，就是交易主体分属于不同"关境"，包括进出口，借助互联网达成交易、进行支付结算，并

① 张周平，中国电子商务研究中心，2015—2016 年中国出口跨境电子商务发展报告，http://www.100ec.cn/，2016-8-10

采用快件、包裹等方式通过国际物流将商品送达消费者手中的交易过程，是一种国际商业活动。从严格意义上说，跨境零售是贸易的组成。跨境消费者中也会含有一部分碎片化小额买卖的 B 类商家用户，现实中这种 B 类商家和 C 类个人消费者很难区分。通常，从海关角度来说，跨境电商等同于在网上进行小包的买卖，主要是针对消费者。传统进出口 B2B 货物只能销售给进口商，需要签订传统的外贸购销合同，准备箱单、纸质发票、报关单等纸质单证，不属于跨境电商范畴。跨境电商将传统贸易流程数字化、网络化、碎片化，购买特点以小批量、多批次、单笔交易金额小为主，包括直接交易和相关服务，即“产品+服务”，可按进出口方向、交易模式、平台运营方、服务类型等角度分类。新的全渠道（Omni-Channel）零售是指通过跨越实体和线上多购物渠道，随时随地始终连接，实现无缝的购物体验，因为面临来自整合独立线上和实体店铺的政策风险和物流业挑战，所以它一直被视为零售业最难以捉摸的“圣杯”。

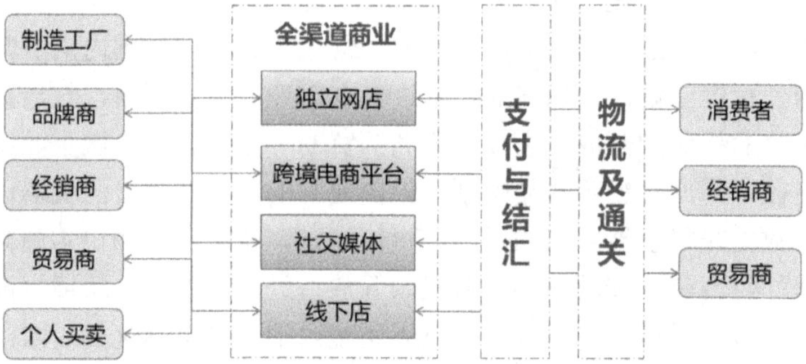

跨境电商流程示意

1.1.1 跨境电商行业范畴

电子商务概念的内涵与外延非常宽泛，跨境电商也类似，是一个空间很大但极度分散的行业，在国际贸易环节中只要涉及到电子商务应用都可以纳入这个范畴。在 WTO 框架下，纯粹电子交易适用于 GATS 服务贸易规则，而通过跨境运输运送至购买人所在地，则归入货物贸易范畴，属于关税及贸易 GATT 协定，因此跨境电商面临不少模糊的贸易监管。

广义的跨境电子商务

<table>
<tr><td colspan="2">跨境贸易在线交易（一般口径）</td><td rowspan="2">跨境电商相关服务
（供应链/物流/通关/支付/结汇/运营/推广/公共平台/法务等）</td></tr>
<tr><td>跨境电商 B2C
（狭义，跨境贸易在线零售）</td><td>跨境电商 B2B
（线上撮合线下成交/线上成交/小额批发）</td></tr>
</table>

跨境电子商务将贸易活动重组为跨境一体的电子商务生态，是“通过互联网达成进出口的 2B/2C 信息交换、交易等应用，以及与这些应用关联的各类服务和环境”[①]。跨境电商包括四个方面，一是信息和交易相关的各类 2B/2C 进出口应用；二是平台，主要是各类围绕应用的平台（电子商务平台、供需信息平台、交易平台、供应链平台、信用平台）；三是基础服务（物流、支付、贸易通关、检测验货等）和衍生服务（代运营、咨询培训、翻译、旺铺、法务等），服务参与者可以包含平台商，也可以包含服务提供商、参与者，还可以包含接入的监管机构及其相关企事业单位（监管便利化服务）；四是环境，主要涉及国家环境（文化、市场、法律差异）、技术环境（如移动互联网、云计算等）、贸易规则/监管/政策环境（关、检、税、进出口管制政策等）。

分析跨境电商的产业链，相关经营主体包括电商平台、境外买家、外贸卖家、生厂商/制造商、跨境支付、收汇结算、国际物流、运营服务等生态方，涉及的各类在线商业活动则包括货物的电子贸易、在线客户服务、数据信用、电子资金划拨、电子货运单证、物流跟踪等内容。跨境电商企业也有多种类型，如综合电商平台、B2B 信息服务平台、品牌电商、直营 B2C 类、返利导购网站、供应链服务、微商买手等；第三方服务企业，包括 IT、营销、代运营、店铺装修、人员培训、法律咨询等围绕跨境电商交易之外的一系列相关服务，这部分服务在跨境电商的在线服务市场中非常活跃；外贸综合服务商或跨境物流综合服务商，这又是一类包括物流、支付、融资、清关、保险等线下服务体系的贸易中间服务商。

1.1.2　跨境电商发展历程

跨境电商本质能消除国际商品供给不对称，电商口碑化营销方式利于商家塑造品牌，提升商品国际竞争力。据预测，2020 年全球跨境 B2C 电商交易额将达到 9940 亿美元，惠及全球 9.43 亿消费者，其中以中国为核心的亚太地区以 53.6% 的新增交易额贡献度位居首位，有望成为全球最大的跨境 B2C 消费市场[②]。从互联网商业模式角度来说，跨境电商共经历了几个发展阶段，实现从信息服务、在线交易、全产业链服务，到政策推动的产业转型，这些阶段不是断层的，而是持续交叉的。市场规模进一步扩大，产业链分工进一步细化并取得快速发展，显示出大型工厂上线、平台 B 类买家成规模、外贸服务商加入和移动用户量剧增四个

① 阿里研究院，跨境电商，《阿里商业评论》第七期，2016 年 1 月 15 日

② 埃森哲、阿里研究院，全球跨境 B2C 电商市场展望：数字化消费重塑商业全球化，2015 年 6 月

特征，主要平台模式也由 C2C、B2C 向 B2B、M2B 模式转变，批发商买家的中大额交易成为平台主要订单。

跨境电商发展历程

2005 年之前 萌芽期	2006—2012 年 探索期	2013—2019 年 发展期	2020 年以后 成熟期
各国都处于推动境内电商发展阶段，跨境电商配套服务不完善，消费者体验欠佳，外贸 B2B 是绝对主导。 出口贸易形式，网上黄页展示的外贸信息服务，电商平台尚不涉及在线交易环节。 进口海淘主要以留学生代购及边境口岸“蚂蚁搬家”方式。 跨境配套服务，如订单、物流、清关、货代、支付等停留在传统外贸层面。 敦煌网 2004 年成立，小额外贸 B2B 线上交易模式开始被行业认知	随着 2006 年 eBay 退出中国并展开全球外贸服务，大卖家兰亭、环球易购、有棵树、大龙网、米兰网、纵腾、炽昂等先后成立。 2007 年淘宝网“全球购”上线，2008 年“毒奶粉”事件成为海淘代购及物流转运发展的导火索，2009 年深港“一签多行”政策实施，加速代购及水货入境。 2010 年，阿里巴巴集团成立速卖通，拓展跨境 B2C 在线交易；进口直邮持续火爆，海关针对个人物品行邮税大幅调整。 2012 年年底，发改委和海关总署在郑州召开动员大会，开启跨境电商城市试点	海关通关服务试点开启，“沪杭甬郑渝+广深”，首批形成“5+2”格局，促进海淘阳光化，大批电商如考拉、蜜芽、聚美等涉足保税进口。 2013 年外贸 B2C 兰亭集势 IPO 纽交所成为跨境首股，同年 Wish 转型跨境电商平台，迅速成为业内一极。 以 2014 年海关总署 56/57 号文为代表，之后两年间各级政府密集出台几十个跨境政策，涉及外贸、跨境支付、结汇退税、物流及海外仓等，国内物流企业纷纷在境外设点。 资本热度不减，百事泰、傲基、赛维等十多家跨境商家在新三板挂牌。 杭州跨境模式受推，2016 年年初第二批 12 个跨境试点城市获批；4 月针对跨境电商保税进口的新政实施，继续完善税收及监管手段	跨境电商配套政策、电子化监管模式趋于稳定，跨境电商公共平台作用完善。 全球邮政推进邮件电子化通关，2021 年中欧世贸项目“欧盟海关代码”，便利小件包裹跨境物流。 进口商品多渠道、多模式趋于均衡，消费者权益得到保障。 各大跨境电商平台提供一站式外贸供应链服务。 为全球更大范围提供多地区、多语种的外贸在线零售

在萌芽期，全球跨境网购的需求较弱，消费习惯尚未形成，行业配套服务不完善，消费者体验差，行业发展较缓慢，包括到后来，淘宝网“全球购”等涉足跨境时期，进口仍一直不温不火，产品质量参差不齐。直至政策规范化、海淘阳光化才使得跨境进口电商发展迅速。在探索期，行业各方促进了成熟商业模式的出现，电商高效的信息传播和可视化的商品展示便于吸引海外客户，一大批外贸电商在此期间壮大。在发展期，在市场需求旺盛、政策支持的双重利好下，市场中主流厂商逐步确立并开始进行市场推广。国家发改委在 2012 年年末推出了“1137 号文”，由海关总署主导，跨境电商通关服务试点拉开序幕。2014 年是跨境电商的起航点，海关总署 56/57 号文确定了跨境电商专属的监管代码，以及对进

口“三单对碰”的监管流程。随后，政府多次宣导和政策支持，各行各业对跨境电商领域的关注和投资热潮被唤醒。确切地说，行业各个环节的商业模式被认知，各类玩家纷纷入局，促成 2015 年网购保税模式爆发。国内外电商巨头、传统零售企业、非电商零售企业、外贸商及物流商等都切入了跨境电商行业。2016 年进入政策调整期，一方面国务院决定放开跨境电商综合试验区，继续扩大试点；另一方面针对税收和监管，出台相应的跨境电商零售进口税及通关新政策。强化出口是国家层面的重要出发点，电商会自发地不断提升用户体验度，继而增强海外客户黏度。跨境电商再出发，形成外贸制高点。

1.1.3　跨境电商运作模式

贸易按商品流向可划分为：出口、进口、过境、转口、复出口、复进口。然而，平时热议的跨境电商运作模式的概念颇为混淆，因为提及模式便可从销售主体、通关渠道、供应链、物流方式等不同维度来划分。确切地说，跨境电商官方认定的就是 4 种新型海关通关监管模式，以助推传统外贸线上化。事实上，在传统已经存在的三类监管形式下，部分小额贸易类及以小件形式进出境的邮件包裹和商业快件，只要是跨境线上交易或服务于外贸零售，也被广泛地认为是跨境电商的运作组成。

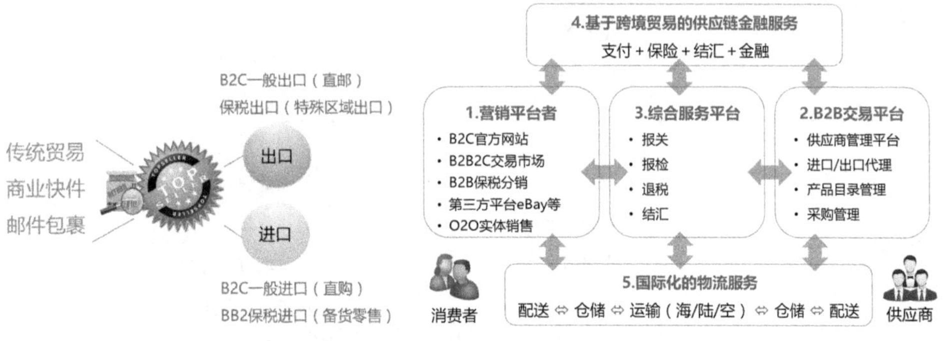

跨境电商监管模式及运营框架

跨境电商出现之前，有三种货物进出境方式没有与线上交易深度绑定。目前所谓的跨境模式，主要是新增的四种监管方式。B2C 一般出口，交易主体是国内商家 B 和境外消费者 C，多以个人物品、邮包、快递等形式出口，具有一定的贸易政策风险，在跨国纠纷处理、本地化支付和物流方面也面临挑战。随着跨境电商清关的规范化，解决了这类电商出口退税及结汇等问题。特殊区域出口，出口卖家采用境内关外的备货模式，先将货品整批运送到海关监管区，及时获得退税，接到订单后，再进行发运配送。如果将这个备货直接发至目的国的仓库，这就是海外仓。在前端的跨国B2B清关过程中，既可以是贸易形势，也可以是跨境新监管通道。线上化B2B出口，国内外两端都是商家，大部分交易仍在线下完成、自行交付，相对于消费，这种商家间的交付环节更复杂、链条更长，双方签约后，涉及银行、税务、关务、商检等环节服务，要自行安排结算及物流，通常不算做跨境电商。进口方面，各试点城市充分发挥海关特殊监管区域的功能和优势，拓展网购保税进口和直购进口两种新监管通道。保税备货是海外商家将货物运送到国内试点城市的保税区仓库，然后通过进口平台实现向消费者的交易，再从保税区出关寄送。直购直邮，则是货物直接从境外以包裹形式通关入境，但这不同于过去的邮件或快件，监管条件完全不同。海淘转运，包括代购，通过个人行邮或携带的方式发到国内消费者手中，都可以看做是一种C2C模式，是传统的个人物流“擦边球”通关，无法逾越规模化困境。在跨境进口发展早期具有很强的灵活性，不同监管渠道交叉运作有较多灰色地带，如今模式日趋规范。

跨境电商不同维度的模式分类

运作视角	出口	进口
供应分销	B2B批发贸易 C2C小卖家直销 B2C商家直销 M2C工厂直销	B2B一般贸易 B2C电商直销 C2C海淘代购 B2B2C电商保税 境外供应链直采
物流通关	邮政直邮 商业快递 物流专线 海外仓 空海运+派送 监管区集货	邮政直邮 商业快递 集货转运 跨境直购进口 跨境保税进口 贸易完税进口
运营服务	独立B2C网站 跨境平台开店 分销代发货 外贸批发	自营线上零售 第三方平台 导购返利 O2O体验店 微商/分销/代发

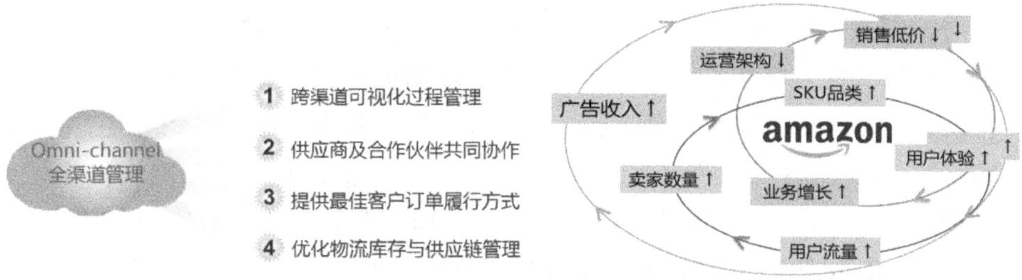

全渠道管理与 Amazon 零售盈利模型

零售盈利的本质，是以其创造的增加值换取价差。跨境电商也是一种零售渠道，渠道只是表象与手段，只有不断为顾客创造增加值，如选品、履单、售后，才可能持续换取收益。全渠道的核心是零售商能够在所有销售平台提供无差别的购物体验，实现利润最大化：为满足消费者任何时候、任何地点、任何方式购买的需求，采取实体门店、网店、移动应用及第三方平台等渠道整合的方式销售商品或服务。零售、电商及物流业共性的一面是追求规模经济性。贝索斯的飞轮理论中再三强调追求用户体验，但是追求极致用户体验及这三个正反馈模式飞轮的本质核心又是什么？是 GMV 交易额。使用低价运营策略，大幅拉高业务增长，极致的物流体验增加用户流量，客户量引来卖家入驻，从而提升广告收入及服务收费，庞大的收入保障了其持续的低价销售和品类扩张。阿里不卖实物，卖的是流量，殊途同归。对跨境电商全渠道商业零售转型的几点启示是：关注新世代消费群、占领品类和场景制高点、多渠道融合拓展、客户获取与互动、全渠道品类规划、新产品快速引进、供应商合作管理、供应链精益运营、物流及配送服务等。

1.1.4 国际物流概述

国际物流是一个包罗丰富的专业领域。跨境电商平台的产生，使得买卖双方可以越过中间环节直接进行交易，小微企业甚至个人都可以参与到国际贸易中来，实现了跨境电商一站式交付的跨境物流，带来了跨境网络零售的腾飞。跨境物流是跨境电商的阿喀琉斯之踵，物流费用占了跨境电商总成本的 20%～30%。小订单、多频次订单日渐增多，根据万国邮联统计，全球跨境包裹数量从 2006 年以来，处于高速增长趋势，占全球总包裹数量的比例也在不断增加。互联网对物流服务的改变，除了物理的小包化，还使国际物流的经营模式发生了改变。传统的国际物流主营业务为国际贸易运输，以海运集装箱为主，主要解决生产与消费之间空间和时间的隔离，和生产与消费之间信息和某些功能的隔离。而跨境电商的发展使得国际物流在商业模式上发生根本性改变，将物流与供应链管理结合起来，由原来的单纯负责运输到与生产企业、供应商和购买商等贸易各方结合起来，进一步帮助企业实现从原材料到产成品，从供应商到终端消费者的整个供应链流程的重构与优化。这样不仅缩短了物流周期，而且控制了高速物流的正确性和可靠性。在 2015 年，我国跨境电商出口轻小件包裹约 10 亿件，如果粗算物流环节成本占比为 25%，那么 2015 年这部分跨境 B2C 物流的市场规模已达 1196 亿，而且未来几年将保持 35%以上年复合增速①。跨境物流递送涉及环节较多，包括国内外的仓储、运输、配送及海关等，以及整合订单管理、库存管理、配送管理及运输管理。因此，跨境物流全程服务可分为三部分，一是支持 B2B 较大额业务为主的海运拼箱及空运等业务；二是支持跨境小包快递等业务；三是外贸服务，围绕贸易过程中的验厂、检测验货、跟单等环节，以及一般的通关、货代业务等展开。目前，这部分服务主要是线下贸易服务商服务跨境电商买、卖家，有些还进入了线上服务市场。随着“电商+贸易”的业务模式变化，尤其是与外贸综合服务及金融增值服务结合后，跨境物流涵盖的范围被无限放大，物流企业通常需要具备几个主要能力，一是国际运输，如货代、仓位、专线、保险等，以对货源和服务质量进行把控；二是清关、资质及口岸对接；三是技术平台，如电商集成、状态可视、过程可控；四是境外操作能力，如海外仓、传统零售的跨境货代、海外采购及供应链；五是跨境保税操作能力，如保税区入驻、保税仓运营；六是国内派送及目的国落地配合合作，提供低价、高效与增值服务。

跨境物流图谱

① 韩铁超，长江证券公司，一样的电商物流 别样的跨境市场，2016.3.20

目前，满足跨境电商的国际物流模式有：邮政包裹、商业快递、专线物流、保税仓和海外仓等模式。物流模式的多样性使得商家在选择时可以着重考虑产品特点、物流成本和时效稳定性。跨境电商商品种类繁多、小批量、多频次，体积重量差别很大，不同品类所需运输和仓储解决方案各异，跨境物流要实现一站式、门到门的服务，尤其需要做到国际段和国内段物流的有效衔接。跨境物流的发展仍滞后于电商市场的要求，货物积压、延误或丢失破损等问题突出，海量分散的订单下仓储体系不完善，面对客户多样化和复杂化的需求不能高效解决。还有一些国家当地的物流系统不是很发达，缺少国外的物流分配中心，导致消费者体验较差，配送时间长，包裹无法全程跟踪，退换货不方便，出现清关障碍等问题。

1.2 宏观环境与政策

中国的生意人都知道一件事，政策是导向，更是商机，可以说跨境电商是“中国特色的对外贸易”。庞大的消费市场及难以匹敌的制造业生态体系，是我国跨境电商引领全球的两大优势。基于这两个优势，国内电商和消费电子领域的成功案例中不乏像阿里、京东、小米等迅速崛起的顶尖企业。在全球经济的分工中，品牌、渠道和销售都在发达市场，我们的制造环节长期赚取较少利润，缺少话语权，资源支撑难以为继、各项成本上升，个性化消费导致产品周期大幅缩短，加工厂生存环境恶化。中国互联网经济占 GDP 的比重已超过欧美，但中国小微企业对 GDP 的贡献率为 35%～40%，它们也是就业和创新的重要来源，而在德国，小微企业的 GDP 贡献率达 52%，墨西哥为 54%，法国为 58%，意大利高达 67%①。查验侵权行为的难度加大，通过网络跨地域、跨国界销售侵犯知识产权物品的违法行为目前不断出现，对外贸易核销监管难、外汇收支性质归属难。在网络直销模式下，个人涉外贸易经营无登记、无备案、无报关、无核销，直接通过个人外币卡账户结算，游离于跨境贸易物流和资金流监管体系之外。在新形势下，受全球范围内经济持续疲软、外需不振等因素影响，叠加国内要素成本上升、人民币升值及产品结构低端化等因素影响，我国传统的外贸优势逐步丧失。在外贸形势不断恶化的背景下，政策部门接连部署跨境电商出口业务规范，试图从政策面为出口业务注入源头活水，促进外贸转型升级。

① 麦肯锡全球研究院 McKinsey，中国的数字化转型：互联网对生产力与增长的影响，http://mckinsey.com/，2014 年 7 月

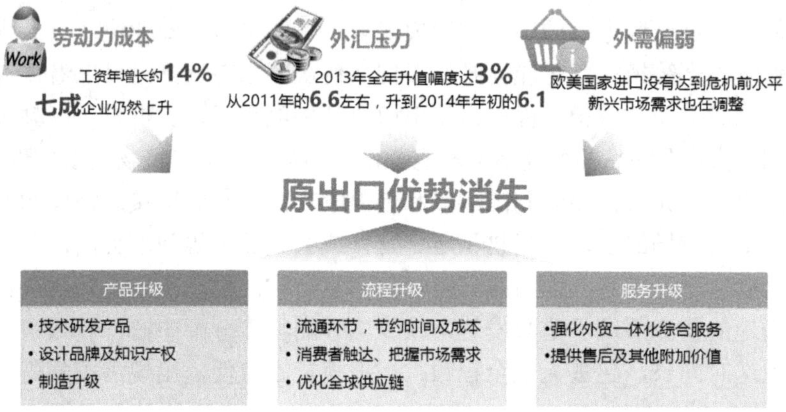

外贸升级重获新竞争力

1.2.1 经济贸易环境

全球范围的经济持续低迷，欧、美、日增长乏力；依赖资源出口型国家，如委内瑞拉、俄罗斯、巴西等甚至陷入衰退；饱受战乱的第三世界国家，经济一直萎缩。在危机之下外贸受阻，我国中小企业纷纷寻找新的产品推广销售途径和交易渠道，电子商务以其低成本、高效率的特点进行网上产品推广销售和撮合交易，成为中小企业转型的首选。据数据统计，大宗商品价格走低、外需不振，2015 年我国进出口“双降”趋势进一步延续，而基于跨境电子商务零售的外贸规模却不断扩大，2015 年我国进口跨境电商行业交易规模预计约 7600 亿元，同比增长 43%，出口零售交易额在外贸电商中占比由 2010 年的 2%上升至 8%。五年来的交易额年均增速 CAGR 为 35%，2016 年交易规模有望超 1 万亿元①，同期传统进出口贸易总额年均增速跌入冰点，跨境电商将成为我国外贸的新增长点。

当前，我国外贸发展存在的困难依然持续。据海关统计，2015 年，我国货物贸易进出口总值为 24.59 万亿元人民币，比 2014 年下降 7%，其中，出口下降 1.8%，进口下降 13.2%。纺织品、服装、箱包、鞋类、玩具、家具、塑料制品等 7 大类劳动密集型产品出口总值 2.93 万亿元，下降 1.7%，占出口总值的 20.7%。例如，与欧盟、日本双边贸易分别下降 7.2%和 9.9%。根据商务部数据，2014 年我国跨境电商企业已经超过了 20 万家，平台企业超过 5000 家。2016 年外贸又比 2015 年整体下降 0.9%，出口下降 2%，发达市场的贸易保护有抬头趋势，加之汇率失衡，未来形势仍然严峻，消费需求驱动下进口略增。

---

① 艾瑞咨询集团，2014 年中国跨境电商行业研究报告简版，2014 年 12 月

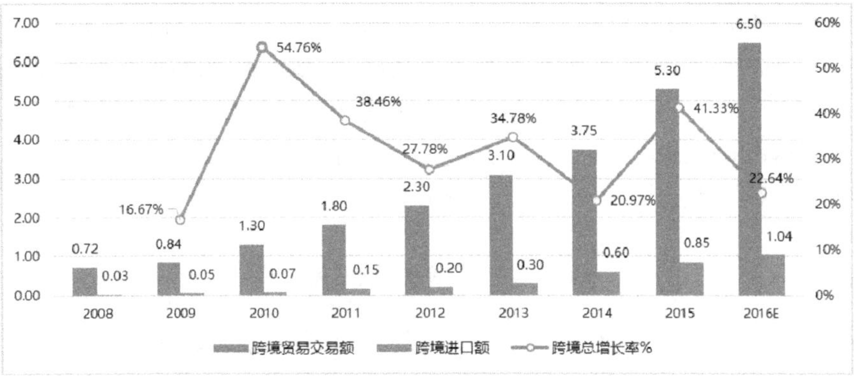

跨境电商交易额估值（万亿元）

我国 2005—2016 年进出口数据统计如下图所示。

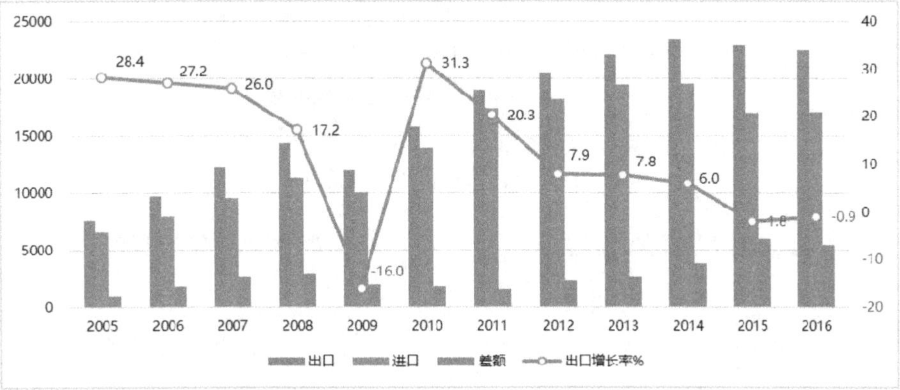

中国 2005-2016 年进出口数据统计（万亿美元）

过去五年，我国进出口总值增幅甚微，但跨境电商的交易额却增长了 200%，可谓逆势增长。近年来，中国互联网经济在 GDP 中占比持续攀升，2014 年达到 7%，超过美国，成为全球第一大电子商务市场；2018 年中国电商市场规模有望占据全球一半的电商市场。上述因素，加上中国作为第一大贸易国及快速增长的中产阶级和市场消费能力，都将为中国保持在全球跨境电商发展上的领先优势奠定坚实基础。据统计，2005—2010 年间私人消费对 GDP 增长贡献率为 32%，而这个数字在 2010—2015 年间攀升至 41%，成为拉动中国经济发展的重要力量。中国消费市场的“新三驾马车”分别是：上层中产及富裕阶层的消费者、新世代消费者和网络购物[①]。当今世界贸易环境正发生复杂的变化，世界经济缓慢复苏、发展分化，贸易保护、国际贸易格局和多边贸易规则酝酿深刻调整。近来，欧美

① 波士顿咨询，中国消费趋势报告——三大新兴力量引领消费新经济，2015 年 12 月

谋划制定新的国际贸易规则，重握国际贸易的主导权，通过 TPP 和 TTIP 助推经济复苏，以分享亚太地区新兴经济体的增长红利，增加对这个地区的出口导向，重塑国际贸易格局。因此，要积极把握宏观战略导向，跨境电商是大势所趋，并创造了国际物流的巨大发展机遇。人民币在国内越来越不值钱，在国外反而越来越值钱，这对于跨境电商来说是双重绞杀。

资料来源：经济学人智库 EIU 及 BCG 分析

主要经济体消费市场规模情况

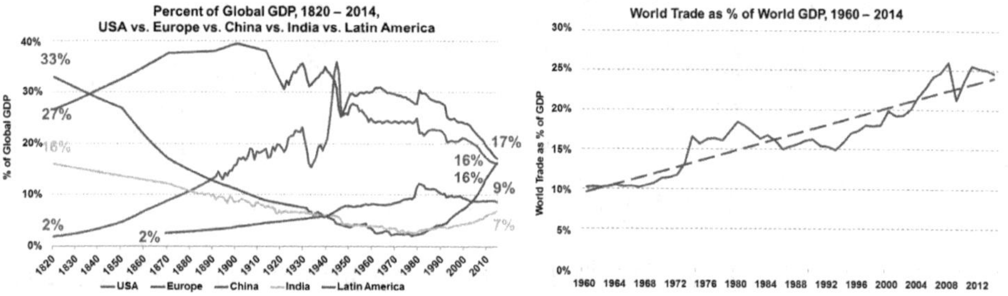

中美及全球外贸额占 GDP 的比重[①]

1.2.2 跨境电商的瓶颈

除了外部因素，跨境电商起步这些年也遇到了一些“成长的烦恼”，简单来说就是进出两旺、内外“双拥”：需求拥戴、通道拥挤。主要是结汇退税、海关监管、查验征税等政策导向，以及商品侵权、交易纠纷、国际物流与通关等方面的问题。一方面，主要靠商业力量去布局和推进，例如支付收款、侵权纠纷、海外仓、跨境配送等，这些影响市场发展的“运作瓶颈”，只要行业保持稳步增长，越来越多

① KPCB: Mary Meeker，INTERNET TRENDS 2015，http://kpcb.com/InternetTrends，2015.5.27

的资本和参与者加入，资源投入、模式创新、跨国合作等方式都会从不同角度逐步改善每个环节。另一方面，更大的不确定性则依赖于政府和法规政策。解决小包货物和零散订单的监管是一个全球性难题，观察旺季各国海关及邮政的积压就知道了。传统少量的 2C 类到个人的包裹或快件，各国进出监管大同小异，电子化程度不高，几乎很少针对自然人的报关和贸易监管，对大宗贸易也没有什么影响，国际贸易历经几百年规则演变也已成熟，一切相安无事。但跨境电商爆发后，全球小件包裹一路飙升，可谓量变引起质变，B2B 贸易曾扮演的全球供应链中间角色被 B2C 侵蚀，个人物品和贸易货物的差异在缩小甚至难以辨别，如果简单地让电子商务绕过传统贸易规则，必然引发外汇、税收、许可、知识产权等一系列问题。当政府试图新旧手段并用或是去探索新政时，行业发展过速，“政策跟不上市场、市场跟不上需求”，消费者一端已怨声连连。从通关方式看，一般贸易，由于海关采取信用分级、分类通关、无纸化通关等便利措施，各项政策完善，通关效率比较高；而跨境电商 B2C 模式成交的商品以快件或邮件方式通关，按现行针对个人物品的非贸易性质管理，实际已经突破了传统非贸物品的范畴。说到底，跨境电商还没有绕开贸易壁垒，如果世界真的“天下大同”，那么做跨境电商岂不是跟国内做电商一样容易了。

出口方面，B2C 直邮销往国外个人的出口商品，电商成交和结汇、报关、商检、退税等环节无法连通，拖累效率。例如，由于产品订单零星，单笔交易金额较小，且通过跨国快递或航空邮件递送，达不到海关报关价值，或很难拿到海关正式报关单，所以出口时大多不报关，海关仅对其进行上机检验和随机抽检，无法按照经常项目联网核查，且交易物品从全国各地海关属地出境，无法实现单货相符。而没有海关的出关数据记录，外汇管理部门就无法验证货物真实出口①，也就无法实现外贸核销和结汇，政府少了一块贸易统计，而卖家也就无法按常规途径结汇退税。到了境外，各国海关对小额贸易监管也很复杂和困难，小件征税、侵权抽检、走私查验等工作量加重，通关效率低。

进口方面，国内居民对于跨境网购涉及的热点商品的需求强烈，而 B2B 和 B2C 适用于不同税率，但终端的小商户和个人难以区分，在不同交易模式下，国内市场“境外化”，传统监管方式难以满足税费认定，部分电商存在逃漏税问题。脱离贸易税，大规模行邮进口影响贸易公平，冲击国内市场，政府在税收收入方面获利甚少。如海外购中，一些企业或个人伪报物品品名、夹藏、伪造购物小票，利用晚间进行通关，试图逃避关税，还有的利用分散到各地邮寄的方法，防止批

① 温珺、王健，论中国在线国际贸易给政府监管带来的挑战，《国际贸易》，2013(2):26-30

量邮寄产生联号而招致海关怀疑以此避税。同样，跨境贸易的双方分属两国，小包裹给商检工作也带来了极大挑战，检验检疫机构难以全面获取商品和交易等数据，监管查验不足便会直接到达消费者手中，查验侵权行为的难度加大，用户退换货权益难以保证。这些都还需要管理部门权衡考虑，研究建立配套制度和高效手段。

此外，由于跨国交易没有地域限制，出现售后服务质量差、交易欺诈和网络隐私权等问题，有些消费者很难进行维权，卖家也可能因为买家的收货欺诈而遭受退款或重发的损失。这涉及了跨境电商的法律管辖问题，面对不同国家的客户、商家和平台，网购纠纷的责任界定对于卖家或买家权益保护方面还有争议①。这些年互联网创业最流行的说法是“哪里有问题、哪里就有机会”，监管的模糊阶段，正是市场野蛮生长的初级阶段，政策时不时来点利好之风。随着政策日益明朗、平台扮演强势规则管理者、物流业提供全程追溯等措施的到位，上述问题确实在渐渐消融。

1.2.3 政策红利

做生意讲究因势利导、顺势而为，对政策的嗅觉越灵敏的商人越容易成功，这一点在我国体现得更加突出。政府的倡导往往会成为新行业“风口”，跨境电商的飞速发展颇有中国特色。国内电商的蓬勃发展，离不开相当一段时间的宽松监管，而跨境电商对政策依赖度更高，尤其是进口，可以说是政府主动“搭台”的助推。针对制约跨境电商发展的问题，自 2013 年起，各级政府下发的促进外贸发展的相关文件中，均涉及跨境电商便利化措施，并作为一个常态事项，列入国务院对国际贸易的例行指导文件中。重磅政策文件接连出台，也刺激了配套措施的快速落地。在市场自由化下，基于“胡萝卜+大棒”的政策安排可以成为政府监管制度创新的权衡方案，在有限垄断与竞争、激励与税收、权威与市场中实现动态平衡有序。各级政府迅速出台相关产业扶持政策，包括建立适应电子商务进出口的新型海关监管、检验监管模式，实施相适应的税收政策。2015 年以来，政策导向开始有所侧重，如 B2B 模式成主流、降低出口查验率、推动扶持企业走出去建“海外仓”。李克强总理要求“部署促进跨境电子商务健康快速发展，推动开放型经济发展升级”②：一是优化通关流程，对跨境电商出口商品简化归类，实施经营主体和商品备案管理，对进出口商品采取集中申报、查验、放行和 24 小时收

① 艾瑞咨询集团，2014 年中国跨境电商行业研究报告简版，2014 年 12 月

② 新闻出处：李克强主持国务院常务会议，人民日报海外版，2015 年 6 月 11 日第 1 版

单等便利措施；二是落实跨境电商零售出口货物退免税政策，鼓励开展跨境电子支付，推进跨境外汇支付试点，支持境内银行卡清算机构拓展境外业务；三是鼓励外贸综合服务企业为跨境电商提供通关、仓储、融资等服务，引导企业规范经营；四是鼓励跨境电子商务零售出口企业通过海外仓、体验店等拓展营销渠道，培育自有品牌和自建平台，促进外贸提速放量增效。

有关政策文件和核心内容

发布机构和日期	政策文件	核心内容
商务部 2011年10月	《"十二五"电子商务发展指导意见》	支持跨境电子商务平台建设，鼓励中小企业应用跨境电子商务平台拓展海外市场，减少渠道环节，树立中国品牌形象
商务部 2012年3月	《关于利用电子商务平台开展对外贸易的若干意见》	鼓励电子商务平台通过自建或合作方式，首次提出建设"单一电子窗口"平台，整合配套服务，实现"一站式"贸易
国务院 2013年7月	《关于促进进出口稳增长调结构的若干意见》	研究以跨境电商方式出口（B2C、B2B等）所遇到的海关监管、退税、检验、外汇收支、统计等问题，完善相关政策、抓紧试点
国务院 2013年8月	《关于实施支持跨境电子商务零售出口有关政策的意见》	建立新型海关、检验监管模式并进行专项统计，支付、结汇、退税及信用体系建设等方面提供扶持，并在5个试点城市实行
质检总局 2013年11月	《关于支持跨境电子商务零售出口指导意见》	创新电子商务出口产品监管模式，实施集中申报、集中查验、集中放行的便利措施
财政、国税 2014年1月	《关于跨境电子商务零售出口税收政策的通知》	电商出口退（免）税至少满足：企业有税务登记、取得出口货物报关单、合法有效的进货凭证；第三方平台不适用，突破不大
国税总局 2014年2月	《关于外贸综合服务企业出口货物退（免）税有关问题的公告》	明确外贸综合服务企业以自营方式出口国内生产企业与境外单位或个人签约的出口货物，可按自营出口的规定申报退（免）税
海关总署 2014年3月	《关于跨境贸易电子商务服务试点网购保税进口模式有关问题的通知》	明确保税进口的海关操作细节，负面清单、企业备案、行邮税、购买限额限量及海关统计等内容，具有很强的指导性与实操性
国务院 2014年5月	《关于支持外贸稳定增长的若干意见》	提出进一步加强进口，鼓励企业在海外设立批发展示中心、商品市场、专卖店、海外仓等各类国际营销网络
海关总署 2014年7月	《海关总署公告56号（关于跨境贸易电子商务进出境货物、物品有关监管事宜的公告）》 《海关总署公告57号（关于增列海关监管方式代码的公告）》	海关增列监管代码"9610，跨境贸易电子商务"及"1210，保税跨境贸易电子商务"；确切地说，"9610集货模式"将入境包裹纳入监管，从政策层面明确了对跨境电商的监管框架；"1210备货模式"规定了货物和物品的监管条件、监管方法，严格区别了两者之间的进出境的报关待遇，也是对跨境电商进出口试点的总结
外汇管理局 2015年1月	《支付机构跨境电子商务外汇支付业务试点指导意见》	提出"开展支付机构跨境外汇支付业务试点"，明确跨境外汇支付管理办法，网购单笔交易限额由1万美元提高至5万美元

续表

发布机构和日期	政策文件	核心内容
国务院 2015 年 7 月	《关于加快培育外贸竞争新优势的若干意见》	培育一批跨境电子商务平台和外贸综合服务企业，鼓励“海外仓”等模式，融入境外零售体系，加快培育外贸品牌等
国务院 2015 年 4 月	《关于改进口岸工作支持外贸发展的若干意见》	按照公平竞争原则开展并扩大跨境电商进口业务；降低进口产品关税试点、税制改革和恢复增设口岸免税店的相关政策
商务部 2015 年 5 月	《“互联网＋流通”行动计划》	创建 60 个国家级电子商务示范基地，推动建设 100 个电子商务海外仓，促进跨境电商发展，加快电商海外营销渠道建设
质检总局 2015 年 5 月	《关于进一步发挥检验检疫职能作用促进跨境电商发展的意见》	构建跨境电子商务风险监控体系、质量追溯体系，对跨境电子商务商品实行全申报管理，出境按“集中申报、集中办理”放行手续，入境实行“集中申报、核查放行”等
海关总署 2015 年 5 月	《关于调整跨境贸易电子商务监管海关作业时间和通关时限要求有关事宜的通知》	对跨境电商实行 365 天 24 小时保持服务在线，为跨境电商办结海关手续，并在周六日仍照常审核发货等
国务院 2015 年 6 月	《关于促进跨境电子商务健康快速发展的指导意见》	协同推进通关、商检、结汇、退税等环节“单一窗口”综合服务体系建设，优化海关及商检监管政策措施，规范进出口税收、完善支付结算、提供财政金融支持、扩大跨境综合试点
财关税 2016 年 4 月	《关于跨境电子商务零售进口税收政策的通知》 《跨境电子商务零售进口商品清单》	跨境电子商务零售进口商品按照货物征收关税和进口环节增值税、消费税，单次交易限值两千元，个人年度交易限值两万元。进口商品必须符合正面清单并提供“通关单”，取消原负面清单模式
海关总署 2016 年 12 月	《海关总署公告 2016 第 75 号（关于增列海关监管当时代码的公告）》	增列海关监管码“1239”，简称“保税电商 A”，适用于非试点城市，但需通关单及遵循正面清单，意味着跨境进口保税开始普及

自改革开放开始，试验试点已成为我国政策务实的重要实践方法。2009 年以来，国务院及多部委联合分批确定了北、上、广、深、杭等 53 个城市为“国家电子商务示范城市”，2012 年年底又确定上海、重庆、宁波、郑州、杭州 5 个城市开展跨境电子商务试点，后逐步推广至深圳等十余个城市。2015 年 3 月，杭州跨境电商综合试验区获批，标志着跨境电商政策红利释放和运作模式的成熟，继而 2016 年国务院又批复天津等 12 个城市综合试验区。2013—2016 年政策红利“窗口期”，政府层面一直在释放跨境贸易利好，针对以快件或邮件方式通关的跨境贸易电子商务存在的问题，由海关总署组织服务试点，至 2015 年年底验收及 2016 年 4 月新政推出，总结出几个方面创新及经验。

一是探索适应跨境电商发展的管理制度，建立进口阳光跨境网购渠道，从产业中长期布局，清理“灰色”入境，平衡进口税，产品追溯与监管规范，消费者权益保障，引导境外消费回流，倒逼国内产业发展升级，给予跨境电商税收上的优惠政策，通过企业和商品备案认证企业资质，对商品范围进行限定；二是通关模式创新，通过三单自动比对，实现分类通关、快速验放，降低海关通关压力成本，广州率先推出了“清单核放、汇总申报”的通关政策；三是技术手段创新，依托电子口岸协调优势，实现与电商、支付、物流等企业的业务协同及数据共享，通过多方系统对接，实现信息及时共享，通过无纸化申报和随附单据电子化，对交易、支付、物流和申报数据的交叉核对，提升监管效率和严密性。

产业政策往往都存在自上而下又自下而上反复修正的过程，不同时期的政策有明显的层级性。通常是某个市场先于政策，表现出独特的成长前景，政府希望培育这样的产业机遇。例如跨境，国务院确定总体方向，商务部和发改委等做计划指引，财、税、汇及海关总署等部委做顶层设计，各省商务厅、经贸委及属地海关等推进模式落地，实际执行过程要接触到城市级的商贸主管部门、口岸或监管区的管委会、区内海关及商检、保税区经营者等。因此，产业早期方向性的政策，往往会被解读成千人千面，操作层面不甚规范统一。如“外贸国六条”曾明确积极扩大商品进口，增加进口贴息资金规模，但在市场草莽成长和“浑水摸鱼”一段时间后，政府势必要再出新规以“校正”。市场赖以运作的规则基础，一旦随政策发生变化，连锁反应将远超预期。显然，不仅跨境电商，很多新兴行业都有这样的经历。经验证明，在市场经济及全球化趋势下，国家层面制定具有可持续的、制度性的产业政策，要好过短期倾向性扶持，而地方政府抛出的实惠，对于招商引资而言效果却立等可见。目前，政策的操作层面还有要细化的，出口无票免征还未大范围试行，退税门槛高，出口后免于征税，国税和外管有待突破，出口报关的商品编码没有简化归类、工作量大；各试点城市监管不统一，不仅造成“窗口”重复建设，而且增加企业对接成本；快件、邮件方式通关的跨境电商，还未很好地纳入贸易统计；跨境进口的达摩克利斯之剑“正面清单”仍悬而未决。

1.2.4　跨境电商“一带一路”

回到 2013 年跨境电商“元年”，适逢习总书记提出“一带一路”即“丝绸之路经济带”和“21 世纪海上丝绸之路”的远瞻构想，市场发展与国家战略契合一致，通过双多边机制、区域合作平台探索国际合作及全球治理新模式。2015 年国务院正式发布“一带一路”具体愿景与行动，强调消除贸易壁垒，大力发展电商平台[①]。共建“一带一路”旨在促进经济要素有序自由流动、资源高效配置和市场深度融合，共同打造开放、包容、均衡、普惠的区域经济合作架构，维护全球自由贸易体系和开放型世界经济，缓冲 TPP 及 TTIP 带来的贸易壁垒风险，推动区域中各国的自贸协定谈判，有利于我国建设国际经济、金融、贸易、航运中心，掌控国际贸易主导权、定价权和资源配置权。“一带一路”主要包括新亚欧陆桥经济带、中蒙俄经济带、中国—南亚—西亚经济带、海上丝绸之路经济带，沿线总人口约 44 亿，经济总量约 21 万亿美元，分别约占全球的 63%和 29%。从国外需求看，相关国家和我国经济互补性强，各沿线发展呈现较大的差异，洲际铁路运输线建成，运输时间和成本大降，有利于突破跨境电商发展的物流瓶颈。

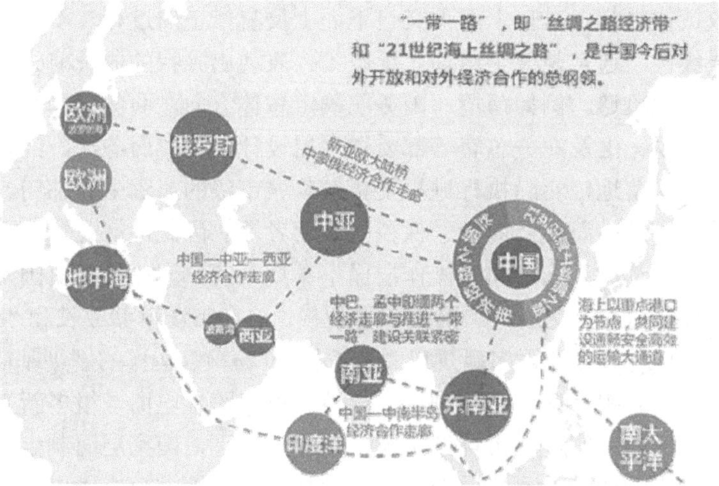

“一带一路”

从产业发展看，跨境电商涵盖营销、支付、物流和金融服务的完整产业链，把投资和贸易有机结合起来，以投资带动贸易发展，积极同沿线国家和地区共同商建自贸区，加强信息互换、监管互认、执法互助的海关合作，降低非关税壁垒，共同提高技术性贸易措施透明度，提高贸易自由化和便利化水平。

1．北线，中国（东三省）—蒙古国—俄罗斯—北欧（波罗的海沿岸）

蒙古国人口约 300 万，人口少、电商体量小，网民约占总人口七成，年轻人是网购主要群体，性价比高的日用品是网购的重点商品。蒙古国物流配送体系尚可，其自 2011 年起实行户户通邮政，乌兰巴托等市内递送服务开始发展，基本能

① 国家发改委、外交部、商务部，推动共建丝绸之路经济带和 21 世纪海上丝绸之路的愿景与行动，2015 年 3 月 28 日

够满足网购配送需求，目前“中俄蒙跨境经济合作区”三方已签约。俄罗斯是跨境必争之地，规模可观、增速很快，我国网店在俄罗斯跨境电商中的份额超过 2/3，占据主导，后文有详述。在北欧，电商在瑞典、芬兰、挪威、丹麦四国稳步增长，近年保持两位数增长，例如，跨境电商占瑞典网购额的三成，速卖通曾称，其在瑞典的在线购物应用中已经排到了第一。

2. 中线，中国—中亚—西亚及中东—中欧—西欧

中亚五个“斯坦”国，发展相对落后，生活所需品严重依赖进口，网购算是刚刚萌芽，由于信息不透明和贸易水平落后，市场上存在严重的价差，电子商务的发展和渗透可以有效地解决这个问题。网络能够触及到传统进口市场无法满足的人群，包括女性（穆斯林禁忌）、小企业和乡村。据悉，哈萨克斯坦的 B2C 网站 chocolife.me 和吉尔吉斯斯坦 B2B 网站 prodsklad.kg 比较活跃，但还没有像样的纯电商网店。由于信用卡使用限制，网络支付存在很大风险，货到付款是目前主要的支付方式[①]。但借助移动互联和对外开放政策，跨境电商必将有重大改变。

西亚及中东，跨境电商正在爆发。中东电商市场从 2011 年的 70 亿美元到 2015 年突破 150 亿美元，年均增幅近 20%。中东地区各国电商渗透率较高，阿联酋为 46%，沙特为 25%，科威特为 35%，阿联酋是该地区最大的 B2C 电商市场。物流主要是汽运，支付约八成是货到付款。而以土耳其为首的西亚国家在电子商务方面的发展也值得关注，据悉土耳其 7700 万的人口中，网民比重超一半。

中欧包括德国、波兰、捷克及瑞士等 8 个国家，德国是龙头，也是欧洲电商市场增长的强大引擎，目前电商行业规模在 500 亿欧元。西欧，做跨境电商绝不可错过英国，2016 年网络零售占英国总零售额的比例将从 2010 年的 13.5%上升至 23%，总值超过 2000 亿欧元。法国的电商发展也不逊色，势头要赶超德国。

3. 南线，中国—东南亚—南亚—东非—南欧（地中海沿岸）

东南亚是全球 B2C 电商发展第二快的市场，印尼、菲律宾、新加坡、马来西亚等国家电商发展势头强劲，紧随中美脚步，这里将迎来电子商务的黄金时代。目前，这里网购仅占全部零售的 2%，阿里、京东等中国电商巨头也潜入了东南亚，印尼电商网站林立，竞争也愈发激烈。物流体系相对健全，邮政和快递公司提供到门的递送，马来西亚、新加坡及越南等国的邮政小包在国际上还名噪一时。南亚，就看印度。纵观“金砖四国”，印度网民数仅次于中国，随着无线网络的接

---

① 亿邦动力网，21 万亿美元！一文揭开“一带一路”的电商面纱，2016.2.10

入及智能手机的普及，印度电商市场到 2025 年可以达到 2220 亿美元的规模。各大电商抢占市场，投资、融资、并购、扩大规模的步伐，并不是因为印度的电商发展水平很高，而是因为其具有发展潜力。

非洲，由于线下零售商店非常分散，没有大型商场，且产成品的匮乏，目前正处于一个经济高速发展的阶段，2015 年 17 个非洲国家 GDP 增长 5%以上。到 2020 年，52%以上的非洲人将有自由购买的能力，而这些群体会成为国际商品的主力消费群体，这是一个年轻的电商市场。2016 年非洲移动用户数将突破 10 亿大关，智能手机和新一代网络的普及，将驱动非洲移动电商的快速发展。其中，很多中资外贸企业在肯尼亚。

南欧，大多数国家为发达国家，对 3C、服装、家居及户外用品的需求量较大。意大利拥有 4000 多万网民，电商规模约为 300 亿欧元，增长率在 10%左右，网购很普遍。而在西班牙，互联网及智能手机普及率达到 70%，网络消费者超过 1500 万，电商市场的年增长率达 20%，超过 50%的网购消费者进行跨境消费，占商务交易总额的 44.2%。西语系市场不容小觑，我国很多外贸电商都专门针对这个市场。

跨境电商成为新时期我国深化国内改革和对外开放的新窗口，通过打造一条“网上丝绸之路”，促进我国与“一带一路”国家的贸易往来和中小企业发展，增进各国企业和人民之间的互信合作和共同发展。而国家层面的协调，通过与相关国家推进跨境电子商务规则、条约的研究和制定工作，包括跨境电商通关服务相关的配套管理制度和标准规范、邮件快件通关商检的监管模式、产品质量的安全监管和溯源机制等，健全跨境电商国际合作机制，进一步促进跨境电商的国际拓展。在各种双边、多边谈判中，也考虑了我国跨境电商发展的实际问题，帮助国内企业处理跨境电商贸易纠纷。

1.2.5 互联网+外贸

“大众创业、万众创新”与“互联网+”行动计划在全国遍地开花，电子商务已不仅是虚拟经济，更是数字化的实体经济。百花齐放的互联网创业群体，“中国梦”迎来“众创、众享、众智”的时代。跨境电商是“互联网+外贸”的具体创新形式，为各种创新产品和服务创造了平台，提高了中小企业出口能力，降低了行业进入门槛，使得他们成为“小微跨国企业”；让我国消费者轻松、便捷地获得多样化的世界各地商品，满足群众对高质量消费品的诉求，也激活了一批最具创新精神的企业的成长，并帮助市场机制和有效竞争的形成。政府之所以选择跨境电商作为外贸转型升级的突破口，主要是出于贸易模式、技术提升及产品特征等方面的综合考量。跨境电商的发展有利于优化外贸产业链，帮助传统外贸企业转型升级，帮助创业创新和中小微企业快速进入外贸市场，捕捉市场新变化，打造更多国际品牌。

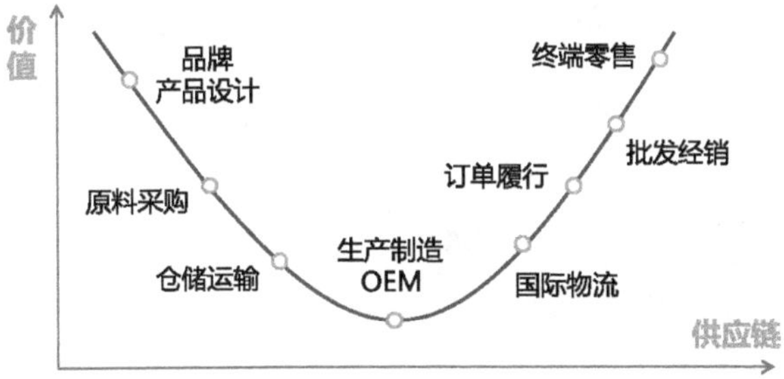

全球供应链价值曲线

> 中国假发在美国十分畅销，一位黑人女孩买了假发以后，戴着假发跟男朋友约会，结果游泳的时候假发一缕一缕地脱落，场面非常尴尬。第二天她就很气愤地到速卖通平台投诉，为什么假发不防水？一周后，速卖通上的中国卖家制造出中国第一款防水假发。

根据世贸组织的报告，国际贸易的基础就是规则，是建立信任的保障[①]。跨境电商，让中国更好地参与到国际经贸治理中，参与到更多的数字商务市场中。过去，中国在整个经济贸易活动中经常陷入被动的局面，不能在复杂的国际经贸中掌握主动。信息经济下的“制造大国”更加国际化，开放互联的环境有利于用更低的成本覆盖更多的目标客户，让中国制造直接面向更充分的市场化竞争。另外，跨境电商为小企业和消费者迎来“普惠贸易”时代。互联网的蓬勃发展带来的商业模式、产品及市场结构的变化，使得国际贸易出现了新机遇和转型。消费者、企业和更多在传统贸易中的弱势群体都可以参与到国际贸易中来，获得更优质的资源、服务和多种多样的渠道，国际市场信息更加透明，贸易流程也更加方便。“普惠贸易”又称包容性贸易，是指各个阶层的贸易主体，尤其是贸易弱势群体能够参与到贸易中来的服务，其核心是有效、全方位地为社会所有阶层和群体提供贸易服务。我国正因为具有互联网技术和制造业基地的优势，才抢得先机与美国一道成为全球跨境电商中心。

跨境电商实现了小订单与小需求的对接，符合消费模式转换的新特点，满足了多元化需求。中国消费升级和高性价比制造业输出，“全球采购、全球销售、全球消费”！学者看到议题，创业者看到商机，“互联网+外贸”使我国对外贸易及进出口相关产业快速创新融合，跨境支付、外贸服务、物流网络等创业机遇成为对外贸易及口岸经济增长的新动力。

① World Trade Organization，International Trade Statistics 2015，http://www.wto.org/statistics

1.3 趋势与探索

跨境电商具有开放、高效、便利、进入门槛低等优势，它借助互联网技术实现商品和服务的跨境交易，冲破了各国进口许可的障碍，使国际贸易走向无国界贸易。中国跨境电商增长的动力将保持强劲，跨境出口是贸易的扁平化，处于全球价值链下游的 OEM 工厂和处于贸易弱势的小微企业聚集起来，拓宽了进入国际市场的路径，围绕品牌化、本地化、供应链等趋势，加快全球运营进程；当地方试点政策及口岸流程趋于统一完善，进出口跨境电商通道将更为顺畅，带动产业和就业发展，满足居民需求。

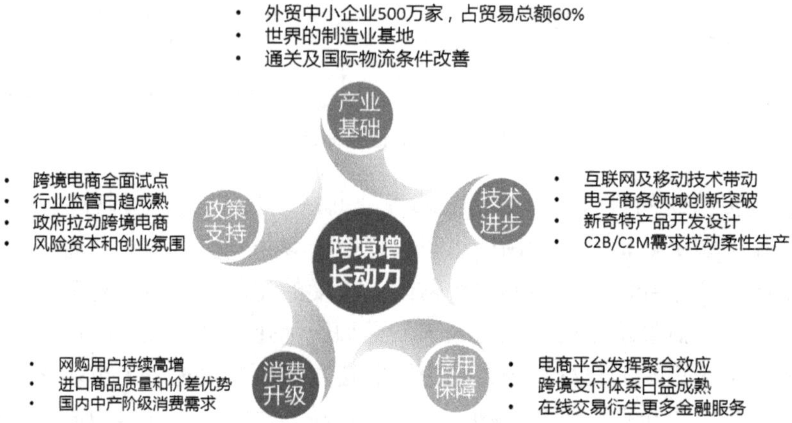

跨境电商发展的五大推动力

1. 消费全球化

经济学里强调需求决定市场，跨境电商的产生就是跟全球大众的需求有关，网购已经成为全球性的消费习惯。我国传统中低端消费品制造能力非常大，供给严重过剩，但同类高品质消费品却供给不足，跨境电商为这部分需求涌向海外提供了渠道。我国外贸政策一直是“奖出限入”，多关注出口，出口可以带动投资、就业、拉动 GDP。在消费带动的经济增长新结构中，进口市场将不被忽略，以进带出，通过大量引进高端产品，来倒逼中国制造产业升级。我国中产阶级的人数在未来 20 年将从 2.3 亿人增加到 6.3 亿人，在历史上出现一个庞大的消费者人群，他们愿意购买物美且价格适中的商品，青睐国际品牌的产品价值，出于对产品质量安全性的担忧避开选择本土品牌[①]。

① World Trade Organization，World Trade Report 2015，http://onlinebookshop.wto.org

电子商务实现“外需+WTO”及“内需+互联网”

> 中兴手机通过速卖通平台开拓全球市场，2015年3月，于速卖通平台进行全球首发，一天卖掉1万多台手机，卖到105个国家，80%的买家都是中兴公司想极力开拓的欧洲、亚太、东南亚市场的新客户。

需求驱动市场，传统外贸业态下滑。订单碎片化、去渠道化、消费者对产品种类的需求，以及随着互联网的发展，国与国之间的商品价格进一步透明。通过跨境网购，消费者发现在国外平台购买的商品即使加上运费和关税也比海外品牌在国内直销的价格便宜，平台售卖的商品种类齐全，商品品质普遍优良。互联网的应用及其交易的自动化可以使企业用更低的成本满足更多元小众市场和定制产品的需求。例如，亚马逊正在全世界范围内进行翻译工作，这意味着也许再过一段时间，当消费者进入亚马逊网站，就可以通过普通的搜索界面看到美国、日本、韩国亚马逊的价格。那么，全球品牌的价格策略就会被这样一个翻译工作全盘打破，国与国之间的汇率汇差会在一个互联网页面上全盘衡量比较，消费者能够在全世界范围内用同一种语言去比较商品价格。简单的一个翻译工作，未来可能给行业带来的革命是致命性的①。

2．产业升级转型

在十多年的发展历程中，网商从整个社会边缘逐渐迈向主流，网商的主体逐渐转变为主流行业的主流厂商，网商创造财富的能力不断得到增强并通过各种渠道为大众所认可，网上经商的企业和个人取得了不平凡的业绩。当汇率、劳动力、环境优势都不再具备时，中国外贸过去低质量、低价格的道路走不下去了，与此同时，大部分跨境电商企业还未涉及品牌化建设。如果把产品做好，让好的产品在各渠道出售，就会发现可以不用去做渠道了，专注做上游产品和供应链即可。出口卖家基于网络虚拟货架将产品推向全球市场，直接获得消费者的需求，更加精准决策其全球化的供应链策略，升级产品设计制造。同时，线下交付的物流和售后服务的生态合作网络，伴随着跨境业务流程实现全球布局。跨境进口形式更加灵活和阳光化，在资本推动、商品品质、消费观念、商家推广等因素作用下，在创造就业机会、提高商业效率、消费者实惠、以进带出等方面，对消费经济的

① 刘正、罗鼎，中信证券公司，跨境电商与物流发展前瞻及机遇，2015年12月16日

影响也非常显著。

3. 跨境运营全球化

跨境电商契合了“互联网+、自贸区、一路一带、亚投行”等国家战略的行动方向，借助互联网这个行之有效的“无边界”交流、合作及交易平台，为中国制造和出口贸易建立更大范围的宽松环境和国际舞台，助推了中国的全球化进程。互联网带来的商业模式、产品及市场结构的变化，使得国际贸易出现了新机遇和转型。但在新模式下，跨境电商还面临很多成长障碍，例如清关报税体系不成熟、全程物流时效体验差、售后服务和退换货不保障、供应链不稳定等问题。同时，消费者可以直接与全球的商户沟通，参与到国际贸易中来，并且获得更加多样化的产品和服务，实现全球性的消费。但是在线交易容易，产品交付难，而全程服务更难。跨境电商所涉及的三个核心即产品、运营、渠道，都需要企业运作得更加全球化、本地化，境外直采、海外仓出口都是基于更加贴近消费者的。跨境电商是全球消费市场的渠道和未来：消费需求潜力巨大，海外商品认知提升、海外品牌认知度提高，既是消费者的福利，也是企业品牌建立与全球化运作的契机，并对国家的国际收支平衡、维护汇率与经济稳定大有裨益。

4. 资本驱动市场

电商大佬都将跨境电商相关的国际版块提升至战略位置，奔赴海外或全球布点；创业公司纷纷加紧融资步伐屯粮备战，一线的公司仍争相融资扩张，迅速崛起；海外电商试水国内市场，利用国际化品牌优势也来试图分一杯羹；物流及供应链服务商纷纷发挥自身行业优势，不断畅通流程，为行业发展保驾护航。在资本支持下，各路“玩家”棋逢对手，大佬小弟面对新兴市场都要从头摸索，竞争又共生，共同培育市场，向无量前途进军。各地政府扶持政策出台的节奏更加频繁，跨境电商所面临的支付、物流、报关报检等障碍正在逐步消除，国内外需求不断增加，市场正进入加速通道。在跨境网络交易及服务生态中，平台提供商居于核心位置，形成了自身对整个生态系统的巨大影响力，而各类基于平台的服务商同样迎来资本的热捧，他们对于交易的高效和顺利实现具有重要作用，持续不断的服务质量提升与运营优化，将增加平台对于买卖双方的黏性，产业生态更为完善，各环节协同发展。

5. 泛红的蓝海

世界是蓝海，中国总是红海。跨境电商早期的蓝海市场让不少人在其中捞了一桶金，再好的蓝海也经不起船多，中国人多、做电商的多、做外贸的多、做跨境电商的也多，如今已不如当初那般轻松，行业洗牌总不绝于耳，一些领域翻为红海。如今的淘宝网，人人都可以开店，但不见得人人都能卖出去东西，每个分类都存在几个寡头，大品牌获得大部分流量，具有个人特色的小品牌或者个性化品牌或特殊品牌占据一席之地，小杂货卖家奄奄一息，可以说开店容易、其他免谈。跨境电商曾火爆到“商必言跨境”的程度，从政策到市场，从商家到消费者，从电商巨头到创业公司都想在跨境电商领域有所作为。但最火热的跨境电商也快要成围城，进口交易已经沦落成跟国内电商几乎无二；出口的一些热销且利润空间较大的产品，众多跨境商家都在销售，行业内甚至出现恶劣的价格战；进口试点城市在没放开前，保税仓常常处于爆仓状态，大批综试区放开后，各地必将涌现众多的保税仓和供应链服务企业，保税物流服务市场将趋于平淡。电商追根究底还是零售，抛开供应链能力来讲，零售的根本在于驾驭商品的组合，需要销售基因和运营技巧，线上电商看似模式很轻，但其对 IT 能力、供应链资源、营销手段等要求颇高。

第2章 出口

最初，跨境电商出口起步于中小卖家在 eBay 上向国外消费者出售和邮寄低廉的中国制造商品，发展近十年来，这类纯粹的 2C 跨境零售出口已略具规模。这个市场究竟有多大？市面上很多行业研究估算太粗略。根据 eBay 财报，2015 年 GMV 是 800 亿美元，结合其 Top1000 卖家中来自中国 30%的占比；再算上超级卖家，如有棵树、傲基等业绩披露，各渠道销售占比，企业独立站总的贡献不足一成，Amazon、eBay、Aliexpress、Wish 四大平台仍是主流，像 DX 和跨境通这样做到销售额几亿美元的少之又少；而四大平台中速卖通和 Wish 其实体量偏小，新兴 Lazada、Cdiscount 及 Jet 等比例甚微。这样综合估算下来，目前跨境零售出口合计应该不超过 700 亿美元。

传统外贸与跨境电商对比

当然，市场发展不能只看眼前的基盘，跨境电商的成长性是惊人的、前景是诱人的，大量中国卖家已蜂拥而至。国内电商中淘系、京东两家独大，而跨境电商发展多年，除了亚马逊似乎已有苗头自成一极，整体依旧处于群雄混战状态。或早或晚加入的，都还面临很多共同的行业难题。这也意味着如果诸障得除，有政策红利、供需两旺、资本涌入、物流及支付配套完善等多重因素驱动，市场仍将继续决堤放量，跨境贸易领域有产生巨头的空间。但是，电商领域的成功已不能寄希望于“赶早集”，大量商家涌入、产品同质化，跨境上半场已很快进入白热化状态，未来是品牌、运营、海外仓等因素的叠加。因此，既要研究宏观政策、中观模式，又要探讨微观运作。

2.1 外贸环境

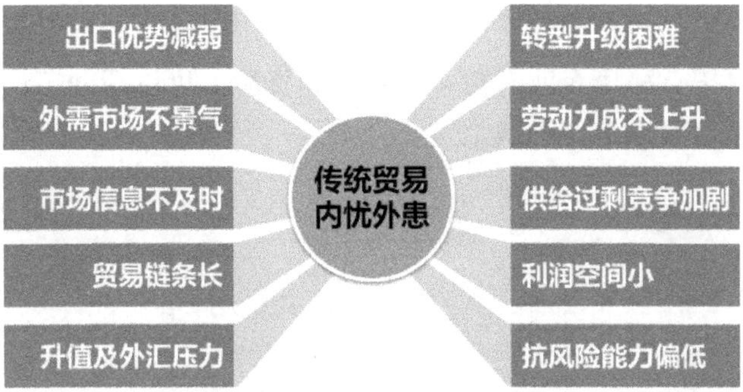

近年来全球贸易疲软，各国保守派的“逆全球化”势头给中国出口带来挑战，外需不振、外资及制造业向东南亚迁移、印度暗中崛起，在这样的复杂时代背景下，我国外贸传统竞争优势正在减弱，新的竞争优势尚未形成，正处于“青黄不接”阶段，产业发展面临发达国家和其他发展中国家的“双头挤压”，跨境电商的发展对推动我国外贸转型升级意义重大。从当前困境看，市场订单不足、利润空间变小、产品价值低端，这是困扰外贸企业发展的三大难题，也是外贸结构调整的关键。跨境电商的灵活性，恰好击中了传统制造业和外贸的痛点，企业借助这种新商业模式，扩展国际市场需求信息来源，建立互联网在线销售渠道，外贸链更加扁平化、减少中间环节，自主掌握营销渠道及需求反馈，降低交易成本及运营复杂度，有利于企业创建自主品牌，摆脱价值链低端的困境。跨境电商有望重塑未来全球经济贸易商业形态，创造互联网时代的国际经贸新规则。为此，在政策面上，深化区域通关改革、加大通关作业无纸化、优化监管查验机制、加快电子口岸建设等便利化措施全面展开。而当企业在着力延伸品牌化、线上 B2B、产品多元化、新兴市场、移动商务等热点时，应对贸易摩擦、内外贸结合及精益化运营的挑战也愈发突出。

2.1.1 重塑全球供应链

跨境电商推动了全球价值创造要素重组，帮助传统外贸企业实现转型升级。一方面，缩短中间供应链，将节省下来的成本用于增加企业的研发投入、创建品牌、提升质量、完善营销和售后；另一方面，在当前全球贸易“小批量、高频次、碎片化”的背景下，推动生产制造企业实现“数据化、在线化”，直接掌握大量真实的国外消费者数据和国际市场需求，通过“产销消”（生产—销售—消费）对接，运用 C2B 定制模式和建立柔性化的生产供应链，实现智能化生产和产业转型升级，优化供应链，省去中间商，降低成本。当然，转型并不是指工厂都直接转型做电商，这并不适合所有的企业，把产品交给电商与传统分销没太大差异。传统生产型转型更多的是设备升级、产品设计的演进，可以更多地采取工厂和跨境电商合作的方式，毕竟跨境企业有更多的经验和资源，可以帮助工厂更快地把产品推销出去，跨境电商也是一种线上贸易分销。

	小包裹	中小订单	大贸订单
对象	国外终端C	国外零售商B	国外进口商、批发商
趋势	增长迅速	增长高速	疲软、下滑
体量	1%~3% (100亿~300亿USD)	10%~20%(1500亿~2000亿USD)	>80% (1.2万亿USD)
问题	✓ 售后不好 ✓ 大市场模式 ✓ 包裹走私问题 ✓ 不能退税	✓ 交量成本高 ✓ 交量效率低 ✓ 收款困难 ✓ 退税不便	✓ 订单碎片化 ✓ 趋势明显 ✓ 市场被分割
市场	平台商及自营商	小额外贸 外贸服务公司	信息平台商 展会及其他线下渠道

资料来源：刘挺翔，“跨境电子商务发展”，大龙网，2015 年 5 月；本文整理

外贸订单市场分布与趋势

在传统的国际贸易中，中小微企业抵抗国际市场风险的能力较差，在供应商选择范围、贸易渠道、贸易谈判上都难以与大企业相抗衡，在竞争中往往处于劣势。互联网的出现及其带来的商业模式的创新，如平台的出现、平台信用体系的建立，使得中小企业可以通过网络与全球的贸易商联系，与大企业站在相同的平台上进行竞争，甚至个体商户也可以参与到国际贸易中来，人们可以直接通过网络购买所需要的国外产品，国际贸易的覆盖面更加广泛，贸易秩序也更加公平。在传统外贸条件下，出口商品需要通过层层供应链才能到达消费者手上，制造商的利润被多重环节稀释；而在跨境电商模式下，国际贸易供应链更加扁平，一些中间环节被弱化甚至被替代，这部分转移出来的成本变为运营、平台费用及消费者优惠。尤其是中小微企业，其借助跨境电商平台参与全球贸易，直接面对客户，构建自己的贸易网。但客观地说，当所有的中间商让位于信息服务商时，交易成本攀升，基于信息资源的垄断也不容忽视，信息的成本并不比传统生产要素的成本低，很多跨境卖家何尝不是中间商。

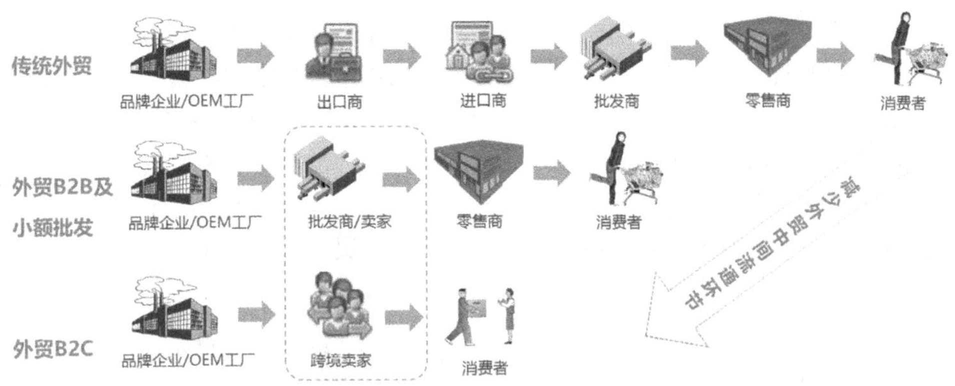

跨境电商帮助“中国制造”利润回归

当前，跨境电商正在引发全球经济贸易的巨大变革，大幅减少和消除国与国之间的贸易成本和障碍，使国际贸易逐步走向无国界贸易，同时催生出符合未来互联网时代发展要求的国际经贸新规则。一些主要国家更是在世界贸易组织、区域经贸合作和自贸区等机制谈判中，意图影响和主导国际电子商务规则的制订和发展。例如，欧盟提出要实施“单一数字市场战略”，TPP中设定了单独而详细的《电子商务》章节。在巩固“中国制造”地位的同时，提升处于“微笑曲线”两端的设计、研发、营销等能力，加快技术品牌服务出口实现向“中国创造”的转型升级[①]。

2.1.2 延伸普惠贸易

在过去几十年中，全球化在一定程度上促进了全球经济的发展，但是更多地帮助了发达国家，体现了大公司的利益，众多发展中国家和广大小企业的利益和诉求没有得到充分的体现。如今，国际组织不再讲跨国企业了，中小企业已经成为现在全球贸易的主力军。国际贸易的主力军95%以上都是中小企业，是普惠贸易的发展趋势。首先，跨境电商帮助发展中国家弥合数字鸿沟，特别是对于一些发展中国家的中小企业，可以有与发达国家相同的机会参与全球价值链，通过提高自身在全球价值链的参与水平，提高国内增加值在全球价值链中的比重，增加了高附加值产品和服务的出口。其次，跨境电商助推全球企业网上信用体系。因各种贸易因素制约，“信用”始终是海外买家下单时最关键的考虑因素。长期以来，信用积累和展示是全球中小企业实现“卖全球”的瓶颈，也是实现跨境B2B在线交易的巨大障碍。特别是小微企业很难向国际客户展示自己的诚信状况，无法获

① 天下网商，2020全球跨境电商趋势报告：中国将成最大B2C消费市场，2015.6.12

得国际订单。基于跨境电商的闭环式交易，以跨境电商平台为中心整合上下游产业链，形成生态圈，打通供应链和交易场景，为平台提供数据积累，根据贸易企业基本资信和历史交易数据等综合信息，逐步建立起全球企业网上交易信用体系。基于此，跨境电商不仅可以促进包括货物和服务在内的国际贸易发展，还可以带动物流、金融、仓储、信息服务等相关产业，从而构建一个完整、丰富的跨境电商贸易服务生态，创造出新的税源和就业，推动人民币的国际化[①]。

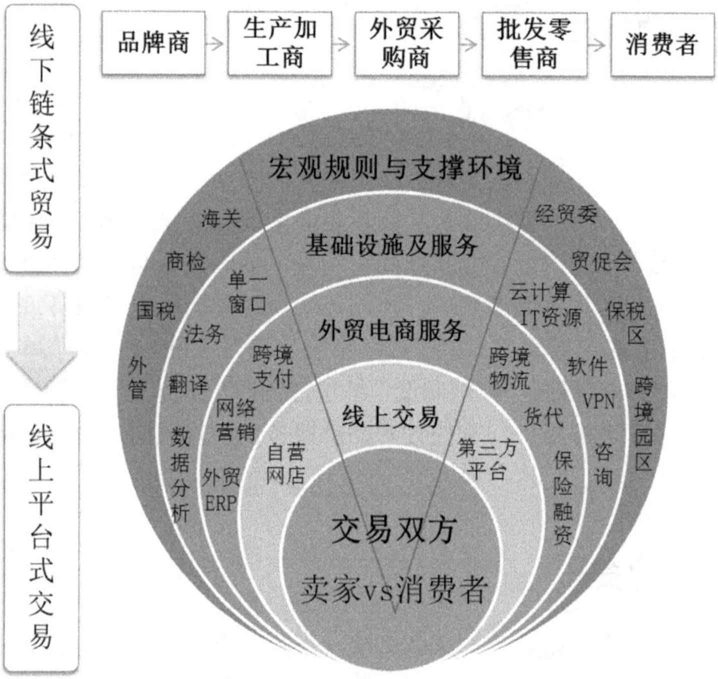

传统“贸易链条”向“网络交易平台”转变

事实上，当前的国际经贸规则已经滞后于全球互联网经济和电子商务的快速迭代，电子商务时代的国际贸易新规则，要让自由贸易和公平贸易成为全世界每一家企业和个人享有的基本权利，帮助促进全球范围内的创新、创造、创意，保障自由开放、普惠利他的全球数字经济和电子商务市场。

2.1.3 全球贸易便利化

互联网与数据是跨境电商发展的技术支撑，并给传统企业和贸易体系带来了

---

① 阿里研究院，信息经济前景研究报告 No.6 互联网经济十大议题，2016 年 1 月

系统性变化。贸易便利化（Trade Facilitation）是指使用新技术和其他措施，简化和协调与贸易有关的程序和行政障碍，降低成本，推动货物和服务更好地流通。通俗地讲，“电子化”即以电子形式进行贸易数据交换，无纸化贸易、单一窗口是实现贸易便利化的重要手段。“单一窗口”是政府贸易监管机构在进出口流程中要建立基于网络的一站式服务系统，以便让进出口商可以方便地一次提交所有的贸易数据。马云倡导建立 e-WTP（Electronic World Trade Platform，世界电子商务贸易平台）既是惠及发展中国家和中小企业，更是看重全球互联和数据沉淀。阿里巴巴集团已经正式成为全球最大的零售体，实现了电子商务“弯道超车”，证明了新商业模式的成功。电子商务贸易规则的制定并不困难，难点在于零散的操作层面，全球面对电子商务带来的诸如关税与税收、统一商业代码、知识产权保护等一系列新问题，唯有数据共享，实现全程电子数据的监管。近年来，我国各个试点城市在海关程序、检验检疫、外汇税收、负面清单制度等领域积极探索，通过“先行先试”和“由点及面”的方式，积极引领制订跨境电商国际规则，抢占全球互联网经济发展的制高点。

2.2 如何做外贸出口电商

外贸工作很辛苦，电商运营更辛苦，两者加起来的跨境电商是怎样一种体验？既有时区、语言和法规等外部因素，又有加班、日常和年末这种旺季的过劳节奏，同样还有物流企业，不得不说从业者都是挣的辛苦钱。精通贸易整个流程的外贸经验者切入跨境电商比较容易，但操作仍比国内电商要复杂些，如巴西奥运营销机会、英国脱欧英镑下跌扫货、美国大选配套产品设计，以及宗教禁忌、汇率波动、极端天气、航空罢工等大事小事无不需要考虑，是全天候、全方位的运营。跨境电商是微缩的国际贸易，若是新手，准备做这门生意就要考虑更多，从选择产品品类、供应商，到多平台运营、跨境支付、收款结汇、跨境物流，再到各种外贸风险防范，以及掌握平台服务等级考核，等等。虽然个人或小团队 SOHO 从事跨境电商很容易，但从平台规则及长远发展看，仍需以常态化的正规公司来运营，特别是采购、税收、账户、运费、法律事务及其他方面的要求。如果是制造工厂或品牌企业，首先要考虑的不是“卖什么”，而是“到哪卖”，还要进行卖家痛点调查、产品研究、广告营销、建立客户群、OEM 等，想要日营“千刀万欧”，其他运营过程仍需统筹考虑。

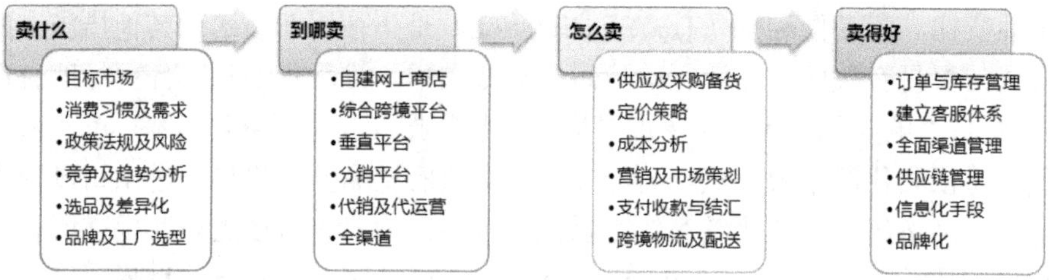

跨境电商出口需要考虑的事项

以最简单的三人组投入为例，也要分配很多角色。大型跨境卖家已经细分到拍照摄影、定制设计、多语言翻译、直通车、SNS 营销、ERP、收款、客服、数据分析、仓储库存、物流跟单等更细化的环节。而且，电商一旦起步，就要持久地关注和不懈的投入，三天打鱼两天晒网是不可能有订单积累的。另外，有资源、有条件的，就要进行多渠道分销、多平台运营。跨境贸易中有一个“软三元”概念：一件零售价四元的商品生产成本仅一元，剩下的“软三元”则分布在供应链各个环节，精益化运作也是利润之源。流通环节的梗阻，即使跨境电商转移到了线上看不见的环节，没有 30%毛利支撑将近乎于空转，而缺乏运营技能、不懂平台规则、盲目铺货和无度营销，都是马失前蹄的大忌。

跨境电商出口 SOHO 三人组

1．产品：选品、采购、包装、质检、推广

2．物流：履单、进出库、库存、发运、退货

3．售后：邮件、电话、退款、答疑、分析等

三人组分配一般角色

2.2.1 外贸出口电商模式

通俗地说，大部分跨境电商的运营就是买货、卖货，有时谈模式有点太学院气，卖家体量不同，可选择的模式并不多，小卖家平进平出挣点物流费也司空见惯。如果非要总结，大概有批发零售、自产自销、代运营（TP 即 Third Partner）、贴牌（OEM/ODM）和代发货（Drop Shipping）等几种类型。

批发就是基于一定销量的线上经销，以囤货形式低价进货，B2B 及大部分卖家会用到这个模式。为了能以更优惠的价格买到商品，要尽可能大批量买进，但需要有足够的销量来弥补前期投资采购、库存及物流等沉没成本。在应对旺季和促销，以及多品类陷阱时，很多卖家都难以承受现金流之重负。而买进后，如果再转卖给其他卖家，通常利润较低，但这已成为很多大卖家的重要业务，即代发

货及二次经销。

自产自销很容易理解，就是 M2C，设计、生产、销售、运营等一体化，最适合品牌商。看起来流通环节大减，但从社会化分工角度看这种情况并不普遍，前面提到，升级转型不是 OEM 都来做电商，工厂要做的还是降本提质。因此，很多制造商及品牌商直接把线上外贸零售渠道托管出去，即找专业电商公司来代运营。从事代运营的电商公司通常会代管多个上游品牌，被授权全权打理线上店及多平台管理。

贴牌制造就是花钱委托 OEM 工厂生产商品或 ODM，再贴上自己的商标。委托方可以用很低的价格拿到商品，然后以高价出售。这时卖家就是品牌方，需要控制整个供应链，从设计、找工厂、品控、仓储到运输，但利润也高。产成品可自销，也可卖给批发商或代发货商，以带来更多销量。这种模式需要很大的前期资金投入，制定相关的资金计划，并保持与制造商之间的稳定合约①。

代发货指别人负责给卖家的订单发货，通常是卖家和制造商、批发商合作，后者给卖家提供商品图片并报价，然后卖家把这些信息刊登到自己的网店。卖家主要负责销售，制造商或者批发商则负责履行订单，将商品发给客户。很多卖家最喜欢这种方式，不备货、低投入、低风险，不用管库存和物流，基于货源的供应链整合服务平台，大大降低跨境电商的门槛，带给中小卖家很多便利，海量货源可供分销。但供应商库存不足或延误发货，常会影响客服质量和店铺声誉等，而且低门槛意味着竞争、同质和低价。

2.2.2　国内地区分布

下面介绍跨境电商后端的产业支撑。商务部数据显示，20 多万家参与跨境及贸易的企业，基本上都集中在广东、福建、上海、浙江等地区。在 2012 年以前，跨境电商的参与者主要以小微的“草根”企业、个体商户及网商为主。此后，传统贸易中的主流参与者如外贸企业、工厂和品牌商家开始进入这个领域，并逐渐走向规模化运作，卖家所在地由东南沿海逐渐向内陆地区辐射。在亚马逊公司发布的 2015 年跨境电子商务趋势报告中，卖家地域分布前十的省份，粤、闽、浙、苏沿海四省共占七成，而卖家集中度高的 Top10 城市有深圳、广州、金华、杭州、上海、北京、东莞、福州、佛山、厦门，均是制造基地或国际空港。不难看出，

① 易观智库，中国跨境电商产业研究报告之出口篇 2014，2014 年 8 月

外贸前沿的珠三角仍是跨境热土，如同线下的“广交会”在走向线上。

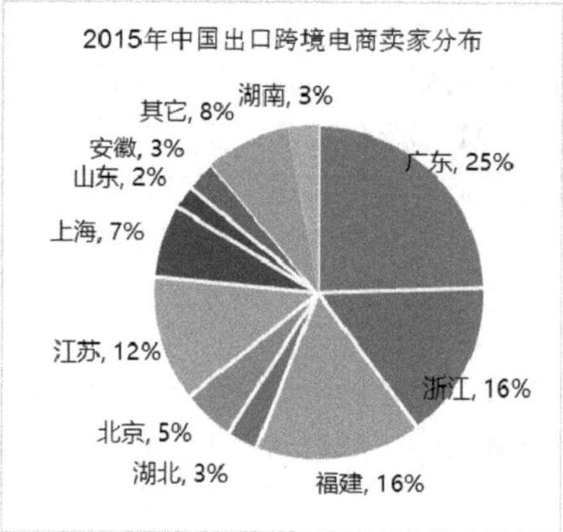

庞大的经济基础、高度集中的生产制造基地、丰富的外贸人才储备、超前的电子商务和创业意识，以及便利的物流基础设施成就了广东省居于出口电商卖家首位，品类丰富及完善的产业链是其显著的特征。“全国跨境看广东、广东跨境看深圳”，深圳外贸出口连续 22 年全国第一。深圳跨境电商发展迅速，拥有独立 B2C 企业和大卖家超过 5000 家，占据了全国跨境电商的半壁江山。2009 年深圳获得国家发改委和商务部批准，成为首个“国家电子商务示范城市”，中国城市电子商务发展指数深圳第一[①]。截至 2015 年，深圳拥有 1.5 万家物流公司、300 多家供应链企业，集中了全国 80%以上的供应链公司总部，跨境电商创新突破不断。深圳政府制订了推进跨境贸易电子商务服务试点支持方案和扶持政策，参观一下深圳华南城电子商务产业园和前海湾保税港区，全国最风云的跨境大咖差不多都可以见到了。除了深圳，周边的广州、中山、珠海、东莞等都是制造基地和跨境电商聚集地。

深圳跨境电商试点

① 阿里研究院，2014 年中国电子商务示范城市发展指数报告，2015 年 5 月

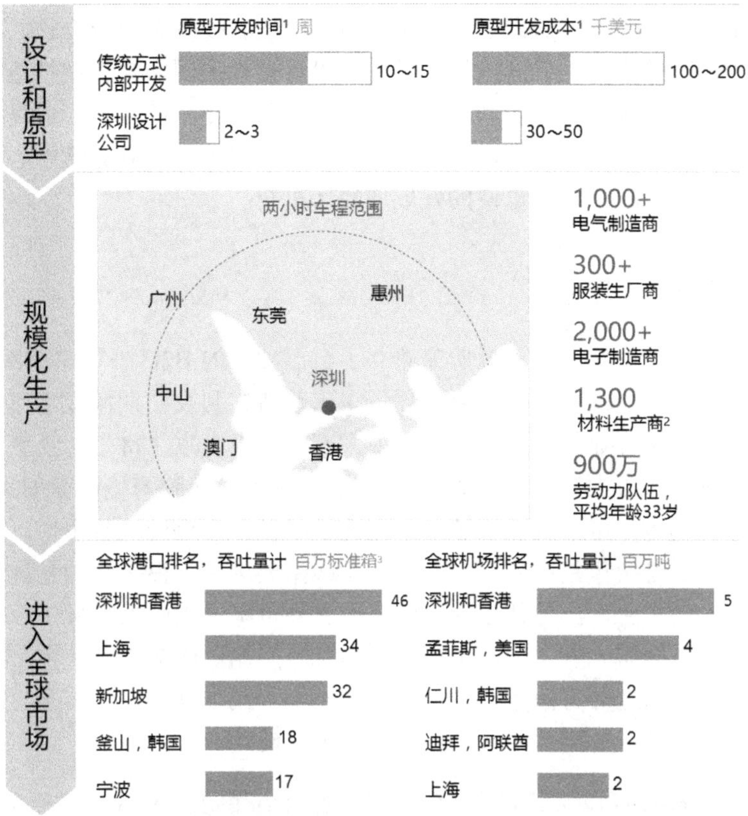

注：1. 以低成本手机为例；2. 化工、橡胶，矿物，金属，纺织；3. 20英尺标准集装箱

资料来源：2014深圳统计年鉴；德鲁里集装箱航运市场；国际机场协会；麦肯锡全球研究院分析

深圳强大的制造业生态系统优势

其次则是长三角地区，那里拥有发达的轻工业基础，产业集群效应表现突出，服饰、鞋帽和家居类产品销售领先。2015 年，浙江全省实现跨境电商出口超 40 亿美元（仅是通关统计的），约占全国 16%，居广东省之后列全国第二位①。其他产业带，如运动鞋服为主的福建省拥有丰富的货源采购和出口优势，同时厦门港为出口提供运输资源，促使福建省成为出口卖家的集中地。中西部地区，以湖南、河北、河南、四川代表的省市正在快速发展，安徽、湖北和重庆等相对较内陆地区汽配产业很好。阿里巴巴、eBay 等平台近年大力开发国内产业带优势，形成江苏海门家纺、浙江温州鞋靴、广东顺德“家电之都”、辽宁兴城“泳装之都”、福建石狮纺织服装、四川成都武侯女鞋、浙江湖州童装、河北平乡童车、河南许昌假发等，搭建了产业带跨境电商专区。eBay 推出“企业入驻通道”，强化同一个

① 浙江省商务厅，浙江省跨境电子商务发展报告，http://www.zcom.gov.cn/，2016.8.1

地理区位上的产业集群，有助于创业者、研究机构和投资者形成合作，进而推动创新。强大的产业集群是创新成果的摇篮，世界上许多国家曾尝试打造下一个硅谷。然而，自上而下、政策推动的方法大多以失败告终，硅谷的形成离不开创业文化、学术和商业生态系统，以及必要的人才积累。出口电商运营中心向中西部转移是未来趋势，将为出口电商的发展增加新机会。

2.2.3 学习超级大卖家

早期有出口电商经验的一批卖家建立了自己独立的 B2C 外贸电商网站，这批网站多以 3C 电子产品或服装起家，凭借中国制造红利及初期低成本流量，后成长为超级卖家，是行业的领航者。如果说大部分中小卖家“寄生”于平台已身不由己，那么有些超级大卖家已经成长为“铁帽子王”。老牌跨境电商 B2C 玩家，集中在十年前起步，可以说踩准了点、把握了时机，也经历一番拼搏，成为行业佼佼者。如不是这两年集中亮相上市、并购或拓展进口，很多真的是游龙深潜，多站、多店、多平台，浏览他们独立的多语言外贸零售网站如临异国，在各大平台“排物布店”驰骋无度，前端市场了如指掌、后端供应链不动声色，这种近乎隐蔽式经营，厚积之后方渐露峥嵘。有些卖家倒下或被并购，多半是实施了错误的战略或重大政策，否则先入者的优势很难被突破。

最近三年来，出口跨境电商市场份额日趋稳固，超级大卖家有兰亭集势、DX、环球易购、有棵树、百事泰、三态、傲基、价之链、大龙网、米兰网、赛维、纵腾、数码时代、浩方、丹宏昊天、深圳联科、Anker 海翼、易唐网、四海商周等，其中前八家已上市。但跨境 B2C 市场变化太快，很难说各家处于哪个梯度。行业中收入规模 20 亿元以上的公司有 5 家左右，10 亿元收入规模的公司约有 10 家左右，1～5 亿元规模的公司有几十家。在控制货源的大卖家中，环球易购 2015 年以 37 亿元收入位列第一，市场占有率也只有 1.23%。他们都在卖什么？可以说什么都卖，3C、服装、家居、玩具、汽配、成人用品等。从年报上看，在盈利指标上体现出营收增长快、毛利率高的特点，毛利率均位于 40%以上。公司卖家，非电商平台，本质上是自营赚进销差价，考验的是对效率和成本的把控。目前，行业相对分散，市场红利仍在，供应链管理能力较高的公司，有望借助资本控制更多的上游资源，通过规模效应不断发展壮大，最终围绕“品牌与供应链”竞争。由于大格局并没有改变，目前大卖家都处于比较稳定的增长态势，基本上是每年翻倍或 50%以上增长，基于价格、流量、服务等要素占尽优势，加之更多卖家的加入，这个需求敞口已非常拥挤，所以中小卖家急需寻找细分和差异化。在很多小卖家还被平台的重复开店惩罚得焦头烂额时，大卖家的“多平台、多店铺”就没有停止过。以最新上市的深圳赛维网络为例[①]，根据其财报，自营独立商城 DressLink、NewDress、DressGal 等占总销售额不足 10%，而在亚马逊上的销售额占三成，各大平台开通多达 252 个子店铺，还拥有女装服饰类品牌、内衣品牌、家居服品牌、情趣用品品牌、男装品牌、家居品牌、电子品牌等，如 Zeagoo、Finejo、Acevog 等。独立站多是这些大卖家的，后文有述，可以说这些大卖家就是线上经销商和零售商。虽然业内疾呼没有产品技术积累和品牌的外贸 B2C 前景是暗淡的，但这种低买高卖的销售亘古未变。

猛虎架不住群狼，某些领域平台未必占优。其实，专业大卖家已不满足于原来的闷声发财，逐渐开始了资本市场的布局，在目前所谓的“创业资本寒冬”背景下，跨境电商行业仍然大受资本青睐，未来的变化必将更加迅速，行业相应的商业模式也将向更加专业化和多元化的方向发展，进出口通吃，小型卖家生存空间进一步被挤压。因此，看跨境行业的发展，一看平台，二看龙头卖家，他们基本代表了趋势。

2.3 线上 B2B 业务

先说 B2B，因为从发展趋势和政策导向来看，这或将成为跨境电商的新主流，成为对贸易经济带动面最大最广的业务模式。据统计，2015 年中国 B2B 电子商务市场交易规模达 11.8 万亿元[②]，跨境电商占外贸进出口的比重大约是 17%，其中 90%都是 B2B 模式，跨境零售部分只占外贸进出口的 3%左右。笔者推测跨境电商占总体外贸的比例没那么多，传统贸易的量级仍是绝对大头。同时，B2B 在线采购正逐渐成为全球采购的主流趋势。据行业预估，2020 年美国的 B2B 市场规模将会达到 9.4 万亿美元，而 B2C 市场规模大概为 3.8 万亿美元。传统 B2B 业务，核心在于两端的企业而非网络平台和 C 端，相对交易特征是“低频高额”。这种模式成功的关键是高效匹配和安全保障。高效匹配的困难来源于需求复杂性，

① AMZTracker，跨境电商行业新动态：赛维电商正式申请新三板挂牌，2016 年 8 月 24 日
② 艾瑞咨询，中国 B2B 电子商务行业研究报告，2016 年 6 月

B2B 商品类目类型复杂、具有定制性，需求匹配与业务承接周期长，买家和卖家区域分布、身份类型、经验及能力状况加剧了这种复杂性。而 B2B 信用问题更突出，建立跨国信任难、链条长、资金占用多，在安全保障上（信用、质量、资金、物流）都需要系统性突破。重点发展跨境电商 B2B，这符合我国外贸稳增长、调结构的需要，也有利于降低监管成本，提高通关效率。

国外消费者选择跨国采购的原因无外乎是本国采购不到或节省采购成本，寻找更丰富的产品来选择。对于传统的外贸单，企业先后要完成市场调研、样本设计、参加展会、询盘报价、审订合同、改进产品、租船订舱、制单结汇、融通资金和售后服务等一系列操作，要协同多方面专业人才组成的团队（外贸外语、国际商法、制单结汇、财务会计、风控审计、仓储物流、展览设计和系统服务等），因此有一定规模和复杂度的工业品 B2B 不会被线上平台取代。但不得不承认，传统外贸的 B2B 信息服务已经饱和，线下展会逐年在走下坡路，尤其是消费品，正被 B2C 冲击得丧失活力。而跨境电商 B2C 已经开始“血拼”，这是传统外贸所恐惧和抵触的，也是他们想转型线上的困扰。

2.3.1 线上 B2B 业务发展阶段

单纯从运作层面看，其实传统外贸比跨境电商简单，没有订单的时间更多，可以去外贸展销会或发布线上供应信息，有了稳定客户后，以阶段性的大单来支撑，不用天天挂念线上销售订单。专注行业多年的外贸企业，都会在货代、银行、保险、海关、商检、税务、商会、仓储物流等诸多领域积累大量宝贵的资源，尤其是商誉影响和信誉资源。这些有形无形的竞争力一旦搬到线上零售就要重新积累，而且还不一定能比小卖家们做得好，毕竟平台的规则不会单独向谁倾斜。跨境 B2B 电子商务没有 B2C 发展得那么迅猛，最早起源于黄页信息展示，发展到目前倾向于完整的交易闭环实现，并走向大数据整合的全环节服务。目前，信息展示服务仍是外贸 B2B 平台的主要内容，如阿里巴巴、中国化工网、中国制造网、马可波罗、环球资源、GMC 环球市场，国外的美国 MFG、沙特 TradeKey、韩国 Ecplaza/EC21、欧洲黄页 EuroPages 等，针对用户推出的会费、竞价排名、黄金展位、站内广告等盈利内容，仍聚焦于信息展示，将线下信息转移到互联网上，模式核心是占有大量的供应商和产品信息，买家的询盘/询价量是关键指标。撮合交易一旦完成，其他环节都是传统的下线操作。而另一方面，DHgate/eBay/Osell 等 B2B Marketplace 偏向综合交易。这两年 B2C 大龙网转型 B2B 业务，线上分销、线下布局全球网贸会。线下渠道采购周期长，采购商一般会提前一年半载进行采购，往往还是有针对性地去适应一类目标客户群，这类“标品”更新换代慢。线上渠道完全不同，企业推出新品，让用户在更快、更短的时间内体验新的产品，受众更是无边界，超过世界级展会。然而，外贸企业与外国采购商通过线上进行产品展示和交流，线下按一般贸易完成货物进出口，本质上仍属传统贸易，该部分以货物形式全部纳入海关贸易统计。此外，为外贸企业提供进出口服务的平台公司帮助中小企业商品进出口，在实际过境中都向海关进行申报，通关商检、结汇及退税等方面的运作相对成熟和规范。

跨境电商 B2B 平台分类

第三方平台			独立平台
信息撮合平台	交易服务平台	外贸综合服务平台	
提供交易前信息展示和交流服务，如中国制造网、诚商网、阿里巴巴国际站等	提供交易中的服务，如速卖通、敦煌网等	提供保险、运输、报关、退税等一系列综合服务，如一达通、世贸通等	简化供应链，为海外中小零售商解决“最后一公里”问题，如兰亭集市、大龙网、易单网等

对 B2C 来说要以产品服务为主，平台开店，用户不太需要过多了解卖家，而 B2B 是尊重两信一保即“信任、信用、售后保障”的，产品信息流只是一部分，B2B 是基于商业信誉的。后来，以敦煌网为代表，在供需展示的基础上，瞄准了小额批发模式，开始切入保障交易。买卖双方直接通过平台完成订单、付款、发货、收货、评价等环节，实现在线交易闭环流程。这种小额交易更接近于 C 类，风险度更容易让买方接受，平台以此开始提供增值内容，如会员资格、竞价广告、交易佣金、支付结汇、外贸信贷等，还有线下会展、期刊、交流会、外贸大学等服务。中小规模跨境批发业务在未来会更加受追捧。近来，以阿里一达通为引领，基于系统或人工的信息撮合，进行供需匹配和在线交易，将 B2B 电子商务的供应链、支付、通关、物流、金融信贷等一系列服务打通，实现线上交易和外贸服务一体化。现在各类 B2B 平台趋向于“近生产端、近加工端、近消费端”，综合类 B2B 电商面向中间交易市场，垂直类 B2B 电商面向行业细分领域。此外，在 B2B 电商外围，还有营销推广、行业分析、关键词竞价、点击付费等衍生信息服务。

目前，跨境电商政策主要针对 B2C，而 B2B 基本是按照传统贸易方式，跨境 B2B 模式发展形势大好，但仍亟待深化改革、完善服务生态，在创新模式、成功经验、政策制度等方面，还处于探索过程中。小批量 B2B 同 B2C 边界的模糊化，给监管带来一定难度。跨境电商 B2B 相关环节的技术标准、业务流程、监管模式等方面先行先试，杭州的试点举措略具借鉴性，包括制定 B2B 业务和企业的认定标准、制定申报流程和便利化通关措施、建立线上信用保险制度和支付体系，以及建设海外仓和公共保税仓等配套设施等。

2.3.2 跨境 B2B 市场

在外贸线下模式较为成熟的情形下，撬动线上化、建立业务闭环面临很大挑战，但采购商的在线采购需求正驱动线下贸易商挪到线上。截至 2015 年年末，阿里巴巴 B2B 平台上的国内供应商在百万级别，国内采购商有上千万，海外采购商则高达上亿，采购商数量远远多于供应商数量，市场潜力可观。海外 B 类买家遍布全球，主要的海外买家来自欧洲、北美、中南美。询盘量最大的外需十大市场依次为美国、英国、印度、加拿大、俄罗斯、澳大利亚、德国、奥地利、马来西亚和巴西[1]。其中，美国仍是中国最大出口国，询盘量远超其他国家，美国 50%的企业会将一半的采购放在互联网上进行；59%的采购商开始将在线采购作为企业的主要采购方式；B 类买家单次购买金额是个人买家的 5 倍，年均贡献是个人买家的 45 倍；纠纷出现情况低于个人买家 11%，退款率比个人买家低 34%[2]。非洲和“一带一路”沿线国家制造业正在崛起，东南亚、中亚、中东欧、南美洲等新兴市场增速很快，机械、消费电子、服装、汽车摩托车等产品海外需求较大，运动健身娱乐行业成海外商机。

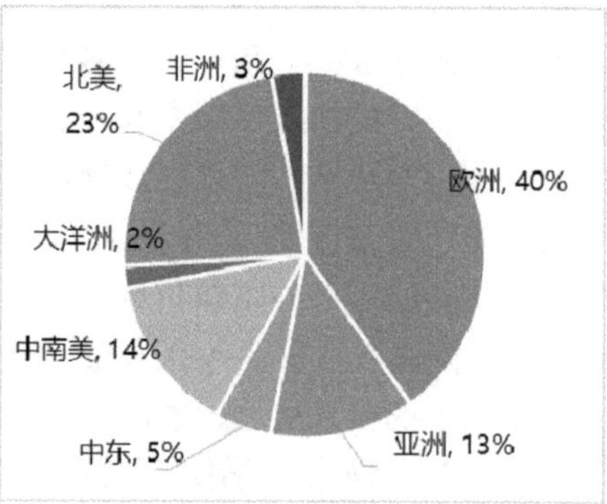

阿里巴巴国际站海外买家地域分布

中国制造业与贸易的成功主要归功于广泛、全面性的生态系统——覆盖率完整的供货商网络、庞大且熟练的劳动力、现代化的物流基础设施。制造企业推动工艺流程创新，并保持独特的规模优势，供货商网络规模大、范围广，可辅佐生产企业迅速响应客户的需求变化。中国有超过 14 万家机械供应商、7.5 万家通信设备制造商、10.4 万家交通运输设备制造商，规模超过日本 5 倍。而中国庞大、灵活的劳动力队伍让企业能以其他国家难以企及的速度扩大生产规模。中国有 1.5

① 阿里巴巴 B2B 市场部，中国 B2B 新趋势与新探索，2016 年 1 月

② 樊建华，敦煌网 2016 强势升级跨境电商 B2B 掀起新一轮高潮，甘肃日报，2016 年 4 月 26 日

亿制造业工人，远多于美国的1400万、日本的900万、韩国的400万，是越南低成本制造新生劳动力人口的三倍①。这个生态系统还包括由高速公路、铁路、机场构成的现代化交通网，确保全球各地需求的高效对接。如今贸易下滑，经济下行压力大，中国制造的出口优势减弱。以劳动力成本计，波士顿咨询的研究表明，中国相比美国的制造业成本优势在过去的十年间（2004—2014 年）从 14%下降至不到 5%，这个变化将促使企业重新评估它们的制造业选址，从而导致全球经济发生巨大转移。美国的制造业成本优化提升明显，已成为发达经济体制造业成本最低的国家。大量的美国企业正在将其制造业迁回，进而提升了美国本土的采购需求。

将通关、贸易统计、结汇退税等成熟的线下流程，与 B2C 灵活的线上匹配、支付、物流、评价、服务等结合，促进外贸发展，这可能是发展跨境 B2B 的主要初衷。因此，如果能从 B2C 积累成 B2B，操作起来是否会轻松得多？首先，B2B 电商平台正在迅速成为品牌、批发商、分销商和制造商销售的主要渠道。外贸数据里 B2B 始终是主体，在工业经济不景气的大环境下，针对“互联网+传统产业”，国家推动供给侧改革也是 B2B 电商发展的契机。这两年无论是内贸还是外贸，电商 B2B 突然异常火爆，深受资本追捧，也许是 B2C 已被“玩坏”，而 B2B 体量太大又成熟度不足，资本市场嗅觉总是最灵敏，现在中小企业 B2B 电子商务处于风口，投融资环境较佳。网络竞争力的积累也非一朝一夕，既然是一个趋势，出名要趁早。其次，B2B 的客户体验越来越趋同于 B2C 的用户体验。得益于互联网基础设施的成熟，以及搜索、支付、移动、物流等技术的迅猛发展，国际贸易形态正在深刻变革“全球实时供应链”，小批量、高频次的采购形式正成为贸易主流，B 类采购商对于供应商的要求也越来越高，与个人消费者对 B2C 的要求变得非常接近，不仅要求有更丰富的商品选择、价格更有竞争力，还需要在订单履行、物流、客户服务上有更快的响应。最近，亚马逊公司推出了 B2B 平台，这对许多制造商和分销商来说是一个可怕的消息，其要求 7×24 小时网上订单服务。再次，就是 B2B 平台的推波助澜，纷纷向交易与综合服务化升级。很多 B2B 平台目前充其量只是一个中介，发挥撮合的作用，类似于“网上广交会”，是供需双方沟通的桥梁。供应链、支付、物流、信用、保险、信贷等其他诸多环节都不在线上范畴，即没有实现交易线上化。现在他们试图向大宗交易平台转变，为境内外商户提供供需信息、网络营销平台的同时，帮助双方直接完成交易及支撑服务，创造信用保障。

---

① 麦肯锡全球研究院 McKinsey，中国创新的全球效应研究概述，2015 年 7 月

2.3.3 平台措施

过去，平台只知道供应商和产品信息，采购方只能看到询盘问价情况，无法知晓是否成交、如何成交、成交价格、付款方式如何，而没有这些数据支撑，就无法进一步提供通关、结汇、信保、融资等服务。外贸综合“交付服务”平台，要迈过关键的“交易”门槛。大额外贸 B2B 难以实现闭环的根本是，平台、卖家、买家三者之间存在繁杂的跨国责任追索，传统复杂的贸易规则很多都是来处理这些违约风险的。早先敦煌网成立，志立于提供跨境 B2B 交易服务；阿里巴巴从信息平台向交易和综合服务转型；2015 年亚马逊公司开发 Amazon Business（亚马逊商业采购站点）开放给第三方厂商和卖家使用，期望把 B2C 的购物体验复制到公司采购中来。但真正的“命门”在于数据，包括供应商及产品数据、买方需求数据、交易数据，一旦获得后两种数据，平台就会为这个客户推荐所谓优质供应商、增加广告机会，然后进行评级和增加询盘数量；同时推荐物流渠道，比如集拼更经济的线路、海外仓等；最后，根据资信情况进行金融增值服务，如流水贷（信用融资）、信用证融资、赊销保单融资等，这是众所周知的套路。但问题在于贸易商并不想拱手让出客户数据。现在，阿里巴巴基于一达通的交付数据推出了贸易融资、信用贷款和阿里信保、一拍档等服务，打造一个外贸领域的生态系统，并集成更多的配套服务。如物流，提供海运拼箱整柜、空运、快递、陆路联运等，形成“下单—报关报检—收结汇—平台垫付退税款—外贸服务补贴款发放—结算”。阿里一达通的基础服务是免费的，还给予一定的补贴！这个举措完全颠覆了传统的外贸代理业，毕竟其为客户办理报关、报检、结汇、退税等手续时有一定的成本。亚马逊 B2C 就是这个路子，用流量支撑。现在，“烧钱”的互联网模式的基础服务是“流量入口”，一旦免费开放，大量的中小企业涌入一达通服务平台，这将衍生出巨大的增值服务市场：物流和金融。聚集几万家外贸企业的需求，去跟相关的物流公司、金融机构谈判，以获取更低的费率①。

阿里巴巴是目前全球最大的跨境电商生态，1999 年就已经有跨境出口电商平台，其国际 B2B 市场核心业务包括：商机搜索与浏览、专用域名与商铺、供应商认证、网商活动与培训、线下会展及刊物、管理软件和贸易通等。阿里巴巴集团的跨境板块，已经初步发展形成国际 B2B（出口 Alibaba.com、进口内贸批发 1688.com）、国际 B2C（速卖通 Aliexpress、淘宝海外、天猫国际）、国际支付（国际版支付宝及 ESCROW）、物流（菜鸟网络）与外贸综合服务（一达通）等各类应用与服务互动发展的跨境生态圈，参与者多（买家、卖家、平台、服务商）、关

---

① 跨境电商研究中心，浅析一达通：助力阿里巴巴国际站形成交易闭环，2015 年 7 月 9 日

系复杂（信息、交易、服务、监管）。

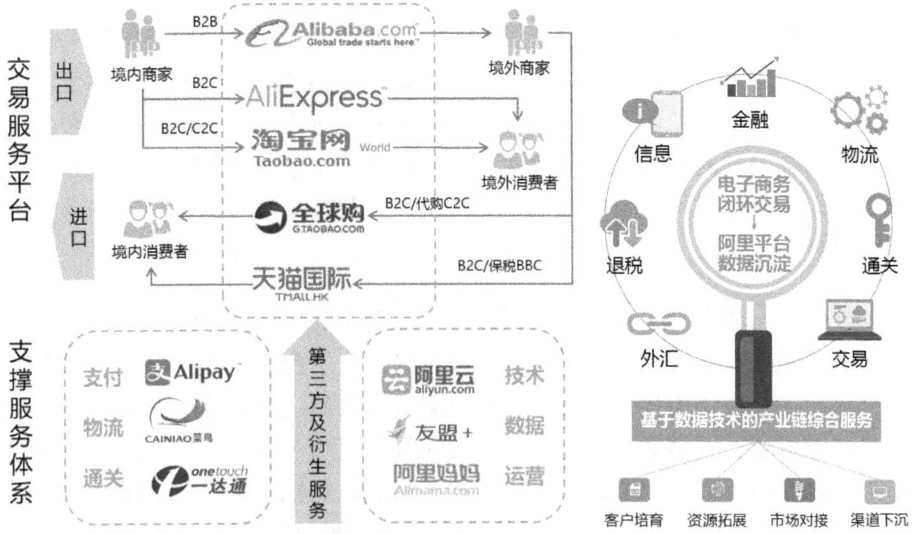

阿里巴巴集团的国际化布局及大数据战略

关于 B2B 付款安全，传统信用证专业性高、时效低，而 T/T 电汇缺乏保障。B2B 支付着重解决资金的支付安全和分账问题，需要革命性改变。第三方支付对 B 类企业而言不太合适，B 类的交易大多是大宗商品，交易周期长、过程复杂，很多企业需要买家货款来组织生产，押款的方式会造成卖家资金紧缺。避免押款的方式，而是通过对供应商企业授信的方式给予保障金，在交易过程中，卖家使用保障金来保证这一笔交易，如果卖家出问题，使用保障金直接向买家赔付货款，之后平台再向卖家追索货款。交易数据作为未来企业信用的参考标准，为企业与银行、担保等金融机构的交易提供融资信用凭证。买家免去了验货验厂的流程，信任这个“中介”就够了，既保障安全又提升贸易效率。

2.3.4 外贸综合服务

外贸服务流程复杂，中间商较多，中小微企业很难直接参与到外贸中去，这就需要建立外贸“中间平台”，通过互联网技术实现业务流程的标准化和规模化。国务院在“外贸国六条”中正式提出“外贸综合服务企业”这一概念，表明政府首次明确了一达通、广新达等外贸 B2B 服务商作为服务机构的身份，支持它们为中小民营企业出口提供融资、通关、退税等服务，而过去他们在监管上一直被视为单一的贸易企业。外贸综合服务企业是指：为国内中小型生产企业出口提供物流、报关、信保、融资、收汇、退税等服务的外贸企业。外贸综合服务平台主要是为出口企业提供通关、结汇、退税的一站式服务，并在此基础上提供相应的物流、金融等增值服务的模式。外贸综合服务的实质是对接贸易监管机构关、检、税、汇等部门，形成便利化的“单一窗口”。政府愿意推动能够提供集约式、一站式服务的综合服务企业的发展，将分散的中小企业进出口的资源进行整合，化零为整，将繁杂的外贸流程化简，改变风险的结构，平台对信息流、物流和资金流的情况全面掌握，这样就可以建立信任体系，使得参与外贸的主体在享受便利的同时也得到一定监管。

B2B 平台与外贸综合服务的打通或许是完善 B2B 业务闭环的关键，能在一定程度上拉动企业在达成订单后仍然将后续行为留在平台上。跟早期一达通类似，市场上还存在很多进出口代理和环节外包服务提供商，如中建材易单网、贸促会、易链通、慧贸通、万事通、广新达、自贸通等外贸综合服务平台，除了不掌握线上交易，他们也可提供码头、物流、通关、结汇、退税、融资、信保、保险、赊销、外汇保值、代办证照等一系列线下解决方案，例如跨境 BBC 海外仓出口退税及结汇提现。各类平台拥有交易数据及企业信用记录，未来金融机构与他们的合作将更加紧密，而电商平台在其中的话语权也会逐渐增强。

外贸企业的核心是客户资源，传统外贸也不一定贸然全依托于平台。回头来看 B2C 电商的经验教训，获客成本不一定会因为网购下降、依赖性和低利润令人头疼。平台垄断亦非好事，良性市场，无论线上下线都需要百家争鸣的竞争格局，建立竞争的多平台机制很有必要。另外，再次强调的是，标准化程度高的产品“上线”较容易，专业产品或工业级产品，包括很多技术细节或售后服务，未必显著有效。对于大多数外贸 B2B 来说，询盘到销售这个过程的时间会比 B2C 要长很多，这中间的客户关系维护、销售技巧和专业水平都是成功的要素。其中，增加店铺流量、提升流量转化率、询盘转换为销售，与 B2C 运营和营销方面存在一些差异。

另外，还有几个趋势需注意，一是很多的企业通过分销的方式实现全网平台的铺货，B2B 分销已经占据传统 B2C 出口电商的重要业务比重。二是有些行业垂直和分销 B2B 平台的兴起值得关注研究，通过聚焦优势品类，在产品和服务上专注各自行业特点，形成专业壁垒，例如 Vendor Express 是亚马逊把第三方卖家转为自营供应商创建出来的新平台，商家通过这个平台可以把产品卖给亚马逊，而 Amazon Business 也正在中国区招募商家入驻，帮助中国企业进入全球商业采购市场，实现“中国质造，货通全球”，还有支持制造型企业的“制造+”项目。三是

"B2B 电商平台+社交模式+大数据+移动商务"，通过这些外贸平台可获得询盘，但要找到精准国外买家，还要再加上 Facebook、Twitter、Linkedin 等社交媒体营销这些新兴渠道，联系沟通潜在的大客户。移动端采购的兴起，倒逼企业必须跟上移动解决方案，数据显示，美国 50%以上客户下单的决策来自于移动端，29%在线采购的成交额直接来自移动端。

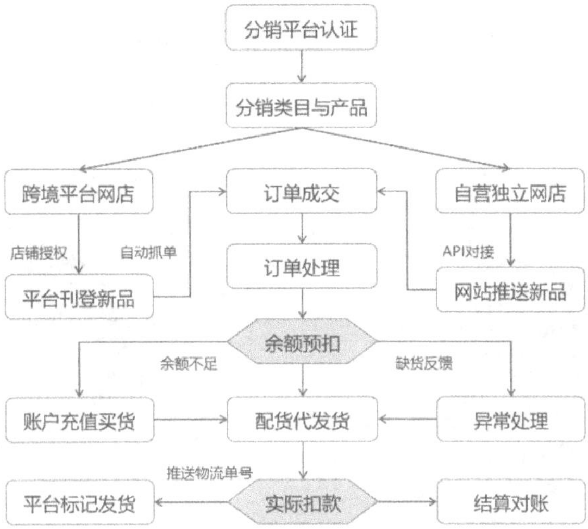

一般出口分销平台流程

2.4 跨境 B2C 出口主流市场

人口、消费水平、物流经济配送范围是决定电商市场的几个基础要素。网络无界，理论上好东西可以全球通卖，但世界上 200 多个国家和地区，物流、支付、通关、法律等各种因素制约重重，目标市场还是有限的。贸易难做是因为跨国的人际差异大，民族特性、国民文化、经济条件、消费习惯、政策法规等都需要深入研究和判断。生意一旦触及终端消费者，线下交付能力更要好好掂量。2015 年，我国对外最大的几大跨境电商目的国是：美国 16.5%、欧盟 15.8%、东盟 11.4%、日本 6.6%、俄罗斯 4.2%、韩国 3.5%、巴西 2.2%、印度 1.4%、其他 38.4%①，包裹流向欧美实超七成。各主流跨境市场片区概况是：北美、欧洲依旧强势，东南亚、东欧、中东发展讯速，巴西、俄罗斯言者必争，非洲、印度值得期待。

① 张周平，中国电子商务研究中心，2015-2016 年中国出口跨境电子商务发展报告，2016.8.10

不同发展水平国家电商消费特征

	消费特征	社会特征	电商特征
高收入国家	高质量、高设计、高品牌	圈子化明显，高话语权，追求影响力	B2C 活跃，用户体验强，移动化程度高
中等收入国家	好质量，新、奇、特，有精神附加，有品牌	圈子化较明显，话语权不强，急于追求影响力	小批发为主，看中售后，移动化偏弱
低收入国家	产品丰富，价格低，无牌或仿品	娱乐性强，话语权弱，不追求影响力	小批发，个人有产品就可，质量容忍程度高

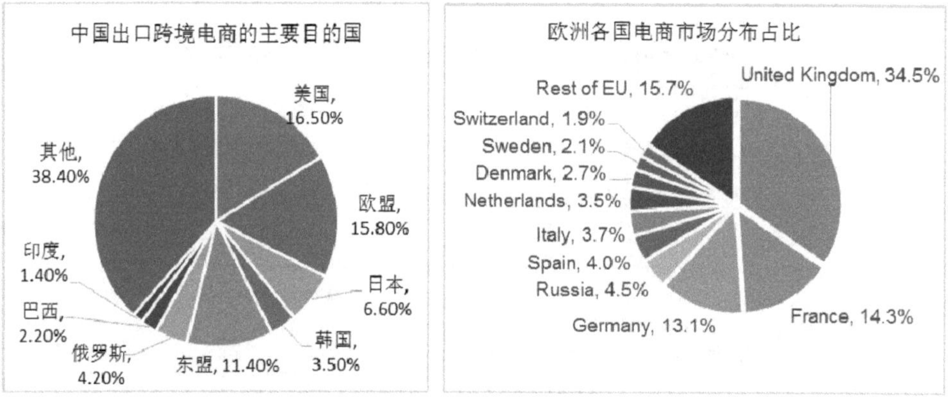

跨境电商出口分布

全球 1/3 的跨境在线买家集中在北美，网民多、能消费，这一点美国确实是“老大”。欧洲市场成熟、经济发达，有多达 3 亿的在线购物用户，电子商务为欧洲贡献了大约 5%的 GDP。欧洲相对发达的地区，线下商业、服务业的人力成本较高，这为跨境电子商务提供了非常好的价格优势，例如，法国 2014 年电商市场规模达到 575 亿欧元，同比增长 19%，占法国 GNP 的 18%。至 2015 年年底，欧洲 B2C 网站数量已增至 75 万个左右，并以每年 15%的速度增长。由于各个国家资源禀赋不同，不同国家消费品供需之间会存在互补性，因此通过跨境电商平台可以有效地分配资源。出口跨境电商的目标市场正向小语种、发展中国家转移，在这些市场具有一定技术优势。新兴市场机会巨大，新兴国家可以说是中国跨境电商卖家的新蓝海。拉美是继东南亚之后的又一个新兴市场，超过 40%的年均增速使之成为全球跨境 B2C 电商增长最快的地区，东盟、巴西、俄罗斯都是这两年的热门。

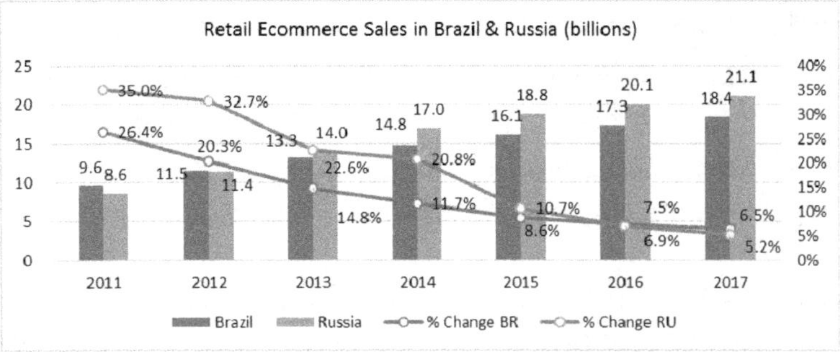

Source:eMarketer.com,June 2014

巴西及俄罗斯的电商市场评估

2.4.1 地区拓展的考虑因素

欧美为主的成熟市场尽管增速略慢，但庞大的基数仍然确保了两个市场总共超过 30%的新增市场交易额贡献。据估，到 2020 年，它们仍是全球第二大和第三大跨境 2C 电商市场。而美国不仅是跨境 B2C 电商的重要市场，同时也是全球跨境 B2C 电商最重要的货源地，在很多国家，美国都是消费者跨境购物的第一产品来源国。从 PayPal 最新报告可以看出，英、美、德、法等国的跨境潜力还很大，跨境购远不如国内购物多，土耳其、印度、东欧、南欧等地也值得开拓，而日本貌似出奇的保守。如何看一个地区跨境电商市场的现状和潜力，有几个方面要考虑。

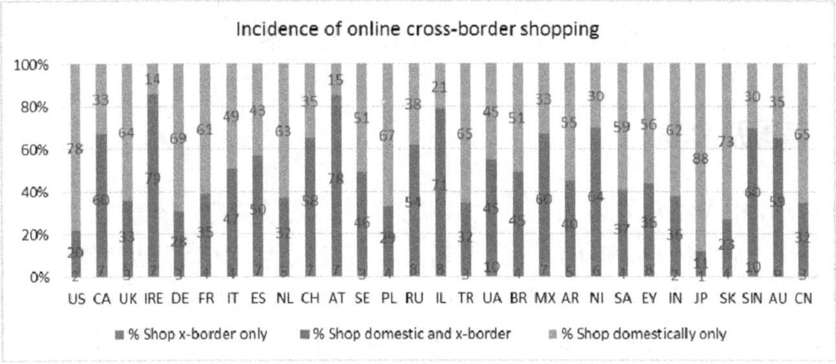

各国网民跨境网购的比例

一是市场空间，跨境网络零售依赖庞大的海外目标客户群，通俗地说要有足够人口基数构成的“消费”。无论是新兴市场还是发达国家，消费需求是第一考量。美国是第一大市场，这是由其发达的消费型社会决定的，没有电子商务前美国的门店零售也很好，跨境渠道的小众产品供应和物流便利，满足了更广泛的消费需求。人少人稀的经济体的消费者也有跨境需求，但很难带来规模效应。

二是当地产业结构，产业结构失衡会造成对进口消费品的强烈需求，例如依赖资源和初级产品出口的拉美和中东地区，以服务业为主的发达小型国家，以及前苏联体系下消费品工业相对欠发达的中东欧国家。生活必需品的不可获得性带来强劲和持续的市场需求。同时，这些新兴市场较为薄弱的线下零售业也为跨境 B2C 电商在这些地区的发展留下了广阔空间。

三是基础设施条件，在所有的新兴市场里面，物流、支付、通关等问题突出，欠发达地区很多消费者没有信用卡，运输的可靠性、清关的时效性、配送的及时性都很难保障。毫不夸张地举例，一件衣服送到巴西买家手里可能已经换季。好在移动技术的发展和智能手机的普及在一定程度上弥补了欠发达地区互联网发展滞后的数字鸿沟，印度、东盟、南美等地消费者都开始借助移动互联直接获得商品。

四是制度便利化，新兴市场虽然潜力很大，但市场“不规范”的挑战要比发达市场更难处理，市场监管和法律规范等都还有较大差距。北美自由贸易区 NAFTA 及欧盟数字化单一市场（Single Digital Market）都非常有利于跨境电商的发展。然而，在新兴市场设立海外仓是业内公认的风险课题。

另外，还要注意利用语言文化的多样性。多语言网店很必要。据查，兰亭集势网店有 27 种语言，非常注重小语种的市场突破，速卖通、大龙网等这两年都在深耕俄语市场，而傲基电商初期专注小语种市场，并以德语网站为主导，其他小语种独立站 coolicool 及 efox-shop 系列有 15 多个语种分站，以 Aukey 品牌为例，在法、意、西等“小蓝海”中占国内外贸 B2C 行业第一。

2.4.2 美国及北美

在全球，中美绝对算得上是互联网经济体的“双子星座”。据美国商务部统计，2015 年中国首次超过加拿大成为美国最大的贸易伙伴，中美双边货物进出口额为 5980.7 亿美元，占美国全部进出口额的比重为 15.7%。根据 KPCB 报告，北美电商市场占全球电商交易的 1/3，每年增长速度在 15%，在线占总零售的 10%，而增长曲线尚未出现任何放缓迹象。美国电商市场 2016 年估计销售额将达 3500 亿美元，最大的 500 家电商市场份额占 84%，Amazon 就独占四成份额。美国电子商务的销售额在 2017 年有望达到 3800 亿美元，而加拿大届时也能达到 440 亿美元。根据 Internet Retailer 的数据报告，美国第三方市场的交易量已经高达 1000 亿美元，总量也相当惊人，其中前十大电商第三方平台数据如下表所示。

亚马逊的 GMV 已经是其他另外 9 家平台 GMV 的两倍，FBA 仓配与 Prime

会员助其一骑绝尘。北美占据了 Amazon 全球业务一半以上的市场份额，拥有大批稳定的、具有较高消费能力的 Prime 会员，是全球卖家业务发展的主力市场。但各个平台的货品差异正在趋向缩小，曾经 Sears 最流行的品类是草坪和园艺、Newegg 的 3C 产品、Esty 的手工制品等，他们也在努力扩展卖方品类。而近期 Walmart 斥巨资收购刚起步的第三方电商平台 Jet.com，显示出这个零售业老大对电商市场不计代价的押注。美国不仅电商平台发达，支付、物流体系也最为先进，三大快递巨头垄断包裹派送，专线或海外仓尾程都还需要依靠他们，而中美邮政双边共创的 e 邮宝，覆盖范围广、性价比高、时效可靠，是跨境电商的主要物流通道和明星产品。

十大电商第三方平台数据

Marketplace	Year Launched	2015 GMV (Million)	2014 GMV	GMV YY Growth Rate	No. of Sellers	No. of SKU (Million)
Amazon	1999	223600	173000	22.6%	2000000	365
eBay	1995	78100	79600	-1.9%	25000000	900
Walmart	2009	14700	13009	13.0%	300	5
Newegg	2011	2850	2830	0.7%	10000	27
Esty	2005	2390	1930	23.8%	1600000	35
Sears	2010	1500	1350	11.1%	10000	65
Rakuten	1997	700	630	11.1%	6000	20
Bluefly	2013	500	355	40.8%	2500	0.1
Farfetch	2008	500	290	72.4%	400	Na
Jet	2015	50	0	N/A	600	10
		24890	272994	19.0%		

2016 年 2 月美国总统签订了一项新的法案，将美国邮递进口商品的免税额度翻了四倍，提高到了 800 美元，而加拿大的免税额度只有 20 加元。这进一步刺激了美国消费者通过跨境电商平台进行网购，包裹进口量大幅增加。在免税额度内，消费者无需支付美国进口关税，降低了中国卖家出口贸易成本；物品无需办理进口正式报关手续，减少了繁杂的单证流程，加速美国进口海关清关程序及门到门总体转运时间，提高卖家账户物流表现；卖家可以更好地管理供应链和控制库存成本，将价值更高的货物用更多国际直发的模式进入美国市场[①]。虽然最近美国

① eBayCBT，“美国提高进口免税额至 800 美元，eBay 中国卖家意味着什么呢？” http://community.ebay.cn/，2016 年 3 月 11 日

一直呼吁制造业回归，但中美经济贸易方面有着很强的互补性，一个制造、一个消费，其国内市场所需要的日用消费品主要靠进口，从服装、家居、玩具到小五金、家电等，消费品进口需求量都很大。对于未来，Forrester 研究公司预计到 2020 年，美国线上浏览并购买商品的消费者数量将达到 2.7 亿（2014 年美国人口为 3.19 亿），交易总量将达到 5230 亿美元，主要的活跃人数将转向移动端。

2.4.3 英国

作为出口路向第二大目标市场、欧洲第一大电商市场，英国网络消费者已超过 4200 万人，在非食品销售方面，每 6 英镑消费额就有超过 1 英镑来自网购，2015 年网络消费和去年同期相比增长了 13%，而整个零售业增长还不到 5%[①]。整个欧洲，八成英国网民经常在网上购物，是欧盟 28 个成员国中比例最高的，英国人均网络消费额接近 1200 英镑，将超过美国。究其原因，作为英语国家，它是 Amazon、eBay 等美国电商巨头最先进军的市场，英国本土网站吸引着很多国外消费者来购物，比如北欧消费者用得最多的外国网站就是英国的，中国消费者也热衷于“英淘”。美国两大信用卡组织也占据这里的支付行业，英国人比其他欧洲人更常使用信用卡，智能手机的使用率也是欧洲最高的。另外，商品在英国国内运输距离短，邮政和快递服务便捷高效。当然，作为老牌的资本主义国家，其市场规范性、开放度和民主法治等成熟度也非其他地区可比，国内卖家的欧洲海外仓很多都选址英国。

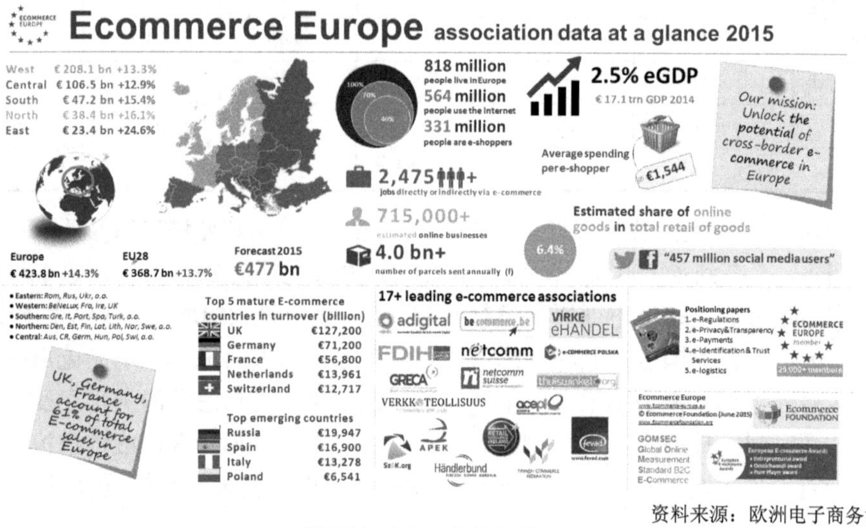

资料来源：欧洲电子商务协会

欧洲电子商务市场概览

① 雨果网，你不知道的事：全球七大主流电商市场数据分享，2015 年 8 月 6 日

英国对跨境电商本身没什么管制，但对产品始终保持高标准的规范要求，跟贸易没什么差别，这让习惯于山寨和仿品的国内卖家一度难以适应。英国贸易标准局 TS 要求所有进入到英国的产品都必须符合健康和安全要求，如有关产品结构和稳定性等，有时需要向授权检验机构提供资料，以证明完全符合标准。跨境圈里常提及的 TS 检查，就是 TS 经常对量大、危险高的品类进行优先检测，如热卖的 3C 类、带电产品、玩具及平衡车等，一旦查出不合格，必须出具第三方检测机构产品验证报告，而那些欧盟 CE 认证标签、英文版使用书、是否符合给儿童使用等都是必须的，要证明产品进行过全面检测，可以确保安全。

对英国市场物流清关的合法化也是一个风控点，要综合考虑时效好、清关优、派送稳的物流产品，如商业快递专线，其时效高，逐票商业清关，是贵重产品首选；邮政是平价之选，承运清关有优势。乐天英国是仅次于 Amazon.co.uk 和 eBay 英国的第三大在线市场。

2.4.4 德国

从购买力的角度来看，德国不仅是欧盟人口最多的国家，也是欧洲最大、世界第五大的经济体。德国电商市场也相当发达，是中国在欧洲第二大电商市场。除了 Amazon 和 eBay，德国本土还有 Zalando、Hood、Hitmeister、Yatego 等几个在线交易市场。营销可通过比价网站 idealo、billiger 等在市场中增加知名度，更具本土化，反映出产品的专业性。德国网上用信用卡比较小心，流行的支付方式是 PayPal 及银行转账支付。

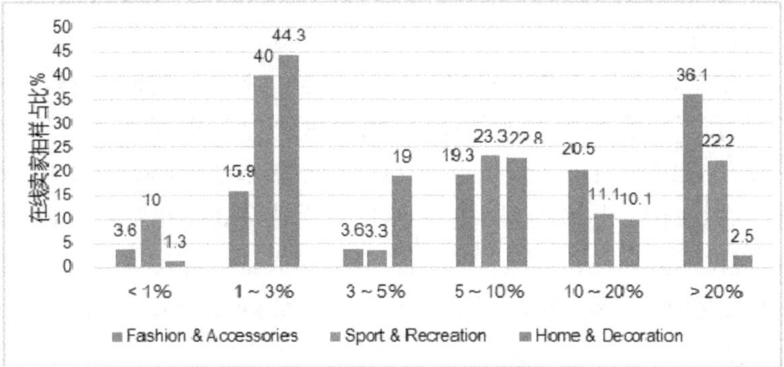

服饰/体育/家居等三大品类卖家销售占比

德国是一个著名的退货消费国，特别是涉及到衣服和配饰，希望能够得到退货保障，虽然没有法律明文规定，但是德国人通常认为 40 欧元以上的货物是免费退货的。由于这个消费习惯，所以有一个本地退货地址（海外仓）很重要，可以提升客户体验并控制退货的成本。德国本身也是制造大国，参考 Statista.com 退货率数据，注意选择合适的产品线，如 Otto 上最畅销的是家居用品。德国 VAT 起征点是 10 万欧元，如果销往德国的产品在一年超过了这个量，那么就要在德国本地缴税，聘请会计师或者这方面的服务商。德国的物流业连续多年被评为全球最发达，本土配送基本无障碍，除了大件，大部分网购产品还是免费运输的。用德语运营很重要，消费者都喜欢用自己的母语阅读说明书和其他信息，在线服务也更有亲切感，网站上注意添加 IMPRESSUM 版权声明，使卖家看起来像个正规公司。德国也是众多海外仓在欧洲大陆的优先选址。

2.4.5 俄罗斯及俄语市场

眼下各大平台正角逐俄罗斯。俄罗斯国内重工业和轻工业比例严重失衡，我国的纺织品、消费电子和手工艺品广受欢迎。据俄邮（Russian Post）称，在俄罗斯的海外网购市场上，将近 1 亿包裹进口，来自中国商品订单比例超过 80%（实际中国商品可能达 90%），只有 4%和 2%的包裹分别来自欧洲和美国。据俄罗斯电子商务企业协会数据，2015 年俄罗斯电商市场总额达 7600 亿卢布，其中跨境电商占 30%，并保持 20%以上增速，居民在国外网店的订单数量增长了 88%。即便在 2015 年整个中俄贸易下降 27.8%的背景下，中国对俄跨境出口电商还是保持着 30%以上的增长速度。

速卖通是俄罗斯访问量最高的电商网站，高于本土的 Ozon.ru 和 eBay。其他知名电商有：Ozon 综合电商及家电、220-volt 及 Citilink 家装家电 3C、Exist 及 Emex 汽车零部件、Lamoda 及 Wildberries 时尚鞋服及化妆品、KupiVip 潮品折扣、Utkonos 食品电商、UMKA 垂直批发、Avito 分类信息等，都较具影响力。小米联合顺为资本投资了首家利用本地网红流量资源的 C2C 电商平台 Tobox.com，但 Amazon 尚未进入俄罗斯。在营销方面，Google 基本统治西方搜索市场，但俄罗斯 Yandex 独树一帜，是本地最大的网络门户，该公司推出的购物网站提供商品查询和价格对比服务，收入主要来自点击费用和成交佣金。这里社交网络也很发达，SNS 普及率达 42%，VK 最流行，另外 Odnoklassniki 市场占有率也排在 Facebook 之前。

物流是拓展俄罗斯跨境电商的主要障碍，几大国际快递价格奇高（偏远服务费），不能带电带磁、清关手续要求高，自己走货即便货代实力很强，扣关退货也很常见。主要是当地缺乏成型的快递物流体系，与电商飞速发展不匹配。“最后一公里”最难，地广人稀，与当地邮局和快递合作，在莫斯科、圣彼得堡等大中型城市，网购妥投时效一般都要在10～20天，消费者勉强接受，而在远东和新西伯利亚地区，配送时间几乎没有保障，包裹经常需要自提，不能派送到门，甚至过期都未到货。很多卖家寄希望于海外仓，事实上还很难全面突破，从那边华侨商贸城的经历看，市场制度和法规保障还很欠缺，经营风险极高。近来，俄罗斯专线、边境仓等模式很火爆，邮政仍是最可靠路线。

俄罗斯在线零售占整个零售的份额为2%，比起中美动辄10%还有很大空间，加之日趋普及的智能手机的使用，预计2017年将达到1.3万亿卢布。另外，全球有超过3亿人使用俄语，俄罗斯跨境市场竞争已经非常激烈，其他俄语国家市场还较少被关注，很多地区商品还比较匮乏，中亚及东欧的俄语市场也值得考虑，包括一定比重的B类客户。

2.4.6 巴西及拉美

拉美市场对中国商品也有很强的刚需，巴西是金砖四国之一，是人口大国，经济规模是南美第一，互联网和智能手机覆盖率很高，电商增长速度在全球仅次于中国，已成为跨境电商的一个大金矿。2012年中国首次取代美国，成为巴西最大进口国来源，2014年巴西全国电商GMV达到350亿雷亚尔，增长率为21%。巴西网购者年龄60%在35岁以下，里约、圣保罗等地人口最密集又非常年轻化，需求喜好趋向于服装、化妆品、手机、电器、家具等产品，特别是对手机和平板电脑需求很大①。根据PayPal报告显示，巴西是对中国在线出口商品需求增长最快的国家，近5年增幅将近7倍，达到120亿美元。

巴西进口清关及税费情况分类

物品价值	通关方式	缴税方式
<50美元	个人物品、无需办理海关手续	免征（2015年取消，收取60%）
50～500美元	个人物品、无需办理海关手续	邮局代缴关税、快递上门代收
500～3000美元	填简易进口申报单	个人纳税登记表、关税及流通税
>3000美元	专业报关公司完成	直接按60%缴纳进口税

巴西不是WTO成员，其海关与税务体系是联系在一起的，税收采取分级征收管理，种类不少还挺高，至少有7种不同的营业税，而且是累积缴纳。与跨境

① 敦煌网，以巴西为例，深度解析葡萄牙语跨境电商市场，2015年7月20日

电商最相关的有三种，一是关税属联邦税，一般消费品，进口关税 II 可达 20%～30%不等，工业品税 IPI 约 10%；二是州政府的商品服务流通税 ICMS，类似增值税，在 17%左右，各州略不同；三是清关环节税 PIS/CONFNIS，也是联邦税，约在 2%～10%之间[①]。所有快递寄到巴西的包裹，收件人在巴西当地的 VAT 号码必须填写在运单和商业发票上。巴西当地税号分为 CNPJ 法人和 CPF 私人，是纳税人的凭证。法规要求网购包裹邮件 100%纳税，但属个人物品且货值低于 50 美金的可予免征，巴西邮政拥有简易代征税系统。空运到巴西的物品，除了各类禁限寄，目前有圣保罗 GRU/VCP、里约 RIO、库里蒂巴 CWB 等四个机场接受快递清关，邮政要求 CN22/CN23 报关单，商业的则需要 CP27。2015 年突发新政，不管什么货物，IPI 和 ICMS 都要交，不再免税，一般包裹收取 5～10 美元，这对跨境电商打击沉重，并造成大面积包裹积压延误。而针对价值 3000 美元以上的商品，征收 60%的进口税，买家需提前付这些税项，否则货物清关会延误。总体上，南美国家的税费都是很高的，根据不同的产品，税费百分之几十甚至上百。正因为清关、缴税、物流等问题，很多卖家无奈含泪放弃了南美市场。

拉美地区幅员辽阔、基建落后，运输缺乏连贯衔接，国外商家可能要与无数物流公司接触，既复杂又费时，即便与熟悉这个市场的当地物流供应商合作，提供快速配送服务也仍有难度。新兴平台 Linio（西语系阿根廷、智利等）大力招商，Linio 成立于 2012 年，现在有 2000 多名员工，平台的物流解决方案采用商业快递。公共部门的腐败、政局动荡、货币贬值等风险因素也是涉足这个市场要充分了解的。由于地理位置和共同的语言及文化，智利、阿根廷、乌拉圭间的跨境电子商务都非常有潜力，买家也会从邻国搜索产品。魅卡多（MercadoLivre）是巴西本土最大的 C2C 平台，1999 年成立于乌拉圭，相当于中国的淘宝网，聚集超过 6 万卖家和 1.6 亿注册用户，相当于拉美 50%的互联网用户，业务范围已覆盖巴西、阿根廷、墨西哥、智利、哥伦比亚等 19 个拉丁美洲国家，近 3 年来的年复合增长率超过 20%，还提供 MercadoPago 支付工具。利用好这个平台有利于了解南美各类物价指数、消费趋势、付款习惯等市场信息。做好巴西的电子商务，还可以进一步拓展全球葡语七国，如 Zalando、Euronics、IBS 等都是葡萄牙消费者常用的线上购物平台。社交媒体在拉美非常受欢迎，是网络营销的重要渠道。拉美这一片跨境电商蓝海必定是卖家出海远征的重要之地，拉美市场等待黎明前的爆发。

---

① 中国国际贸易促进委员会驻巴西代表处，巴西商务指引，http://www.ccpit.org/brazil/

2.4.7 东南亚

紧跟中美脚步，东南亚现在正站在电子商务黄金时代的风口浪尖，似乎已经做好准备将成为仅次于中国和印度的第三大电商市场。美国 eMarketer 公司预计，未来 40%以上的 B2C 电子商务业务将发生在亚太地区，东盟的六大体即新加坡、马来西亚、印尼、泰国、菲律宾和越南，加起来的网络零售总额到 2018 年将达到 345 亿美元，而在 2013 年仅为 70 亿美元，每年规模增长 70%～80%都是正常的，甚至翻倍。东南亚有将近 6.2 亿人口，2015 年可支配收入超过 3000 美元，网络渗透率为 32%，大约有将近 2 亿的网络使用者，未来 3 年内将增长至 2.94 亿人，网络购物渗透率将达 48%。预计，随着智能手机和无线移动网络的普及，电子商务将迎来爆发式增长。所有欠发达地区的消费者面对的最大挑战之一就是分布零散的零售行业，除了一些大城市，各地消费者的购物选择都极其有限。此外，东盟地区还是世界上最大的智能手机市场之一，移动客户端交易额占全球电商交易的 40%。这是东盟地区电商发展的一个关键优势。该地区有别于其他区域市场，本土电商发展得更好，Lazada、新加坡 Qoo10 及 Shopee、越南 Weshop 等发展迅速。综合来说，经济增长及结构转变、数字化生活方式、年轻一代等是这里电商爆发的主因。2015 年年底，“东盟共同体 AEC”正式建成，东盟单一市场雏形初现，促进货物、服务、资本和技术劳工在区域内的自由流动，跨境物流的作用也日益凸显。中国是东盟最大的贸易伙伴，东盟是中国第三大贸易伙伴。在发达国家需求低迷的情况下，中国和东南亚彼此成为对方外需的重要支撑，东盟是“一带一路”战略的重要落脚点之一。

现今，虽然该地区网络购物的比例仅占零售业的 1%，但未来 5 年可能达到中国式的两位数的比例，预计 B2C 未来数年将保持两位数的增长。基础设施差距制约了跨境物流的发展，东盟各国的邮政行业发展情况存在较大差距，但基本上与各国的经济发展水平相吻合。由于信用卡普及率非常低，有的国家超过 70%的人没有银行账户，有信用卡的人更是不到 5%。对此，Lazada 自建电子钱包 helloPay，提供货到付款或到附近便利店自提等服务。其他支付工具还有 UP2ME、TrueMoney、PAYSBUY、LinePay 和 AirPay 等。新加坡是东南亚最热衷网购的国家，加之资本和技术资源的聚集，在东南亚处于电商领导地位。印尼的人口基数大，随着互联网的普及，在线购物者将从其庞大的人口基数中产生，预计未来三年印尼电子商务的销售额将占到东南亚国家的 1/3 以上。

京东悄悄进入印尼并且上线了 JD.id，阿里巴巴收购 Lazada 并向新加坡邮政投资，为天猫和淘宝网打通了进入东南亚的道路。电商的发展趋势是从 P2P 到

C2C 再到 B2C，最终成为品牌直销网站（Brand.com）。美国沿着 Craigslist 和 eBay 到 Amazon，最终到品牌直销网站如 Nike、J.Crew 和 Apple 官网[①]，中国也将发展出许多独立的市场品牌官网。今天的东南亚正沿着类似的趋势，分类信息 OLX、Tokopedia 及 Qoo10 等 2C 网站风头正劲，11street 在马来西亚做得比较大，游戏巨头 Garena 麾下 Shopee 一开始做本地 C2C，后来做移动端社交 B2C。东南亚并没有出现中国电商这样的寡头割据，东南亚是海外华侨华人的主要聚居地之一，更是海外华商经济实力最为强大的地区。过去，华商们利用其与中国的特殊纽带关系，成为中国与东盟各国经济、文化交流和联系的桥梁与载体，本土化运营还应借助他们。除了马来西亚邮政、新加坡邮政，还有商业公司如 Citylink、GDEX、被 Toll 收购的 DPEX 和印尼 RPX 国际空运 SkyNet。

2.4.8 印度

据了解，印度在线零售市场规模是中国的 1/90，网民规模是中国的 1/3，正处于中国、南非、巴西当初的电商市场起飞临界点。印度人口世界第二，但很快将超过中国，在 2015 年互联网普及率只有 15%，远低于中国的 50%和美国的 90%，网购人数占比则更低，意味着人口红利将是惊人的。印度的在线零售业保持 45%的年平均增长率，美银预计印度的网购市场到 2025 年将达到 2200 亿美元。地广人稠，这种经济人口和地理状况正好契合电商网购的草根性、便利性、高效快捷、商品价格低廉等特性[②]。随着印度网民的认知提高和网购成本减小，以及全球各大电商在印度布局，再加上社交媒体的广泛使用，这些势必推动印度电商的起飞。

目前印度电商市场有三大巨头，分别是 Flipkart、Snapdeal 和 Amazon，但领导者尚不明朗，均有背后投资。Snapdeal 最初是一个团购网站，2012 年转型成为电商平台；Flipkart 是以网络书店起家的，其自有物流体系，明显提高了印度现有的物流网络效率。来自中国的互联网企业也在过去一两年时间内加速了在印度市场的布局，2015 年阿里巴巴集团入股了 Snapdeal 和印度最大第三方支付 PayTM，小米公司上线印度官网并通过本土电商卖手机，百度也试图投资折扣电商 Mydala、订餐网站 Zomato、票务网站 BookMyShow 和在线超市 BigBasket 等。沃尔玛则在投资京东后又以 10 亿美元入股 Flipkart，Amazon 还在犹豫投资谁，可预见“三国杀”还将持续。近期，Amazon 决定在印度设立除美国以外的第二大

---

① 越域网，2016 东南亚电子商务 10 大趋势，http://www.kjds.com/，2016 年 1 月 5 日

② 姚玮、郑桂先，互联网+流通继续助力电商爆发，广证恒生证券公司，2015 年 5 月 22 日

全球交付中心。

印度电商市场情况

Company（投资方）	Investment（目标企业）	Holding（控股）	Last Valuation($bn)（最新估值）	Revenue($mn)（收入）	Losses($mn)（亏损）
Amazon	Amazon India	100%	N/A	27.8	52.8
Naspers	FlipKart	18%	11.5	29.4	51.9
Softbank	Snapdeal	34%	5.0	51.9	43.5
Alibaba	PayTM	40%	2.0	33.0	0.9

Source：Merrill Lynch Global Rearch,company & press reports，2015

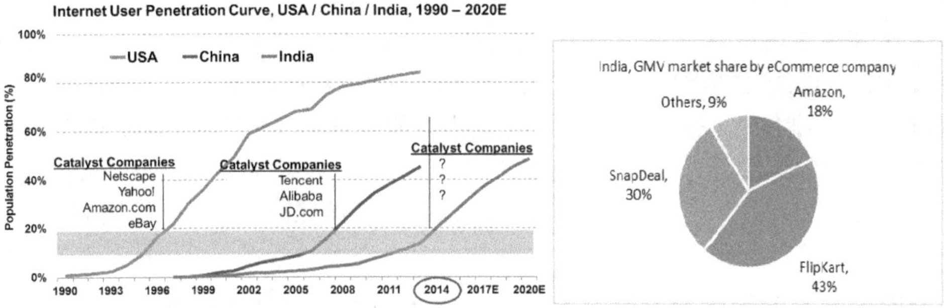

印度互联网渗透率及主要电商平台市场占比

虽然在 2014 年，印度的互联网渗透率仅相当于中国 2008 年的水平及美国 1996 年的水平，但这里年轻人占总人口的比例非常高，移动电商的销售比高达 45%。无线互联网和手机的覆盖率正增长，PayTM 成为最大的移动电商与支付平台，有超过 1.3 亿注册用户，2015 年 GMV 达 35 亿美元，月交易量超过 7500 万美元，其中 60%的交易量来自移动端。对大多数印度人来说，电子商务并不是一种候选购物渠道，它往往是唯一的选择，而且往往只能使用手机上网。与我们随处可见的超市不同，印度的实体零售商较为稀少，电子商务市场仍然较为碎片化。印度规定，外资持股零售比例受限，迫使外商寻找本土合作伙伴，而各个地区的商品和服务税也各不相同。企业急切想要夺取市场份额的原因在于印度电商市场未来的发展潜力。但地域广袤且多语言、基础设施破落和官僚市场令人苦不堪言。伴随电商的火爆，物流商机也不可小觑，除了 GATI、DTDC 等领先跨境快递，本土 Delhivery 仓配及 Gojavas 快递获得投资后发展迅速，空运有 DHL 旗下的 Blue Dart 及 FirstFlight 比较成熟。比邻的巴基斯坦也是人口大国，但电商发展远不及印度，是较好的中国商品输出环境，值得进一步研究。

印度本土著名快递物流公司

Concor	Aegis	Delhivery	Continental Warehousing	Gateway Distriparks
Gati	Snowman Logistics	Allcargo	Star Agri Warehousing	Safexpress
JM Baxi	Ocean Sparkle	TCI	Shree Shubham Logistics	TVS Logistics Services
Blue Dart	Mahindra Logistics			

资料来源：MOSL，http://www.motilaloswal.com/

2.4.9 中东

中东自古以来就凭借战略要地成为国际贸易要塞，这个地区给人的总体感觉是消费能力高但物资缺乏，因此人们跨境网购的热情非常高，客单价较高。中东地区的跨境市场集中在以色列和沙特阿拉伯，Amazon 来自沙特的网站访问比例占 0.6%，国家排名第 21，而 eBay 来自以色列的网站访问比例也占 0.6%，全球排第 11 位，兰亭集势、敦煌网、速卖通来自中东的流量也占到了一定的比例。Souq、Cobone 和 Sukar 是中东当地三个最大的电子商务网站，中东版亚马逊 Souq 最大，拥有 600 万用户，并且每月能达到 1000 万的独立访问量。除了沙特，阿联酋、卡塔尔等海湾富国的民众也热衷于上网购物，其互联网渗透率和手机持有率都达到了 70%以上，50%的人通过互联网购买商品和服务。阿拉伯国家是一个大市场，斋月已经成为海湾地区消费者网购的一个高峰，预期整个中东地区的网购规模将在未来两三年里迅猛增长。中东主要是偏远区域快递到不了，配送不易，因此物流专线也十分盛行。世界知名物流服务商 Agility 公司在 2016 年推出的 Agility 新兴市场物流指数排名显示①，阿联酋仅次于中国排名第二，其中基础设施、交通、海关和边境管理、物流供应商、货代、船公司、航空货运公司和分销商各类因素，在“连通性”子项排名中位居第一，其他排名靠前的“海合会”国家还包括沙特、科威特和巴林。除了各国邮政，Aramex 是本土快递王，DHL 及 TNT 等国际专线也占据主流。这里不缺钱，需求尚可，好像独缺少互联网“氛围”。

2.4.10 非洲

从表面上看，非洲的经济发展较为落后，各种基础设施不健全，由于跳过了 PC 时代，非洲的移动互联发展得不错，加之工业制成品匮乏，普通民众对日用品需求很大，为电商发展提供了市场契机。不过基于商贸领域的交流旺盛，网络在线支付不够普及，还有大量货到付款；而小件物流方面，邮政首选，四大快递较

① Agility，Emerging Markets Logistics Index 2015，http://www.agility.com/

贵，以 DHL 略为优，拼箱航空专线和当地华人清关公司也是不错的选择。

尼日利亚国土不大、人口过亿，依靠石油出口，国力殷实，拥有非洲大陆最大的网民数量，网购增长极快，电子商务发展算得上蒸蒸日上。本地目前主要有几类电商平台，首推被 Naspers 多次注资的 Konga，市场占有率较高，并已与商业银行合作推出了 KongaPay 在线支付服务。其次是 Jumia，目前其业务从尼日利亚扩展到周边 9 个不同的非洲国家，基本上维持两位数增长速度，并开始在中国进行招商。另外，还有 Kaymu 平台，采取 B2C 与 C2C 相结合的经营模式。Kilimall 和 Kikuu 是我国企业投资创建的面向非洲新兴海外市场的 B2C 购物平台，具有开拓性，值得推荐。Kilimall 发展迅速并开展招商，通过建构自营物流加第三方的配送体系，实现快速送达和货到付款，并与当地移动运营商合作实现手机支付的交易闭环。Kikuu 隶属我国广州集酷，已接入 MPESA 和 TIGO Pesa 等非洲本地的在线支付。这些平台后端的招商和国货供给问题不大，要做大的关键还是前端推广，流量即平台。另一个市场是南非，其相对成熟，Takealot 是当地网络零售商领头羊，2015 年收购 Kalahari 电商网站后，地位无人能撼。另外，Bidorbuy、PicknPay、Zando 等购物平台也深受南非人欢迎，其他还有 eBay 曾联合搭档 MallForAfrica 公司拓展非洲市场。

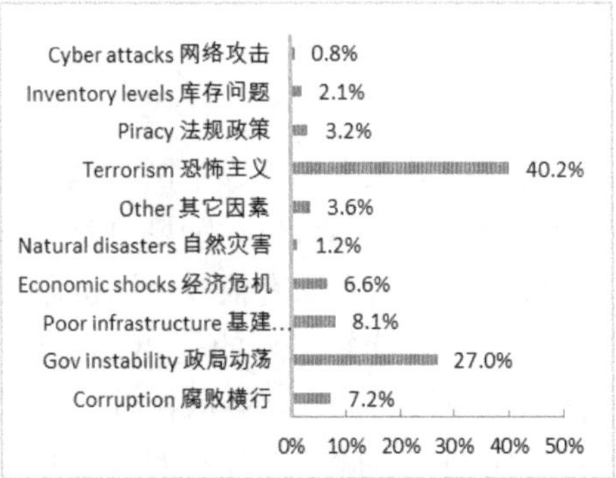

中东及北非供应链风险因素

到新兴市场做生意，贸易风险是头等大事。例如，2016 年尼日利亚经济受石油拖累，汇市失控，货币贬值近半，南非经济低迷，爆发排外动乱。在 2015 年，安哥拉税务总署规定，由于持续的外汇紧缺，政府允许运抵到安哥拉的进口货物无单放货[①]。这种无正本提单就放货，在外贸实践中属于根本违约。因此，在新兴市场做贸易，先款后货、务必谨慎，否则可能面临货款两空。

① 中国机电产品进出口商会，关于安哥拉政府允许无单放货的紧急通知，2015 年 6 月 18 日

2.4.11 澳大利亚

澳大利亚消费者大量购买其他国家的商品，在很大程度上是因为较低的关税——低于 1000 澳元免征。澳大利亚国家银行称，2015 年澳大利亚的网络零售消费量年比增加 10%，达到了 176 亿美元，63%的澳大利亚消费者跨境网购，跨境消费率排名世界第一，其次是加拿大和俄罗斯。澳洲三大电商网站是 Amazon、eBay 和 Gumtree（eBay 旗下的一个分类的广告网站）。澳大利亚是典型的西方社会，由于其独特的地理和社会环境，其电子商务发展远快于其他西方国家。由于地广人稀，澳大利亚的消费者都能接受较长的配送时间和较高的邮费，需求集中在东岸城市群。很多本地电商，例如服装零售商 The Iconic、每日限量优惠网站 Catch of the Day 等，都要求达到一定的订单数额才能包邮。除了悉尼、墨尔本等大城市，很少有当日达的快递。普通邮包也没办法追踪，派送效率很低。查无所踪、丢包破损率估计是发达国家市场中最高的了。本地物流服务值得探索，如仓库租赁商、物流运输公司，甚至呼叫中心等。澳大利亚专线物流很走俏，直飞四大城市，就近派送，可提升派送时效。澳大利亚海关扣关一般占少数，主要问题是怀疑低报、瞒报，所以客户如实申报即可。由于是孤立的大陆，所以这里检疫条例严格，有些产品申报较为敏感。

2.4.12 日本

日本有 1.2 亿人口，电商市场很大。毗邻中国、具有地理优势的日本已逐步发展成为中国企业出口颇具增长潜力的市场。跨境电商卖家很早就在日本乐天、雅虎开设账号直邮出口，做得很好的卖家有很多，这也印证了日本市场的大有可为，乐天进驻商家也达到 5 万家，卖得最好的是 3C 产品。日本不少年轻人非常依赖网购，Amazon 往往成为他们的首选，高居榜首。日本是个岛国，物流相当成熟，配送质量和速度都非常稳定，除了冲绳及四国岛外，一般物品都可在一至两天全部签收。日本口岸清关很麻烦，海外仓补货不当有风险，因为日本海关对货物进关要求非常严格，不够专业或没有按照要求去申报货物，会经常碰到查验及扣压，从而产生很多费用及延误，此外缴纳关税、仓储服务费也会比较高。海关征税分进口关税和消费税，不同品类的关税的税率不同，消费税为 8%，申报金额在 1 万日币以下一般不会被征收关税，但形式发票上一定要注明 CIF，否则运费跟产品申报价加在一起申报。通常，很多商品都要有日本检验及许可证，操作烦琐，尤其对儿童用品及安全卫生商品要求非常严格。

日本没有突出的第三方支付平台，直接银行转账及信用卡付款的方式非常普遍。日本快递主要就是三家，即雅玛多、佐川急便和日邮。消费者对于配送时间的要求相对较高，因为这里的快递业太发达了，物流精细化管理程度冠绝全球，“定时配送”全面普及。使用 FBA，中国卖家能够为日本消费者提供优先级别的当日达、次日达配送服务。部分服务可指定配送至便利店或者是车站前的收货柜。对于日本这种老龄化社会，电商的存在还有一层社会意义，即每日送餐送货，可以缓解老人的寂寞，并能及时发现意外情况。

2.5 选品 SKU

选择要卖的产品俗称选品，而业内常把单品种类等同于物流仓储里的 SKU（Stock Keeping Unit）。对于大多数自己不设计、不生产的经销型中小卖家，选品可谓攸关成败。这里其实涉及了很多方面的工作，如市场分析、供应商管理和采购计划等。产品能不能卖得出去、卖得畅销、卖得挣钱，都要从产品的生命周期、利润空间、成本价格、市场份额、受众人群、发展趋势、供应商资源、竞争程度、平台规则、地理节气等多个方面去衡量。查看各大平台的跨境出口报告、行业情报和关键词分析，选品一直是跨境电商中谈论最多，也是最核心的话题。在电子商务中，标品是质量服务为王，非标品得长尾者得天下[①]。跨境电商整体是非标品，因此要考虑如何增加长尾的覆盖。正是基于哪个平台或店铺支持的 SKU 越多，用户的选择性就越大，最后获得的流量和转化可能就越大，加之再追求销售市场的多元化，向新市场渗透、区别供应对待，那么众多卖家和 B2C 独立站的运营能力会逐渐触及 SKU 管理的临界点，就算 Amazon 和 JD 也无法无限制地扩张自营 SKU，因为库存视角的 SKU 数量与供应链质量是电商运营中的一大矛盾。产品一旦花钱采购进来后立即成库存，而零售业的核心指标就是低库存、售罄率、周转速度。根据《2016 年 Amazon 卖家痛点调查报告》，大部分卖家还没开展在 Amazon 销售的原因是，近一半的卖家没有合适的产品而停止开展销售。

由于线上竞争白热化，所以行业已进入依赖数据分析的精细化、专业化、垂直化选品阶段。选品分三级，行业、类目及单品。大部分卖家还是专注于具体类目或不同店铺的侧重，即便同一类产品也有不同平台营销的方法。选品方法有很多种，平台本身提供很多信息，例如 eBay 每月发布全球热卖商品月刊，总结点销量高、需求大的商品及各地潮流趋势。通过浏览平台在售热销的产品，了解不同目的地市场的消费者偏好，也可直接进店评估竞争对手的销售情况，还可利用各种调研工具，如 Terapeak、Trends Amazon、数字酋长等。

---

① 峰瑞资本，出口电商的江湖，为什么没有诞生淘宝京东这样的巨头?，2016 年 3 月 15 日

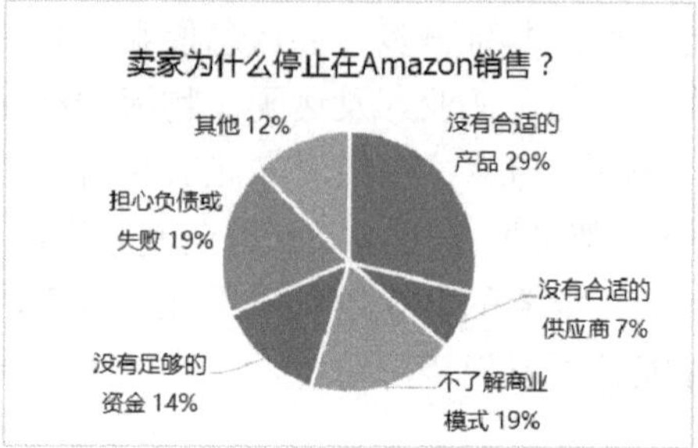

卖家为什么停止在 Amazon 销售

跨境出口选品变化

前期	后期
服饰及 3C	全品类及工业品
海量 SKU 及长尾	精品、爆款
营销推广、综合平台	售后、垂直及本地化
中小卖家	传统出口企业
低买高卖	品牌模式

产品结构还决定了物流产品的选择和管理，按照长尾理论和其他营销理念，20%的产品可带来 80%的销售额，剩下 20%的产品实际上是长尾产品，产品的销售具有随机性；所以产品结构的划分直接影响到库存的配比，后面在海外仓管理环节中将略作介绍。务必注意禁售清单，除了侵犯版权、商标或其他权力的物品被禁止出售外，各大平台对仿货、复制品、赝品、未获销售许可及中国与目标市场法律所规定的禁运或限制进出口的商品或服务也在禁售之列。

2.5.1 跟卖“跨境一片红”

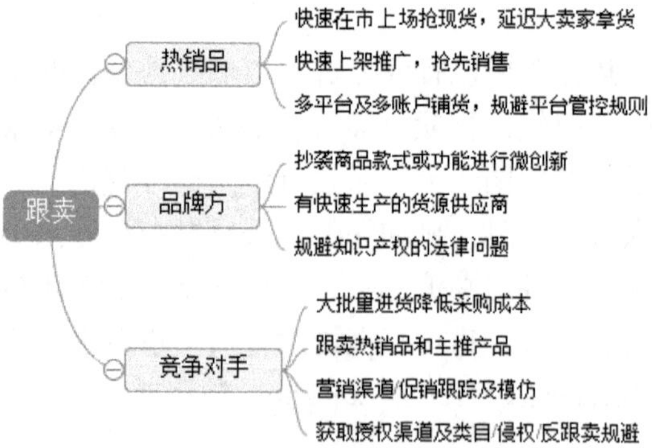

选品跟卖主要方式

我国很多工厂是集生产、研发、制造和设计一体的，但是他们在欧美市场没有渠道，只能做代工。而卖家什么都懂，也有渠道资源，就是没有产品。选品的核心要求是能够卖出去。如何快速产生订单？招商经理会“赤裸裸”地告诉新手，在 Amazon 上就是跟卖。跟卖就是模仿，即“中国式采购思维”，这种方式成就了很多知名的公司，比如 QQ、ZARA、韩都、小米等。每个领域都存在一些靠“跟卖”完成创新的公司。对于小卖家来说，什么好卖就卖什么，靠高速周转来卖货，靠眼力来选货，资金要求小、运营成本低，在第三方平台操作比较多。“跟卖”没有明确的品类和品牌的要求，只为卖货。这种跟卖就是完全跟着市场的热度来完成销售，打爆款、只卖热品，品类上以大品类为主，卖家手里一般有多个店铺，各个品类都有。爆款是卖得非常火爆的商品，高流量、高曝光量、高订单量就是它的具体表现。跟卖看似容易，其实周转要求颇高，反应要快，一旦发现爆款，马上就要抢货、抢上架、抢推广，而这样的操作方式在大一点的公司是做不到的。大公司从发现爆款到上架开始卖的时间可能是 1～3 天，这就是小卖家的“点”，通常他们不备货，直接去市场抢现货。市场上刚推出的新品，供应链暂时缺货，大公司的慢反应就是这些小卖家存在的空间[①]。跟卖最大的好处是减少对市场的预热，利用别的品牌知名度快速让用户认知商品。

2015 年出口跨境电商卖家品类分布

3C 电子	37.7%
服装服饰	10.2%
户外用品	7.5%
健康美容	7.4%
珠宝首饰	6.0%
家居园艺	4.7%
鞋帽箱包	4.5%
母婴玩具	3.6%
汽车配件	3.1%
灯光照明	2.8%
安全监控	2.2%
其他	10.3%

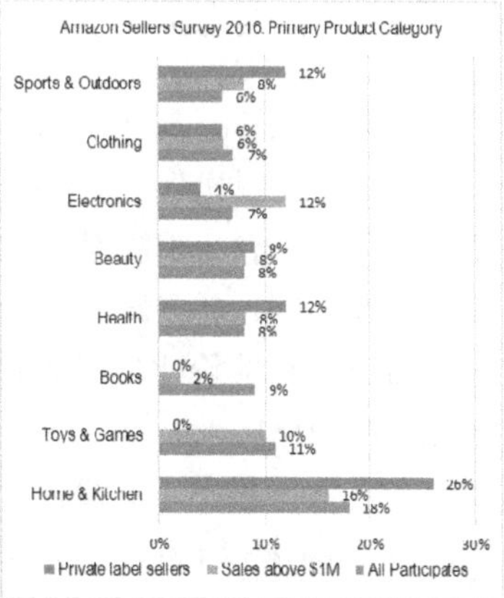

亚马逊卖家选品调查图表

跟卖不等于做仿品，是业内比较默认的竞争策略，无论是服装行业，还是 3C 行业都有模仿，有的进行微创新或改进升级。比如中低端婚纱是非标品中的战斗

① 庖丁的刀，跨境电商的杀招：跟卖，i 天下网商，http://wshang.com/，2015 年 1 月 4 日

机，商品重量轻、设计感和时尚感强，而且起订量低，使其成为外贸市场一个长久不衰的吸金品类。盲目跟卖的热销产品，在功能和造型上模仿甚至抄袭爆款，只在外观设计上略作改动。但这种做法风险很大，国外成熟的电商平台对产品的知识产权、盗版侵权都有严格规定，企业可能会因侵权受到被仿企业的投诉而令产品下架甚至深陷诉讼责罚的泥潭，教训不胜枚举，大卖家尤其承受不起。跟卖还有一个动机是拼价格，雷同越多，互“杀”越狠，越是期望走量，越要“杀”低价，造成很多跟卖产品赔本赚吆喝。越是标准化的产品，如电子类、汽配、家居和运动器材类等，越是跟卖的重灾区。尤其当前各项营销和运营成本的高企，卖家围绕着市场的销售价格区间反复测试，在标题、关键词、页面、图片、本地派送等相同条件下，除了每个跟卖竞争账号绩效表现不同之外，大家唯一能做的就是看谁的运营费用低。想做好跟卖，需要对品牌、供应链、知识产权商品进行全方位理解，根据要跟卖对象是否有品牌保护，对商品进行改动设计和推广，在各个环节规避品牌商家的侵权问题，确保法律风险可控。客观地说，跟卖好似长跑里的跟跑，无关对错，市场就是这样，只是要谨慎对待这样的策略。如果只是一味盲目跟卖、不顾销售容量，很可能跟到沟里去。若不关注产品，把主要精力都放在营销上，本末倒置，那么对行业发展也是不利的。

2.5.2 自建商标与品牌

从淘宝网到天猫，对于跨境零售出口，中国供应商一定要有做品牌的理念。有些卖家很烦“被跟卖”，有很多传统外贸企业、工厂、国内电商企业都涌入到跨境电商，简单在平台上开个店，却发现卖家太多，大品类产品红海一片。随着平台主体竞争的加剧，更多新的平台出来，导致流量成本高涨，生存环境开始恶化，从三无产品转向有性价比的品牌产品，平台的规则接下来也会越来越严，粗放式增长将转入精细化经营。要么是从品牌商、厂商等处获得授权和商品，以自营卖家的身份在平台上售卖，即授权经销；要么创建自有品牌（Private Label）获取更高利润。在 Amazon 百万级卖家中，九成都有两个以上的销售渠道，有 56%的卖家有自有品牌，其中贩售自有品牌占其整体销售量低于 30%的卖家为最多，达 27%；另外，自有品牌占整体销量的 30%～70%、70%～100%的卖家分别是 9%和 10%；而全部销量都来自自有品牌的卖家则占 9%。耳熟能详的案例有跨境起家的 Anker 电源上市、号称中国最大跨境快时尚 SheIn 融资，品牌的建立过程不是一朝一夕的，更多靠用户口碑的积累，最终靠品牌取胜。然而，这是一个品牌过剩的时代，面对强势的欧美同类品牌，中国跨境电商创牌之路将会异常艰辛，大部分品牌行为仅仅是补充产品范围。至少，注册商标有备无患，建品牌（哪怕伪品牌）反跟卖，保护好自己的品牌，是在亚马逊平台上最官方的防御性措施，可以避免被投诉侵权或者卖假货，减少他人跟卖，避免被拉到价格战中。在亚马逊品牌备案后，会得到品牌 GCID 代号，可用来取代 UPC 通用产品代码及 EAN 国际物品编码。

品牌在溢价、复购率、可持续经营等方面优势明显。有品牌的选品，要打造主营产品线和爆品，就是卖家当前手头上有什么资源，就把它作为主营产品线，集中精力打造，而不是打一枪换一个地方。通过分析毛利的产品构成，研究哪些产品占到总毛利的 80%，那么这些产品就是你需要打造的爆款方向。不惜代价打造爆款，尤其是在亚马逊。除了靠品牌自有的号召力之外，此类产品可以是非标准化和主观性产品，且是高毛利、竞争对手相对少的小众市场产品，在特定的用户群的市场缝隙中获得发展。选择好爆款后应该全力以赴去做好推广，分析出产品的赢利能力、点击率和转化能力、单品的客户价值，最终通过爆款给店铺带来持续盈利能力。有资源能力的，还要走设计品质路线，深入供应链前端。比如，同样是卖衣服，由于肥胖体型增多，欧美对加大号需求持续增加，款式设计更是供不应求（非简单的大号牛仔、更不是卖麻袋），美国东部地区更为集中。因此，选品、定价、营销、配送等各方面是关联的，与多元化的世界做生意，地域、文化、季节、人种、习俗等各方面因素都要了解。

如今，服装类产品强势崛起，3C 类产品沦为跑量产品，利润了了；电子烟、假发曾经之暴利俯拾皆是，大量卖家蜂拥而至，现在风光不再；家居产品将成为下一个红海。与 2012 年相比，2015 年中国卖家所售品类数增加了 87 倍，海外热销的中国商品也在不断变化，目前很多畅销单品集中在平板电脑、智能手机、扫地机器人、蓝牙耳机、无人机等更具科技含量的高端优质商品。行业的前行者已经证明，要做好跨境电商，必须先做好产品。平台不是唯一的，品牌却可以让事业长久。

2.5.3 定价与差异化

定价是考虑客户群、限货、库存周转、处理滞销等实现利润最大化的过程。各大平台排名的参考指标不尽相同，销量、价格及关键词这“三板斧”始终是硬招，而影响销量的最关键因素是价格。我国深圳和义乌的货源很多，都在同一个地方拿货，同质化严重，价格战司空见惯，定价几乎变得很粗暴。在实际电商运营中，首先要弄清几个价格的关系，有针对性地对不同定位的产品采取不一样的定价策略。上架价格（List Price）即销售价格，折后价（Discount Price）等于上架价格乘以折扣，成交价格（Order Price）等于销售价格减去营销优惠（满立减、优惠券、议价优惠等），即用户在最终下单后所支付的价格。其次，考虑标价率（Mark-up Ratio），它等于销售收入与销售成本的差再除以销售成本。Amazon 上的百万级卖家，有 45%的标价率落在 10%～25%，另外 25%～50%占 23%，而标价率 50%以上都是个位数，大概反映了大卖家的盈利水平。而成本至少包括产品进价、国际运费和平台佣金，跨境物流成本最高达 40%，对定价影响非常敏感，而物流又与产品有关。为此，市面上出现了智能定价工具，提供动态、实时自动监控产品调价及低价保护。

小件与大货在出口零售上的运作差异

SKU	控制能力、多多益善	精益运营、备货及库存合理控制
物流	国内直发或海外仓	海外仓
供货	批发地直采或工厂预定，1 周内	订单生产周期长，10～30 天
产品周期	更新快、使用周期短	周期长
用户群	受众更广泛	更有针对性

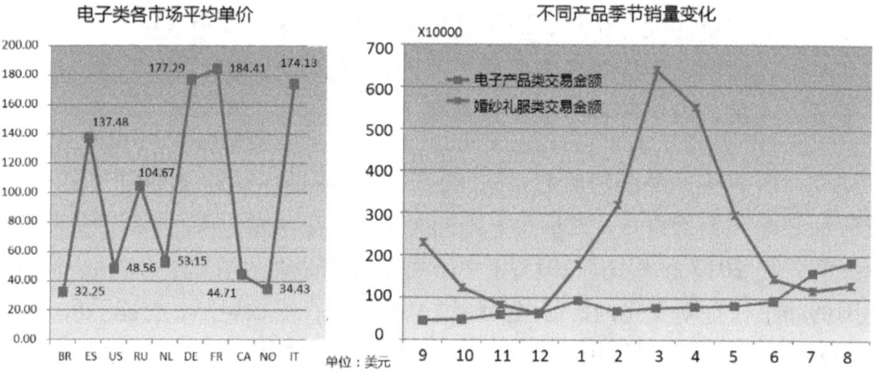

资料来源：钱宝支付，郑华东，独立外贸平台的支付体验如何塑造，2015年4月

跨境选品定价的波动

Amazon 与 Walmart 的不同选品策略

例如，大货跟小件对商家的能力要求完全不同。做小件出口零售的卖家可以直接从国内发货，大货产品因为质量和体积限制，只能采取海外仓模式当地发货，逼着卖家在海外建点。这要求大货卖家在生产、运输、目标市场海关税务、产品认证、售后服务、目标市场财务等链条上进行全盘操控，难度和复杂度都非常高，做大货的卖家数量比小件卖家少得多。小件对于卖家而言最重要的能力是控制 SKU 数量，很多小件卖家 SKU 有上万之多，做大货的卖家 SKU 则少得多，其更注重备货、物流及库存等供应链能力。在品牌建立上，大货比小件来得简单，品牌影响会比小件更加持久[①]。定价还取决于边际需求，《小众行为学》里说："基本的便宜货满足了人们日常需求后，人们愿意去搜索更独特、更与众不同、精心设计的商品"。标品是标准化或规格化的消费品类，该类产品有明确的规格、型号，不同的销售渠道不会影响其用途及价值，常用低价策略；非标品与标品含义相对，没有统一衡量标准和固定输出渠道，产品特性和服务形式相对个性化，溢价会更多。但随着消费者需求的变化，标品与非标品的区分将变得较为模糊。对比亚马逊和沃尔玛，线下零售霸主和在线零售巨头，这两家企业都位列 Gartner 全球供应链排名前列，已经在零售市场"互相伤害"。然而他们各自所专注的领域却不同，在同一条需求曲线上，沃尔玛所关注的是"流行产品"，而亚马逊的成功则更多地来自于其覆盖的"长尾小众市场"；不同还体现在他们各自的供应链运营重点上，前者倡导"天天平价"，通过其卓越的供应商管理和高效运营，达到成本领先优势，而后者宣扬"购物便利"，通过提供丰富齐全的商品，以及便捷可靠的物流配送，在客户体验上占据优势，显然网购所获得的价格可能未必是最好的。线上线下，两者都在努力缩小之间的差距。另外，定价太便宜的东西包邮是"包"不住的，何况各大平台都要求物流可追踪。产品要做盈利规划，不做无规划的定价与促销，价格战没有最低、只有更低。

2.6　多平台运营

无利不起早，大集团在跨境电商中领先布局，其他商家更要为自己的未来布局。可以说，现在跨境电商平台已经扮演了一个超级角色，在这几大"市场"里做生意"不服不行"。看看上市的跨境通、有棵树或百事泰等财报，毛利率高达 50%～60%，但净利润率逐年下滑至

> **Amazon Delivery Term**: Free shipping just for China Post, once the goods amount value is more than $10.

亚马逊对物流服务的限定

---

① "沙发衣柜咋出海？大件货物外贸电商揭秘"，亿邦动力网，http://www.ebrun.com/20160516/175958.shtml

个位，全被平台佣金、物流费用、职工薪酬这三大块吞噬，平台垄断已渐成事实。那么平台怎么挣钱？俗称“流量变现”：自建小网店好比马路边摆摊，能不能碰到顾客并取得信任全看运气；而进驻平台那就是在商场有个柜台，好歹看起来正规、人气足，但想要谋个好位置（曝光率）仍然要下本；当然，独立站做大了就成了街边专卖店，经营好了也不输平台。进了平台之后，店铺租金、成交费、刊登费、广告费、特色功能费等就扑面而来了。究其原因，是互联网信息的过剩和冗余，反而让流量日渐稀缺，太多的信息推送让消费者深感选择障碍，好像是经济学里的信息不对称不存在了，实际上信息匹配仍难化解。相比于传统外贸，依托于平台的规则和信用，跨境电商的买卖过程沟通大为减少。

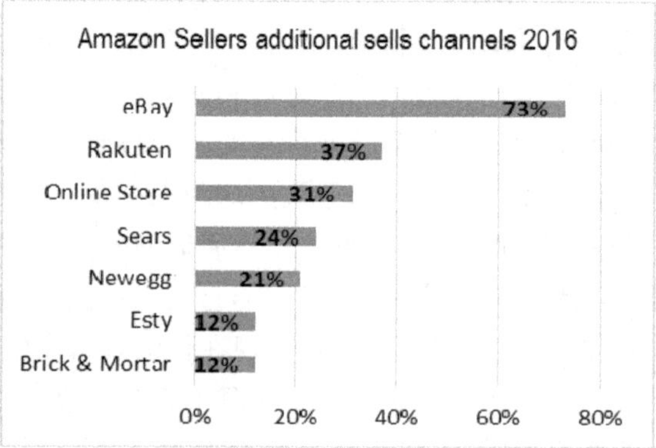

亚马逊卖家的多渠道选择

评价电商平台大小的主要指标是 GMV（Gross Merchandise Volume）成交总额，这与平台的用户访问量是正相关的。跨境电商不像国内的淘系一家独大，各大跨境电商平台都发展了很多年，各有特色，不同平台的客户群黏度不一样，尤其是目标市场国家、目标客户的区别，选择多平台同时运营的策略要有一定针对性。春秋五霸、列国诸侯，如今能数得上的每个平台都是一本书，每个创始立业都是一段故事。根据调查，绝大部分线上卖家，都是多渠道销售，不仅国外电商平台多元化，而且品牌独立站份额也很大。Amazon 是自有品牌的首选销售渠道，即便如此，73%的 Amazon 卖家还在 eBay 开店，还有近 1/3 自有独立站。

“平台经济”近来很热，大家都想搞成平台，成为众星捧月，甚至上升到产业经济的角度，主宰卖家的“生杀”大权，对生态经济呼风唤雨，重塑国际商贸流通的利益分配。其实，开网店跟农贸市场的摊位颇为相似，营销、管理和运营等也有很多相近之处，不得不说，很多原理性的东西（赚钱的方法）在互联网上并没有改变。跨境电商综合交易平台集线上交易服务、营销售后、供应链与物流、金融保险、交易保障机制为一体，“平台交付”的最大特点是将商品贸易与流通服务分离，通过平台整合交付服务资源，形成规模效应，降低交易成本，而更多的衍生服务让传统企业的内部管理职能开放出来。

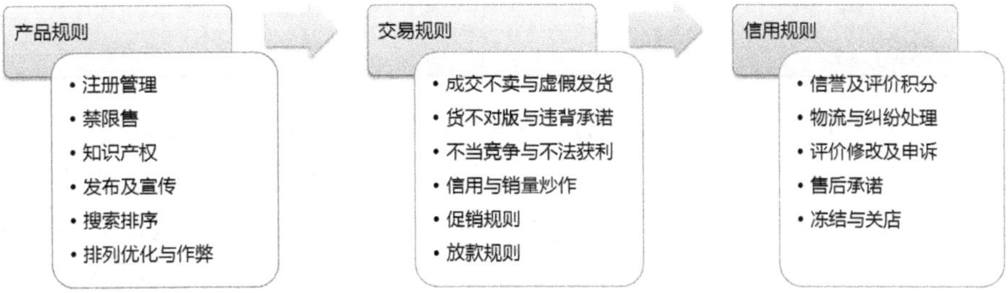

跨境电商销售平台主要运作规则

平台主要围绕数据做文章，买卖双方累积的交易和评价信息变成商业信用最有力的证明，排名和信用体系改善订单获取及商家融资条件。一个电商平台就是一个供需集市、一个市场小生态，自有其运作管理的规则，建立一种“优胜劣汰”的平台竞争机制。投资者乐于赚快钱，但唯有遵循市场规则才能长久，在网络平台上做生意也一样，打擦边球、侥幸心理、不够诚信，早晚都要付出代价。当各大平台被各种“中国制造”的良莠不齐的货品所充斥时，平台推出的“整风运动”一波未平一波又起，误伤无辜在所难免，完全能自证清白的大家也心知肚明。也许这就是定位，无牌仿货、跟卖随俗、低质低价的东西。可谓，一言不合就关店。这很明显，支持品牌制造型企业的转型，平台规则趋向于更加犀利。

Amazon 有严格的商家管理和优质的客户体验，适合高品质、有品牌的商品，得益于注重品牌和 FBA 物流体系，这几年保持两位数高速增长，但开店成本不低；而作为跨境电商鼻祖的 eBay 开始进入单位数的爬行增长，已被前者赶超[①]，eBay、速卖通的盈利模式接近，靠搭建卖场聚集流量赚取交易佣金和广告费，低端产品的竞争激烈，更适合高性价比的产品销售；Wish 作为新星崛起，依靠算法带来精准的推送能力，90%以上的销售在移动端完成；阿里上市之后，速卖通发展提速，正在快速抢夺线上市场。多平台管理，有些卖家可能认为很容易，稍做修改的产品信息在几个不同平台上更新即可。在实际运营中，往往要花时间依赖外贸 ERP 及客服等工具，否则卖家就要面对超卖、服务响应不及时、被停销售权等风险。不同平台、不同时期还有此消彼长的情形，以及各个平台不同的客户群和目标细分市场。互联网之快意沉浮，不同地区新兴第三方电商平台遍地开花，“眼见他起

① 林智勇，中国电子商务研究中心，2015 年跨境出口电商八大新趋势，2015 年 6 月 9 日

高楼，眼见他宴宾客，眼见他……”多平台运营除了要防范平台自身风险，还要慎重前往，如 Ensogo 成立于 2010 年，定位为社交化电商平台，五年后发展正盛时突然“关门”。其实，新兴平台提前入驻经营，都是害怕错过下一棵摇钱树。

2.6.1 eBay

分类信息网站 Craigslist 及 eBay 是电子商务的鼻祖和先锋，开创了如今的线上交易框架。当年，C2C 模式被淘宝网击退后，eBay 跨境电商领域卷土重来，瞄准的是中国跨境电商零售出口业务，率先帮助中国卖家建立一个直接面向国外终端消费者的网上销售渠道。2010 年，速卖通 AliExpress 横空出世，又瞄准了 eBay 这块“饼”，这些过往桥段值得回味。开始，双方的交集并不多，eBay 主要面向欧美海外成熟市场，而速卖通起家并流行于像俄罗斯、巴西等新型经济体，可谓相安无事。作为全球商务的领军者，eBay 帮助全球消费者随时、随地、随心地购买他们所爱、所需的产品，因此 eBay 平台上的产品多样化、种类繁多。eBay 财报显示，2015 年 GMV 约 820 亿美元，其中 59% 的交易在美国以外的国家完成，而跨境交易占比超过 20%，SKU 超过 8 亿美元，卖家数超过 2500 万，全年活跃用户 1.62 亿美元。可以说，消费者需要和喜爱的任何产品，在 eBay 上都可以找得到。全球旺盛的贸易需求是 eBay 二次大发展的根本原因，在 eBay 上跨境贸易比例一度超过 20%。而 eBay 作为一个 2C 的电子商务平台，平台服务佣金、广告是主要的营收手段，将近一半的盈利来自 PayPal，另外超过一半的盈利来自于本身。近来，由于购物体验弱化致增速放缓，风头完全被 Amazon 盖住。eBay 真正强势和盈利多的地区是美、德、英、澳、加、法等欧美国家。在中国卖家眼中，这些国家都是买家；而实际上，这些地区贡献了众多的卖家，是 eBay 的重要利润源。2015 年的 Top1000 卖家中，中国位居榜首，最热门的 15 种品类目录，1/3 是出口欧美。eBay 平台上既有成本较低的产品，也有高附加值的产品，而产品销售趋势主要受市场趋势、买家需求影响，但总体而言产品本身特性及性价比受到更多消费者的关注。

eBay 基本销售流程
- 预约开店
- 营销分析
- 商品上架
- 成交收款
- 包装发货
- 售后服务

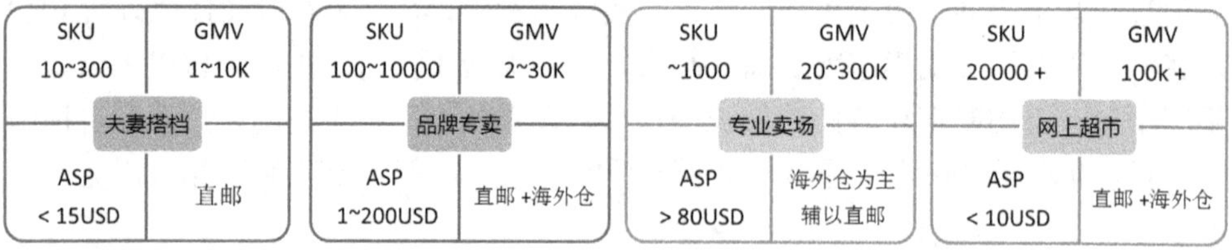

eBay 上的典型卖家

全球 eBay 店铺 Top1000 排名

#	国家/地区	卖家	反馈
1	中国	311	24814
2	英国	237	21639
3	美国	194	19196
4	德国	156	14337
5	澳大利亚	14	1919
6	中国香港	15	970
7	新加坡	14	1271
8	泰国	11	988
9	马来西亚	7	1029
10	意大利	5	281

资料来源：WebRetailer

2016 年 eBay 热销目录 Top Categories

#	种类	卖家
1	Home & Garden	186
2	Clothing,Shoes & Accessories	177
3	Phones & Accessories	108
4	Auto Parts	86
5	Jewelry & Watches	79
6	Business & Industrial	50
7	Computers	47
8	Books	42
9	Crafts	31
10	Sporting Goods	28
11	Health & Beauty	23
12	Toys & Hobbies	20
13	Music	19
14	Collectibles	17
15	Unknown(no items listed)	15

按覆盖面来说，eBay 仍是全球最大的电商平台，在俄罗斯、巴西、以色列、西班牙、挪威、阿根廷、意大利、希腊、瑞典等国家也有不俗的表现。欧美成熟市场，具有人均购买力强、网购观念普及、消费习惯成熟、物流等配套设施完善

等特点，消费者对于产品质量、买家体验都有比较高的要求，卖家除了要选择高性价比的产品之外，还要提供堪比“零售标准”的服务。新兴市场发展潜力巨大，但语言文化、物流通关、市场规范、法律法规等跟成熟市场有很大的不同，卖家为单笔交易付出的时间和人力成本相对较高。卖家进入市场前，需要先熟悉市场状况，从自己熟悉的产品品类开始销售[①]。

eBay 跨国电子商务物流产品介绍

物流方案	价格	时效	稳定性	适用性
海外仓储方案	中	快（1～3 天）	高	企业级大卖家，有稳定销量的产品，大件、重货
国际商业快递	高	快（1～4 天）	高	适用于紧急件或高价值物品，通达范围广
海外专线	中高	中高（6～7 天）	中	各种常规物品，带电及重量范围广，针对有量线路
邮政 EMS	中高	快（3～7 天）	中	中高重量段物品，稳定快速，不易被征税、方便退回
国际 e 邮宝	中	中（7～14 天）	中	各种中低重量物品，范围较广、性价比高
邮政航空小包	低	低（10～30 天）	低	小卖家，低单价物品，容易影响账号表现

此外，eBay 上 B2B 商品销售总额每年达 40 亿美元，产品 SKU 超过 700 万。eBay 还为卖家推出很多便利化措施，如 Seller Hub 卖家营销工具服务；综合物流项目 GSP 全球运送计划：卖家只需要将产品发到英国配送中心，eBay 负责后续履行；与万邑通 Winit 合作的全球海外仓服务。

2.6.2 Amazon

Amazon 成立于 1995 年，在 20 多年间，股价翻了 700 多倍。目前 Amazon 是跨境电商中实力最强、人气最高的平台，全世界有 14 大站点，125 个运营中心，可以覆盖 185 个国家和地区的运输和消费者。在 Amazon 在华业务低迷的背景下，做跨境电商成为正确的选择。2012 年年底，Amazon 推出“全球开店”业务，中国卖家可以直接将商品销售给全球 3 亿活跃用户，截至目前，已开放了美国、德国、英国、法国、意大利、西班牙、加拿大、印度、日本与墨西哥等十大站点，覆盖了当今全球热门、成熟的电商市场，全球 Amazon 上的第三方卖家已多达 300 万家，占据其全年销量近一半。Amazon 的运营哲学是以极致的用户体验拉升流量而驱动营收，高品质、服务好的店铺能够获得更多的流量倾斜，其店铺推荐系统中用户评分权重更高。在这样的机制下，全球开店增速一直行业领先。因为其鼓励卖家做自己的品牌，以及商品质量和 FBA 仓配服务，用户体验佳，欧美客户

① PayPal & eBay，2014 年大中华区跨境电商零售出口产业发展趋势，2014 年 5 月

最愿意消费，所以客单价高，反过来促进更多优质中国卖家的加入，生态圈形成良性循环。三年间，至 2015 年借助 Amazon“全球开店”走向国际市场的中国卖家数量增长了 13 倍，中国卖家在北美地区的销售额增长超过 10 倍，Amazon 中国区团队更是扩大三倍，大力培育中国卖家。知之有限，Amazon 可研究的东西太多，下面简要介绍几个方面。

亚马逊“全球开店”策略

一是运营安全，诚信经营，远离侵权和刷单。提到 Amazon，卖家第一感觉是高毛利与封账号，爱恨交织。世间没有无缘无故的爱或恨，Amazon 打假一直都没有停止过，对知识产权的保护日趋严格，因此卖家不要生猛地往枪口上撞。若被判为假货，没有授权、无法证实是正品，实物与产品描述不相符或其他问题将导致被投诉，收到警告进而引发账户暂时受限，只要高度重视，及时回复和改进，提供尽量完整的申诉资料拿回账号的可能性比较大；但是，如果说了不做将会被判为不诚信，那么账号就离“挂掉”不远了[①]。另一种，比卖仿货和假货更可怕是账户关联，被关联基本上就可以放弃抵抗了，申诉基本无望，余款打水漂，账户被永久移除销售权限。而未曾遭遇此劫的卖家，不要幸灾乐祸，如果等到问题集中暴发，那么伤害将是致命的。总之，一定要提高警惕，Amazon 可以收集连贯的历史数据来预测未来的销售、大数据分析，数字本身说明一切，它判定的标准就是商户具体而真实的经营活动，封店全是“后台机制”，作弊难逃其咎。

二是畅销排名，提升业绩。销量与排名是一个马太效应，排名高意味着曝光率和可信度。大多数的品类都有 Bestsellers Rank 畅销排行，No.1 就意味着在该商店同一个产品类目中近期销量最大。而排名又是基于销量的，回复询盘的速度、退货及退款率、评价评级、配送时间，以及卖家订单不良率、订单取消率、订单迟发率等因素，间接影响销量。低价和高排名赢得 BuyBox 继续提升销售概率。据统计，Amazon 上 82%的购买都是通过 BuyBox 完成的，这是一个复杂的滚雪球机制。当然，产品的排名在不同的地理市场会有所不同，而且规则变动与整顿较频繁。发 FBA 会提高获得购物车的几率，且有流量倾斜，客服售后等比较省心，卖家在参考 Top100 选品的时候若看见“Sold by Amazon.com”最好主动绕过 FBA。北美市场的中国卖家还可申请加入 Amazon Exclusive“独家计划”，获得品牌建设

① 电商搬运工，雨果网，Amazon 账号被封原因解析及处理方法，2015 年 11 月 20 日

工具、独家专卖店销售权、专属营销支持及品牌保护整合方案，提升品牌专业度。

三是关于 FBA（Fulfillment by Amazon），仓配一体、销售地出仓。物流改变电商，在 Amazon 体现最为直接，体验至上的 FBA 成为其巩固市场份额的关键手段。10 年前，Amazon 针对第三方卖家发布了里程碑式的业务 FBA，从此一发不可收。如今，卖家中有 79%的人使用部分 FBA 服务，44%的卖家使用 FBA 完成 90%的销售，27%的人完全使用 FBA。百万大卖 90%的销售额都是 FBA 来完成派送的，有 1/3 的百万级卖家 FBA 商品占总收入的 90%以上，个人品牌对 FBA 更加依赖①。FBA 非常重视准确性和时效，通过美国本土优势，为 Prime 会员提供免费的两日达服务，中国卖家可直接获益于 Amazon 多年运营积累的高品质客户群及良好的支持服务，要知道 2015 年全球范围内 Prime 付费用户增长比例超过 50%！近期，Amazon 推动跨境物流“龙舟计划”（Dragon Boat Consolidation），目标实现“产地入仓、销售地出仓”战略，通过集约化干线运输取代小批零散邮寄，平台全程统一负责集货出口、拼箱拼柜、进口清关、运抵 FBA 仓库、配送到终端用户，取代物流乃至各地区跨境贸易的中间商，成为物流中枢。简单地说，就是把 FBA 头程也做了。由于供不应求，FBA 正加大力度整治退货库存、滞销产品，即便花钱也不允许超期存放。Amazon 习惯于任性地“惯纵”消费者，如直接向消费者送预付费退货标签，一定程度增加了卖家成本，单价 15 美金以下做 FBA 已不太划算。为了保证订单时效与物流追踪率（Valid Tracking Rate），很多卖家转向操作更灵活的第三方海外仓。

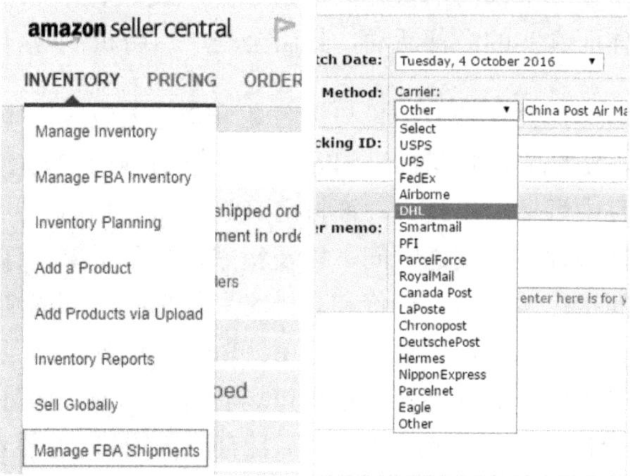

亚马逊卖家中心及物流渠道选项

① Feedvisor Amazon Seller Survey，The state of the Amazon marketplace 2016，http://feedvisor.com/，2016.5

亚马逊“龙舟计划”主要流程示意

在物流方面，Amazon 可能会有更多颠覆性的动作。2015 年，Amazon 花在物流上的成本约 115 亿美元，其中快递上的费用高达 42 亿美元，占其净销售额 5%。Amazon 从自己的“痛点”中看到了被快递巨头把持的行业中蕴藏着巨大可提升空间，也意味着新的商业机会和未来业绩新的增长点。由此，Amazon 积极投资于其物流平台，砍掉中间环节，取而代之创建自有服务体系，租赁飞机、自建车队、开放全球一百多个物流中心、建立海运预订公司、无人机送货、尝试 Flex 众包物流，这背后的逻辑，真的要创造物流业 AWS？如同在“云计算”领域，从线上零售一举占据 IT，将企业的资源能力发挥至极致，并富余输出。也许再过几年，全球物流“老大”不是 DHL 或 UPS，而是 Amazon。似乎这种积累的物流优势即将媲美其云计算能力，而 2016 年旺季来临前 FBA 居然爆仓，货多得无法上架！另外，金融服务很快会与物流齐头并进，向卖家授信放贷及提供消费者和税收方面的咨询服务[①]。Amazon 持续扩大其私有品牌，同时推出 M2C “制造+”战略，助力传统大型零售和制造业直销自有品牌，打造一个供应链整体交付网络，控制着商品从中国的工厂到欧美消费者的流动。

云计算、电商、物流，三大支柱相辅相成，围绕提高客户体验这个中心，不断地扩展上下游业务范围，以前外包的，现在搞自建，自建方案运营流畅之后，就做成一个平台对外开放销售：Amazon 已不仅是一家巨无霸电商平台，而且是一个庞大的生态体系，里面涵盖电子商务、物流系统、工业智能、支付系统、云计算、文化娱乐、互联网服务（IMDB 电影数据库、Alexa 网站排名等）等，包罗万象。

---

① 周天，“亚马逊悄悄自建物流 为了在跨境电商上与阿里竞争，” 2016 年 2 月 13 日

2.6.3 速卖通 Aliexpress

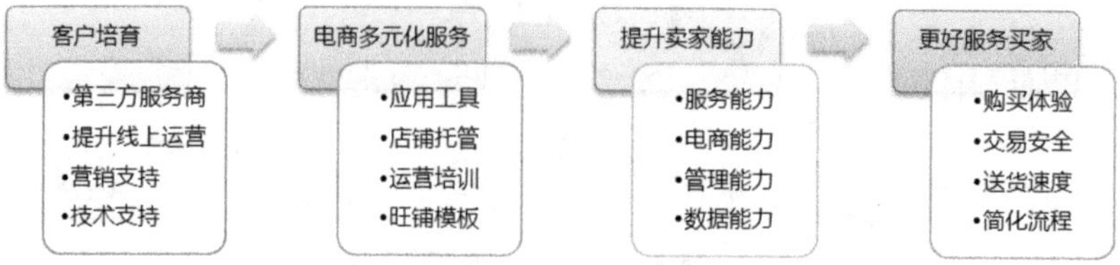

速卖通跨境电商服务体系

Aliexpress 跟 Alibaba 的区别就是零售跟批发。速卖通起步于 2010 年 4 月，目前服务覆盖全球二百多个国家和地区，通过重点国家的精细化运作，在俄罗斯、巴西、西班牙、美国等国家取得快速发展。以前，速卖通是一个 C2C 的平台，低价低质、鱼龙混杂，在 2015 年年底升级转型做 B2C。阿里巴巴集团还是看准了国内产业升级、制造提质的趋势，通过打击假货、炒信、欺诈、劣质的措施，淘汰了重复开店、重复铺货及“玩票”的商家群体。提高平台门槛，企业和品牌才能够入驻，剔除了一些个人卖家和铺货的卖家，也希望像 Amazon 一样做精品。根据阿里集团公告，速卖通 2014 年 GMV 约为 230 亿元，营收为 9.8 亿元，其交易中大约 65%通过国际支付宝交易，据此推算平台佣金比率约为 4%①，当年首次启动跨境“双 11”购物狂欢，到 2016 年“双 11”，出口共产生 3600 万笔订单，增长 5 倍，50%的交易量均来自移动端。速卖通海外独立买家数已达 1 亿，交易量排名 Top5 的国家为：俄罗斯、美国、西班牙、法国和英国②。

菜鸟海外仓及干线资源

国家	城市	数量
美国	洛杉矶	2
	纽卡斯尔	2
	波特兰	3
德国	汉堡	1
	法兰克福	1
澳洲	悉尼	2

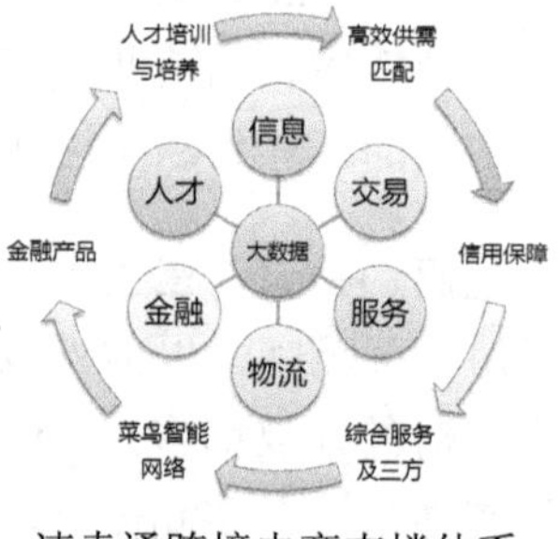

速卖通跨境电商支撑体系

阿里巴巴集团要实现“全球买”和“全球卖”的国际化目标，将速卖通打造成面向全球市场的在线零售交易平台是关键，曾经在美国打造的 11Main 跨境电

① 韩轶超、李锦、雷玉，曲径通幽透视跨境电商产业链，长江证券公司， 2016 年 3 月 10 日
② 黄刚，揭秘：阿里巴巴如何借速卖通布局全球供应链，物流指闻，2014 年 11 月 6 日

商平台已经放弃。除了当前的国内零售出口，速卖通下一步是扩大到当地卖家来服务当地买家，最后是从“货卖全球”转化到“货通全球”，所有卖家都可以把货卖到全球，而提出的“大数据赋能”中小企业与B2B平台战略并无二致。速卖通转型B2C，似乎是重复天猫之路，抛弃小卖家、御磨杀驴，但在行业大背景下，要帮助中国的中小品牌在全球市场完成转型升级，首先要完成平台自身的转型升级。第一是产品升级，所有商家必须以企业身份入驻，不再允许个体商家入驻，产品要有品牌，在这个政策下至少原1/3的商品被下架。速卖通分为八大经营范围，下设十八个经营大类，按照经营大类对入驻商家收取年费，提高准入门槛；同时，通过“年费返还”措施，鼓励优质商家，如年交易额6万美元以上，服务指标达标，返还100%年费。第二，通过多项动态指标考核，持续优胜劣汰，打击假货、炒信、欺诈、劣质等过度无序的平台竞争乱象。第三，全球化布局离不开物流，提升物流保障，取消不可追踪包裹运输。速卖通背后的物流支持主要依托于菜鸟平台，菜鸟提出跨境第四方物流“无忧物流”，代表商家和消费者跟物流商谈判，获得更加优惠的价格和服务，并基于物流数据的分析和预测，为商家选择更好的物流渠道。例如，提供交易商品进入菜鸟合作仓库，加入线下实物开箱检验，实现线上线下双重管控。同时，开辟更多跨境物流合作渠道，菜鸟平台通过与中国邮政建立战略合作步入万国邮联网络；大量集货后商业专线直运到俄罗斯，配合电子清关技术，提升了通关效率；在莫斯科火车站开速卖通展示店，现场扫码预定；联合香港邮政、新加坡邮政、7-11、全家、CircleK等，为港台及新加坡等地消费者提供自提点。

2.6.4 Wish

争夺跨境电商的主导权，eBay垂暮壮心不已，Alibaba正决心与Amazon对决高下，新晋少壮Wish悄然崛起。Wish主打移动端，是纯粹的第三方集市平台。这家成立于2011年的硅谷创业公司，起初只是一家毫不起眼的图片社交应用。直到2013年，平台加入商品交易功能，将中国商品销售给美国用户。这个改变使得Wish成为跨境电商移动端的一匹黑马，当年交易额达1亿美元，如今更是飙到30亿美元，盈利模式是按交易额收取15%的固定佣金。在廉价商品方面，Wish与速卖通有类似的目标消费群，关键词和页面是按照Amazon的模式做的，在用户界面按移动端的性别和爱好进行推荐，类似eBay的“Collections”喜好收藏模式[①]，当搜索产品时，主要以销量和收藏度来做权重排序。除了师法多派，Wish

① 跨境电商健身房，跨境电商平台选品小思维，亿邦动力网，2014年12月30日

出奇制胜必有独门绝技，最大的特点就是移动端，98%的订单量来自移动端，即便打开其 PC 端网页版也异常简洁，只提供搜索栏供你选择，连品类目录表都没有。由于移动设备显示屏展示有限，因此用户无法进行价格比较。想在 Wish 平台上通过低价产品博得更多关注的几率相比其他平台小很多，所以卖家在选品方面不能一味地选择低价产品，要建立适合移动端的产品线。

Wish 平台排名算法示意

Wish 另一个旗帜鲜明的特点是其精准营销模式，通过用户的注册信息，对过往浏览信息进行分析，推测用户的喜好。使用 Wish 的移动 App 就会发现，它会自动推送某个类目下的热门收藏，同时还会根据用户之前的搜索和阅览习惯推荐产品。其中，热门收藏的产品就是卖家选品的参考。正由于 Wish 通过自身系统算法给用户推荐精准的商品，不同于其他平台的卖家需要买广告位、买流量，因此 Wish 的流量分配更加公平。Wish 成功后，又接连推出了 5 个细分市场 App，即电子 3C 产品 Geek、母婴产品 Mama、化妆品 Cute、家居类产品 Home 和质优价平产品 ScreamPrice。购买目的不明确的碎片化浏览，消费冲动性和欲望性会很高，视觉范围又很聚焦，无法更多地依靠记忆比较，是移动端转化率高的主因。

然而，新平台的成熟度还有几道坎要迈。首先，移动化已成为各大平台甚至品牌商的标配，如 BellaBuy、StyleWe、Chic Me 等专注移动端跨境 App 或多或少都模仿了 Wish 的路线，如何保持这个独特优势，必然需要持久的技术跟进。其次，用户体验与低价产品之间的博弈，客单价太低导致产品质量得不到保障、所选物流效率低下，为此 Wish 增强了知识产权保护及严厉的惩戒制度，“Wish 邮”在强化物流方面，增加延误保险及海外仓补贴等政策。最后，高额引流的用户很难产生二次消费，Wish 是从 Facebook 广告中诞生的，用户因为拿到了 5 美金的礼品卡，就去 Wish 上买东西。因此，新平台对社交平台的流量依赖性很强，依赖不断的活动、促销及广告投入。随着社交媒体的商业化，纷纷推出自己的电商平台或购物选项，Facebook 与电商平台 Shopify 合作推出购物功能、投资 Farfetch，Amazon 下 Quidsi 进军 Facebook，竞争关系日渐显现，Wish 地位失宠。在 2015 年，为了增进互补性，Wish 获得了来自京东的投资。

2.6.5 敦煌网

敦煌网于 2004 年创立，在创立伊始就确立了"促进全球通商、成就创业梦想"的使命，致力于打造一条网上丝绸之路，立意之高、颇具远见。作为中国首家整合在线交易和供应链服务的 B2B 跨境电商出口交易平台，敦煌网率先开启了跨境电商交易的创新模式和"为成功付费"的盈利模式。经过 10 余年的积累，敦煌网目前已实现 120 万家国内供应商、3300 万种商品在线，拥有全球 230 个国家和地区的 1000 万买家，每小时有 10 万买家实时在线采购，每 3 秒产生一张订单[①]。

敦煌网经营模式

交易佣金模式	服务费模式
• 单一佣金率，免费注册、免费上传产品、免费展示，只在买卖双方交易成功后按交易额收取佣金。 • 按照类目分别设定佣金比例，实行"阶梯佣金"，当单笔订单金额达到 300 美元后，佣金率统一为 4.5%	• 服务费：提供商家入驻开店、平台运营、营销推广、资金结算等方面的增值内容。 • 营销推广：提高产品曝光，包括定价广告、竞价广告、展示计划等，采取购买敦煌币的方式付费。 • 代运营：为商家提供培训、店铺装修及优化、账号托管等服务，根据服务类型不同收取一定的费用。 • 外贸服务：提供金融、物流、海外仓、通关、退税、质检等一系列服务，并收取一定的服务费

企业级采购商比个人采购商更具有价值，企业级采购订单客单价、数量级和交易额都是个人用户无法比的。敦煌网海外买家中，批发客户多，采购量大。比如，玩具行业批发类商品占 66%，在消费电子行业中，平均订单金额可达到 296 美元，手机屏幕 2014 年的平均采购额在 890 美元以上，VIP 大买家平均每月采购额超过 6 万美元。买家重复购买率高，纠纷率、退款率低。敦煌网服务对象定位主要是全国 B 类供应商，基于平台化运营，提供卖家一体化服务。支付 DHpay

① 敦煌网，2014—2015 敦煌网跨境电商出口交易白皮书，http://ebook.dhgate.com/WBook.aspx

对接全球 30 多种支付方式；物流 DHlink 在线发货，支持 EMS、UPS、DHL 等 20 多种物流方式，也可提供仓库及集运服务；信贷 DHCredit 与金融机构合作，提供融资保险等增值服务。当 2C 类跨境电商火爆时，经销商批发环节也出现了碎片化小额买卖的 B 类商家，成为敦煌网可以促使双方在网上达成交易的最初条件。如今，敦煌网加速向大贸 B2B 转型，如划分行业经营类目、调整平台佣金体系、设立批发通道和建立线下支付通道等。敦煌网主要有两种盈利模式，一是佣金收入，交易成功之后，向买家收取一定比例的交易佣金；二是服务费收入，向企业提供集约化外贸综合服务，同时继续发力移动端和多语言市场，开拓了新渠道、新流量，增加多语言站及海外仓功能，力争本土发货。是否向 B2C 兼顾，作为一个交易平台，取决于平台定位和商家诉求两方面。

传统外贸和新跨境电商对比

	传统外贸	新跨境电商
接单方式	买家 • 关键词笼统搜索，海量信息筛选 卖家 • 生产什么卖什么，响应需求滞后	买家 • 产品检索更精准，基于浏览的智能推送 卖家 • 基于浏览和交易量供给，掌控更多行业动态
交易模式	• 互不信任，谈判周期长 • 花大量时间和金钱多渠道推广 • 为保障安全，支付手续复杂	• 平台提供信用保障及第三方担保的直接支付 • 授信、理赔及融资等服务 • 及时发货、货物质量好、贷款安全
外贸服务链	卖家出口手续较多，各环节需要专业性指导，如通关查验、退税、信用证、结汇、物流等	跨境电商平台、第三方及政府等服务资源通过互联网整合互通，形成一站式服务，提高信息共享和处理效率

2.6.6 海外本土电商平台

近年来，众多国外的新兴平台来华招商，有的算是新兴，有的只是不曾为广大卖家所熟悉。有很多新秀都是师出同门，互联网“山寨之王”德国 Rocket Internet 公司，是全球最成功的初创企业孵化器之一。东南亚 Lazada 及 Zalora、印度 Jabong、拉美 Linio 及 Dafiti、中东 Namshi、非洲 Jumia 和 Kaymu、俄罗斯 Lamoda、巴基斯坦 Daraz 等，都是仿造创建的。建议不要过多押注那些小众平台，可以看看 Alexa 或 Google 网站流量排行，很多还在造势阶段，能转化为订单的不多，主要参考流量趋势。有些专业垂直分销平台，电子、家居及宠物用品等可以考虑，如 Newegg、Etsy、Overstock、PetWholesaler 等。

下面里挑几个典型企业略作介绍。Lazada 成立于 2012 年，总部设在新加坡，目前开设了印尼、马来西亚、越南、菲律宾、泰国和新加坡 6 个站点，年经营额已达 10 亿美元，日均访问量 400 万，入驻商家数超过 2 万，仅用三年时间便成为该地区最大的电商平台。2015 年，Lazada 开始在中国大陆招商，后被阿里巴巴集团收购了控股股权。Lazada 从自营模式和销售 3C 产品起家，并逐步扩充品类，涉足第三方开放平台业务，还自建物流和支付体系，似乎把先行者们做过的事都做了一遍。自营零售只占 30%，第三方市场占 70%并继续提升。小米、联想等品牌已陆续与其建立了分销合作。另外，还有 2015 年才成立的移动电商平台 Shopee，其在东南亚和中国台湾增长强劲，类似本地淘宝网和 Wish 的复合体，注重移动购物及社交互动，目前已成为台湾地区排名第一的移动购物平台，已有赶超 Lazada 之势；Qoo10 是一个综合性的 B2C 平台，可谓新加坡版的淘宝网，发源于韩国，以廉价商品出名，在亚洲 6 个国家和区域共有 7 个购物站点，试图成为一个全球化的电商平台；Zalora 也是一个有特色的时尚平台，主要做时装、鞋子、配饰等，主攻东南亚、中国香港及中国台湾的市场，有自己的品牌，也有国际品牌，允许第三方商家和时尚设计师入驻销售。

全球主要国际贸易零售平台

亚洲	其他	欧洲	北美	拉美	东南亚	非洲
Rakuten	Souq	Cdiscount	Amazon	MercadoLivre	Lazada	Jumia
Gmarket	Umkamall	Priceminister	eBay	Linio	Qoo10	Konga
11street	Rumall	Play.com	Wish		Tokopedia	Kilimall
PayTM	Trademe	Zalando	Newegg		Shopee	Kaymu
Flipkart		LaRedoute	Sears		YiLinker	
Snapdeal		Ozon	Jet.com		BliBli	
n11.com		Otto	Tophatter		Elevenia	
Zalora					MatahariMall	

Lazada 业务板块

日本 Rakuten（乐天株式会社）是一个全球化的电商集团。总部位于法国的 Priceminister 深耕法国市场 15 年，在英国和西班牙两地发展跨境电商事业，2010 年被 Rakuten 以 2 亿欧元收购，也已来华公开招商，成为乐天欧洲旗下最大的电商平台，拥有超过 2200 万的会员，每月独立访客 900 万。另外，Buy.com、Play.com 等都是乐天旗下的子公司。乐天在东南亚的运营模式结合了 B2B 和 B2C，模式过重，经营不善，2016 年初关闭在马来西亚、新加坡和印尼的站点。乐天后续的策略重点是在全球范围内推出 C2C 移动电商服务，也就是第三方交易平台。

Cdiscount 是法国第二大的电商网站，以低价批发形式为主，仅次于 Amazon.fr 和 FNAC，增长势头强劲。其依赖丰富的产品、低廉的价格及良好的客户服务而赢得法国消费者的青睐。平台要求卖家有法语客服，提供类似 FBA 的物流服务，买家可以加入会员，一年只需要 19.99 欧元即可享受免费送货服务。其在非洲进军法语国家，推进国际化。另外，波兰的 Allegro 在东欧，BOL 在荷兰、比利时及卢森堡等地也是领先的平台。

美国 Newegg 由华人企业家 Fred Chang 于 2001 年创立，总部位于洛杉矶，主要从事电脑、消费电子、通信等 3C 产品的网上销售，商品种类高达六万种，是全美规模最大的 IT 数码类网上零售商之一。如今品类扩展到汽配、家电及运动类等，重新定位为科技产品线上购物平台。平台无上架费及月租等，商品成交后才需支付佣金（CPO 交易模式），统一所有品类为 12%。沃尔玛从 2009 年起允许第三方卖家在 Walmart.com 上销售自己的产品，但招商门槛较高，美国公司、本土发货（海外仓）、年销售额在 100 万美金以上、已并购的 Jet.com 第三方综合电商平台可以尝试。

京东觊觎跨境电商良久，终于在 2015 年 6 月 18 日将海外销售平台（joybuy.com）正式上线，开放俄语和英语两个海外站，以电子 3C 产品为主，目前重点向俄罗斯市场发力，将与速卖通的“主阵地”竞争。俄罗斯境内物流不畅，能否延续在中国本土高效的物流及快速响应，还需要观望。Mercado Livre 是拉美地区最大的电商平台，于 2007 年在纳斯达克上市，覆盖 13 个拉丁美洲国家。Souq.com 在中东的发展值得期待，当前正处于有流量缺产品的阶段，卖家少，平台管控比较松。Zalando 作为德国乃至整个欧洲最大的在线零售商，主营一切与时尚装扮有关的事物。Jumia 成立于 2012 年，是尼日利亚最大的电子商务零售公司，目标是打造本土的“亚马逊”，目前在当地建有仓库，提供多达十万种不同的商品，用户数突破了 50 万，覆盖周边 12 个国家。Trade Me 是新西兰最大的电商平台，创立于 1999 年，用户 450 万人，大部分新西兰人通过 Trade Me 网购，比重将近 50%，而亚马逊占 7%；1/3 的交易来自奥克兰地区；申请简单，不需要有当地公司或银行账户。

2.6.7 独立网店

外贸跨境 B2C 有两大线上渠道，即第三方平台和独立商城（含移动端）。知名的独立网店基本都来自超级大卖家，为了品牌建设和缓解平台束缚，塑造精品门店。大部分有一定的垂直性，典型的有 DX 为代表的 3C 派和以兰亭集势为代表的婚纱派。当初，大卖家往往是从一些特定产品领域或擅长的国家做起，例如有棵树开始于航模零配件，之后又根据市场的变化拓展到无人机零配件及机器人零配件等领域，有独立站容易体现专业性。少数大站品类扩充成为综合网店，个别有能力的又开放成集市平台，所谓店中店。在美国，中产阶级与市场信用度双高，个性化消费催生了垂直独立站的需求，美国独立网络零售商高达 60%以上，而中国只有 10%左右，大部分通过第三方集市，中小微流通及制造企业涌入开放平台提升信息获取能力和交易效率[①]。这就是阿里所谓基于“信息经济基础设施”的跨越式机遇，基于平台，摆脱“大生产、大品牌、大流通、大物流”。对卖家而言，第三方平台的好处就是流量便宜，坏处是你做得越大，战略隐患越大。第三方平台有成熟的规则，首要是保护买家利益，最大程度保持公平竞争。

自建站的意义不能简单理解成销售，因为在线就意味着处于在推广和信息传播的状态，因此第一功能是信息传播，其次才是成交，而且独立站利润稍大。第三方平台资金结算较慢，单个账户能做到的业务规模有限，且旺季上量难度高于独立站。从 Channel Advisor 数据来看，年底旺季独立站同店增速达到 60%～80%，远高于平台商铺，主要原因在于平台会有意平衡不同卖家的流量分配，防止一家独大。

1. 兰亭集势

作为“中国跨境电商第一股”，兰亭集势是中国外贸电商的缩影，成立于 2007 年，2013 年 6 月 6 日兰亭集势在美国纽交所挂牌上市。坊间，2009 年创始人郭去疾从 Google 中国辞职，去苏州虎丘考察婚纱市场后，发现便宜的国内婚纱在国外量价双高，遂决定深入跨境电商这一行当，后来进行品类扩张，目前销售品类涵盖服装、电子产品、玩具、饰品、家居用品等 14 大类，SKU 近 70 万，并拓展了

① 阿里研究中心，“信息经济前景研究报告 No.2 新基础：消费品流通之互联网转型”，2013 年 11 月

不同品类的细分网站，拥有 27 种语言版本网站。据其年报，服装品类销售额占比 36.2%，电子及其他一般商品占比 63.8%，以欧美为主要市场，南美洲新兴市场占比日益提升。目前，兰亭集势主要靠产品采购及销售产品中间的差价来盈利，由于主营品类竞争大、低价及运营成本高，最近几年表现的增量不增利。在产品采购方面，兰亭 70%的商品直接从工厂进货，实现了从工厂到网站再到消费者的最短销售链条，达到较高的毛利率水平。品牌化方面，推出自有品牌 TS（Three Seasons），专注于女性时尚服饰；移动化方面，推出移动应用 App 及移动社交类的婚礼策划应用 InTime，上线 Sale Clock 的闪购 App 等；国际化方面，引入奥康国际参股，打造传统行业"互联网+"战略新优势，建立两个海外采购中心，推出全球时尚开放平台战略，外部商家无须缴纳年费，以佣金模式销售额的 15%作为分成。

兰亭集势旗下子品牌及网站

Lightinthebox	lightinthebox.com	婚纱服饰
MiniInTheBox	miniinthebox.com	电子产品
HikariBox	hikaribox.com	婚纱服饰
DropInTheBox	dropinthebox.com	小额批发
RC IN THE BOX .COM	rcinthebox.com	遥控模型
TS Three Seasons	onlyts.com	服装品牌
欧酷 ouku.com	ouku.com	进口母婴
快乐盒子 Kuailebox.com	kuailebox.com	偶像产品
Lightinthebox.com 旗舰店	lightinthebox.tmall.com	天猫婚纱店

2. 跨境通

真正在国内上市的第一家跨境电商是百圆裤业并购的环球易购。在更名跨境通后，又连续投资了前海帕拓逊（出口跨境孵化了多个 3C 品牌）、广州百伦（出口综合服务）、深圳通拓（大卖家）、跨境易（进口通关物流和分销）、易极云商（进口供应链）等多家跨境电商企业，势头直盖兰亭集势，问鼎行业第一。其销售 20%在第三方平台产生，80%来自于旗下名目繁多的独立站，多个站的同店销售额都在业内领先。例如，Gearbest（最大的 3C 站）、Sammydress（最大的服装站）等多个垂直型电商平台，单站日浏览 IP 已超过百万，合计 SKU 大于 25 万，服装品类占比约 70%，商品单价约 10 美元，海外仓有 9 个左右，约 5 万平米，库存周转 2.5～3 个月[①]，注册用户约有 4000 万，客单价 50～60 美元，转化率在 1.5%左右，重复购买率在 30%～40%之间，2015 年已成为国内最大的出口 B2C 跨境电商[②]。进口电商方面，跨境通搭建覆盖自有平台（五洲会海购）及第三方平台、移动端、微商、O2O 线下体验店（20 家）的跨境进口电商体系，布局甚广。

跨境通业务模式

电子出口	gearbest.com、everbuying.net、dealsmachine.com、everbuying.com
服装出口	SammyDress、DressLily、RoseWholesale、RoseGal、Zaful、NastyDress、TwinkleDeals、TrendsGal
出口 B2B	chinabrands.com
跨境进口	Wuzhouhui 五洲会、Nutrilon 总经销、O2O 体验店、移动端 App、微商及其他分销

除了专注 3C 的 GearBest，环球易购站 Everbuying 规模也很大，其销售覆盖全球 200 多个国家和地区，单站超过 600 万注册用户，实际购买用户超过 200 万。另外，还有服装服饰类 8 家网站，以及多个小语种分站，如西班牙语 igogo.es 等。跨境通足够大，精准地定位于渠道卖家，目前仅需开拓产品品类，用户或流量增长就足够保障规模增长，继而开展供应链金融、跨境物流及配套运输等建设。

3．其他

“北有兰亭、南有 DX。”DX 在香港上市，主营标准化低价 3C 电子小件产品，是这个领域当仁不让的“老大”，最高峰期一天 12 万票，由 IDG 投资。DX 是国内第一家真正意义上的外贸 B2C，创始人陈灵健早在 2007 年年初就从 eBay 平台上撤出来做全网生意，以超前的技术架构、强悍的价格战能力、超低的人力成本和四两拨千斤的网络营销技术迅速崛起，2010 年销售额即达到 2 亿美元。

DinoDirect（大龙网）是重庆外贸 B2C“大哥”，成立于 2009 年，做虚拟游戏币起家，自卖同时也给别人做代运营，获多轮 VC 投资，擅做 EDM 营销，多开发非英语市场，覆盖俄罗斯、巴西、印度及欧、美、澳等六大国家和地区，销售的主要产品是电子类、服装类及园艺类。大龙网自称，目前采用的是跨境 O2O 模式，从 B2C 转向 B2B，在全球拥有 10 余家分公司、20 多个海外仓，自有支付“大龙钱包”（Dino Wallet）。从产品供销看，除了自营自采 B2C 外，还通过 OSell 跨境 O2O 网贸会进行 B2B 招商，各大跨境试点城市多有大龙网的影子，尝试物

① 刘义、孙妤，招商证券，“行业红利加速释放 出口格局初步成型 进口仍处起步阶段——跨境电商专题研究”，2015 年 10 月 11 日

② 申万宏源研究，跨境通：高成长性确定的跨境电商稀缺整合平台，2016 年 2 月 15 日

流集货及联盟海外零售体系，解决跨境销售“最后一公里”服务的问题。

福州纵腾是一个超级大卖家，业内盛传的 eBay 第一，运作沉稳，搭建了很强的海外供应链体系及跨国物流解决方案，在海外仓运营行业首屈一指。米兰网是成都外贸 B2C“一哥”，定位为服装全球行销平台，获有红杉投资。PatPat 专注跨境母婴玩具类。深圳通拓主营 3C，多平台大卖家，采取低价战术。ChinaBuye 和 LighTake 是由 DX 分离的最初期的创业团队创建的，初具名气。BuyinCoins 源自上海，在外贸 B2C 领域少有的华东大卖；Banggood 是广州名企，eBay 达人邹氏双雄旗下的独立站，发展很快；PandaWill 采用免费试用策略，消费者提交的产品试用报告发表到社交网站，营销高明；TinyDeal（数码时代科技）是深圳专注做独立 3C 的名站，网站看起来有点简朴但是订单很多。SW-BOX 专注手机配件，不跟风杀价，客单价较高，网站用户体验度极强，选品独到、新品上架快，注重内容。炽昂科技从 eBay 开始做，从纯粹独立 B2C 做到每天万票，一度是 DX 的强有力竞争者。Chinavasion 是大型 3C 类 B2C，其 B2B2C 做得不错，走精品路线；品牌 Anker 案例耳熟能详。SheIn 来自南京，是时装品牌站，网站走朋克风，板块分类清晰，营销手法是提供免费试穿。深圳矽递科技是一家致力于促进开源硬件发展的服务型企业。

4．如何自建独立站

有独立站的大卖家，大部分都曾师从 eBay。时过境迁，略感悲伤地说，B2C 电子商务已经是一个赢者通吃的商业游戏，其他没有大量雄厚资金或者没有“傍上”金主的商家倍感焦灼。自建商城并不求流量而在于为品牌背书，而且需要耐心经营，逐步建立品牌影响力，一旦拥有搜索排名，将是强劲的支撑。独立站需要提供一整套交易支付、物流、纠纷处理、售后客服等功能，有些功能可采取接入第三方和自有服务结合的策略。对于建站，国内外有很多软件工具。Amazon 上的境外卖家，在自有平台中，Magento 和 Shopify 分别占 43%和 35%，支持多语言的产品描述，提供无缝式库存管理等，基于 CMS 扩展插件 WooCommerce、Drupal 及 LMShop 也颇受欢迎。支付方案方面，可集成第三方支付网关或信用卡，如 PayPal、AmazonPayments、支付宝、ProPay、Carte Bleue 和 2Checkout 等本地第三方支付等，或直接使用第四方聚合支付 Stripe、Braintree、BlueSnap、Borderfree 和 Global-e 等。而物流产品的选择，线下更加多样灵活，性价比第一，关键是提供用户可追踪状态信息。自有网店并不像现有的电商平台一样已经拥有大量的客户流量，而是需要下更多的功夫开发潜在客户。在推广方面，很多外贸独立站沿用低价吸引策略，跳出率较高，普遍达到 40%，用户黏性及复购率不高。平台商铺作为销售主渠道，除了跑量还是重要引流渠道，如店铺装修提示，或在发货包裹里放一张 B2C 商城的宣传单，帮助自有商城免费推广。

品牌认知度低、缺乏固定用户群、营销引流成本高企，是所有独立站面临的通性问题。吸引客户并建立信任，核心是看起来像“本地化”，复购率则基于完美的用户体验。多国销售时，产品详情、网站内容和服务条款等体现当地语言风格；用本币显示价格并用本地支付方式；海报文案内容反映当地的文化，去中国风格，从字体、设计、颜色、排版上符合海外用户的审美；按照目标市场的规定制定条款、隐私政策、保障条例和退货政策等。总之，围绕着一个真正合格的外文电商网站来展开。

2.7 网络营销

整个行业竞争已经过了产品之争，进入一个需要靠精细运营的时代，流量运营与广告投放则尤为重要。营销这门学问也是博大精深、门类荟萃，从市场理论角度看，销售漏斗、科特勒及 4P 经典概念都非常有指导意义。但电子商务的营销实战性很强，市场变化快、竞争激烈且技术更迭迅速，营销的渠道、内容、形式和传播等都在无休止的进化，很难说此刻的手段明天还能奏效。跨境电商的营销（主要指出口，进口与国内几乎无异）因为语言、地理、习惯和文化等因素，又呈现出更多的国际化和海外本地化特点，是完全基于互联网络的营销。题外话，七大广告媒体市场，即网络、电视、报纸、广播、杂志、售点、户外等，如今网络独占多半份额且还在高速增长，虽然电商公司贴在地铁和灯箱里的印刷广告依然随处可见，但大家很清楚哪里有更多的受众和更好的传播。由于电商普遍对流量过度期待，以流量带动产品曝光率（viewer）、点击率（watcher）及转化率（conversion），很多电商都是“死”于对前端营销的肆意挥霍，以及后端供应链的不匹配失控。除了获取流量，活跃用户量、转化、留存、复购、GMV 等指标才是效益的最终体现。

互联网的媒体属性、可检索、可分享都让网络营销成为一个独立的营销分支，以各种途径引流量到网站和 App 中来，留住客户并转化为交易。曾经一度盛行的依赖技术伎俩，主动地将硬生生的广告推送给目标受众人群，比如网页弹窗、垃圾邮件、视频中插入广告等，这种推式营销让人反感，日渐被舍弃。舒尔茨在《整合营销传播》里讲述了病毒式营销传播，创造兴趣点，让营销成为从引爆点开始的自发式传播，而非过去的压迫式信息推送，从说服到倾听。因此，现在更强调拉式营销或内容营销，通过创建目标受众有兴趣或有价值的东西，吸引消费人群过来，比如点击付费广告、促销券、软文、信息图等，通过优化用户的访问体验，提高用户访问量并留住用户。

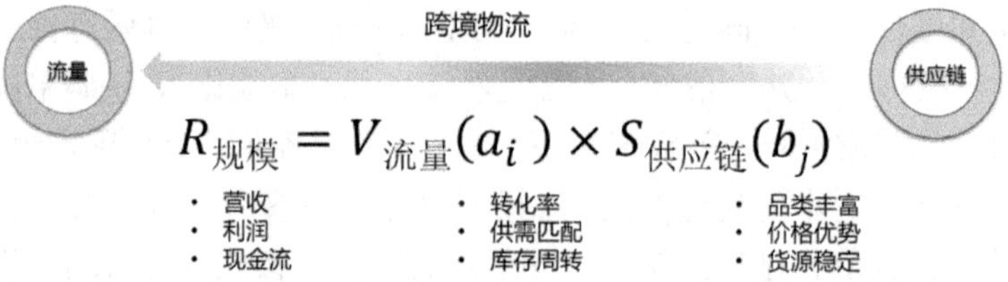

流量拉动与供应链支撑

互联网营销分解树

2.7.1 海外营销推广方法

网络时代，信息已经过度化，海量的数据充斥着消费者的视线，加剧了用户的选择障碍，可以说互联网没有彻底解决经济学里供需信息不对称的问题。如果说线下商店最重要的条件是选址，那么线上商店则是流量，引流也就成了重中之重。形象地说，去 Facebook 发布个帖子、在 Youtube 上传一段视频、去 Instagram 和 Pinterest 发布几张图片，都可能引来客户。但随着跨境电商业务在境外的拓展和深入，商品供给日趋同质化，低价策略泛滥成灾，海外营销推广的成功与否直接关系着卖家的销量和口碑的传播。简单重复的粗放式垃圾信息引流，已经被精准营销和整合营销取代。大卖家能够有效地利用各种营销工具，使得供应链和团队管理上更加精细和高效，例如自动比价功能，在采用同样的营销方式下，大卖家的效率是一般中小电商的 5～10 倍。而小卖家容易陷入价格战和同质化竞争当中。网络营销就是在彻底搞懂产品和受众的基础上，善用平台、搜索、数据及模型分析等工具，掌握用户行为和需求，让内容传播的影响力和转化效应最大化。方法论的第一步是市场研究，做电商的都感觉线上用户的忠诚度很低，因为选择更容易、诱惑更现实，针对碎片化的消费行为，用户很难锁定。因此，更要了解用户需求，了解核心消费者是谁，他们在特定消费场景的购物路径是怎样的，存在哪些关键痛点，针对痛点提供解决方案，消费者才会对零售商品牌产生兴趣，有忠诚度。第二步是优化内容，例如打造爆款、在平台快速排名、店铺装修、商品刊登、产品拍摄与处理、文案及促销活动等。第三步是借助搜索引擎、平台营销、邮件、付费流量、行业社区、意见领袖、优惠诱惑、社交媒体、网络广告、小语种与移动电商等工具，形成网络整合式营销。第四步是动态持续，最近网络营销的关键词是大数据、跨屏、程序化[①]，每个阶段都要为它设计对应的内容，掌握传播发生、接触、发展、爆发的过程和要素，以便引导目标受众人群进入下一个阶段或环节，最终实现购买。

海外营销推广方法

文本	文章、报告、分析、FAQ 问答、评测、Newsletter、电子书、社交网帖等
图片	照片、信息图、PPT、手工画图、设计图、拆解图等
视频	教学视频、采访、简介、微电影、娱乐性视频、直播、动画等
音频	广播、访谈、音乐、录音等

① 张希，创新驱动产业变革，艾瑞咨询集团，2015 年 10 月 30 日

整合营销的 SIVA 及 4R 理念

整合营销需要制定一套策略，否则散兵无章，是无效进攻。将目标客户、营销组合手段、ROI、人力和资金等安排好，转化率低的话，要及时分析问题。海外推广是一项繁杂的工作，如果你的思路清晰，其中的乐趣其实还是很多的，尤其是当你掌握其中的技巧和方法，做起来就会更有意思。

2.7.2 网络广告

网络广告传播性好，网络技术可以帮助广告主选择用户、跟踪用户，多方面掌握用户资料，然后有的放矢。网络广告是否能引起人们的直接在线购买是评价网络广告的核心指标。网络这种全天候、全球性的市场交流媒介，不仅能帮助企业建立品牌认知度，还能吸引人们来仔细打量一种产品、促成购买。信息只有引起消费者的兴趣或满足某种现实需要才能一步步吸引消费者深入点击。因此，引起消费者的兴趣、满足消费者的需要是广告成功的一个重要因素：吸引人们注意它、点击它。吸引消费者有意注意的程度水平是评价一则网络广告心理效果的重要指标。网络广告的投入相对来说成本较大，但效果也是立竿见影的。网络广告的收费方式有几种，如按效果付费（CPM）、按点击付费（CPC）、按每行动成本（CPA）等。

网络广告的形式

网店优化及流量监控付费广告	付费流量，新闻网站、Adwords 搜索引擎等广告及广告联盟
SEO 流量	关键词、优化网页、网页内容、增加相外部链接广告
博客流量	制造更多的关键词及收录页面，发布、及时更新和互动
社交网络	行业社区和社交网站，问答互动，积累社交网站的粉丝和圈子
站内广告	平台内付费广告、Amazon 秒杀

网站有了流量，下面就是如何把流量变成交易，提高询盘转化率。首先是店铺内容，网店设计的不好，客户“跳出”肯定是瞬间的。买家都希望看到有设计感的网站布局、高品质的产品照片，以及清晰的使用功能展示，因为买家并不能

拿到实物来检测，所以更关注其他购买者的评论和准确的产品说明。因此，优化图片及标签、优化列表和提高评论内容的质量非常关键，移动用户体验也一样。其次，需要对流量用户进行细分，毕竟每个进入网站的用户的需求不同。收集必要的用户信息，针对不同需求的用户有相应的登录页面，对于有 CRM 客户关系管理的公司，每个环节都可以列出客户相应的数据，进而深入挖掘。最后，要不断总结营销的重点应该放哪里、预算应该放哪里、获得的回报大概有多少。

2.7.3 邮件营销

邮件营销是电商最常用的推广方式，投入也最小。构架好且完善的系统邮件，是提升用户体验及增强用户信任度的最佳窗口，可以带来更多的交叉销售机会。Amazon 非常注重邮件营销，其邮件营销涉及日常促销推广、售后服务、顾客消费体验等客户销售过程，并且基于客户、数据、渠道之间的大数据营销应用也使其走在了精准、个性化营销的前沿。要强调的是，一是特别注意用户收到邮件后的感受，从用户的审美和视角出发制作邮件，例如邮件标题的吸引力、内容设计的美观度等。邮件标题中明确表明身份或添加品牌标识能让收件人放心打开，邮件内容应当展示清晰，包括产品信息、优惠活动、活动截止时间等，这些都直接影响邮件转化率。二是基于会员生命周期管理，推送每个周期相应的智能个性化的邮件，促进新用户的转化，并实现老用户的再营销①。三是欧美多国都有十分严格的隐私保护条例，避免企业投递垃圾信息或侵害用户隐私，刑罚最高可判 5～10 年监禁及高额罚金。跨境电商企业开展海外邮件营销时，务必要了解并遵守相关国家的法规制度，发送许可式邮件并在邮件中添加退订链接，以减少投诉发生。邮件营销比较成熟，市面上邮件营销外包的解决方案有很多。

2.7.4 搜索引擎

搜索引擎是营销界的“杀器”，是站外引流的主要渠道。搜索分为被动和主动两种，对应的营销方式是搜索引擎竞价（PPC）和搜索引擎优化（SEO）。PPC 就是购买关键词，而 SEO 就是网站不断优化内容与结构，获得更好的自然搜索排名结果。SEO 无成本，但却是一项长期的工作，需要商家长期的投入和关注。要符合搜索引擎优化标准，页面结构布局、高频关键词及长尾关键词、外链和内容链接、产品命名、展现效果、重复内容、内链与外链等，有很多非常具体的内容和

① Webpower，邮件营销依然是跨境电商企业的最佳选择，梅花网，2014-10-28

交互设计。通常，电商访客转化率为 1%～3%，不同的访问渠道、关键词及目标内容，其转化率是不同的。

Google 个人消费品搜索量与流量成本

Country	Cost($)	Queries
United States	0.48	200.77
United Kingdom	0.36	70.82
Germany	0.38	61.53
Japan	0.29	56.38
France	0.3	37.09
Brazil	0.12	33.09
Canada	0.4	17.79
Italy	0.21	15.59
Spain	0.24	14.22
Australia	0.47	13.76
Netherlands	0.29	13.1
Mexico	0.08	12.47
Poland	0.07	9.95
India	0.17	9.94
China	0.14	9.31
Russian	0.15	7.67
Turkey	0.14	6.95

关键词是搜索引擎的语言，是 SEO 的核心，因为在线销售一般开始于搜索，顾客会用自己的母语进行搜索，而搜索习惯是由语言驱动的，关键词是找到信息的秘钥，引导网购者到达指定的网络商店。一是关键词查询，准确的关键词将会对提高品牌曝光率、增加订单起到事半功倍的作用。可以通过谷歌关键词规划师、关键词设置及排名优化来提升产品站内检索排名。除了 Google Adwords 外，Wordtracker、Wordze、SEOBook 等工具也经常被卖家使用，可以显示特定关键词的相关词组，用来查搜索排名，哪个关键词排在搜索引擎或站内搜索前面，以及寻找长尾关键词。二是通过关键词趋势了解流行产品，成为选品和定价策略的参考，关键词趋势类工具有 Google Trends、eBay Pluse、Trends Amazon 等，以及第三方调研及分析词工具如 Terapeak、爆款易、Amztracker 抓客、数字酋长、物托帮、易麦宝、Malllib 等。三是针对性地抓取站内搜索，调查站内竞争对手的销售数据情况。

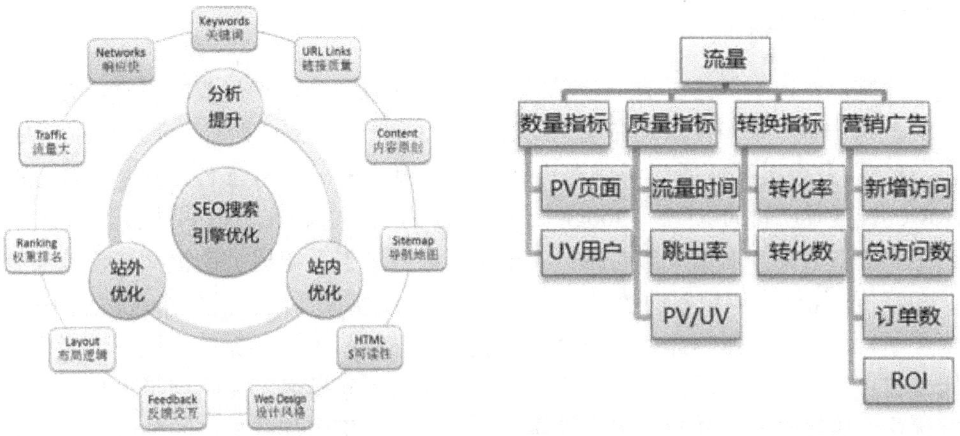

SEO 方法分解

除了比较流行的关键词工具外，Google 本身是一个庞大的营销机器，有多种营销功能，基于 Google 生态的营销占据很多卖家的主要营销支出。另外，还有一些常见的搜索引擎如 Bing、Yahoo、AOL、Yandex（俄）、Goo（日）、Naver（韩）等。最后，强调创造移动优先体验，加大对手机移动端的倾斜，根据美国 comScore 分析，移动端网购 M-Commerce 占总的 eCommerce 搜索比例已达 35%，并且还在增长[①]。

谷歌 Google 跨境电商营销工具

① Gian Fulgoni, comScore, Inc. A Digital Update, By The Numbers，Local Online Advertising Conference 2015.

2.7.5 平台营销

通常，站内引流的付费广告，引进流量多而且精准，点击成本不高，转化率相对较高。例如，很多美国人在线购物时，会直接去 Amazon 搜索而不是用 Google，以 78%百万级卖家使用比例获得压倒性的差距，第二、第三名分别是：Google Adwords 搜寻广告为 37%、Google Shopping 为 31%。依靠数据和技术，Amazon 已是名副其实的互联网广告帝国。Amazon 站内广告系统提供关键词竞价及品牌认知宣传，凭借多年积累的消费者购物行为数据，卖家靠这样的生意规则刷关注、刷交易，大品牌刷影响力、刷传播。速卖通与 eBay 等，也提供类似营销联盟、店铺首页、橱窗、直通车等付费广告。至于站内搜索排名，又回到了老话题，标题优化、店铺装修、视觉美工、文案设计等，每个平台都有自己的独门算法，但无外乎是若干权重因素的组合计算，违规率、有效跟踪率、签收率、订单缺陷率、退款率（拒付率）、反馈及时率等指标更关键。以进销差价盈利模式为例：营业利润=（售价–成本）×数量–引流成本–管理费用。引流成本如今已经很高。卖家引流能力越强，客户基数越大，精准营销能力越强，引流效率越高、成本越低。

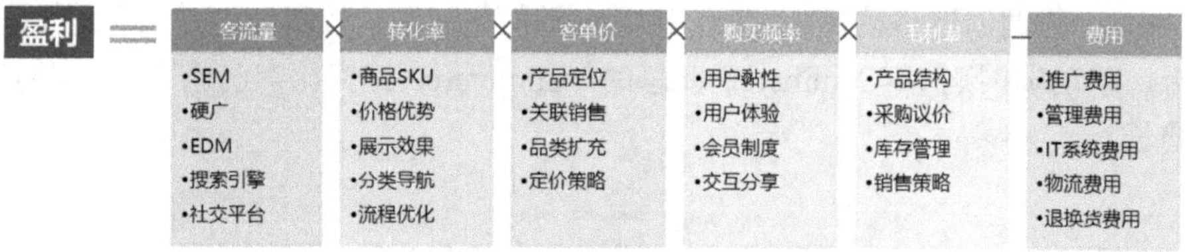

电商盈利公式示意

2.7.6 社交媒体

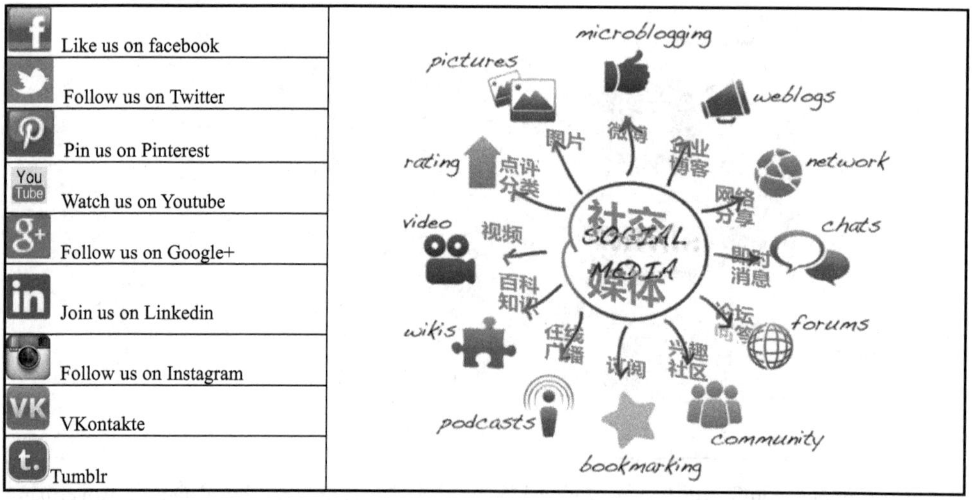

社交媒体营销

社交关系 SNS 营销，实现了营销的精准化、个性化和场景化。如今，社交媒体的影响力大家心知肚明，连美国总统选举都要得益于社交网络。国外的社交网站用户活跃度很高，人们会借助社交平台来晒自己的产品收藏或购物记录。商家会借助社交网站的分享和互动特点来推广品牌，从而形成很好的口碑传播。社交媒体优化 SMO，微博、视频、问答社区、图片、街拍、兴趣讨论组、专业人群等，富有创意并即时互动。社交互动、优惠导购网站及站外促销造势，抓 KOL（关键意见领袖，Key Opinion Leader）是一个不可缺少的元素。除了单纯吸引用户点击，社交媒体营销可以根据用户的性别、身份、学历、消费习惯、爱好等信息推送目标商品。为何当用户打开 Wish 客户端时呈现的内容会因人而异？因为在用户注册时这些信息都会通过 Facebook 关联过来，这些引流过来的用户，Wish 会抓取有价值的数据做记录，之后给潜在的消费者“打”上标签。当用户登录 Wish 时，用户可能会购买的商品就呈现在他的面前了。Facebook 于 2016 年 10 月在其 App 上推出了 Marketplace，但仅限英、美等几个国家，模式与 eBay 相近，可分类搜寻商品，也可以自行拍照、上传、发送自己想出售的二手物品，可私信卖家砍价，还能看到卖家的资料以评估信誉。Pinterest 已经超越 Facebook 成为电商网站的头号社交流量来源，图片社交平台以瀑布流的形式展示图片内容，获得超高关注度。另一家作为以图片分享为主的社交巨头 Instagram，互动性更强，很多世界 500 强公司也会使用其发布照片和视频来进行宣传。LinkedIn 作为全球最大的职业社交网站，主要是由公司对公司的用户组成，它致力于向全球职场人士提供沟通的平台，更具专业性，可以提升企业知名度及品牌度。俄罗斯 VK 及校园 Odnoklassniki 社交网站在当地占主流地位。轻博客 Tumblr 相比 Twitter 能够呈现的内容更丰富多样，可以建立营销博客或企业自己的官方博客。

社交媒体平台有一定的相似性，但 Facebook 跟 Twitter、Pinterest 跟 Instagram 也各有所不同，区别就是目标受众的不同。例如，Pinterest 有 1 亿的日活跃用户，八成为女性，图片量达到了 5000 亿张，90%的图片都是女性创建或分享的。视频营销适合中型以上的企业，知名产品的广告一旦成功，口碑的影响力不可估量。视频广告一定要有创意，这样才能“病毒”式传播，吸引眼球。问答 Quora 形式多样，文字图片和视频都有。至于软文营销，很多商家在利用行业社区做产品推广时会随意打软文广告，其实软文在质不在量，这种零成本、长期收益的软文营销非常适合中小型电商企业。

2.7.7 其他

国内电商刷单很常见，跨境电商“炒信”没有出路。平台规则以销量定排行和曝光率，导致了刷单炒信，通过虚假交易获得良好评价、商品销量、店铺评分、积分等不当信用利益。其实，很多卖家早期都用过 Gift Card 刷单，成本低，少数用真实的银行卡。通过虚开买家账户，然后用 VPS 主机分开批量刷、代发空包，刷单机构甚至还可通过跟卖列表提高产品排名。如今，各大平台都在依靠数据分析来打击刷单，从 IP、转化率、评论、页面停留、账号新旧、物流跟踪等多个角度，很容易分辨，即便向第三方“送产品换评论”也已经被 Amazon 禁止。当然，也不要把营销想得太文雅，为了增加曝光率，依靠多账号，早期在 eBay 做起来的大卖家，账号无不十几个以上，一个物品在一个页面有一半是他们的，还不算重复刊登，别的卖家没什么曝光机会。还有用虚拟机及多 USB 网卡进行关联店操作促销的，增加关注、收藏或订阅，这样风险太高！依靠合法技术来支持营销，例如评论和反馈是影响买家下单最重要的决定因素，市面上有跟卖软件、抓取评论分析软件、抓取竞争对手库存日间差分析热卖产品的软件。

另外，要重视促销，促销占据跨境电商销售非常大的比重，促销方面的招式和手法很多，套路之一是先提价、再给惊爆价，就是为了造势，通过一时“秒杀”引来关注。战术要有针对性、技巧性，你永远很容易获得低价的信息，但永远难买到低价的产品，限量、导购都要用好。整个第四季度是全球零售业的旺季，欧美的假日季包括感恩节、黑色星期五、网购周直至圣诞节和新年，不可错过这段时间。

2.8 运营及供应链管理

这是一个过剩的时代，说完信息过剩，再说供给过剩。太多可选采购渠道，如淘宝网、义乌商品城、华强北、在线 1688 批发、微信行业社群等。选择供应商贵在能长期合作，除了关注产品质量及稳定性，卖家还要考察供应商的售后服务、库存管理及持续新品研发等能力，避免订单断货、服务断档。最好能获取产品授权书，以减少很多不必要的产品侵权问题。书本上的精益化 SCM，在中小跨境电商那里是理想化。供应链协同管理，要把供应商、制造商、仓库、配送中心和渠道商等有效地组织在一起来进行产品的制造、采购、物流及分销，各方进行统一运作规划，企业间信息实时共享，即时响应订单与需求的变化，降低总量库存、消除浪费。现实是，很多批发采购就赚个国内快递与国际运费的差价。

2.8.1 外贸 ERP 管理

零售的核心是供应链管理[①]，跨境电商是绕不过供应链的。简单而言，跨境电商卖家日常的后端管理大致可分为：获取订单、订单分配、打单配货、库存维护和结算统计等。至于整个流程怎么串联才能效率最大化，通常需要借助 ERP 软件。电商稍微做大一点没有软件辅助管理是不可想象的，就算使用 Excel 达到专家级别也头疼。绝非夸大，在如今这个“软件定义的世界”，任何行业包括跨境电商，只要能熟知或掌握其核心软件，便直接让你的业务水准向高级进阶！

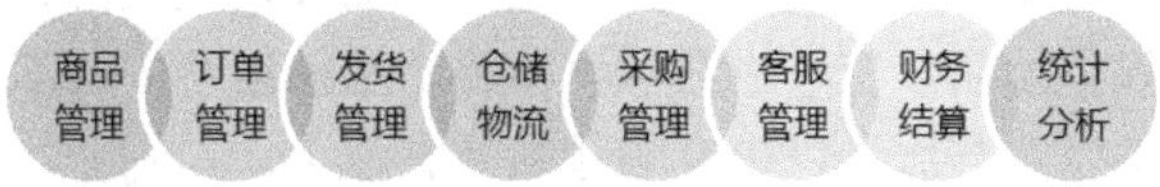

一般外贸 ERP 功能模块

跨境电商 ERP 功能已经相当全面，又不同于传统 SAP/Oracle 那种重型 ERP，也非普通进销存那么简装，这种轻量级的端到端、具备互联网特征的管理系统，适合团队和小型企业。深度对接主流跨境电商平台 API、连接众多国际物流渠道，支持从产品采购、商品管理到抓单、发货、库存、物流、售后、结算、统计等外贸零售全流程、一站式、智能自动化管理，极大提升运营效率。当然，由于管理的精细度不同，很多大型外贸企业或大卖家，最终还要自建定制化管理系统。选一个上手的 ERP 软件，首先要支持多平台、多店铺同步管理，一个账号多平台，解决多店频繁切换，批量、智能地完成所有日常操作，如大数量级 SKU 维护、同步自动刊登、自动订单获取及异常价格预警。其次，在物流管理方面，所有订单自动根据规则分配给相应的仓库配货、相应的物流方式获取面单和跟踪号，打单配货，支持多仓库、多币种、多物流公司、多物流产品、多运费模板等，兼容海外仓，自动申明发货、上传平台物流追踪号，追踪物流状态。再次，严谨的线下进销存管理，如采购、出入库、盘点、报损、缺货、对账及实时库存统计等，及时获取缺货及自动生成采购单，进行自动库存维护、库存安全及自动采购建议。最后，就是可集成，如客服、人力、财务、仓储及邮件等外部系统。

市面上流行的外贸 EPR 系统很多，包括通途、店小密、赛兔、马帮、芒果店长、速脉、全球交易助手、懒人、ECPP、4PNT、Ibay365、结绳记事、富商等，下载并操作一下，出口跨境操作细节便知八成。还有一些分销代发平台也提供部分 ERP 功能，如好东西网、诚佰忆等，适合于小卖家和新手兼职使用。

① IBM 全球企业咨询服务部，打造智慧的零售——IBM 零售行业解决方案白皮书，http://www-935.ibm.com/services/cn/

2.8.2 本地化运营

商业战略有时候根本不需要什么华而不实的商学院教条，网络虽然无界，但落实到具体运作层面，全球本地化这个概念永不过时，本土化是跨境电商可持续发展的关键。世界是多元化的，存在很多不同的宗教、语言，东南亚在服装方面比较保守且具有宗教特色，在非洲也一样，这里有英属、葡属、法属殖民地，各色人种。跨境电商要想做大做强，最终必须走出国门，提供本地化服务，才能和国外同行同台竞技。跨境商家都在尝试开展本地化运营，包括本地化服务与营销，尽可能靠近消费者，做好“最后一公里”服务。比如，大龙网、米兰网、兰亭集势等都在国外开设体验店，京东也在俄罗斯建立仓储运营中心，大卖家也纷纷在海外建仓，在本地发货与派送，提升账号绩效表现。

本地化的客户服务对增加客户忠诚度来说极其重要。快速回应顾客问询及反馈是让用户铭记店家的一大法宝，借助客服邮件智能回复机器人和使用当地语言则能锦上添花，而一个本地化翻译好的优质产品销售页面，跟一个未经处理的页面，转化率差别极大。欧美消费者习惯了线下零售近乎无条件的退换标准，而这种机制又大大促进了消费。然而，中国跨境电商依然处于小众市场，主流渠道不畅，网购最大品类服装，跨境占比仍很小，究其原因退换货比例太高，跨境卖家很难处置。平台 eBay 监管下每年处理超过 8 千万件网上争议，我们还需要尝试各种本地化策略，单靠仿牌维持，依然是任重道远。

2.8.3 人才与管理

当今，大部分行业都是自由竞争的，创业成功并非易事，对于火热的跨境电商也不例外，没有想象中那么轻松。很快这个行业的集中度会提高，跑得更快更早的公司，通过持续借助资本的力量，去进行外延式的扩张，以及内部管理修炼，比拼势必惨烈。想做好跨境电商，到底哪些因素最重要呢？答案是人和团队。再宏伟的事业也是一件件具体事务堆砌起来的，每个环节的提升，都需要专业化人才来操作。跨境电商和国内电商从岗位上讲没有什么区别，都需要有技术、营销、运营、采购、物流等几大职能模块，但几乎所有企业都缺“跨境人才”“外贸+电商”的复合型人才非常稀缺。只有储备人才，才会有未来，人才都是培养的！最快补充人才的方法还是靠企业的专业化培训与实践。而搭建团队，首先要把自己考虑进去，如果你不了解跨境电商、不了解平台规则，就没办法选择需要的队友。

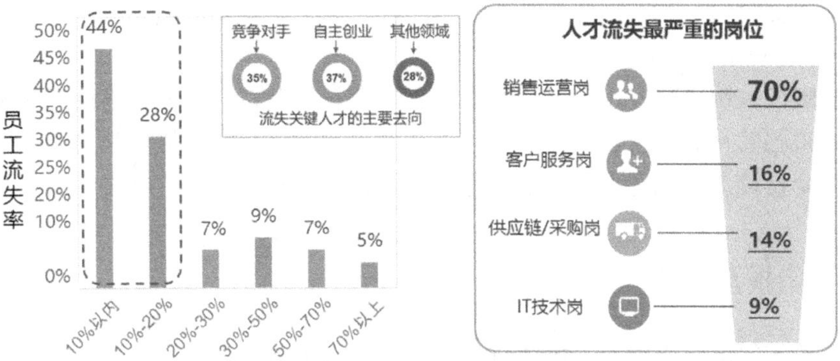

跨境电商行业人才管理趋势[①]

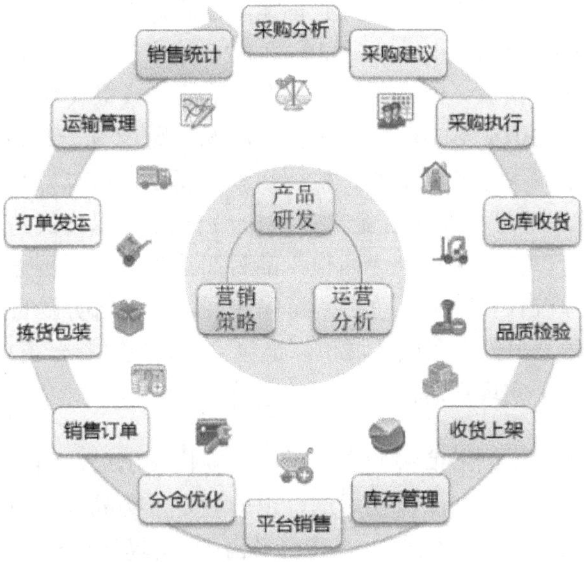

跨境电商运营管理岗位设计

企业成长的不同阶段要相应地在产品、组织、模式等方面进行变革，单纯的不断增加选品终会达到企业资源和结构所能掌控的极限。一是人员扩张与管理要同步，IT 系统里有数据孤岛，经营上存在“运营孤岛”，要避免体系冗余、各自为政，失去电商市场灵活的运作和决策。二是不管企业拥有多大的实力和资源，电商或物流的主要竞争力源自效率和成本的控制，需要注意电商发展的节奏，过犹不及，很多明星企业都是“死”于盲目扩张而弹尽粮绝。三是大幅扩张的同时，放慢脚步做内部流程梳理，“系统化操作、数据化运营”，强化流程的自动化。四是绩效体系，电商是一个人才流动频繁的行业，灵活的激励必不可少。运营之外，

① 德勤管理咨询公司，2016 年跨境电商行业人才管理趋势调研报告，2016 年 10 月

有机会还要比拼金融运作能力，获得投融资、稳住脚跟。

管理的关键是落实，未必所有团队都有超凡的勤奋和力度。电商和物流都是执行力很强的行业，很多企业成功并无高大上的战略，求生搏死是首要，“活着”就是一个奇迹，强执行力和高效管理常常无往而不利。

2.8.4 申报及退税

在传统的出口流程中，每票货物都要填写报关单，再由海关核放。对于零散的跨境电商包裹，如此逐票申报几无可能。自 2014 年起，以 9610 海关监管方式开展电子商务零售出口试点，除了企业备案，还历经了两次优化。第一阶段，“清单核放、汇总申报”，进口和出口、B2B 和 B2C 均未进行区分表述，海关按企业报送的清单进行实时核放，企业则需每月将清单汇总成报关单。第二阶段，“清单申报、清单统计”，2015 年 10 月，《中国（杭州）跨境电子商务综合试验区海关监管方案》通过了海关总署的批准，杭州启动了新出口试点办法，对不涉及出口征税、出口退税、许可证件管理且金额在人民币 5000 元以内的跨境电子商务零售出口货物，企业可以按海关税则“四位”品目简化申报，不再按月汇总报关，海关按清单实施清单统计。取消汇总后，简化效果还是相当明显的，大量包裹填 10 位海关编码很麻烦。另外，在试点城市，小包直发通过“单一窗口”，可降低出口商品查验率，也便于实现汇总出口退税的落地。

传统外贸企业在拿到增值税发票之后，货物报关出口、回款结汇的同时就可以申请退税。国家鼓励出口，先征后退，退的就是采购成本中的进项税额，这里面有好几个点会成为“额外收益”，一些贸易商的利润甚至来源于此。不一样的商品将缴纳不同的税额，一般情况下在 13%～17%不等，而与之对应的退税比例则分别是货值的 5%～13%。然而，跨境电商零售出口的退税政策①，规范性要求并无实质性改变，且跨境电商第三方平台也不适用、无法代办。退税流程其实很复杂，监管审核严格，要收齐按规定需向主管机关提供的退（免）税申报凭证和资料，需要海关、外管、税务、银行等几个部门跑，占据企业财务部门人员大量的时间和精力。外贸电商从业者基本是小型公司，不掌握退税方面的专业沟通和流程规范，难以操作。

---

① 财政部、国家税务总局，财税【2013】96 号，《关于跨境电子商务零售出口税收政策的通知》，2013 年 12 月 30 日

退税所需要的条件

什么条件下电子商务出口享受退免税呢？根据规定，享受退税的四种必备条件①，一是电子商务出口企业属于增值税一般纳税人并已向主管税务机关办理出口退（免）税资格认定；二是出口货物取得海关出口货物报关单（出口退税专用），且与海关出口货物报关单信息一致；三是出口货物在退（免）税申报期截止之日内收汇；四是电子商务出口企业属于外贸企业的，购进出口货物取得相应的增值税专用发票、消费税专用缴款书（分割单）或海关进口增值税、消费税专用缴款书，且上述凭证有关内容与出口货物报关单（出口退税专用）上的名称、数量、单位等有关内容相匹配。享受免税略简单，一是办理税务登记，二是有出口货物报关单，三是购进出口货物取得合法有效的进货凭证。根据《出口退（免）税企业分类管理办法》，出口退（免）税企业分为四类，不同信用等级享有不同的退税便利，如果出口企业为小规模纳税人，均实行免税政策。然而，过去很少有出口跨境电商愿意去足额报税，麻烦半天退的税额还不够填“阳光化”增加的税负，加之上游采购渠道为节省资金也不主动提供增值税发票；并且，跨境支付脱离传统银行，收汇并核销更无可能；最终不征不退，保持“潜水”，隐性地享受了免税政策。

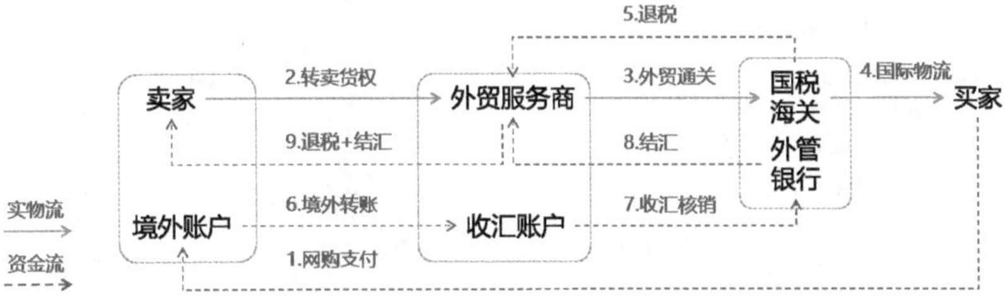

外贸综合服务商通过“分送集报”助跨境电商结汇退税

① 王文清、杨强，跨境电子商务出口货物如何办理退免税，中国税务报，2014年2月24日

跨境电商如何操作退税呢？在全面营改增的推动下，越来越多的上游供方企业有较多的增值税发票可以流转至电商卖家，所以很多卖家可以拿到 17 个点的增值税发票，从而有条件足额退税。化解出口退税难题，目前最简单的方式是通过外贸综合服务企业“出口退税外包”。中小企业将自己生产的货物名义上销售给外贸综合服务企业，外贸服务企业以自营方式出口的货物，可按 9610“分送集报”跨境电商自营出口的规定申报退（免）税①。第三方代理出口货物退（免）税实务流程是：出口退税备案→申报→审核→境外收汇→结汇→税款退付→退税清算。例如，北京版外贸综合服务平台“京贸通”，主要向中小微企业提供融资、通关、出口退税及物流、保险等外贸服务，可提前向入驻企业垫付税费、赊销。在通关操作中，商品可以用北京金隅商贸有限公司的名义完成全国各口岸海关、商检的申报，提升退税效率。通过 BBC 海外仓或监管仓备货模式，货物申报出口到海外仓，也能配合外贸出口拿到退税的关键凭证出口报关单，再操作退税。总之，电子化通关、无纸化办税，仍是未来提高申报通关与退税效率的关键。

2.9 跨境支付结算

跨境支付结算指不同国家和地区之间的资金跨境转移行为，涉及不同资金结售汇与收付汇。如跨境网购时，由于币种不一样，就需要通过一定的支付系统和结算工具实现两地间的资金转换，最终完成交易。理论上，银行、卡组织及第三方支付等金融机构都能实现这个过程。跨境电子支付结算，包括对“外汇”的支付和收取，目前以第三方支付的发展最有活力②。

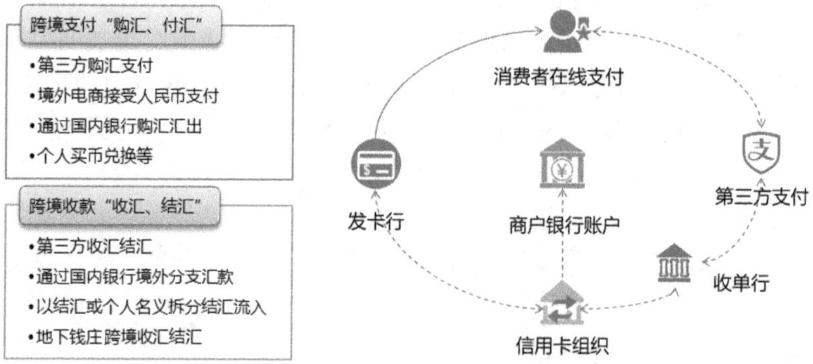

收付汇及跨境支付收单

① 国家税务总局，2016 年第 61 号，《关于进一步优化外贸综合服务企业出口货物退（免）税管理的公告》，2016 年 9 月 28 日

② 艾瑞咨询集团，中国跨境电商市场研究报告简版 2012—2013 年，2014 年 1 月

国内电商常用的第三方支付收付款，也叫线上收单，中间交易担保并收佣，是基于本币的结算服务。而跨境支付牵扯到外汇兑换和资金流动、交易结算和银行间结算及国与国的金融服务结合，其交易的安全性、便捷性及监管要求等要更复杂。一方面支付机构在跨境外汇收支管理中，承担了部分外汇政策执行及管理职责，与外汇指定银行类似，但支付机构主要为电子商务交易主体提供货币资金支付清算服务，属于支付清算组织的一种，又不同于金融机构。在某种意义上，借助支付渠道和结算工具实现资金跨国转移的过程中，很多传统外汇管制被削弱。另一方面，传统外汇管理体系已难以适应跨境网络交易，在碎片化方式出口的情况下，外汇收支监测难以获取资金划转的真实交易资料，不少资金流动游离于监管之外，一定程度造成贸易额、结售汇及国际收支统计的数据失真，给地下钱庄留下生存需求。因所得税、流程慢等问题，尽管有阳光结汇通道，但不少企业仍不配合使用。

2.9.1 跨境支付政策

法规建设没有及时跟上市场步伐，过往，中国跨境电商的支付环节几乎被未取得国内支付业务许可证的外资支付机构垄断，部分国内第三方支付虽早已涉足跨境支付服务，但其中多数是通过和银行、国际卡组织或者境外第三方支付机构合作，将货币兑换和付款流程由其托管银行完成，这样支付流程复杂且时间较长。相对于货物流通，国际间资金流通受到国内更严格的管控，但随着跨境电商政策的宽松，跨境支付市场也松绑了。从2013年起，陆续有一批第三方支付机构获得跨境支付业务试点资格①，规定参与试点的第三方跨境支付机构可集中为电商企业办理跨境收付及结售汇业务，在政策上首次允许非金融机构进行在线货币汇兑和国际资金清结算。2015年又将支付机构跨境外汇支付业务试点范围由上海、北京等五个地区扩展至全国，在资金额度上，将网络购物单笔交易限额由等值1万美元提高至5万美元②。

① 国家外汇管理局，汇综发【2013】5号，关于开展支付机构跨境电子商务外汇支付业务试点的通知，2013年12月9日

② 国家外汇管理局，汇发【2015】7号，关于开展支付机构跨境外汇支付业务试点的通知，2015年1月20日

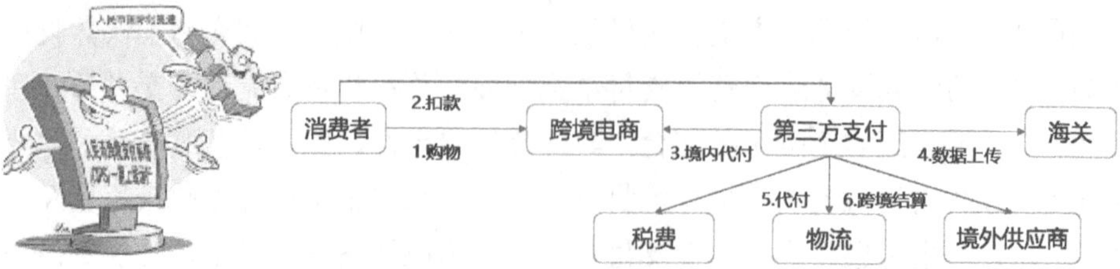

跨境第三方支付数据流程

跨境支付市场规模与整个进出口贸易额直接挂钩，盈利模式主要是手续费、汇兑费，暂不允许赚取结售汇差价。基于第三方跨境支付机构平均 1%～1.5%的费率，以及适用于第三方跨境支付的场景比例，预计 2020 年将达到 650 亿元[1]。事实上，像支付巨头 PayPal 的费率可达到 3%～4%，加上电商市场的发展，规模应不止于此。中国人民银行《支付机构跨境外汇支付业务试点指导意见》，允许支付机构为跨境电商交易双方提供外汇资金收付及结售汇服务，支付机构办理“贸易外汇收支企业名录”登记；不符合国家进出口管理规定的货物、服务贸易，不得提供支付服务；在银行开立外汇备付金账户；按照银行提供的汇率标价，不得自行改变汇率价格；定期向外汇局报送交易信息情况，对每月累计收付汇总额超过等值 20 万美元的客户交易情况要报告，随时报告异常或高风险交易。跨境支付机构严格履行交易真实性审核职责，境内机构和个人不得以虚构交易获取或转移外汇资金，不得以分拆等方式逃避外汇监管。对国家而言保证了税收，更便于数据监控。

除了一系列的制度出台，2015 年由中国人民银行主导的人民币跨境支付系统 CIPS 上线运营，减少了跨境支付及清算的节点，实现高速结算通道，支持跨境货物贸易和服务贸易结算、跨境投融资和跨境个人汇款等离岸业务。在政策上，还需要取消企业分类管理，明确结汇必须的有效电子单证，允许企业按需申请结汇。

2.9.2 购汇付汇

外汇管理局统计的数据显示，跨境支付里 80%还是付汇需求。留学、海淘、出境游，这三大需求为主。中国与英、美等国间的跨境互联网商务规模在 2018 年将激增至 3070 亿美元。过去，海外购物需要使用 Visa 等双币卡消费，这部分跨境交易被国际支付清算的卡组织占据，国内支付“近水楼台”也只能看星星。购汇是资金向外走，因为消费主体在国内，所以政策和监管的手段都容易奏效，

① 韩轶超、李锦、雷玉，曲径通幽透视跨境电商产业链，长江证券公司，2016 年 3 月 10 日

只要管住中间机构，国家对通道的松紧仍然可控。央行数据显示，人民币已成为全球第四大支付货币，加入 SDR 成为第三大储备币种，人民币国际化对于国人海外购来说，省去了部分中间费用。除了政策因素，还有一个客观因素就是从境外购物，无论线上线下，开始都是走别人设计好的支付通道，很多境外购物网站都只支持 PayPal 或信用卡。也就是近年，银联大范围出海，支付宝和微信支付也在欧、美、日、韩等市场落脚，虽然主要还是国际信用卡组织的通道，但情况在慢慢变好，如 SaSa、Gmarket、JPmall、Gilt 等网站已经支持支付宝或银联。

典型第三方支付的服务内容

企业类型	企业名称	服务内容	服务类别	服务对象
境内第三方支付企业	支付宝	海外购	进口 B2C	支付宝会员
		外卡支付	出口电商	境外持卡人
	快钱	国际收汇	出口电商	拓展国际业务的外商企业
境内传统金融机构	银联	银联在线支付	进口 B2C	银联持卡人
		境外 ATM 取款和刷卡	国际卡	银联持卡人
境外支付机构	PayPal	外贸一站通	电商及国际卡	PayPal 合作银行卡用户

《互联网周刊》2015 年中国跨境支付企业 Top20

支付宝	财付通	银联	快钱	京东网银	拉卡拉	汇付天下	贝付	通融通	首信
盛付通	钱袋宝	环迅	易极付	东方支付	银盈通	富友支付	通联	资和信	钱宝

第三方跨境支付还有很多，十多家机构成为首批获得跨境电子商务外汇支付业务试点资格的企业。《互联网周刊》罗列了 2015 年中国跨境支付企业 TOP20，大部分是跨境付汇。那些在国内电商网站买进口产品的支付都不是跨境支付，没有换汇过程，但其上游采购就要涉及跨境了，大宗采购进口往往涉及“进口付汇”及“核销报审”等流程，不多讨论。拥有一张通往跨境支付的准入牌照在很大程度上能使支付平台具备强劲的增值潜力，打开一个新的市场空间。

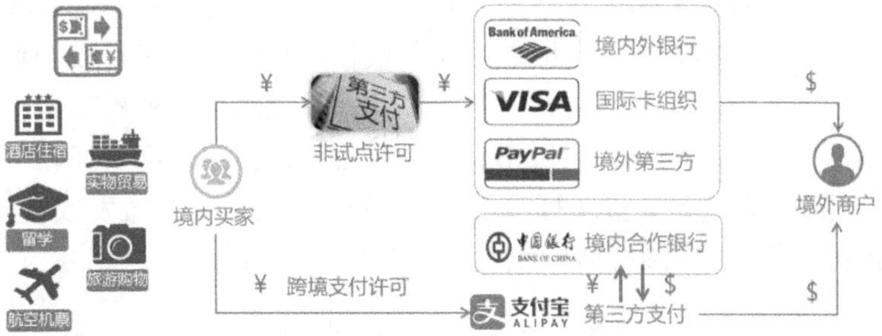

跨境第三方支付购汇付汇流程

2.9.3 收款与结汇

结汇是指将外汇收入出售给外汇指定银行，银行按一定汇率付给等值的本币。过去贸易外汇收入主要由银行收单后结汇，外贸企业通过境内的外币账户收款，银行根据报关单等凭证结汇。而跨境电商卖家多以直邮方式发货，无法按照一般贸易申报出口，收款多使用第三方支付或离岸账户，结汇时就无法提供出口核销单等凭证，高频、小额、逐笔结汇会导致工作烦琐、费用高昂，很难走通。目前，个人境内身份证结汇是外贸小卖家最主要的结汇方式。按照国家外汇管理政策，个人年度结汇总额仅为 5 万美元，需要借用亲朋好友身份证的方式来突破额度限制，实际操作并不方便。政府试点的境内个人投资者计划（QDII2），有额度突破，内外双账户用于办理境外资金收付、结售汇，未来或可尝试。当然，出现短期人民币下行波动的，也可选择暂时收汇不结汇，降低汇差汇损。

跨境电商卖家结汇方式对比

	汇率	结汇时间	手续费	金额限制
境内个人账户结汇	现汇买入价	当日	额度低	每人每年 5 万美元
汇丰境内 ATM 取现	现钞买入价	1～2 天	手续费高	每日不超过 2 万港币
设立境外离岸公司	现汇买入价	超过一周	成本高、手续多	无
地下钱庄承兑	黑市价，比现汇高 3%～5%	当日	大额有风险	无
跨境第三方支付	中间价或现汇买入价	1～3 天	不等，1%～3%	一般有最低提现额

注：一般情况下，钱庄汇率＞中间价＞现汇买入价＞现钞买入价

对于大中型卖家来说，“地下钱庄”颇受青睐。“地下钱庄”是指一种游离于金融监管体系之外的非法金融组织，从事非法买卖外汇、跨境资金转移或存储借贷等业务，在我国已有几十年的历史。“地下钱庄”因无手续费、高汇率、结汇快等优势成为外贸结汇的一大通道。据了解，目前这类组织主要存在于沿海省市，例如很多口岸城市的“金融服务公司”。在黑市结汇产业链中，外贸卖家首先要将需要结汇的钱转入钱庄的海外账户中。钱庄收到钱后，会通过自己的国内账户，将以一定汇率折换出的人民币转账到卖家的国内账户中。钱庄获取大量外币后，再利用汇率差倒买倒卖、帮助洗钱等方式获利；并通过虚假外贸交易、人工运输现金出入境等方式平衡手中的人民币及外币储备。黑色渠道简单高效，但蕴藏着诸多风险，钱庄卷款潜逃、被严打没收、无法正常做账，一旦案发或被工商查处，卖家将承担极大的法律后果。

“地下钱庄”之所以成为冒险选项，根源仍在于跨境电商无法便利地报关、结

汇。目前，政策突破点在第三方，政策允许由境内符合试点要求的第三方支付机构到外汇备付金银行进行批量代理结汇，第三方机构肩负监管职责，提供每笔小额交易的完整记录，确认每一笔资金的合法来源流向，规避洗钱等风险。除了前面说的，外贸综合服务企业通过货权转移、分送集报，完成集中收汇、结汇和退税。从各路资本来看，跨境支付已成为私募 PE 及风投的重点。

钱庄换汇的产业链

2.9.4 外贸 B2B 支付与收款

对比线上支付，传统贸易自然就是线下操作的多，由于是大宗交易，依托商业信用，多以先付款后发货的方式，这对卖家来说是最安全的。通常，有以下几种付款方式。

电汇（T/T，Telegraphic Transfer）算是最早的跨境支付方式，直译为电报汇兑，汇款人将款项交给汇款银行（汇出行），通过各种结算通道（主要是 SWIFT 协议）送达目的分行或代理行（汇入行），指示汇入行向收款人支付。电汇全球通达、提现方便，3～7 天到账，但出于安全考虑，买家一般只电汇到对公账户，还分预付、即期和远期等类型，小额交易不太适用，各种手续费较高。

信用证（L/C，Letter of Credit）指银行信用介入国际货物买卖价款结算，买家把钱存在银行，然后委托银行按照一定的外贸流程，预先设定好受益人、交易方式、所需单据等要求，卖方根据信用证要求出货并把单据寄到对方银行，银行按单放款，不受单方面要求影响，对两边都有保障。这里买家要开不可撤销信用证，流程对单据要求比较高，还有交货期等问题。很显然，这种方式过于复杂，完全不适合个人买家。

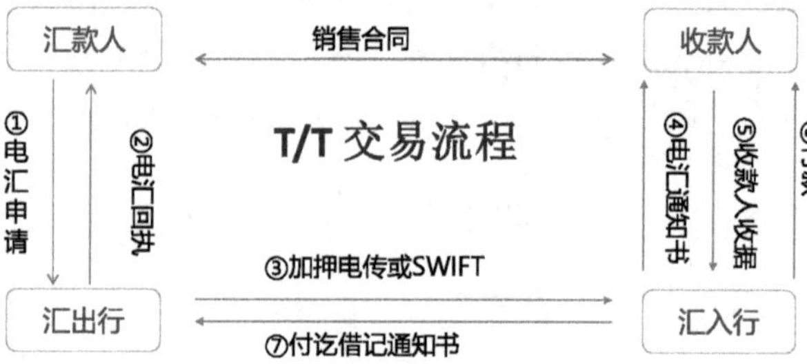

外贸传统电汇收付款

托收结算（Collection）包括 D/P 付款交单和 D/A 承兑交单，是指出口人在发货后，开具以进口方为付款人的汇票（随付货运单据），委托出口地银行通过其在国外的分行或代理行，向买方收取货款。托收费用通常要几十元，支票价格低廉，可用于付款和收款，可通过各大银行收取买家寄来的支票，但收款周期很长，一张支票从美国寄到中国，再从中国寄回去，周期以月计，还有丢失风险，有索回期限的陷阱。

以上几个概念乍一看云里雾里，总之都是为传统贸易设定的安全交易流程。权当复习一下外贸实务，不再赘述，而且跨境电商生意做大了有些方式还是务必要通晓的，国际贸易的核心内容就是一堆通行法则。过去银行的中间角色现在已被平台接管，如 Alibaba 及敦煌网，支持电汇、信用卡、Skrill、银行转账、西联汇款等多种主流线下或线上付款，他们在多国开通本地的银行账户，接收买家付款，完成收款确认后卖家即可发货，买家收货确认后，即交易完成，卖家在平台上发起提现。西联汇款得著名的特快跨境支付，可在全球大多数国家的西联代理所在地汇出和提款，手续费由买家承担，收款人凭汇款人提供的编号即可收款，卖家未领取款项，买家随时可撤回，手续费适中，不适合频繁小额交易，中小额 B2B 批发、传统外贸行业、留学支付较多。速汇金汇款通达 150 个国家和地区，国内有很多的合作银行及代理点，单笔限额 1 万美元，即时到账，但只适用个人。瑞士铠世宝快汇费率为 2.5%，无开户费及使用费，多币种提现，无提现手续费，偿付速度 2～3 天，支持网站集成支付网关。

对于 B2C 独立站，当然也可以使用这些快汇或转账方式，只是先款后货的方式买家不易接受，而且资金到账及对账方面要麻烦些。

2.9.5 海外本地支付

海外本地支付，简单地说，就是各个国家有类似支付宝一样覆盖率比较高的支付方式，宽泛地说还包括电子钱包、信用卡、在线网银、线下转账、预付卡、现金支付、手机支付、货到付款等多种本地主流的支付习惯。全球各地的人们在网上购物时使用的支付方式不尽相同，开外贸网店要针对不同地区的客户使用相应的收款方式，正所谓要赢得客户，必先了解客户。本地支付在当地都有很大的市场占有率，本地化的语言和熟悉的付款流程，让在线购物变得更快捷和安全，用户拒付率低、支付成功率高，减少跨境欺诈，适合作为跨境支付收款工具。然而，在金融发展还不够成熟的地区，货到付款仍普遍存在。例如，东南亚网购以 COD 为“大头”，但 COD 必须依赖当地物流企业协助，付代收手续费，如果物流也不够成熟或还无法达到，那么电商真的就无解了。境外做 COD 一定要跟大型电商平台合作，他们有能力协调物流资源。这里主要探讨的是银行卡与第三方支付，可用在线方式。

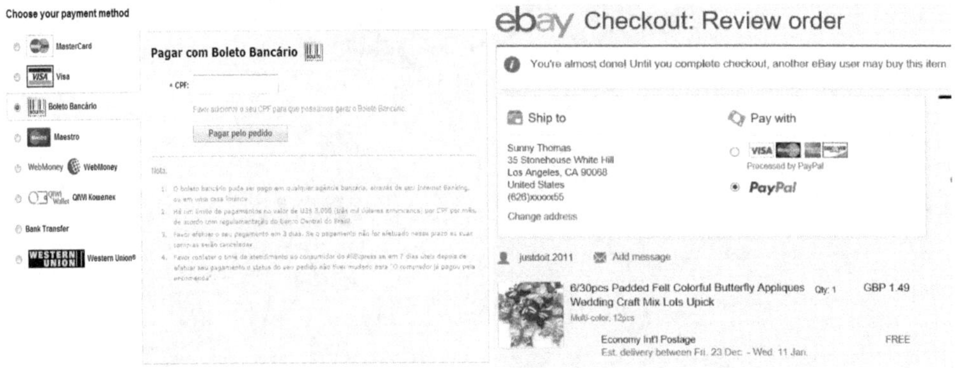

Aliexpress 巴西及 eBay 美国的本地化支付

银行卡除了线下 POS 刷卡交易，就是在线网关支付，实现全球范围内收单及资金结算。世界六大银行卡组织，即银联、Visa、MasterCard、AEX、DinersClub 和 JCB，其成员行遍布全球，包括了大多数国内外银行①。而境外当地卡（含预付卡）就更多了，如美国 Discover、英国 Maestro/Solo、西班牙 4B、爱尔兰 Laser、法国 Carte Bleue、丹麦 Dankort、意大利 CartaSi、中东 CashU 及 Onecard 等。在西方国家，主流的付款方式还是信用卡，用户群大，而且链接个人信用资料，更安全，许多发卡银行都提供红利点数、现金回馈等消费奖励，加上如果出现消费纠纷，对消费者保护机制较高，因此，信用卡是很多人网络购物时付款方式的第

① 鼎付公司，“跨境电商支持海外本地支付有什么好处？”，2016 年 5 月 6 日

一选择，又以 Visa 和 Master 信用卡最流行。跨境电商独立站接入这些国际卡的支付通道意味着获得最广的受众，可直接与国际信用卡组织或境外银行合作，开通信用卡支付的端口，缺点是接入方式及安全要求比较麻烦，需预存保证金，收费较高，一般 2%～4%，且一般多由企业负担，加之黑卡蔓延，屡有盗刷，存在拒付、欺诈等风险，好在信用卡发源地美国是风险最小的地区。

全球数得上的第三方跨境支付多达几十家，具备银行卡交易、处理在线汇兑、转账汇款、国际结算等服务能力，如英国 Payza、俄罗斯 Qiwi 及 WebMoney、荷兰 iDeal、德国 Sofort、澳洲 POLi、波兰 Przelewy24、印度 PayTM、巴西 Boleto 及 Pagseguro、欧洲 Paysafecard 及 Trustpay 等。这些组织可以处理支持多币种的银行卡或储值卡，赚汇差或扣点手续费，或有支付牌照，或兼顾线下汇款及线上支付。

典型境外第三方支付

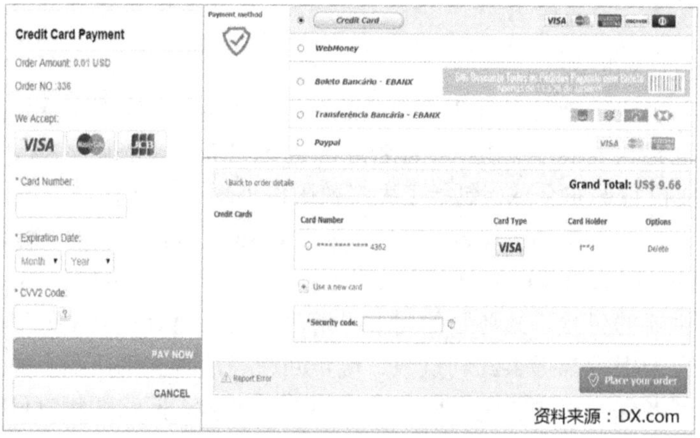

DX 独立站集成的支付服务

PayPal 在支付领域最大、最具盛名，是小额跨境贸易工具中最常用的收付款方式，覆盖 eBay、Wish 等大平台及各类电商交易网站，国外买家使用率达到 80%以上，用户基数大，遍及全球。无开户费及使用费，手续费在 4%左右，每笔收取 0.3 美元银行系统占用费，提现至美国银行账户免费，提现人民币每笔 35 美元，费用由商户出。PayPal 在线付款方便快捷，广受信赖，非常适合跨境电商小额交易。主要缺点是手续费高，对消费者过度保护，卖家（商户）账户容易被冻结（只要有人投诉，就可能被封），账户容易被拒付，发了货又被退款，商家利益受损很大。

著名的 Monerbookers 更名为 Skrill，是世界上第一家被政府官方所认可的电子银行，支持 50 余种欧洲各国流行的支付方式，从银行上载资金免费，网络实时地进行收付费，从信用卡上载资金 3%、发钱 1%，取钱到银行或通过支票取钱为固定手续费，以 E-mail 为支付标识。其他的方式还有：CashU 在 2002 年兴起于阿拉伯国家，支持多币种，账户以美元计价，在中东、北非和独联体等国家流行；Qiwi 是俄罗斯最大的第三方支付工具，类似于支付宝；WebMoney 成立于 1998 年，是俄罗斯及周边俄语市场主流的电子支付方式，速卖通已经开通，系统可以在支付过程中自动兑换货币；支付宝在国际市场的接受度正在打开，值得观望。

还有一类技术公司，专业做支付网关及跨境服务，俗称聚合支付，整合各种信用卡及海外本地支付，如 Stripe、Ping++、BeeCloud、欧付宝 AllPay 等，优劣点都很突出，覆盖的范围不够，结算中间插一手，方便整体对账，支付网关集成简单。

2.9.6 跨境电商收款

跨境电商贸易体系主要依赖于平台，平台又主导了跨境支付体系。大平台都有多种支付通道，成熟稳定，本地化体验好。相比外贸批发或内贸渠道，跨境电商的一个优势是现金回款快，如 Amazon 包裹签收后只要 14 天就可回款，没有压货和坏账风险。那么，商家如何收取自己的货款呢？平台一般认定两种收款方式，银行卡和第三方。开境外银行卡收款比较直观，适合已有一定交易规模的卖家。如美国银行卡，接收美国站的款项无任何费用，但卖家要有美国公司才行，国际转款手续费为 45 美元，无汇损，接收其他国际站点款项时，本币转美元入账会有汇损。同样，中国香港银行账户，卖家也要在香港开设离岸公司，香港本地银行收费少，开户速度快，账户功能齐全，比较适合国际支付，接收电汇无额度管制，接收海外款项有汇损，再从香港账户汇到内地账户二次汇损，而且转到内地较为麻烦。美国和中国香港对于银行账户监管非常严格，如果长期有大金额入账的话，银行很可能会认为账户风险过高而关闭账户。第三方收汇的资金流程大概是，首先电商平台在每个周期给支付机构进行付款，付款到第三方指定的结算银行账户里面，随后卖家从第三方后台进行提现操作，而第三方通过银行间结算通道将货款提现到卖家的香港或内地银行账户。

亚马逊第三方收款有几种，卖家要基于业务流水规模及站点所在国来选择收款渠道，亚马逊后台货币转换时一般会扣除 3%的汇损。Payoneer 总部位于纽约的在线支付公司，为全球客户提供美国银行/欧洲银行收款账户，用于接收欧美电商平台和企业的贸易款项。费用不高，单笔不超过 2%，多币种账户，个人和公司身份均可申请，分有卡和无卡账户两种，俗称 P 卡，转账无汇损，提现到国内约 1～2 个工作日，结汇无限制，入账费用 1%（欧元和英镑入账无费用、满 20 万美金可免），电汇收取 1%～2%手续费，有卡用户也可以选择使用卡片在 ATM 机上取现或消费，但万事达卡会收取汇损。账户绑定欧美银行账户，合规性好，可像欧美企业一样接收汇款，并完成线上的外汇申报和结汇，适合单笔资金额度小但是客户群分布广的跨境电商卖家。WorldFirst 是一家注册于英国的顶级国际汇款公司，提供 24 小时中文客服，个人或公司身份均可申请，俗称 WF 账户。提现时 WF 会自行打到卖家绑定的银行卡里，无年费，在国内可以提现，没有提款额度限制，每次转款汇损在 1%～2.5%左右。PingPong 卡是主打安全和低费率的国内本土收款平台，亚马逊收款费率为 1%封顶，暂只有美元收款。亚马逊 UK 还可以使用 Currencie Direct 简称 CD 卡收款，是欧洲投资集团 Palamon 旗下的一家货币兑换及支付公司①，多币种账户，个人和公司身份均可申请，无年费，欧洲收款优势较大，汇损在 1%～1.5%左右，提款无额度限制，卖家可在后台绑定国内银行卡进行提款，但需要 VAT 增值税号，否则有停账号风险。对于多店铺，可通过多收款子账户进行绑定实现。

跨境电商收款比较

	Payoneer	WorldFirst	PingPong	美国银行账户	中国香港银行账户
提现 RMB	√	√	√	×	×
注册费用（RMB）	免费，收款达标有优惠	免费	免费	1～2 万，注册公司+税号+银行卡等费用	500～5000 元，注册公司+税号+商业登记+印章等费用
入账费用	1%	无	无	无	3%左右强制兑换成港币

① http://www.money.co.uk/money-transfers.htm.

续表

	Payoneer	WorldFirst	PingPong	美国银行账户	中国香港银行账户
提现费用	2%，无汇损	1%～2.5%汇损	1%封顶，无汇损	45 美元/笔	与具体银行有关
管理年费	29.95 美元/年，无卡账户免费	无	无	有	有
直接提取	否	是	是	否	否
支持币种	美、欧、英等币种	美、欧、英、加、日等币种	美元	美元	均直接兑换成港币
提现时效	网银转款 1～3 个工作日	1～3 个工作日	1～3 个工作日	7 个工作日内	7 个工作日内
卡的性质	万事达实体卡、网上银行、币种收款账户	网上银行、币种收款账户	网上银行、美元收款账户	实体银行账户、卡及网银	实体银行账户、卡及网银
提款方式	网银转款、ATM 取现、网购消费、POS 刷卡	网银转款（公对公、私对私）	网银转款到对公或法人银行账户	ATM 取现、网银转款	ATM 取现、网银转款

对于速卖通，卖家需要设置人民币和美元两个收款账户。买家不同的支付方式，其货款将打入卖家不同的收款账户。买家通过信用卡支付时，根据国际支付渠道不同，款项会以美元或人民币的形式进入到国际支付宝账户；买家通过 T/T 电汇时，款项将以美元的形式放款到客户的国际支付宝账户；然后分美金提现和人民币提现，操作简单，提现人民币到支付宝是不收手续费的，但提现美元要收取 15 美元一次。

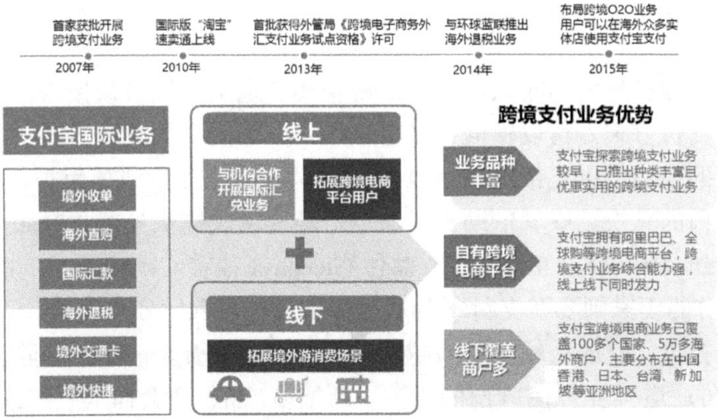

支付宝国际业务发展历程（资料来源：易观智库）

eBay 主要收款方式是 PayPal，分为电汇和支票提现两种。电汇提现速度快、安全性高，我国大陆用户可以直接提现至我国大陆银行账户，费用包括提现费、银行收费、退还费（无法入账），不同币种有不同的最低提现金额。支票提现费用较低，但等待周期长且可能有邮寄丢失的风险。Wish 在 2014 年与 PayPal 产生隔阂之后，目前收款方式有 Payoneer、联动支付 Umpay、PingPong、易联支付 PayEco 和 Bill.com 等。以 PayEco 为例，直接用人民币结款，款项可直接到国内账户，手续费在 1%左右；据了解，流程大概是美元先转到香港监管账户，再转到广州监管账户，最后以人民币转到商户的银行账户，因此要 5～10 个工作日才能入账。Bill 可以提供电子转账或支票，电子转账仅限于美国境内的个人，ACH 处理时间是 3～5 个工作日，按笔收费，支票手续费更高。Lazada 平台目前指定 P 卡为国内电商收款渠道，可一户多店收款，每周打款，无入账费，结汇直接人民币提现至银行卡，有 1%～2%的手续费，平台自有 HelloPay 支付，但尚未成熟。

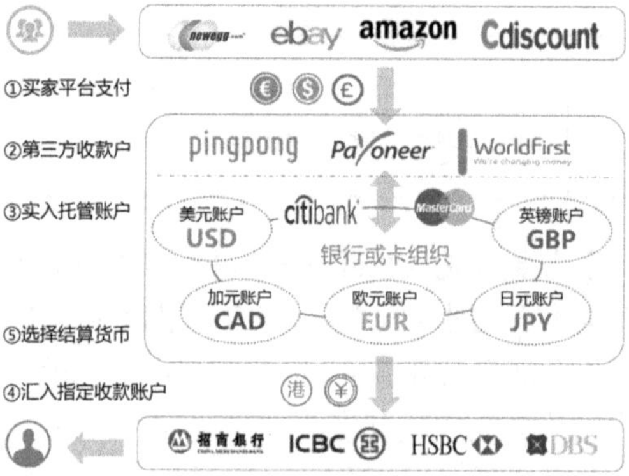

第三方跨境电商收款服务的主要资金流

平台及收款机构的合作、服务及费用等内容经常有变化，上述简介仅为参考，务必以实际运作为准。

对于独立店的支付与收款，PayPal 与信用卡通道一般必须接入，重点国家接入当地主流支付方式，可以覆盖更多潜在用户。如此多的支付方式，如何快速接入？有能力的当然可以直接对接 API 支付网关，直接收款或使用类似 Rchange，完成电子货币的兑换，或者借助支付通道，集成网关提供外贸收款服务，如钱海 Oceanpayment、Payssion、iPayLinks、鼎付 Gleepay、钱宝 Globebill、广付 Widelypay 等。自建平台的卖家则要在支付平台的选择上进行深入比较与选择，通道再好用，资金安全是首位，收的钱越多风险越大，有些通道有资金清零的风险。千万要小心“仿牌支付通道”，正品品牌商的投诉不断增多，品牌商会向卡组织或银行投诉，当投诉达到一定量，收单行迫于压力，会对仿牌通道进行冻结整改，进而导致支付通道的崩溃。这些“小知识点”对跨境电商卖家是很有用的，通道的稳定性和成功率关系到订单的实际转化率。

2.10 出口物流模式

跨境电商中“电+商”能力缺一不可，“电”的能力主要是指服务设计、营销、引流等电商运营能力；“商”的能力主要是指产品、供应链及仓储物流等管理能力①。而物流作为支撑，首先要看“物”的属性及要求，再定“流”运作模式及操作。目前看几大平台的客单价（订单平均交易额）都不高，Amazon 最高才 17 美元，这充分显示出大部分中国出口 B2C 类产品的低价属性，对物流及其他方面的成本管理至为重要②。跨境物流时间长且浮动范围大，跨境电商由于涉及不同国境，情况较复杂，且各国间政策差异较大，很难像内贸电商一样通过自建物流的方式来解决跨境电商的物流问题。对于跨境物流的选择，卖家首要看性价比，其次是可跟踪、时效好、安全等因素，当然差异化产品另当别论。UPS 调研报告指出，中国出口制造需要放弃低价策略，提供更高质量的产品与附加值，物流在其中作用重大③。根据浙江口岸的抽样，通过国际快递、邮政小包等国际行邮方式，直接投送到买家手中的物品约占 65%，经过报关纳入海关跨境电商出口 9610 项下统计，只占 10%，其他通过国际大宗货物运输的方式运到海外仓，再由当地物流企业配送的物品占 25%。这些直观反映了当前跨境物流市场的分布：邮政包裹依然是量最大的出境渠道，其次同门 e 邮宝依然是最稳定、最优质的跨境物流产品；中国香港、新加坡、比利时等邮政小包产品，盈利能力不容小觑；亚马逊 FBA 布局全球，头程集货与运输刺激了专线服务；俄速通、顺丰等专线小包崭露头角；海外仓似乎要成为跨境物流梗的一剂解药。

低价产品影响物流模式选择

---

① 王立平、许一帆，一带一路+消费升级、把握跨境电商新风口——申万宏源 2016 年跨境电商投资策略，2016 年 3 月 23 日

② 赛兔业报，2015 出口跨境电商行业报告，http://www.sellertool.com/，2016 年 2 月 23 日

③ UPS，中国出口行业的未来 领先企业之鉴—“优强中国造”企业白皮书 2016，http://madeinchina.ups.cn/，2016 年 8 月 10 日

2.10.1 物流痛点及选择

跨境物流，每逢旺季卖家可谓悲喜交加，爆仓、线路拥堵，海关严查、清关迟滞，仓位骤减、运力不足，投递不力、包裹延误，导致客户投诉与差评剧增，售后一片狼藉、无力回天，影响账号运营。迫于无奈，平台也只能推出旺季物流延误卖家免责的保护政策。跨境电商市场，两股角力在挤压物流服务的提档升级。一是产品竞争延伸到服务层面，买家对物流的需求表现得越来越关切，时效慢、清关难、无法退回、丢失破损、无法全程追踪，直接殃及买家对卖家的评价。另一方面，物流费用会侵蚀卖家的利润，在低价和频繁促销之下，毛利率在15%以下是死亡运转，在25%以下将出现资金链问题，只追求物流低价成为众生相。然而，跨境物流是一整条服务链，包括清关、仓储、空运、海运、配送等诸多环节，大部分物流企业规模小、功能单一，单一环节的表现也许过关，综合表现就差强人意了。因此要选择合适的物流方式，要从航空禁运、带电限运、价值、重量、体积、数量等货物特点，兼顾买家可承受时长等诉求，趋利避害。

选择跨境物流的几个约束一是价格，普包都是只看价格，专线、头程及海外仓也“渐落平阳”；二是时效，欧美的物流市场很成熟，只是淡季怕罢工，旺季运力紧张要用组合拳，而新兴市场更大程度上是这些地区国内物流体系尚未建立或太薄弱，如俄罗斯、巴西、印度等都还主要依赖邮政的普遍服务，头程集货尽可能快，尾程配送只能等；三是质量，物流三害指延误、破损和丢失，不求最快、但求最稳，绝大多数卖家只有在这方面吃过亏才会有所领悟，低价换低质贻害无穷；最后是服务，渠道功能是否全面，业务规模与整体实力为证，例如网点分布是否够广，是否有一套无缝对接上下游的系统等，务必要提供物流状态追踪。

跨境出口运力通道是保障，不能运输即意味着不能买卖。传统国际物流，海运拼柜及多式联运成本最低，批量贸易货物为主；小件到门主打空运，细分有商业快递、邮政包裹、拼仓\包仓\包板等。跨境物流在原有各环节物流功能基础上进行了拼装，并组合了各国境内物流，形成了多种服务产品。比如，Wish 有近 120 种物流发运方式[①]，速卖通仅东南亚就有邮政、圆通海外、顺丰海外、递四方、乐趣购、酷悠悠、大韩通运等十多个跨境物流合作伙伴。其他平台也类似，物流产品一旦建立，往往具有通道的公共性。2014 年全年，美国订单量占敦煌网全部订单量的 42%，成为物流发货量最多的国家，就平均妥投周期而言，四大快递 3～

① https://merchant.wish.com/documentation/shippingproviders, 2016 年 6 月 25 日

4天，一般快递（含E邮宝）9～14天，平邮小包16～22天[①]。

物流主流渠道对比

方式	优点	缺点	价格&时效
四大国际快递	速度快、服务好，丢包率低，发往欧、美发达国家非常方便	价格昂贵，资费比变化大，只有货值高、客户强烈要求、有时效性的情况下才会使用	价格高，3～7天
中邮EMS及区域快递	速度较快，费用低于四大国际快递巨头，EMS在中国境内的出关能力强	并非专注跨境业务，相对缺乏经验，路向（目的国）数量比较有限	价格中高，5～10天
e邮宝	速度较快，费用低于普通国际EMS，出关能力强	仅限2kg以下包裹，路向（目的国）相对少，上门取件城市有限	价格低，7～20天
邮政小包	网络基本覆盖全球，价格非常便宜	有重量尺寸限制，无法享受正常出口退税，速度较慢	价格低，20～50天
专线物流	集中大批量货物发送，价格比商业快递低，速度快于邮政小包，丢包率也比较低	相比邮政小包运费较高，且在国内的揽收范围相对有限	价格中等，俄罗斯快线/专线：10～20天
集货物流+海外仓（FBA）	可降低物流成本，提供灵活可靠的退换货方案，发货周期缩短，发货速度加快	有库存占用，适于库存周转快的热销单品，标准化、偏重、体积大，对卖家供应链管理等提出更高要求	综合价格中高，本地快递时效高，2～5天

还有一类物流服务平台，如锦程、沃行、货兜、兰亭智通等也提供跨境物流管理，比对不同供应商的价格、服务，可拿到优惠报价，支持在线下单、结算及查询等功能。

2.10.2 邮政包裹

邮政网络覆盖全球，中国卖家有60%以上的包裹是通过邮政网络发出的。卖家都能理解电商微利环境下对物流成本的控制，饰品、配件等特轻小件不带电且非紧急要求，邮政包裹别无他选，有些偏远小国、岛国走小包最省运费。邮政渠道包括国际小包、大包、e邮宝和国际特快专递EMS等，个人邮包形式通过万国邮联体系UPU出口发货。邮政国际小包分为普通空邮（Normal Air Mail，非挂号）和挂号（Registered Air Mail）两种，价格实惠，通关便捷，国际段均走空运，前者不提供跟踪查询服务，后者付10元挂号费可跟踪查询。重量要求在2Kg以内，体积要求非圆筒货物：长+宽+高≤90cm，单边≤60cm。时效性要求不高而大于

① 敦煌网，2014-2015敦煌网跨境电商出口交易白皮书，http://ebook.dhgate.com/WBook.aspx

2Kg 的偏重货物，可走邮政大包，运输方式分别为空运及水陆运，价格比 EMS 低，不计体积重量，没有偏远附加费，相对于商业渠道有价格优势。

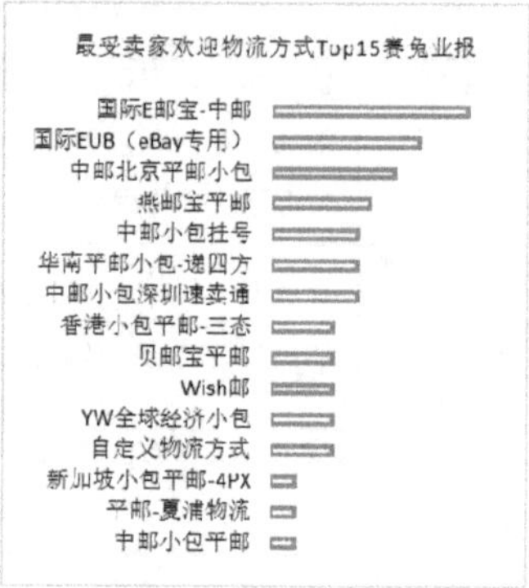

最受卖家欢迎的物流方式

邮政小包在全球仍是一种普惠的公共递送服务，邮路模式属于低速、低价模式，是轻小件运输的最低物流成本方式，没有挂号的“裸邮”是行业的最低价。邮政小包这种没有附加服务的“倾销式”物流，虽然便宜，却损害了消费国物流商和卖家的利益，如网络运力、处理场地及人工成本等因素，投递慢、不可追踪是最大问题，多国邮政不提供入境小包的妥投信息。而挂号查询没有时间保证，如中国香港邮局查询期是 1～3 个月。无法查询又不提供赔偿，卖家客服压力会骤增，能否从平台收款全凭买家信用。碰到圣诞旺季的时候，人力、运力紧张，配送用时更久。为此，各大电商平台对不能追踪经济产品的封杀，将给平邮小包造成不小的打击。清关方面，邮政特有的 CN22 报关单，各国驻邮办海关查验比例较低。但量变引起质变，在俄罗斯、巴西等国，海关已经有所行动，拦截了大量的跨境包裹，欧盟也开始在税收方面向小包施压。邮政小包还分中国邮政小包和外邮小包，以新加坡、中国香港、德国、瑞士、荷兰、英国、比利时、马来西亚等邮政小包最为常见。大卖家会直接送到中国邮政分局，有些卖家会为了折扣把货交到外邮代理。外邮小包利用全球邮政网络共享能够覆盖全世界大多数地区，价格优势不明显，上网速度会晚 1～2 个工作日，中转丢包、难跟踪、价格波动大。

邮政包裹的分类及纠纷订单率

分类	纠纷订单率
国际 E 邮宝	1.3%
四大快递	1.6%
一般快递	2.2%
平邮小包	3.0%

E 邮宝是中美通道的不二之选，是邮政针对跨境物流市场的创新产品。2010年，中美邮政推出“国际 e 邮宝”，双方 ePacket 协议保证，从中国到美国的 400g 以内的包裹可以享受到特价优惠。该业务第一阶段限于为中国 eBay 寄件人提供发向美国的包裹，后拓展至 20 多个国家。覆盖范围最广、计费简单、清关能力强，能最大限度地避免关税，是其成为跨境物流第一的独门优势。国际 e 邮宝通常 7～15 个工作日即可完成妥投，头程在国内段使用 EMS 网络进行发运；出口至境外后，通过境外邮政一类的函件网投递邮件；通关采用 UPU 电子报关体系，保障清关速度，每一票都投递到门，全程可追踪。时效和价格较为平衡，发往美国的订单中，e 邮宝一直是绝大多数卖家的首选，1Kg 以内价格基本追平全折的挂号小包，2Kg 左右更加便宜。就订单纠纷率而言，e 邮宝的纠纷率全平台最低，只有1.3%①。更多卖家倾向于选择可追踪的物流产品，e 邮宝成为最佳标配。EMS 是邮政的快递产品，高价快速，清关能力强，一票一件货物，不超过 30kg，不计量体积重量，运费比商业快递便宜，速度接近商业快递，可追踪查询，最大优势是可免费退回，一般特殊物品走 EMS 是 B2C 不错的选择，相对有安全保障。若卖家的货物在国外被扣关，EMS 可以帮买家免费运回来，其他大型快递公司帮卖家运回来要多收货物从国外运回来的运费，而且是不打折的，价格高得看不懂。

在运营中，邮政会先将邮件在海关过机、铅条关封，发至航空口岸，再把各地收的货按照目的国打包成大的总包，安排航线，即交航发运。交航后还有一个交机安检环节，不同于邮局安检，邮政倾向于查验有没有法律禁止货物流出，而机场主要从运输安全性方面检查，因此货在机场仍可能被退回。到达目的国后接着就是清关，目的国内的邮政转运、分拣与派送。很多欠发达国家的物流基础设施较差，只能提供最基本的邮件服务。邮政在很长一段时间都是主流的物流方式，占据跨境电商递送渠道的最大份额。

2.10.3 商业快递

UPS、DHL 等跨国快递公司拥有全球网络和代理清关资质，针对跨境网购的国际快件业务非常高效、安全，且能提供全程跟踪查询，从美国到中国的全程寄递时限约为 3～7 天，相比邮政渠道，商业快递报关程序复杂，查验严格，关税征收概率较高。货值高、时限高，2Kg 以上的大包及重货等可以选择此类方式发货。DHL 发往欧洲、日韩的价格较有优势，在西欧国家通关速度最快；FedEx 及 UPS 美国路向时效性强，东南亚国家能达到隔天送达。但四大快递（DHL、UPS、FedEx、

① 敦煌网，“Dhgate 2014 发货量最多国家物流报告：消费类电子类目”，2015 年 3 月 2 日

TNT）渠道对产品要求高，仿牌、含电、特殊类产品基本上都不能递送，这导致他们目前只占很小的一部分市场份额。价格是最大问题，即使企业能够拿到很好的折扣价，也还是很高。他们收费名目繁多，如偏远附加费、清关费、燃油附加费、更改地址费、住宅交付附加费、高托运申报价值附加费、纺织品费用等，一旦出现偏远地区附加费，其价格是相当惊人的。常态使用此类递送渠道发小包的商家非常少，对价格不敏感的高价值商品毕竟是少数。为此，DHL eCommerce 针对小于 2Kg 的小包邮件推出的德国小包物流服务，实际上是一种挂号小包专线。

没有海外网络，我国快递企业一直无法独立承担全程寄递，我国约 80%的国际快递业务由几家大型国际快递巨头掌握。从事这方面业务需要有国际快递业务经营许可和报关单位相关资质。近年来，我国快递布局跨境物流，顺丰的国际线路多一些，“三通一达”起步稍晚，多采用邮路合作模式，弥补对方在我国境内揽收范围不足的弱点，同时利用对方的区域配送能力。民营快递的服务与邮政网络相比尚存在诸多差距，通达范围有局限性，与境外寄递企业之间的合作过于松散，短时间内无法与万国邮联框架下的多边协议抗衡。

出口易部分热门海外专线示意

	当地合作商	限重（Kg）	运费（元/Kg）	挂号费(元/件）	时效
美国专线	USPS/FedEx	30	90	12	4～7 天
英国专线	英国邮政	10	77	10	5～8 天
德国专线	DHL	2	94	20	7～9 天
澳洲专线	澳洲邮政	5	60	10	5～7 天
俄罗斯专线	当地快递	30	100	0	15～35 天
法国专线	英国邮政	2	110	10	8～10 天
意大利专线	英国邮政	2	110	10	8～10 天
资料来源：出口易公司网站，2016-11					

2.10.4 专线与集货仓

专线物流也是现今跨境电商国际物流较常使用的一种运作模式，主要是指在国内仓库集货，批量直接发往特定国家或地区的专门设计的国际运输线路，时效性强、方便快捷，区域针对性也较强，集包集货，具有比一般快递更优化的计重计费方式。因此，海外专线模式一般来说也是针对需求量大、热门的线路，需要一定的货量来分摊成本，实时出货不会带来产品过期、过季和库存积压等问题，可以视为跨境出口直通车。

专线运作，由于是分环节的专业分工，谁是运作主体取决于资源整合能力，最终主导商品的全程门到门物流服务。首先，专线要考虑国内网点分布，国内揽收和上网速度要快、集中，从成本考虑，国内仓与货源及航空口岸的距离要适中，确保国内段时限可控，如新兴的边境仓。这个集货仓可能由电商平台或第三方物流企业提供，接收到货物后便可进行处理。其次，头程多采用全货包机运输，节约时间，价格和耗时均介于邮政小包和国际快递之间。但空运代理市场秩序混乱，市场半透明的价格和不确定的服务使其稳定性不高，特别考验专线公司的仓位议价能力。头程到达城市离客户地址较远，也会影响全程时限。再次，清关方面专线快递比较专业，采用大包 DDP 交货清关（所有费用发货人承担）较顺利，如果国外有贸易公司配合清关，那可能会在更大程度上降低清关成本（针对起征点低的国家），SKU 要归类，清完关后进行拆包配送。最后，货物分拣完成后一般由当地邮政或快递负责接收派送，很多区域快递如澳洲 Toll、中东 Aramex、日本 OCS、印度 GATI 等，货物送达时间基本固定。专线针对某一个国家或地区的跨境电商来说是比较折中的物流解决方案。解决好国外清关、和当地邮政或快递合作，是专线服务的两大关键链条，大部分国家基本都形成了一些专线通道。例如，针对发往俄罗斯的小包，有 E 速宝、赛诚、俄速通、速邮宝、燕文等产品。寄往美国的专线服务，包裹到达美国后，进入当地 FedEx 和 USPS 派送网络。在专线竞争中，主要体现在“专”上，兼顾规模经济性及点到点线路时效性，但拼抢货源及航空资源常引发倒卖发货及邮包的不良现象，令发货人受损。

商业渠道常见交货方式

FOB	Free On Board，装运港船上交货（运费未付）
CIF	Cost,Insurance & Freight，成本+保费+运费
DDP	Delivered Duty Paid，清关完税及目的地交货
DAP	Delivered at Place，目的地交货（不含装卸）
DAT	Delivered At Terminal，目的地或目的港站交货

另外，专线还引申出跨境电商的仓配一体模式，与国内电商类似。跨境电商 B2C 平台主导在全国几个城市建立大型仓储中心，卖家将货物发至平台指定的仓库，当海外消费者通过 B2C 电子商务平台下单后，平台直接将订单传递给仓储中心，然后仓库进行拣选、包装、发运，货物通过平台的合作物流商发送至目标国家或地区，最后运送到目标顾客手中。

2.10.5 中欧国际班列

中欧铁路班列也是一种专线运输，目前，中国到欧洲的国际集装箱班列已开11条线路，以出口产成品为主，从阿拉山口或满洲里出关。5年来，全线年运送的集装箱量从1500箱增加至3万箱，对比中欧海运每年1400万箱的运量来说，占比仍小，“渝新欧”和“郑欧”班列成长最为迅速，年开量达150班①。“渝新欧”（重庆-杜伊斯堡）开通于2011年，是最早开通的国际集装箱班列。班列由重庆始发，在阿拉山口出境，途径5国，运行平均时间为16天，比从铁海联运节约了20天左右，运费也贵了一倍，货源以中国西部及长江以南区域为主，如果目的地是中亚和东欧，则性价比将更高。运出去的“重庆造”IT产品占了50%，其他40%来自华东、华南等地区，同时运回来汽车整车、零部件、化工原料、食品等消费品。2015年6月，蜜芽网在重庆开仓，部分德国进口商品通过渝新欧线路运抵重庆，是国内跨境电商首次采用国际铁路运输货物的先例。据报道，一罐奶粉用火车从德国运到杭州“蓉新欧/义新欧”运费2块多，空运要花5块多，虽然慢10天左右，但相比海运来说时间缩短20天。电商对价格敏感，保税备货还是可用的。能否成为常态，进出口方面都还有潜力挖掘。“郑新欧”（郑州-汉堡）开通于2013年，全程15天，目前运输的货种以纺织服装产品为主。其他还有“合肥-汉堡”“成都-罗兹”“苏州-华沙”“武汉-波兰”“义乌-马德里/伦敦”等线路也在这期间运行。

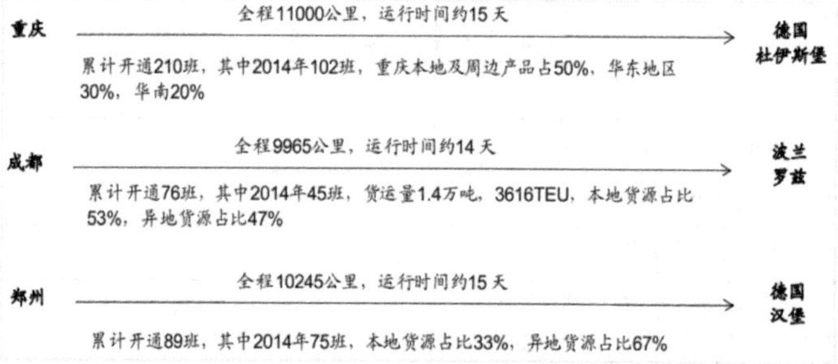

几条中欧班列开办情况

陆路铁运是比海运更安全的运输通道，可大幅缩短中欧距离和运输时间，随着中国沿海加工业向中西部的转移，中欧陆运的重要性会越来越凸显。但目前，整个欧亚“铁路桥”运能偏低，途径国家的线路基础设施薄弱、站场线路紧张、换装能力不足，国际联运机制不完善，结算收费给托运人增加了成本。沿途通关手段不够完善，否则运输效率还能够进一步提升。与海运相比，由于通道少，经

① 杨鑫，“一带一路”将如何利好交运股？中金公司证券研究报告，2015年4月10日

营垄断性强，市场化程度低，存在承运与转运手续繁杂等弊端，货主关心的跟踪查询还未完全解决。根据国家发改委《中欧班列建设发展规划（2016-2020 年）》，运输能力将从目前的 2000 列增加到 2020 年的 5000 列。

2.10.6 境外配送

任何物流方式，最终都无法绕开境外的末端配送，俯视全球物流网络，“最后一公里”的运作既是最简单的，又是最难的。各国情况各异，全程时限差异很大，新兴国家和欠发达地区基础设施短板明显，几乎没什么可选择的服务。而发达市场，从投递上来说，邮政及快递的投递分层服务做得很好，一分钱一分服务，完全差异化。例如在法国，用户可以选择物流送货上门、送货到旗下的门市或派送点自取，送货上门（home delivery）又分为标准、跟踪和签名，另外预约、消息通知、查询等客服也比较到位。而在美国，电商大部分使用“老三家”，美国邮政 USPS 收费相对便宜，小件 300g 平均起步价 3 美元、2～8 个工作日送达；如果选择商业快递送货，价格就会贵得多，如 UPS 有陆运和航空两种，陆运不保证时效，一般为 3～8 天，价格一般为 5～10 美元。如果选择 FedEx 航空件，则有次日达、次晨达等多项服务，当然价格也要高 5～10 倍。签收方式默认都是送达通知，即把快件送到客户住宅附近即可，可以是门边，不是默认本人签收的。本人签收、他人代收、改址、定时配送都属于附加服务，需额外付费。另外，欧美很多快递休息日是不送货的，如果需要休息日送货，也需要加收费用。基于这些服务标准，以及消费者市场教育足够到位，在本地配送方面，电商平台往往能够提供较多的可靠选项。例如，消费热情于平安夜前一周集中爆发，2015 年的平安夜，FedEx 和 UPS 的妥投率分别为 96.2%和 97.7%，上述两家企业和美国邮政在当日共处理超过 6000 万件包裹，比平均日处理量增加了 70%。这也意味着，即使妥投率达到 99%，依然会有 60 万件快件延误。另外，发达市场突发情况，主要受到运能不足、极端天气、罢工等影响，因为劳动力行业工会的强大，罢工运动在航空、交通运输及物流业屡试不爽。

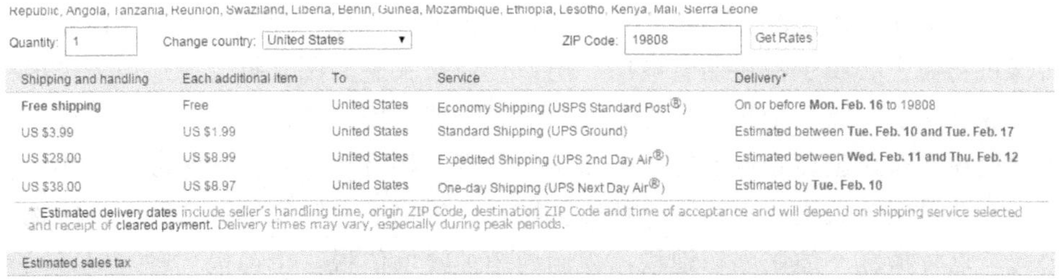
Republic, Angola, Tanzania, Reunion, Swaziland, Liberia, Benin, Guinea, Mozambique, Ethiopia, Lesotho, Kenya, Mali, Sierra Leone

Quantity: 1 Change country: United States ZIP Code: 19808 Get Rates

Shipping and handling	Each additional item	To	Service	Delivery*
Free shipping	Free	United States	Economy Shipping (USPS Standard Post®)	On or before **Mon. Feb. 16** to 19808
US $3.99	US $1.99	United States	Standard Shipping (UPS Ground)	Estimated between **Tue. Feb. 10 and Tue. Feb. 17**
US $28.00	US $8.99	United States	Expedited Shipping (UPS 2nd Day Air®)	Estimated between **Wed. Feb. 11 and Thu. Feb. 12**
US $38.00	US $8.97	United States	One-day Shipping (UPS Next Day Air®)	Estimated by **Tue. Feb. 10**

* **Estimated delivery dates** include seller's handling time, origin ZIP Code, destination ZIP Code and time of acceptance and will depend on shipping service selected and receipt of **cleared payment**. Delivery times may vary, especially during peak periods.

Estimated sales tax

在 eBay 平台上美国用户可选择的配送服务

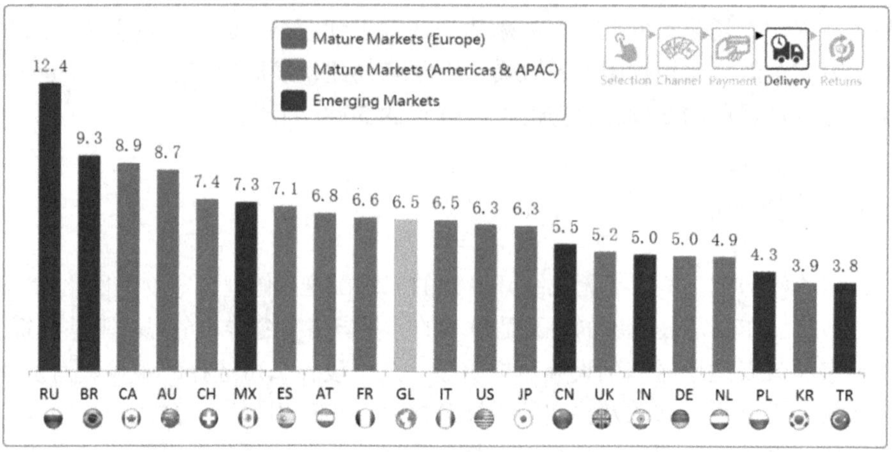

资料来源：DHL，Shop the World!Consumer attitudes towards global distance selling, 2015

世界各国快递配平均时效

每个市场都有一些本地配送商，相对能够提供性价比高的服务，如英国Hermes、日本黑猫、韩国三友、法国 DPD 等公司，他们都是自己国家（地区）里面的“地头蛇”，不管价格、速度还是清关能力都要比其他公司优胜，配送交给他们往往是唯一选择，也比较稳妥。

2.10.7 特殊区域出口

保税出口，按“整进散出、汇总申报”的模式进行。整进是指整批出口货物填写备案清单或出口货物报关单向海关申报进入园区。散出是指个人网购后填写清单向海关申报并由电商企业提供税款担保，海关先凭清单分批分散出园区。汇总申报就是定期将清单汇总后，填写出口货物报关单向海关申报，个人网购商品涉及许可证管理的可免许可证。保税集货出口模式指运营企业采用货物 B2B“整进”保税区集中备货、分拣包裹后 B2C“散出”离境的运作方式，“批次进出”可以直接缩短国内出口货物通关的时间，从而节约整体物流成本。不需要集中报关，每批货物入区后即可退税。海关特殊监管区域现有六种模式：保税区、出口加工区、保税物流园区、跨境工业园区、保税港区和综合保税区。出口监管仓库和保税物流中心属于保税监管场所。出口企业报关进入国家批准的适用出口退税的特殊区域后，需要销售给特殊区域内的单位或者境外单位、个人，才可以办理出口退税。有时出口企业实行“一日游”业务，将货物运到特殊区域内的物流公司，企业虽然报关进入上述国内特殊区域，但货物没有销售给特殊区域内的物流公司，这种情况不适用出口退税，视同内销征收增值税。单纯报关进入保税区不适用退（免）税，以“1210”海关监管方式开展跨境贸易电子商务零售进出口业务的电子商务企业、支付企业和物流企业应当按照规定向海关备案，并通过电子商务平台实时传送交易、支付、仓储和物流等数据。

2.10.8 退货

卖家怕冻结账户、怕平台跑路，还怕退货！退货最常见却又是像口香糖粘脚一样的难题，总得面对。现在是买方市场，每个平台都想讨好买家，以便吸引更多客流。在遇到纠纷时，几乎所有的平台都倾向于保护买家，碰到恶意买家想吃霸王餐，或者明明是物流已经显示签收了，买家却说没有收到，还去申请索赔……没有物流跟踪信息的情况下只能认栽，虽然对方可能是打着退货的名义，想要退点钱回去。当然，真实的电商退换货市场是存在的且很大的，任何一个地区，哪个物流企业要是能把退货和 RMA 做好，至少 1/3 电商市场是它的。退货主要受消费习惯、文化和法规政策等方面的影响，根据 DHL 报告，德国和奥地利的整体退货率高达 13%，而意大利和日本退货率则低至 2%，中国退货率略低于全球平均值。

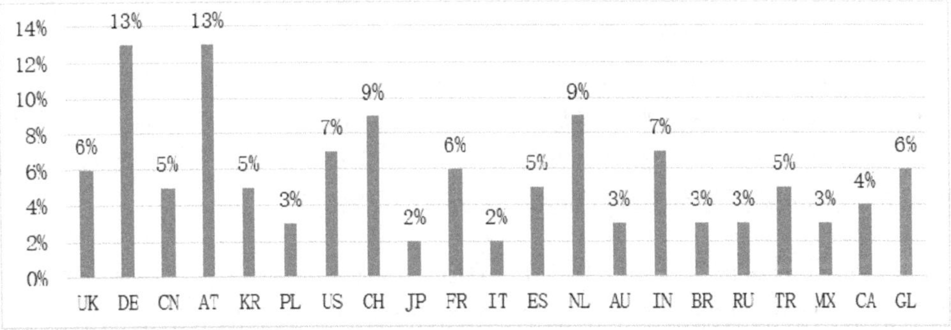

资料来源：DHL，Shop the World!Consumer attitudes towards global distance selling，2015

各国网购退货率水平

卖家说自己的客户要退货，自己退给对方 5 美元，他就不退货了。买家退货卖家会亏得更多，这样退点钱就不会亏那么多。卖家也不能把买家惯坏了，搞得所有的买家都来要求退点钱，整个市场的气氛都不对。究其根本，大部分的跨境电商卖的是低价产品，让客户从国外退回的成本可能要比产品价值还要高，更不用说产品进口税或者返修费用等其他成本，得不偿失。即使有海外仓接收退货，如果不能二次销售，销毁还要承担环保费用。不如直接告知客户送给他当礼物不用退回了。非邮政渠道出去的货物如果必须退回，通常也是选择香港地址，在此不再详述。跨境电商逆向物流，目前可践行的解决方案是海外仓及本地倾销。

2.11 出口市场风险管理

跨境电商是无法复制的“淘宝”。进入国外市场之前，要向熟悉目的国家税收和关税制度的专家或业内人士咨询。主要问题就是知识产权，在我国，知识产权的保护和重视程度不够，而外国对知识产权的保护是不遗余力、无休止的，电商平台及海关对此管得越来越严格。速卖通新规定，除了商标注册、品牌备案，要求经营珠宝首饰的商家要持有权威机构认可的材质鉴定证书。在向“中国质造”转变的过程中，保持成本优势的同时，还要重视知识产权保护及质量安全，货物被扣罚带来的损失猝不及防，影响不可估量。

2.11.1 知识产权

当跨境卖家好不容易完成订单的运输和配送等过程后，到头来产品质量和侵权问题仍无法回避。热销的无人机、平衡车、婚纱等都曾因专利和质量问题在欧美清关和销售时遇到了麻烦，让很多卖家感受到最大的外贸风险就是手头上的货。有些产品，其成本约为跨国企业同类产品的一半或更低，质量则相当于七八成，品质基本能够满足境外较低收入消费者的需求。但是，发达市场对消费者权益和知识产权的保护法制化程度高，不存在含糊的概念。因此，选品把关要慎重，产品和采购渠道要正规化，避免侵权，品质要合格。知识产权包括商标权、专利权和著作权，世贸组织《与贸易有关的知识产权协议》规定了海关应执行的“边境措施”，大部分就是扣留查没，而且不限于“严进宽出”。

抄袭盗取商标的途径早已不可行。有些国际品牌，专门委托律师事务所大面积在第三方电商平台上维权，牵连中国卖家账户众多，并形成常态化，随时出动就查处一批卖家账户或独立站。迫于品牌方压力，国际反假冒联盟（IACC）暂停了阿里巴巴成员身份。2012 年，为了应对来自中国的假冒伪劣婚纱礼服，图片侵权、盗用设计、仿冒牌等，美国婚纱与礼服行业协会（ABPIA）成立，其主要任务就是利用法律手段打击销售这些产品的中国外贸电商。2016 年年初，中国婚纱礼服行业遭到美国地方法院的起诉，波及网站 4000 多家，连德、法、意、俄等小语种网站都有涉及，挂靠在美国 Godaddy 下的域名均被转走①，简直是釜底抽薪！其他奢侈品，如手表和珠宝很容易被假冒和侵权，瑞士钟表业联合会每年都会举办打假活动。按照欧美政体，三权分立，法院的权力极大，跨国诉讼周期时间长，沟通又不是那么顺畅，一旦“挂号”束手就擒的居多。常见的还有，外箱有蓝牙

① 毛辉，亿恩网，中国 4000 家婚纱礼服网站域名将被回收，2016 年 1 月 22 日

标志，会发生清关问题导致海关扣关；在电池上贴安全标贴，要准备好安全认证FCC相关文件；如果不是自有品牌，则需要提供品牌授权书文件副本，假的授权一旦被海关查获，除了扣货还要罚款；盗图、货不对版等虚假营销的侵权，也会被平台重罚。在Facebook上，很多独立站通过盗图、广告轰炸、提供PayPal和诺顿的安全保证图片，吸引消费者购买，结果名不副实就被投诉，而有些企业甚至被一些Instagram明星称为是“图片掠夺者”[①]。平台账号及PayPal等支付账号都是要花钱来养的，触犯规则后不是被冻结就是被封锁。行业也在不断呼吁产权、专利意识、主动维权等，但所有企业觉醒、整个大环境的改善也非一朝一夕之功。

2.11.2 海关查验与扣货

海关几乎是全球物流运作中唯一无法完全掌控的环节，但各国海关能力差异很大，根据国际快递协会（GEA）分析测算，海关业务能力指数每提高1分，可使一个国家的贸易增长4.4%～5.3%[②]。由于货物通常需要快速放行，所以通关手续会影响交付的速度和可靠性，国际快递尤其依赖于通关效率。海关查验是指海关在接受报关单位的申报后，依法为确定进出境货物的性质、原产地、货物状况、数量和价值是否与货物申报单上已填报的详细内容相符，对货物进行实际检查的行政执法行为。查验目的是为检查单货是否一致，检查有无瞒报、伪报和申报不实等走私违规情况。只要不是禁限寄及非法出境物品，政策上支持贸易通关便利化，降低出口平均查验率，推广“双随机”措施[③]，出口海关扣货的几率比较小。

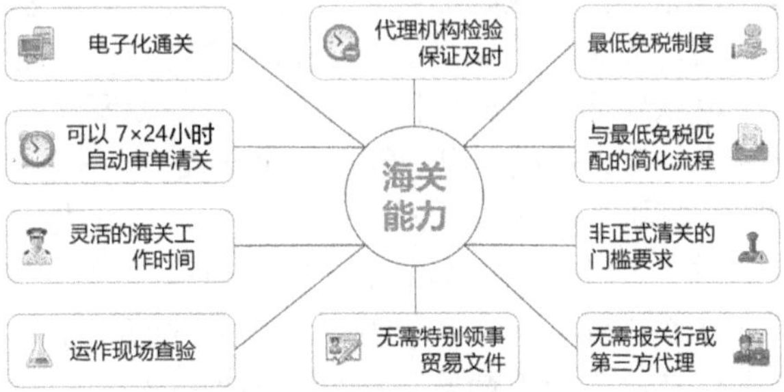

海关能力评估模型

① 张凯燕，雨果网，外媒：盗图、货不对版，细数中国服装电商网站的几宗罪，2016-4-7

② Frontier Economics&全球快递协会，快递与贸易便利化：对全球经济的影响，http://www.global-express.org/，2015年3月

③ 国办发〔2015〕58号，《关于推广随机抽查规范事中事后监管的通知》，2015年8月5日

美国海关及边境保护局（CPB）2015 年查获的假冒产品数据

分类	查获占比	查获次数	总价值
服装配饰	22%	6232 次	1572 万美元
消费电子品	18%	5326 次	1325 万美元
鞋子	10%	2818 次	650 万美元
手表/珠宝	10%	2754 次	5808 万美元
药品和个人护理	8%	2301 次	751 万美元
手袋/钱包	7%	2149 次	2084 万美元
光学媒体 DVD/游戏等	5%	1442 次	325 万美元
电脑/电子配件	3%	846 次	384 万美元
假冒贴牌和标签	2%	550 次	333 万美元

但进口查验就不同了，2015 年美国政府共计 28865 次查获到假冒产品，其中绝大部分假冒产品来源于中国。假冒产品数量增长了 25%。在九大最常被查获的假冒商品中，高档服装最后，价格高、有利可图，想购买高档服装的欲望推动了假冒市场的发展，80%的仿牌服装来自中国。许多美国消费者希望买到最新的产品，于是刺激了购买和生产假冒电子产品，也体现了这方面中国创新能力的觉醒。另外，海关扣货后，清关费是根据申报价值计算的，申报价值越高，清关费越高。商业快递比 EMS 扣货率要高很多，重货、电子产品被扣的几率就相对较高。进口国海关扣货引起纠纷退款，最终卖家钱货两空。除了侵权，还有一些申报禁忌，申报信息、装箱清单尽可能准确完整，货物的数量、单价、总价、币种等，以及产品的材质、名称、用途、成分、部件要标明。申报价格和估价不一致、品名和产品不符、申报清单不详、私人物品货值太高，违反当地国家规定的一些相关政策等，都可能被拦截。海关对于重量级货物和贵重物品，一般查的很严。卖家要多了解各国的政策，欧盟区包裹时常因低申报被查；俄罗斯海关查货很严，快递方式基本上每件都会被查；美国、澳洲等国免征额度高，避税相对容易，而南美、中东则相对困难等；美国、日本等国对于个人用品、电子类、儿童玩具等产品查的很严，而且美国对所有进口产品都要求必须注明原产地，传统工贸企业都熟知这个情况，原产地标签“MADE IN CHINA”是必须的，加拿大海关要求的是每个独立产品上或者独立外包装上都要有原产地标识，如果你只在外箱上贴，那么这笔货只能以箱为单位出售。

发货方式及是否缴纳 VAT

发货方式	是否缴纳 VAT
英国仓发货	是
邮政包裹直邮	看情况而定

2.11.3 关税及 VAT

网络交易的虚拟性使企业享有很大程度的免税环境，各国对在线跨境贸易的消费税或增值税征收存在着较大争议，国际避税手段五花八门，获取税收证据和开展稽查都有困难。增值税（VAT，Value Added Tax）是如今跨境卖家不可逾越的一道门槛。最先提出的是英国，任何个人和公司在进口商品到英国时，海关会对其商品征缴进口税，包括关税（IMPORT DUTY）和进口增值税（IMPORT VAT），在 eBay 和 Amazon 上没有 VAT 税号的卖家，可被移除销售权。理由是，一些非欧盟国家的海外贸易商逃避支付英国境内销售增值税，削弱英国本地的在线和实体零售商的业务。而且手段又准又狠，直指电商平台，如果不配合进行处理，可被视为对 VAT 负有连带责任。卖家被要求进行真实、及时、准确的税务申报，如果故意延误、错误或虚假申报，都可能受到英国税务及海关总署（HMRC）对包括货物查封、向平台举报封账号、罚款在内等不同程度的处罚。在这个政策下，对于已经使用英国海外仓，但没有注册销售 VAT 的卖家，如果继续销售，将属于非法运营。对于直邮，按规定低于 15 英镑的货物入关时免交 VAT，但累计一年销售额超过 7 万英镑，则要注册 VAT 且都要进行申报。卖家的成本上升是必然的，不仅有税，还有代理申请、季度申报等后续税务会计费用。由于税法的复杂性，Amazon 推出了泛欧计划，缴纳八千欧元可包一年的会计处理费用。近期又试点了简化全球销售计划（Simplify Global Selling），Amazon.co.uk 充当中间贸易商，卖家只需拥有英国 VAT，Amazon 按照报价购买卖家的库存（类似 VMI，客户下单后），转售给德、法、意、西等其他欧盟用户。

其实，从国际贸易的角度看，跟他国做买卖总要有税这个问题，关键在于交税的多少，不必纠结于该不该交。在欧洲，根据欧洲的远程销售法（Distance Selling Regulation），只要货物在欧盟国家销售，超过了该国远程销售免税金额的规定，就要按当地 VAT 税率来缴售后税。VAT 销售增值税和进口税是两个独立缴纳的税项，货物销售后，商家可以申请进口 VAT 退税。目前 Amazon 在欧洲 5 个国家站点，各地 VAT 税点分别是英国 20%、德国 19%、西班牙 21%、法国 20%和意大利 22%。欧盟正在针对跨境电商贸易的 VAT 规范统一立法，VAT 一号通全欧，跨境卖家将按季度统一向欧盟报 VAT 税。另外，根据中欧世贸项目计划，2021 年起所有进入欧盟的国际邮件必须进行电子数据预报关，或取消 22 欧的免税额，执行统一的欧盟海关代码。乍一看，赴欧跨境将避税无门，但欧盟单一电商市场的建立将整体利好跨境电商运作。

不同国家的关税情况

	起征点	综合关税
美国	800 美金	综合税 =DUTY （关税 = 货值×产品税率）+ADV（清关杂税）
欧盟	22 欧元（CIF）	综合税 = （货值 + 运费 + 关税）× 19% DUTY= （货值 + 运费×70%）×产品税率
澳洲	1000 澳币	综合税 =DUTY（关税 = 货值 × 产品税率）+GST（消费税）+ADV（清关杂费） GST=（货值 + 运费 +DUTY）× 10%
英国	15 英镑（CIF）	综合税 =VAT（增值税）+DUTY（关税 = 货值×产品税率）+ADV（清关杂费） VAT= （货值 + 运费 +DUTY）×20%

海外仓卖家要注册属于自己的唯一 VAT 号，才能缴纳相关税费或申请退税，第三方不能帮代缴或冒用。物流货代注册 VAT 代客人清关，不同卖家货放在一起清关，万一殃及池鱼就惨了。只申请不申报或零申报也有信用风险，没有纳税记录，之后可能被税务机关调查欠税追溯，并处以其他处罚或采取强制措施。对于多账号运营的人来说，使用同一个 VAT 号码可能会造成账号关联。在美国，赦免电子商务销售税（Sales Tax）的好时光也即将过去，Amazon 已在 26 个州向消费者代征销售税；俄罗斯海关总署提议将个人免税进口额由每月 1000 欧元降至 22 欧元，完全取消“自用商品”申报，参照商品对进境包裹征收增值税和由海关编码确定的关税；而南美各国关税更是惊人。未来，其他国家可能会效仿英国，要具体了解、及时跟进、随机应变，各国的基础税率/WTO 税率、最惠国税率、优惠税率等可查询各国关税网址。

2.11.4 电商欺诈

网上有时会遇到欺骗买家的无良卖家，但很少有人知道，买家也可以欺骗卖家。除了消费者容易买到假货，零售商也会遇到“假退货”，在收货环节，有无理由退运、拒收、掉包或谎称未收到等。第一，骗子在退货时把真货换成假货，欧美消费者的“过度保护”，几乎是无理由退货，节假日退货欺诈已经从零售业渗透到了电商，可以轻易获得网站的全额退款。第二，收货后在争议（纠纷）的商品后写上产品损坏或有缺陷，在谷歌上搜索卖家的信誉和类似产品的不良照片，指明是他们的失误造成的损坏，让卖家返还 100%的商品价值，等同于完全免费提货，或者在争议（纠纷）时与卖方讨价还价和索取尽可能多的“补偿”。第三，谎称未收到货，因此卖家不能过度节约物流费用，无跟踪物流几乎无法避免这类敲诈！还有，以出差评敲诈，留言购买的产品坏了，以求卖家自愿返现一部分。最后，是被打假，如美国打假专业户 GBC 公司，专门针对中国卖家赚法律官司钱，一旦被盯上，打越洋官司费时费钱，放弃应诉又意味着平台账号甚至网站被封，钱被划走，最后只能破财消灾，花钱和解。

美国益百利 Experian 公司，用“bad transactions”统计了 2015 年的电商欺诈率，分析了货运和付款欺诈在各地的发生频率，美东及若干州市，欺诈分子在高风险地区进行欺诈，欺骗当地卖家发货，然后在低风险地区收取欺诈货物。非洲的电商几乎都充斥着欺诈行为，该地区的电商欺诈率是全球平均水平的 10 倍之多，南美地区的欺诈率是全球平均水平的 3 倍多，亚洲处于全球平均水平，欧洲欺诈率比全球平均水平低。欠发达地区，要充分利用第三方支付提供的防欺诈服务，屏蔽掉恶意诈骗或有风险的订单，尽量减少运营风险。独立站不得已，可以采用“地域屏蔽”（geo-blocking）措施。

2.12 趋势展望

跨境电商已经到了产品、运营、营销等综合能力的比拼阶段，这也意味着挣钱的开始是投入，投入的开始是风险。品牌化、新兴市场（多语种）、多品类（长尾 SKU）、移动化、物流解决方案、进出双通道、海外仓、卖家分化，这些关键词将成为未来一段时间跨境出口的显著特征。

一是多渠道运营，多平台、多国/多语种、多流量来源。把握移动跨境电商的风口，用户黏性很高，从周人均打开次数上看，Wish 平台多达 37 次，下一个颠覆性平台仍是移动端。做专业化的精准渠道营销，研究平台间竞争，以及转化率、利润率、库存周转及可持续经营等核心命题，提升运营能力仍是重中之重。

二是品牌化，跨境零售以成本优势为基础的低价倾销难以为继，品牌提升是趋势。品牌一直是“中国制造”恨铁不成钢的痛点，但第三方平台正逐步“天猫化”（向 B2C 转型），优质的品牌资源在出口电商快速增长的过程中已成为稀缺品，是维持较高复购率的重要支撑。跨境电商形态上参差不齐，不会因为通过网上交易就改变它的质量和服务，要基于品牌做极致产品，更加回归专注产品与服务的提升。

三是新兴市场兴起，发达市场增速步入平稳期，产品品类和销售市场更加多元化，新兴市场需求高速增长，小语种市场变热，以及新兴市场中的第三方跨境电商平台，潜力市场宜提前布局。当然，欧美等发达市场仍是重点，不可偏废，只是这里的经营合规性趋严。

四是出口 B2B 仍是主流，转型综合贸易服务，跨境电商 B2B 模式是传统出口贸易流程的电商化，一方面源于政策导向的支持，同时基于跨境电商模式的外贸服务可拓展更多销货渠道及增值服务。

五是资本蜂拥而至，行业热潮引发各路资本竞相追逐，出口电商公司也陆续登陆新三板，资本的推动也会带来行业的快速洗牌，加快两级分化。供应链管理能力优秀、资本实力雄厚的公司将持续扩张并购，小卖家要在夹缝中求生。资本的力量不可估量，资本运作主题会变，但出口跨境电商增长的势头不变。

六是本地化及模式创新，跨境品牌进入欧美主流人群的后援支持要跟上，海外仓布局加快，本地支付、本地物流、本地售后，实现全渠道运营及全球分销。各地政府频出新激励措施，如退税补贴、国际航线补贴、抢出口货源等现象还是有的，使国际物流商、外贸服务商、国际货运代理人等泛跨境圈的企业嗅到其中的商机。在出口货源地方面，中西部地区正在快速发展，产业向中西部转移从而带动外贸转移是必然趋势。

第 3 章
进口

单纯从量级来说，跨境电商进口不过是杯水兴波，但这两年红极一时。群众的眼睛是雪亮的，内外差价、商品质量、食品安全等多种因素，已经无法满足大家对品质及生活方式提升的追求，消费升级也迫在眉睫。广泛而强烈的需求，前所未有地开辟了一个个新行当“海淘、代购、转运……”。据统计，2015 年中国 35%的网购消费者曾以海淘的方式购买商品，而 2014 年这一比例仅为 26%[①]。人民意志不可违，鉴于中国特殊的消费环境，理应适当增加消费品进口，政府也决心要促进消费回流国内。于是进行政策面利好，运作合法化、简化通关流程、降低税收等一系列措施让更具性价比、更多优质商品通过跨境电商渠道进来。很快，那些强调安全性的产品，如食品、母婴、生活用品，以及其他国内外价差较大的品类（如服装和消费电子等）遂成为在线跨境被购买的主力。前文提到，中国跨境电商加速渗透进出口贸易，比例在 10%～20%，进口电商又只占其中少数。据估算，纯跨境进口零售交易 B2C 的规模又只占 20%左右，虽然保持了近 60%的增长率，但整个“盘子”不够大。

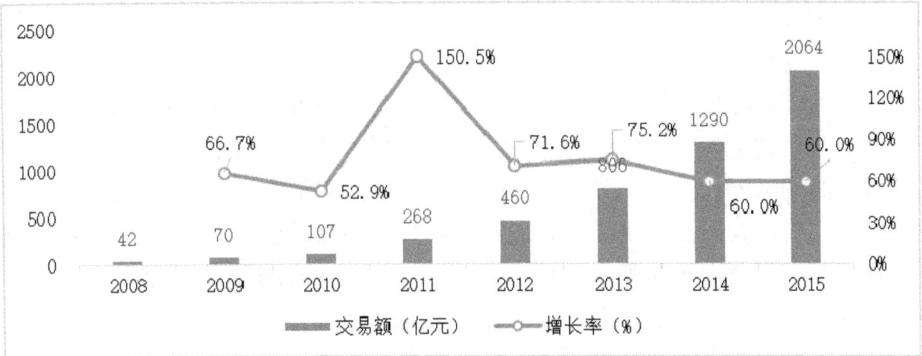

中国跨境进口零售电商交易规模

政策一旦决口，各路“豪杰”都相中了这一处“风口”，跨境进口行业崛起之速，出口格局不稳，进口鏖战正酣。然而，随着前端流量平台的强势进入，上游

① PayPal Cross-Border Consumer Research 2015 GLOBAL SNAPSHOT，http://www.paypal-viewpoints.com/

供应链逐环节不断重构，曾经对模式的摸索和创新日渐坠入同质化竞争，进口看起来更像是国内电商和传统电商的新鲜补充，或是一个组成部分。一边重装贴身互搏，一边又裁判令响，政策查漏补缺，受 2016 年“四八新政”影响，无论是行业还是企业的估值都有待商榷，跨境进口似乎不那么气势如虹了。但事分两面，前些年的筚路蓝缕，早期海淘的五大障碍：语言、支付、物流、清关、售后，已经基本被攻克，多渠道、多品类，直邮或保税，试点城市全面铺开，都预示着跨境进口的日趋成熟。2015 年的淘系“双 11 买全球”活动，超过 3000 万国人在当天购买来自 100 多个国家的商品，接近全国出境人次的 1/3，“买遍全球”此言不虚。

3.1 跨境进口的驱动力

人类已经无法阻挡中国游客“攻占地球”的脚步，在国外中国游客被称为“行走的钱包”。2015 年中国 GDP 增长率为 6%，而出境旅游支出增长率高达 53%[①]。首尔乐天、新罗免税店里 80%的销售额都是来自中国消费者。为什么大家要去国外旅游购物，为什么会有海淘？消费者永远跟随着三个东西走：价格、质量、服务体验。作为一个既定事实，无关爱国情怀，需求是市场第一驱动力。原因显而易见：国内供给不能满足需求，屡遭质疑的食品安全和假货问题，国际品牌定价歧视和中国较高的关税及流转税，以及居民收入的提高，消费升级拉动对海外高附加值及多样化商品的需求。根据商务部数据显示，2015 年我国出境游人数达到 1.2 亿，境外消费 1.5 万亿元，其中一半用于购物，规模占全球第一且还保持 20%以上的增速，平均海外旅游占到其个人年度开支的 25%。2015 年中国消费者全球奢侈品消费达到 1168 亿美元，买走全球 46%的奢侈品，76%的消费发生在境外[②]。另外基于海淘 APP 统计，从消费偏好看，海淘用户对提高生活质量方面的消费需求比较高，对母婴用品、食品、化妆品等海外商品需求强烈，同时还比较倾向欧美大众、时尚和高端等品牌，女性约占 60%。根据 PayPal 预计，2013—2018 年中国人均海淘金额由 1.2 万元提升至 2.78 万元，年复合增速 18.28%。诸如此种，眼看如此庞大的需求游走在外，吸引境外消费回流成为扩内需的重要方向。政府力推进口跨境电商阳光化，不得不推进、顺势利导，通道打开进一步释放了需求。跨境电商消费习惯逐渐形成，培养了年轻化、高学历、以女性为主的海淘群体，人口红利升级是消费领域中产意识的觉醒。

---

① 新华社《经济参考报》与 Visa 公司，中国跨境消费年度指数报告（2016），2016-9-7

② 朱元，国信证券研究报告，跨境电商系列报告之二：进口篇，2015-05-19

3.1.1　需求驱动

著名经济学大师萨缪尔森说："市场经济的最终两个主宰是消费者与技术。"过去的消费者更多的是为了满足自身的实际需求而消费，偏向于购买性价比高或者促销产品，即花最少的钱买到一款符合需求的产品。随着消费能力的提升，部分消费者走向了品质消费：介于"屌丝经济"和"符号型消费"之间，不仅仅停留在纯粹的实用层面，也不盲目追逐名牌傍身，更能彰显个性和价值观，从满足基本的生活需求发展到彰显个人品味及个人情感的需求。用户群受教育程度普遍较高，呈现"频次略低"但"客单价更高"的特点。三成跨境网购购物者在 2016 年的购买频率达 3～5 次，频次为国内网购的 76%，但客单价要高出一倍。消费升级的现象和高端单品的市场占比显著上升，在与健康相关的品类中表现尤为明显[①]。

一是产品质量。消费意识提升，出于对安全健康、正品保障等的担心，"信任危机"迫使了消费者的海淘进程。2008 年，三聚氰胺事件，国人对国产奶粉失去信任，开始从欧美等购买进口奶粉，德国 Aptamil、荷兰 Nutrilon 等长期被抢脱销。2014 年，曝出国内品牌卫生巾含荧光剂事件，来自日本的 Laurier、COSMO、NaturaMoon 等品牌又成为当年海淘搜索关键词。健康第一，消费者对于品质安全的关注远远大于价格，母婴、化妆品和健康食品三大类始终占进口主流。2015 年"双 11"，天猫有 5000 多个海外品牌参与，其中母婴成交占比 30%，美妆占比 22%。而每年"3·15"曝出的各类触目惊心的造假卖假，消费者对国货只能怒其不争，到海外各大品牌官网选购。欧美国家对假货惩罚力度很大，更是将食品、用品安全列入刑法，加之劳动力稀缺、昂贵，在美国绝对不会有人为造一双假耐克而不顾代价。

二是消费能力提高，追求品质消费。跨境消费主力——中产阶级崛起，收入增加、人民币升值，生活水平提高，消费观念升级，出境游及留学人数攀升，对国外商品更了解，更加关注生活品质及多样性。2015 年我国人均国内生产总值约合 8000 美元，有中产阶级消费能力的人在 2016 年达 3 亿，达到中等发达国家水平，消费升级逐渐旺盛。国产的品类、功能和使用体验，有效供给不足，境外新供给"释放"消费潜力。轻奢品、马桶盖、炊具及各类进口生活用品，在 C2C 平台上热销。北上广深这些一线城市是整个跨境进口的主力，在十大海淘城市中，

---

① 贝恩咨询、凯度消费者指数，在"新常态"下赢得中国购物者：2015 年中国购物者报告，http://bain.cn/，2016-3

上海位居榜首，成交笔数占全国 12%，北京紧跟其后占 11%，其次分别是杭州、广州、深圳、成都、南京、武汉、天津和苏州[①]。群体消费能力超过国内电商，平均客单价高。

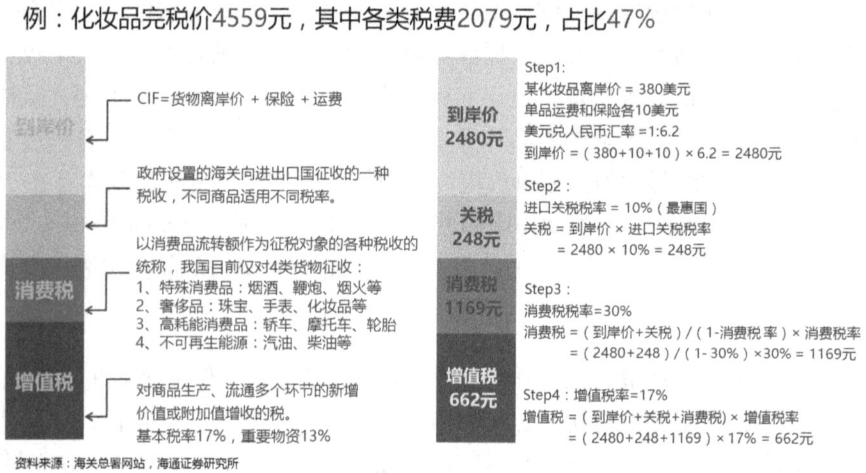

货物监管模式下的税率及税费

三是价格差（税）。由于国外品牌（尤其是奢侈品和化妆品）进口后在中国零售的价格显著高于在海外的购买价，即使考虑海淘的行邮税和物流费用，价格优势既然明显。其实海淘最大的差价是在于税。线下进口与电商价格差异显著，主要源自税收政策、缩短渠道层级、品牌价格歧视等，价差的 60%～70%来自进口环节税收。随着近两年国内奢侈品市场增长放缓，消费日趋理性以及电商全球化的兴起，国外品牌的差异化定价已难以持续，高端品牌全球化定价将是大势所趋。

四是需求多样化。通过互联网购物、具有广阔视野、注重生活品质的“80/90后”新消费者，受过良好教育、收入稳定、年轻化等特征，被定义为 iConsumer“新时代消费者”[②]，大部分进行过海外购物。消费主义的兴起，消费者的购买需求已逐渐从标品爆款走向个性化、差异化，消费更为大胆，对价格的敏感度有所下降，从高端奢侈品或大件商品，到牙刷、杯子、指甲钳等生活日用品。某些品牌和商品仅在国外有售，偏好产品稀缺，国内没有引进。

---

① 严旋，尼尔森咨询公司，剧烈的消费转型正在发生，《中欧商业评论》，2016 年 4 月刊
② 程然，梅花网研究院，新世代消费者变迁及进口跨境电商趋势分析报告，2015 年 8 月

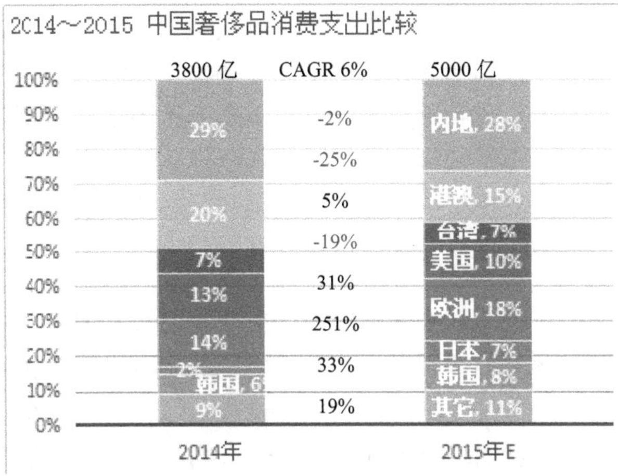

2014—2015 年中国奢侈品消费支出比较

五是网购平台、支付及物流的便利化，商家有意加强推广，相关进口网站都有通俗易懂的打折信息、海淘教程，消费群体通过网络社交圈分享海淘心得。仅一个美亚 Prime 直邮就能覆盖到生活各方面。2013 年是一个拐点，这一年中国的整体电商市场交易额超过美国，移动电商甚至达到美国两倍。消费者市场培育初见成效，二三线城市的消费群体开始大幅度增多，不辜负众多平台斥巨资做大范围的宣传推广。在 2010 年，私人消费仅有 3%来自线上，而至 2015 年这一比例已上升到 15%。预计到 2020 年，网购达到近 10 万亿元人民币，占总体私人消费的 24%。电商平台给中国用户跨境消费带来巨大的便利性，大大降低了国内用户跨境消费的门槛，随着用户需求的进一步释放，进口市场仍将继续保持快速增长的态势。

3.1.2　政策驱动

政策，是跨境电商进口发展的最大变数。直觉上，出口终究才是中国跨境电商的主战场，只有出口才是政府及政策极力呵护与扶持的领域，但市场不会用脚投票，敦煌网在出口领域耕耘 10 年，其估值却被成立 1 年的跨境母婴电商蜜芽轻松反超，有颗树、跨境通等从跨境出口大拿反来趟跨境进口的浑水。当然，进口同样重要。一是利国，搭建一个互惠便捷的消费渠道，助力市场升级，促进国内产品升级，需求放大、阳光征税。二是利民，促进消费，二三线以下城市没有机会购买进口商品，线下百货公司和专卖店国外品牌少，为跨境电商打开无限购物渠道，以提升国内群众的生活质量和消费能力。三是利地方，跨境试点城市及保税备货等模式，电商、仓库、包装、物流及园区等相关服务，带动大量的就业机会。各地政府纷纷响应，推出各种项目和优惠政策。四是利商家。海外商家可以通过跨境电商轻模式、低门槛快速试水中国市场，以往海外商家进入中国市场，审批许可流程非常复杂，化妆品要拿到前置审批差不多要一到两年时间，成本高昂。而国内众多电商公司很快推出国际版块和全球购的服务项目，降低了进口商品的成本，能够给消费者更好的购物体验。国外品牌增加在中国市场的投资，市场发展和创业机会增多，促进了国内电商发展。

过去，中国消费者跨境购物困难较多，主要是托人从海外代购，或海外电商网站海淘通过中间转运商邮寄回来，或直接出境旅游时大包小包地买一堆东西装回来。每年万亿元消费发生在境外，出入境检查，海关商检完全没有这样的人力和精力去逐一检查，大量的进口国际邮件以个人物品申报也无法准确核实，该征的税收一分钱也收不回来。物品灰色进境、信息不透明，消费端的走私倾向终于难以回避。政府决心建立彻底阳光化路径，引导消费和产业升级，多管齐下顺利“招安”。

一是渠道合法化，海关总署发布 2014 年第 57 号文件，增列两个海关监管代码，用到进口即“9610 直购进口”和“1210 保税进口”，政策明朗化后，一改过去消费者单方面的参与，大量跨境电商进口商悉数登场，实现政策引导市场手段刺激产业结构升级。这个阶段跨境电商进口实际按物品行邮监管而非货物一般贸易监管，绕开了商检手续，大幅丰富国内消费者购物选择。普通贸易进口，在商检环节，商品必须贴中文标才能在国内销售，但在跨境电商试点中，全外文标也可以直接在境内销售。

二是降税，有了正当渠道，税费太高大家肯定不愿用，要“放水养鱼”，原则上个人网购有金额及数量限定，但行邮税率有免征额，降低部分消费品进口关税，以及拆单避税等合法技巧的运用，对供需双方刺激都很大。近年来进口消费品关税多次调整，2015 年 6 月降低部分服装、鞋靴、纸尿裤等日用消费品的进口关税税率，2016 年 10 月又大幅调整护肤品、化妆品消费税，平均降幅超过 50%。

三是电子化通关，“阳光化”就是全程运作向政府与海关透明化，实现全程信息的“可视、可溯、可控”，跨境电商的电子化数据是容易获得的，海关与所有物流、邮政及电商平台合作，建立一套新型的数据监管通道，2015 年支付宝等 26 家支付机构获得跨境牌照，便利了跨境外汇支付的监管[①]。

---

① 陈卓、常涛，招商证券公司，跨境电商鼓励出口 进一步规范进口，2016-04-12

第四步“纠偏扶正”，跨境保税备货进口，由国内发货，大大降低了物流成本，操作效率和客户体验飙升，规模之大对内贸影响初露端倪。以进口保温杯为例子，关税 24%、增值税 17%，行邮税仅 10%，中间税差巨大，新模式变相让一般贸易洗成跨境电商进来。2016 年 4 月财政部、海关总署、国税总局联合发布了《关于跨境电子商务零售进口税收政策的通知》，海关总署公告 2016 年第 26 号《关于跨境电子商务零售进出口商品有关监管事宜的公告》，实施新的跨境进口税收政策，增加商品正面清单，调整个人交易限值，取消免征税额，同步调整行邮税政策。新政在一定程度上引发了进口电商的动荡，资本降温、单量下降、平台倒闭，整个行业短时间“别有幽愁暗恨生”。不论时机是否得当或是否矫枉过正，规范是迟早的，新事物摸索的过程难免历经波折。海关总署公告 2016 年第 75 号又新增“1239，保税电商 A”监管码，意味着非试点城市只要具备监管条件都可以运营跨境电商保税进口。

3.1.3 什么值得买

“她时代”——女性成为家庭消费决策者。进口选品，母婴、保健品和化妆品，一度是驱动跨境电商进口的三驾马车。目前，国内自营跨境进口 B2C 商家大部分是以这热门三大“爆品”为切入点的，德国进口长期是“八成奶粉二成辅食捎带一支锅具”。从 2016 年亚马逊公布最受欢迎的跨境品类：电脑、鞋靴、服饰、厨具、手表、美妆、个护健康、母婴、玩具、旅行箱包来看，国内消费者对海外商品的需求远远不仅是热门的三大品类。模仿式消费正向个性化、精致化、多样化转变，也促使跨境电商进入精细选品阶段。从需求来看，发达市场的高品质商品仍是大众追求的重点，美国是消费大国，全球供给、物美价廉。日、韩文化潮流影响甚广，韩服及化妆品炙手可热，日本岛内市场萎缩，中国无疑是一个巨大宝藏，2015 年日本企业通过跨境电商在中国销售超过 8000 亿日元，这和同年中国赴日旅游购买销售总额差不多。欧洲和澳洲，看起来已经像是中国的奶粉基地，其实在三聚氰胺事件之前，国内对进口母婴产品的需求量是很小的，可以说，是安全问题让进口母婴迅速崛起。而意法名牌服饰与奢侈品，已是中产家庭的常见消费品，消费者通过跨境电商购买奢侈品，约占中国奢侈品消费额的 12%[①]。中国是服装生产和出口大国，但是品牌意识不高，加上长期以来形成的对欧、美、日、韩时尚潮流的崇拜，使得进口鞋、服、箱包类一直稳居榜首。另外，中国消费者的健康意识日益高涨，购买各类产品以治疗常见不适、提升精力并增强免疫

---

① 贝恩咨询公司，2015 年中国奢侈品市场研究——辉煌能否再现，2016 年 1 月 20 日

力，这一趋势由多股力量同时驱动，消费者收入增加、城市化带来更多压力、人口老龄化、层出不穷的食品安全和质量问题等。与其他国家和地区的消费者相比，中国消费者的健康意识尤为强烈，愿意支付溢价来购买品牌产品和优质产品，中国保健消费品市场的潜力巨大。

1. 美国　*服饰、轻奢、3C电子产品、保健品*
2. 日本　*休闲食品、纸尿布、卫生巾、化妆品*
3. 韩国　*休闲食品、化妆品、服饰等“泛时尚”需求*
4. 德国　*厨具、啤酒、净水器、奶粉（荷兰奶粉）*
5. 澳大利亚　*奶粉、保健品*
6. 泰国　*护肤品、零食、乳胶及木制品*
7. 英国　*服饰、奶粉、化妆品、母婴用品*
8. 新西兰　*奶粉、保健品*
9. 法国　*化妆品、休闲食品、潮流服饰*
10. 意大利　*休闲食品、潮流服饰、奢侈品*

天猫进口前十国家及特色

进口电商热销品类及消费关注点

1	鞋服箱包	时尚与品牌
2	母婴产品	安全、营养及品牌
3	美妆产品	多样性、品牌及质量
4	食品/保健品	营养、新鲜感及安全感
5	电子产品	差价及更新速度

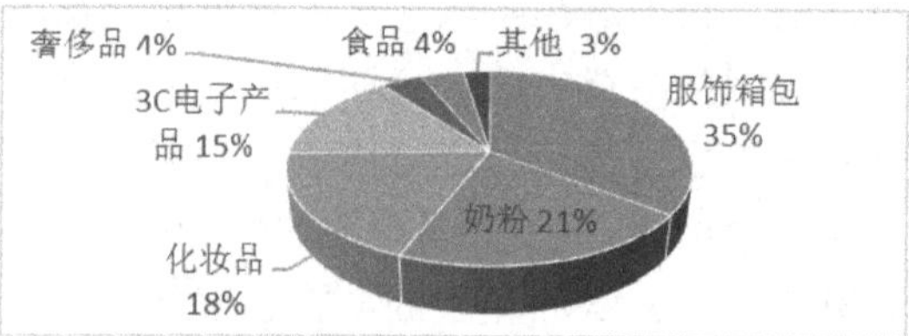

跨境电商进口商品分类占比

从海淘及直邮角度反映的需求，还有很多“长尾需求”，跨境网购要讲潮流、讲新鲜感、讲体验，内容迭代与消费者需求之间的同步平衡，新品同步、全球同步、时尚同步，这些都是最容易赢得跨境增量市场的切口，具有刚需、高频、大流量等特点，是大多家庭单位接触海淘商品的起点。但自营跨境电商很难做，无法简单按照内贸那样直接从境外买来兜售。首先，跨境电商进口都是先从热门品类切入，母婴类产品是跨境电商交易的最重要品类，成为跨境电商进口的主要推动力，跨境母婴电商一直是投资的热点，“高烧不退”。而且，整个跨境销量都聚焦在一小部分的大品牌，主推其他品类的风险比推标品的风险更大，以价格战吸引流量、开社区增强用户黏性、扩展商品品类，成为垂直类特别是母婴电商突围的三剂良方，筑高竞争的护城河。但是，爆品比例太高，供应链压力小，经营风险大；品类越丰富，客户越便利，广铺商品线的弊端也是致命的，会出现库存与服务跟不上。要想利润高，要以消费者个性化需求为核心，爆款标品只是引流的手段，形成品类丰富而成熟的跨境进口生态。精细化、差异化的选品取决于能否建立境外品牌的深度合作关系。现在每一个供应商和海外的品牌方都想将长尾产品切入中国消费者，让中国的消费者能够认知他的品质和品牌，所以在这个过程中需要很多推手。几乎所有 B2C 模式的跨境电商都要去争夺这些品类，例如京东全球购、考拉、蜜芽、达令、聚美、小红书、宝宝树等都在秣马厉兵，这些有钱、有流量、有资源、有谈判能力的大佬们纷纷介入，已经抬高了 B2C 模式的门槛，这就涉及运营模式了。

3.2 进口 2C 主流模式

过去跨境电商企业很少，整个市场氛围也没有营造起来。这两年，无论是大型跨境平台，还是独立网购商城，都已经达到了一定的数量规模，可以营造出竞争的氛围和模式的突破。市面上对跨境进口的模式划分没有明确的维度，将电商运营模式与物流、通关及营销模式结合，可形成运作变化和模式之多。如果只看跨境电商交易，包括海外代购 C2C、海淘 B2C、海外自采自营 B2C、第三方平台 C2C/B2C、自营+第三方 Hybrid 混合等模式。而从供应链、订单履行及跨境物流运作看，有平台直发/直邮、直购转运、海外仓备货直邮、保税区备货等，还有其他导购/返利、特卖会和社交、海外商品闪购等相关运营模式。其中，B2C 自采模式是早期跨境电商进口创业的热门选项，也适合传统行业内的企业转型跨境电商，拥有采购优势，但后续发展模式过重遭遇资金链压力，很多又从全量备货向“混合制”转向。而以 Amazon 海外购 Prime 直邮免运费为标志，可以预见越来越多的境外品牌店或电商平台会开启直发直邮通道。

从技术角度，还有各种海淘应用，以满足用户跨境购物为出发点，涵盖导购、电商、支付、转运和物流等多个环节，经市场运作演变，衍生各种细分领域，逐渐成长为用户跨境购物的重要渠道和平台，例如覆盖率较高的母婴应用以社区与电商类为主。

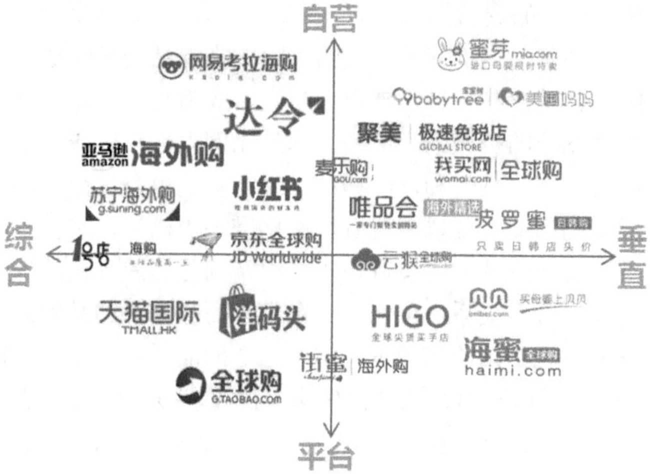

跨境电商进口经营模式分类

3.2.1 完税直销

在讲海淘之前先说一个更常见的进口形式，那就是正常通关、商检、缴税入境的一般贸易进口。在跨境电商这个概念没热之前，包括商场超市和线上销售，进口产品一直都存在。通关过程，货物按贸易申报过检，缴纳进口税、增值税等。目前，进口零售电商市场 B2C 只占三成，内贸电商的规模较大，2015 年占 85.7%[①]。单依靠纸尿裤、奶粉、化妆品，根本撑不起进口市场的大盘，表面热闹的跨境电商并未左右大局。

品牌官方门店销售的进口商品，部分京东、苏宁、我买网等网上超市销售的快消品，也是先按照贸易的方式批量进口，再销售给消费者，区别是有的网商是自己在海外直采、自主通关及物流，有的网商则是向中国境内的贸易商、代理商采购已经通关进境的商品。传统外贸进口模式，在防止假货及质量溯源上具有显著优势，进口企业的合法授权经销及海关商检的合规检验检疫，个体用户的维权完全遵循国内消费行为。而对于跨境电商中的境外直邮而言，进口商品的真假合格难辨，消费者退换处理及维权都比较困难。常见的燕莎、新光、世贸、久光、百盛等高端商场里大量的进口品牌，然而中国消费者在奢侈品等领域的高端消费外流情况率创纪录，奢侈品牌目前在国内门店的销售倒挂严重，门店变成广告牌和形象店。近年，反而是进口精品超市渐热，比如华润 Ole'、V+、blt 布点较多，永辉 BravoYH，大润发 RHLavia，百佳超市 Great 及 Treat 店，上海高超 CityShop，

① 李雪峰、石欢，第一财经商业数据中心，2016 年进口食品消费趋势报告，2016 年 8 月

北京华联 BHG 及翠微商超、杭州 Choice 西选、南京精品 Brisk 店、绿地商业 G-Super 等，主要集中在一二线大城市，并以进口食品及日用品为主。

贸易进口模式，流程清晰运作成熟，但投入更重，要压库存、压资金、压应收，传统进口渠道商的日子并不好过，国内线下零售增长乏力还要面临电商冲击。通常，进口商品终端价=完税价格+渠道成本+品牌溢价，在网络条件下境外线上零售价非常透明，零售端趋紧，进口商的利润空间被挤压得越来越狭窄。如今，跨境电商让传统进口贸易迎来创新，进口网购平台逐渐增加，众多的进口采购商也加入进来，保持规模化进口优势，向上游采购、授权代理、供应链金融及物流等终端服务延伸，快速送达用户。

3.2.2　海淘及转运

广义海淘包括跨境直邮、代购、水客及跨境电商网购等个人进口形式，但主要是指境外网购 B2C 模式，这里的 B 可以是境外品牌商或网购平台。简单说，就是国内消费者直接到外国电商网站上购物，然后通过转运或直邮等方式把商品邮寄回国的购物方式。除部分可直邮品类之外，海淘大部分是借助转运物流的方式完成跨国收货。转运物流，顾名思义就是中间倒一手，当境外电商不提供跨国递送时，消费者用转运物流公司的境外仓库地址作为下单收货地址，转运公司代消费者收货后，再通过第三方或转运公司自营的跨国物流将商品发送至中国口岸，清关后境内配送。这种方式意味着可以买遍全球，而不受网站国际运输条款的约束。几年之前，人们要跨国网购还没有像现在这样方便，靠着翻墙和翻译软件连蒙带猜地看懂外文网站，支付要用双币信用卡，把东西买回来也不简单，下单地址要填上仓库地址和自己的账户编号，等物流公司凑够一批再打包运往国内，好不容易十天半个月到了口岸，可能还要卡在海关好几天，不幸的时候还要提供身份证及购物小票等申报信息，补交税费。如果收货后，发现有什么不满意，或者运输途中有什么损坏，消费者也只能自认倒霉，因为退换成本太高。显然，这样的海淘门槛太高，即使知道从海外网购划算，海淘多数还是局限在一个小众的范围内。

海淘进口方式分类

海淘方式	物流	清关	特色
游客自己	随身行李	个人行李物品，出境游回程	以奢侈品、化妆品为主
水客代购	随身行李	个人行李物品，以港澳口岸为主	涉嫌走私
境外零售商/品牌商	转运、直邮/保税	商业快件、跨境直购/保税，逐单清关	品牌直供、阳光清关
第三方代购	直邮，邮政/快递	邮递物品，行邮、商业快件	境外华人群体，避税空间大
供应商/海淘平台	直邮	邮递物品，行邮、商业快件、跨境直购	自采自销，物流全程跟踪

转运物流公司在海淘中扮演着重要角色，转运物流全程时效 2～3 周可满足绝大部分用户的诉求，日韩转运最快已达 1 周内，并在收货、打包、运输、清关及配送等各环节具有可靠性，主要赢利点就是处理和运输费。此外，“被税率”是海淘群体评价转运公司一个重要指标，这取决于其使用的物流渠道及清关方式，排除个别铤而走险的“灰色通关”，正常通关其实区别不大。面向个人邮递物品清关方式，邮政包裹税率更优惠，流程更简单，但海关难以支撑巨大的入境包裹量，谎报、虚报现象存在，且需要收件人自行申报交税；快件及跨境直购方式，均要电子化强制清关，信息全透明，包裹清关阳光化。课税的区别是：跨境综合税 11.9%，个人行邮税大部分 15%～30%（税额 50 元以内免征）。

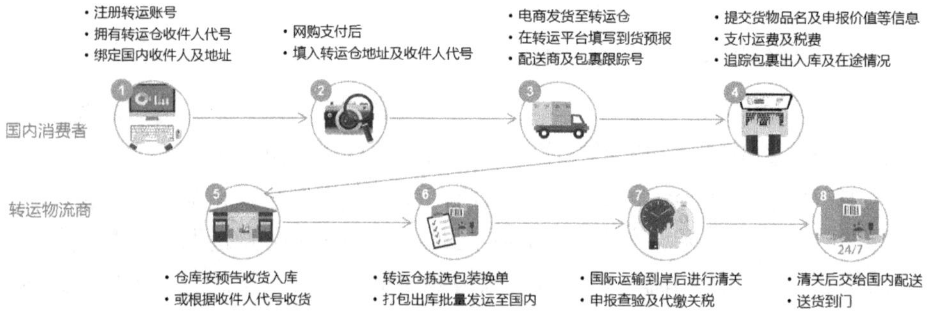

进口转运物流操作流程

目前，大部分用户对跨境网购的了解不足，造成跨境海淘用户在整体网购用户中的比例较低，27%的网购用户在 2015 年内进行过“跨境网络购物”，总体占比较少。PayPal 的 2015 年跨境电商报告显示，美国和中国已经成为全世界人民海淘前两位的目的地，分别占 25%和 19%。“爆品”已经让位给跨境保税进口，海淘剩下的是满足用户“按需所购”，或小众需求，用户关注的是国内外品牌的差价、新品及促销，海外经销商和国内代理商的差价。“非标品”价格敏感度略低，未来几年内海淘仍然是必然的存在，质量无保证、物流无保障、无法退换货等问题也会得以改善。随着更多外国品牌、跨境电商、技术型代购及转运物流的加入，新手可以更轻松地加入海淘，例如，转运物流直接与境外线上电商合作，中文购物页面、快捷下单转运，手机支付、自动申报及转运过程追踪，购物体验完全本土化，物流及清关由专业公司完成。海淘的替代性是海淘的升级，个人代购、水客代购、商业化代购、海淘工具等，在国内电商平台上买的保税进口产品，狭义来说已不是海淘。而境外网店也将积极促进海淘直邮，毕竟让消费者过来海淘，是境外大量中小品牌获取国内消费者的第一渠道。

3.2.3 代购与海外买手

海外代购又称“海代”，由代购商、第三方平台或朋友圈代为国内消费者购买商品并通过跨国物流送达，大部分做法是代购方提供新品或优惠信息供消费者选择。海淘是直接交易，而代购更像是一种服务或转售。代购在跨境电商中具有很强的灵活性，能及时发现国内外价差、新品及促销等信息，全球代购市场的规模大概为 800 亿～1000 亿元[①]。过去个人形式的代购很难形成较大的规模，简单从线上选购或店面扫货都是非常态的“跑腿”服务，而且是专注代购某一国本土品牌商品。由于涉嫌私人贸易，例如空姐海外代购被判刑的例子，个人代购存在法律政策风险，而且需求来源、建立信任都是问题，往往局限于熟人朋友圈口碑传播。随着淘宝全球购、洋码头、海蜜、淘世界等海外代购平台和海淘 APP 不断涌现，代购便搬到更开放的平台上来。代购平台可以解决服务规范、资质审核及交易保障等问题。入驻平台或被主动招募，部分代购人开始以另一种面貌出现海淘“买手 Buyer”，这是在 20 世纪就存在的词，原指高端市场的“时尚贩卖者”，海淘买手是筛选境外商品放到平台上向消费者售卖，类淘宝的 C2C 模式。这些买手与传统代购的区别在于，他们更多的是替用户发现和挑选货品，不像线下代购那样用户选好产品再去帮助购买。

海淘买手逐渐开始团队化运作，专业化经营，采购、客服、打包发货等环节精细化分工，并对选品能力、资金沉淀能力等都提出了更高要求。买手既可以负责货品采买，也可以参与到品牌宣传、产品定价、店铺管理、商品促销等多项工作中。美国世界知名品牌最多，线上和线下零售都很发达，买手最热，做得早的话，更是容易“抢占山头”。

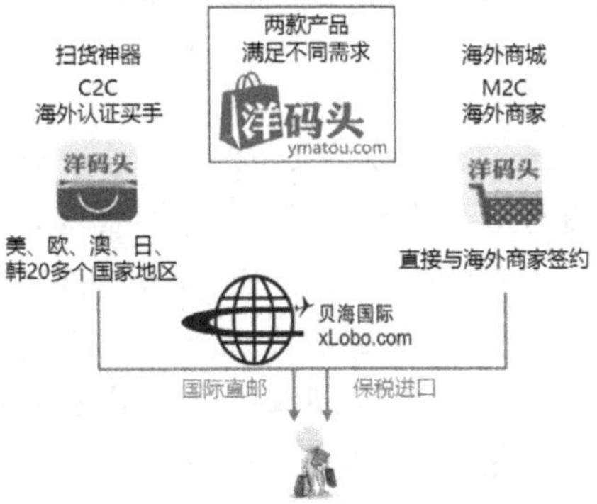

洋码头运作模式示意

① 艾瑞咨询集团，2016 年中国跨境进口零售电商行业研究报告，2016 年 7 月

对跨境电商进口企业而言，拓展长尾品类最快的方法就是 C2C 招买手，打开供应链和选品的宽度，平台效应可以满足碎片化的用户个性需求，形成规模。最早 2007 年淘宝全球购上线，上面各种小散代购，但行业交易规模第一；各品牌各具优势，比如洋码头“海外买手制”与现场扫货直播 APP 都颇具创新，新晋买手数量多；达令的买手团队是官方选品导购，街蜜代购为买手提供统一的物流转运平台；聚合更多国家的买手是平台竞争力的关键。代购 C2C 模式也有一些缺陷，商品价格透明、利润薄，汇率波动、门槛低，买手流动性大，售后客诉量大、物流时效不可控，还有硬伤“正品难保证”。但随着有些公司化大代购在向“代购经销商化”转型，由街边“扫货”向买手或物流商批量扫货发展，批量扫货后再一件代发给代购或国内电商，而海淘转运的部分功能也被兼容，海外代购已演化成跨境电商的外挂军团，上游集中化的经销代购将成为一种稳定的供给渠道。台湾跑客帮、韩品代购、美国购物网、买对网 Myday 等专业代购公司，在系统及运作本地化方面的创新，可以进一步研究，帮助用户更快地选到想要的商品[①]。

3.2.4 海外电商 B2C 直邮

海外电商直邮，实则直接把转运和代购都兼容了，线上渠道成了国际品牌测试中国市场的实验室。在中国没有分销体系的海外品牌商或零售商，最好的办法就是开通直邮。如果海淘转运是起步者，买手代购是领跑者，那么海外直邮 B2C 就是颠覆者。“直销、直购、直邮”的典型玩家是 Amazon，实现全球购物体验一致，货源真实、物流可溯，全球同步价格与促销。海外电商的优势在于，具有全球丰富的优质品牌，难点在于对本土用户消费需求的把握和转化销售能力，以及部署新的跨境供应链物流体系。境外的品牌和电商平台嗅到了其中的商机，纷纷推出了中文网站。

一类做法是效仿 Amazon，例如诞生于 1837 年的法国最大时装类购物网站 La Redoute 开通了中国电商网站，并提供了上万余件商品，包括男装、女装、童装和家具用品等，中文站产生的订单均由 La Redoute 总部仓库直接发货，物流采用直邮的方式，且支持银联、支付宝等国内主流支付方式，并配有专门的中文客服，消除了语言障碍。其他可直邮的属美国最多，如百货 Macy's、鞋包 Endless、家居 Overstock、钟表 AshFord、保健品 iHerb 等。另一类，如 Walmart 等选择曲线进入中国，主要是入驻天猫或京东。京东全球购 2015 年 4 月正式上线，推行“自营+平台”模式，陆续与合作方联合推出“eBay 海外精选、韩国 Lotte 馆、日本 Rakuten

① 易观智库，中国跨境进口电商市场专题研究报告 2015，http://www.analysys.cn/，2015-7-15

市场、Walmart 旗舰店”等频道，消费者可以直购这些海外平台上优质商家的商品；而 Carter’s、Swisse、Target 等入驻天猫国际，各家物流模式都差不多，都是直邮或先到保税区。

2016 年 Amazon 跨境网购趋势报告

	十大城市	十大热销品类	十大热销品牌
1	北京	服装	Calvin Klein
2	上海	鞋靴	Comotomo 可么多么
3	广州	母婴	Thermos 膳魔师
4	深圳	美妆	Nautica 诺帝卡
5	成都	厨具	Timberland 添柏岚
6	杭州	玩具	Tommy Hilfiger
7	南京	个护健康	Enfagrow 美赞臣
8	天津	电脑用品	LEE
9	武汉	运动户外	Crocs 卡骆驰
10	苏州	手表	Clarks 其乐

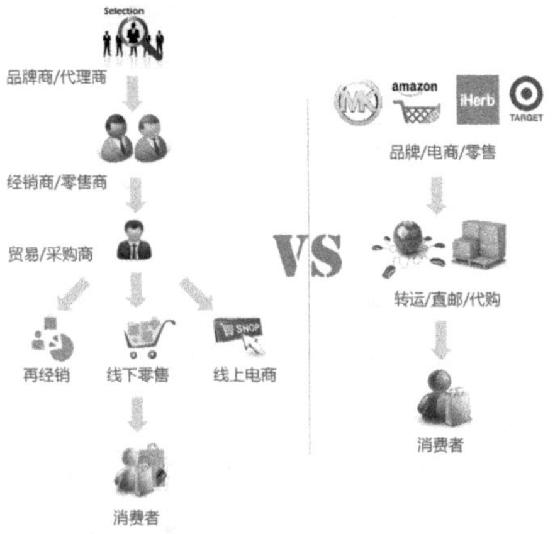

传统进口与海淘对比

毫无疑问 Amazon 最为财大气粗，2016 年 10 月亚马逊宣布对中国用户开放 Prime 会员服务，一经入会，亚马逊所有海外订单，包括海淘及代购常“串门”的美、英、法、德、日等分站，单笔满 200 元人民币，就可享受全年无限次免费直邮中国，同时国内订单也是全年无门槛免运费，非常了得。

3.2.5　自营 B2C 模式

在互联网领域但凡以自营标榜，靠的就是烧钱，而以平台自居的大部分就是招商，再拔高到生态的就是跨界混合。这几年进口跨境电商高速增长，自营 B2C 是主要推动力，延续的国内电商购销模式。若论区别，主要在供应链与物流上，大部分以“自营直采+保税备货”为主，“海外仓寄售+直邮”为辅。例如，部分亚马逊的进口自营，在上海自贸区设立仓库，以保税备货，将商品内销全国；小红书、菠萝蜜等，也是保税、直邮两手抓，在中国香港及日本、韩国等地设海外仓；京东、苏宁等偏综合类电商，则是贸易完税进口+跨境电商进口双通路。这几年自营跨境电商竞争愈发激烈，各路大神小仙一路斗法，前端获客和后端拿货都需要大量资金做支撑，“融资-烧钱-融资”成了不得不选的路径[①]。

① 易观智库、京东全球购，2015—2016 年京东全球购消费白皮书，2016 年 4 月

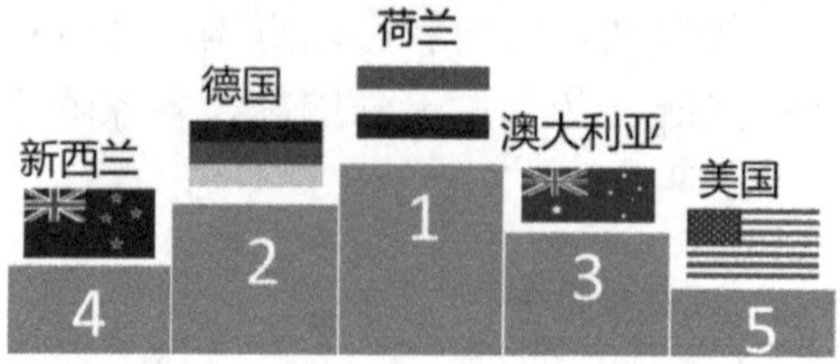

2015-2016 京东全球购用户青睐的奶粉原产地国家

先说京东、网易考拉等重量级玩家，“豪门企业”在资金、流量、供应链等方面都大大强于创业型企业，采购、物流、支付等都有自己的一套体系。重金砸向团队、货源、物流，无论是保税仓还是海外仓广泛布点，商品来源距品牌商较近，不能拿授权也可以从代理拿货，对商品质量把控较强，在品类上也可以横向铺开，比较容易丰富销售线。他们初期无不采取补贴血拼策略，以爆款吸引客户，给其他商品带来关联流量。同样套路 PK 下的创业帮，也开始尽量避开太长战线，从垂直领域切入。垂直类最大的优势是对特定人群的了解和深入服务，选品能力和转化率较高；但痛点也很痛，品类受限，只能以爆品标品为主，爆品标品毛利空间现状极低，资金压力巨大，搞定上游供应链、物流及保税仓储，做营销、打价格战补贴用户，都需要钱，尤为依赖资本持续注入。

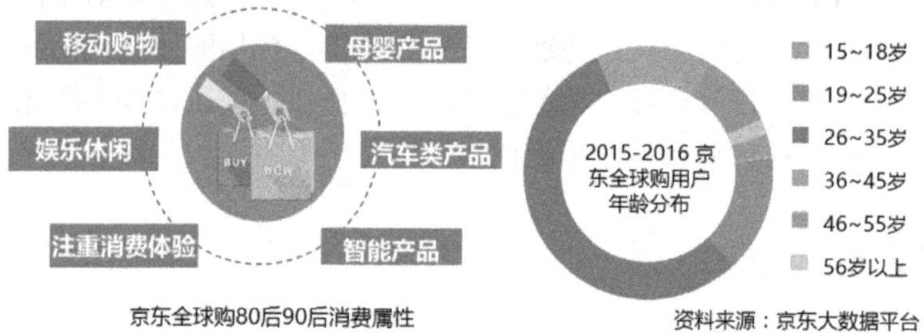

京东海外购用户群分析示意

垂直自营会集中于某些特定的领域，如母婴、服装、化妆品等。母婴类最容易赢得跨境增量市场的切口，具有刚需、高频、大流量的特点，是大多家庭单位接触海淘商品的起点，也是吸引转化流量的必备品类。例如，蜜芽初期 GMV 增长之快，月复购率高达 70%[①]。但由于品类单一，受政策影响较大，体量小又很难与供应商合作，上游供应链不稳定，价格透明，最后都是亏的。不得已，独立跨境电商平台要另辟蹊径，开始不同方向的差异化竞争，寻找高毛利或现货品类。在选品上，大平台主要是做标品，打造个性化爆品不够灵活。而独立平台在非标

① 杨露茜，贝塔斯曼投资基金，跨境电商七大模式的优势与痛点，《创业邦》2015 年 08 期

品方面嗅觉灵敏，在用户体验、运营灵动性、商品展示以及形式创新等方面有优势。例如在需求获取方面，达令的“直采自营+买手制”来甄选“新奇特”产品，透过技术手段在各大社区、论坛、贴吧、电商等网站抓取时下最热门、关注度最高的产品或关键词，并形成列表发送给境外专业买手，作为其选品的依据之一[①]。

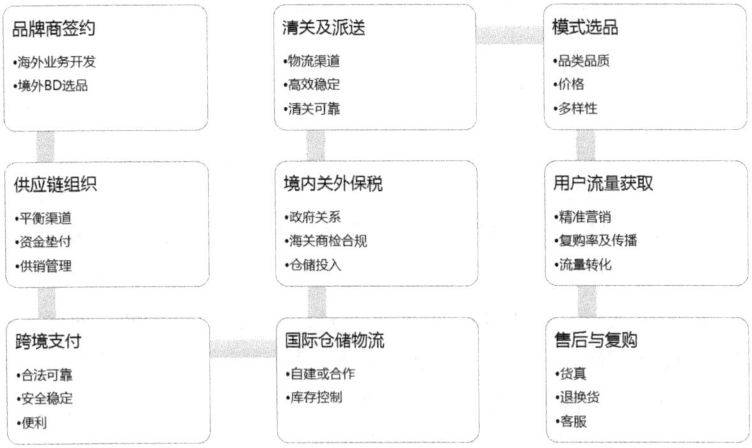

代理海外品牌直营 B2C 运营流程

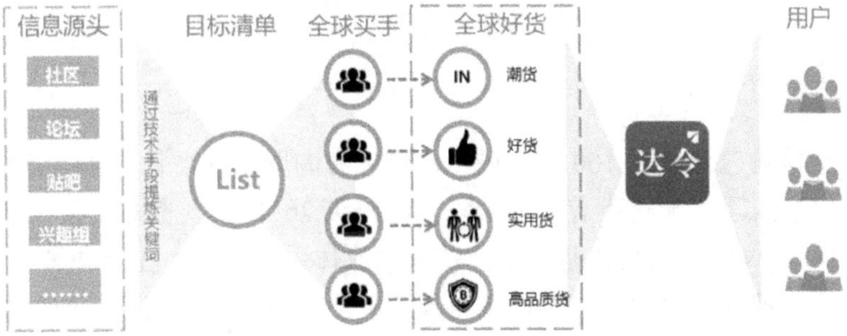

达令自营采购模式

从每年“双 11”的销售数据来看，母婴产品仍然是海外购销售额的中坚力量。在各大进口平台，如当当、聚美、小红书、宝贝格子、西集等，爆款的销售额占比很大，非标品及非爆款品类都仍未发力，市场还有很多未被发掘的领域，比较适合深入精细运作，也是留给创业公司的最后窗口期。进口电商，虽然竞争激烈但格局尚未定型，通过跑马圈地，熬死对手，拔刀四顾舍我其谁，市场就是你的了，“剩者为王”。因此，互联网赢者通吃的魔咒又显灵了，“大佬”介入、门槛抬

① 艾瑞咨询，2015 年达令购物企业案例研究报告，2015 年 10 月

高，靠烧钱抢市场的模式过重，创业者不要轻易入场，除非你找到了不是钱能轻易搞定的破绽。

3.2.6 平台招商

进口跨境电商能算得上综合平台的不多，但占的盘子不小。2014 年天猫国际上线，陆续引进了上百家海外店铺和数千个海外品牌。相比淘宝全球购，天猫国际要求 M2C 商家入驻必需要有海外的零售资质，目前已经涵盖美国 Costco、英国 Sainsbury's、日本 AEON、德国 Metro、澳大利亚 Woolworths、西班牙 Dia 等 20 多个大型商超。天猫国际战略的方向是"品牌、分销、大贸"，摸索全球直供、海外直营、全渠道分销等多套解决方案，让跨境进口平台模式作为全球商家进入中国市场第一通道，并逐渐在阿里体系内建立起一个可支持零售、分销、全渠道、量贩快消、大宗批发的全球供货中心[①]。天猫在跨境物流方面，通过和自贸区及各大跨境试点城市合作，储备了巨大保税仓资源，在欧美等多地建立海外仓。除了交易平台化，还有运营平台化的"天猫海外直营店"，商家将产品发送至天猫仓库，天猫全权负责所有运营工作，发货及一切售后服务，商家倒是很愿意与之合作，自主性比纯供货商更大，还能得到天猫的扶持。进驻大平台的弊端是，天猫国际、京东全球购两大"流量入口"都有排他性政策，寄人篱下必然就会受制于人。阿里和京东开放一切商品、流量、物流等资源，生态嫁接延展，跨境也被纳入这一线上商贸体系。

淘宝全球购已覆盖近 100 多个国家，经过海淘爆发性增长，数百万款海外商品在售，已进入了"无奇不有"的阶段。洋码头 2011 年才上线，有 C2C 个人买手，还有商户 M2C，其特点是，自建跨境物流体系比较早，在全球设有 10 个分拨转运中心，覆盖主流海淘市场，上游及国际段有贝海国际速递完成，商品到达国内后由合作快递完成配送。作为平台模式，重点在于售前的引流招商，帮助海外零售商直销给中国消费者，模式轻且有沉淀资金，主要做的就是拉升成交量。海豚村、京东和苏宁的海外购属于"自营+招商"，自营为主、平台为辅，发挥其供应链、资金链的内在优势，同时通过全球招商来弥补国际商品资源上的不足。自营是流量创造者，第三方则是利润贡献者。品牌招商方面须平衡规模和质量，"大 B"数量有限，引入的难度较大，"小 B"数量虽多，但平台对其质量把控较难，需要在一定程度上介入物流和售后服务。

---

① 物流指闻，跨境电商深度解析报告，2015-08-21

对于海外直采特卖，唯品会是电商领域的一朵靓丽的“奇葩”，不是平台胜似平台。特卖会非常符合海淘的特征，货源采购通常都是不确定的，卖完结束、好卖再来。唯品会海外精选自建跨境专属仓，懂得挖掘海外的优秀商品，涵盖化妆品、服装、箱包、母婴等各种品类，特卖容易产生复购率，每天都有新商品、新鲜感。它与自营的最大区别是供应商压货，自营B2C都是先买后卖，特卖会是最大化地利用现金流“早收晚付”，这才是跨境特卖模式的核心价值之一①。由于走量很大且有足够的利润空间，业内效仿者众多，但学会的不多，这需要很强的海外货源及供应链掌控，若没有最低折扣，很难做起来。

3.2.7 返利导购

网购的优势已演变成巨大陷阱，信息不对称变成信息海洋无所适从，导购的价值在于节约时间和金钱。社交导购类的代表都是小而美的公司，小桃酱、55海淘、海外E购、极客海淘等，提供海淘资讯、导购、返利、社区分享、销售提佣、商家优惠券等。不同导购网站的流量、转化效果有差异，而各品类、各电商平台的返利比例也不尽相同，与客单价、折扣率等有关，返利比例在2%～10%之间。这种模式很轻巧，就是一种海淘网购辅助服务，赢利模式也简单，所以模仿者众多。从消费心理学上讲，消费者购买前总希望了解更多的商家或产品信息，导购社区积累的攻略成为可信的途径。导购也遂成为品牌、电商及转运等获取站外精准流量的渠道。一类如什么值得买、北美省钱快报、美国Ebates等，定位于帮助消费者做购物决策，通过购买、评论和分享等把用户与优惠、海淘、众测、咨询、原创分享和商品百科连接，增强消费粘性，与各大网站合作可进行连接跳转。平台提供返利和折扣信息，商品评价、使用体验由用户分享、编辑推荐，商品的爆料会结合商品热销度，分类标签化推荐，导流网站海外B2C电商为主。赢利主要有三块：效果广告、交易佣金及厂商推广。另一类，如海淘神器、易海淘、瓦拉淘等浏览器插件，提供海淘网站的翻译、比价及运单提醒等便利功能；而么么嗖、Hai360、海淘城等，是通过系统自动抓取海外电商网站信息，通过翻译、语义解析等处理，提供中文下单；银联海购则是发布银联卡境外网购的优惠信息然后跳转。

最新潮的导购模式当属线上真人“网红”导购，传统导购是“由物到人”，都是基于商品的价格或新意驱动，而新导购模式是达人（网红）主导一种社交网络

① 莫岱青，2014年跨境进口型电商十大模式盘点，中国电子商务研究中心，2015-01-27

关系的推荐，无论他们是用图文还是视频，都只是内容驱动的形式[①]。导购平台通过引入海外的高质量网红或顶级买手，制造时尚干货，引导消费者的购买。常见的，穿衣助手、美丽说、蘑菇街等依赖网红、自带流量，将社交媒体上知名美容彩妆达人、服饰搭配达人、时尚博主、人气美女主播等人群搜罗运营起来，编辑进行包装推荐，突出时尚生活元素与青春气息，在社会化媒体渠道进行传播，获取流量。与此同时，导购网站来自社交媒体的竞争更直接，诸如 Pinterest 及微博，在有了人气与粘性后，很多社交网站或 APP 都接入外链转身导购，考虑到网红的大量粉丝，一并附上的购买链接点击率是惊人的。

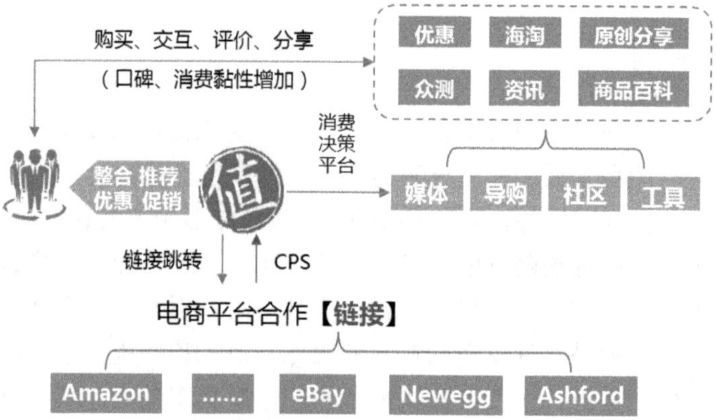

什么值得买运营模式示意

由于用户基数大、黏性高，不少导购打起代购和转运的主意，试图打造一站式海淘代购模式，由轻转重，合作海外电商、入驻转运物流、商品库接入，或直接将国外电商平台的商品抓取，再编辑成中文展现给消费者，同时将支付、转运等服务集成在后台，为消费者提供一个全中文的本地化购物体验。典型的是“社区赋能电商”小红书，从全球购物社区转变为社区跨境电商，模式的核心包括 UGC 用户生产内容、移动社交网络分享以及跨境电商选品。当前端社区聚拢了数百万海淘用户后，它开始打造闭环，启动跨境电商自营，布局、招人、自建保税仓、开通海外直邮、报关、物流，运作流程烦琐，被用户需求推着往前走。但社区黏性太高，内容引导消费、自然转化，购买力惊人。小红书在产品端打通了社区和电商，用户看到的笔记商品在福利社（小红书电商平台）中有销售，就可以直接进入商品页面购买，在商品详情页面也可以看到来自社区的真实的用户笔记。小红书用户中 50%是“90 后”，90%是女性用户，每天可以产生超过 3 万条购物笔记，借助笔记的口碑推荐，用户下单的转化率为 9%，远高于代购的 2%。因此，

① 李清乐，从“美丽说”到“什么值得买”再到网红，一文看尽“导购”命运，2016-04-11

它继续保持导购社区的特性，构建消费类内容原创平台，增强用户回馈和内容激励机制。

3.2.8　跨境电商的其他参与者

其他行业也有不少配角相中了跨境进口的热闹，供应链和物流企业最多：邮政电商品牌“邮乐网”上线海外馆，提供直邮或完税进口商品，以及“中邮海外购”转运平台；圆通快递旗下电商平台“一城一品”、韵达速递的“优递爱全球购”与商家合作开通海外直购、直邮模式；顺丰开通“丰趣海淘”上线“海外直邮+保税进口”以及“海购丰运”的物流转运服务；中外运开通“阳光海淘”香港直邮及跨境物流服务；嘉里大通上线 KerryGO 一站式进口购物站。很多传统零售和分销企业也涉足跨境进口，比如步步高的“云猴全球购”，背靠大润发的飞牛网也在 2015 年 9 月上线了环球购业务，海宁皮城的“漂洋过海”中韩直邮，重庆百货“世纪购”依托重庆保税区优势上线保税进口商品，广百股份“广百荟”上线跨境购及完税进口商品等，而且很多线下业务，除了日常用品之类的进口商品以外，战线也已经燃烧到生鲜冷链进口食品了。另外，出口电商大拿跨境通“五洲会”、有棵树“海豚供应链”也开启进口业务。试点城市的综合服务平台，如宁波跨境购、上海跨境通等提供跨境通关窗口的同时，还提供一站式跨境网购交易。

3.2.9　跨境电商 O2O

网购不仅是年轻人的市场，低价不是网购唯一目的，独特的产品及一致的服务是更重要的驱动力，将内容与商品相结合，全渠道购物融入消费场景，线上线下互为补充。O2O 的本质应是供应链的管理，无论是传统零售还是纯电商企业，只要涉及 O2O，就应该站在供应链的视角考虑问题，思考如何交付消费所需；就消费者而言，O2O 就是一种体验，店铺实物购、样品卡片购、手机或店中店触屏购等都可以，没有特别的限定。国内阿里玩转新概念“新零售”，美国 Amazon 已向实体店铺网，成立实体书店“Amazon Retail”，以弥补电商的体验不足，事实证明 Amazon Fresh 生鲜配送和 Amazon Go 食品超市，都广受好评，通过增加与顾客的接触，提升品牌感知度，而且又赚钱。国内电商 O2O 如火如荼，结果证明，在服务性消费领域，如旅游、餐饮、票务、租赁等较有发展，BAT 也多把这一领域作为投资重点，美团、滴滴等甚至成长为新的巨头。而跨境电商主要是进口商品消费领域，国内 O2O 像良品铺子这样成功的很少，没有太多成功企业可借鉴。最关键的是限于监管政策要求，进口跨境电商实践 O2O 只能让客户到店体验，不能现场买货自提，网上下单通关后配送，操作层面一直很狭隘，只能算是探索。如果线下店能让消费者直接购买或者提货，则属于完税贸易商品，跟商超购买并无差异，并非跨境电商的原义。洋码头、聚美、天猫等在跨境电商 O2O 领域进行了摸索，推出了“机场提货、前店后仓、闹市区体验店、境外自提”等 O2O 模式。

保税区体验店，完税提货+线上购买保税发货。此前，跨境电商保税线下店的合法性一直备受争议，财政部、海关总署、国家税务总局联合对外公布，在严格执行货物进出口税收政策前提下，允许在广东、天津和福建自贸区海关特殊监管区域内设立保税展示交易平台。保税区店铺采用仓储式超市，融合展示与购买功能，可充当存货仓库，并展示跨境进口商品，或直接向消费者出售完税商品。如果通过跨境电商方式购买，通常是在店内浏览商品的同时用手机扫码下单，虚实结合，下单支付（含税）完成后，消费者提交个人信息，跨境电商后台向海关进行申报，海关系统自动进行消费者购买合法性校验，审核通过后，订单信息会转入保税仓进行发货。

目前，腾邦国际的海捣网在深圳前海、厦门、青岛、昆明、成都等多地试点跨境电商体验店，加拿大商超 Americo 在北京、福州、宁波、天津等地开跨境进口体验店，永辉超市“全球购”体验店落户福建自贸区，以及享有政策优待的杭州“跨贸小镇”商业街区能够现场快速清关。总体来看，让消费者去跨境电商实体店体验、触及商品，如果只能看不能买则太“鸡肋”，进店转化率并没有想象那么好。因此，线下店能让消费者直接购买或者提货非常有必要，即完税进口商品与线上跨境电商结合，满足用户购买商品的实惠与便利，这就是核心。说到这，能提供多种一般贸易进口商品的供应商，非各大零售商超莫属，家乐福、麦德龙在其电商平台上引入了大量欧洲进口商品，沃尔玛在其 APP 上推出覆盖全国范围的跨境电商服务“全球 E 购”，天虹商场及物美超市等都推出店中店的跨境进口专区。

不同网店及模式

	网店	模式
俄品汇	俄品汇	黑龙江绥芬河综合保税区，自营网店、实体店
保税超市 CNbuyers.cn	保税超市	杭州跨境电子商务综合试验区，保税实体店、网店
美悦优选 保税+正品 MeijoyBest.com 名牌进口商城	美悦优选	仓储及商品直销中心位于广州保税区，进口自营、实体店
海捣网 一指之内 世界同步 HAIDAOWANG.COM	海捣网	深圳前海保税区，网店、实体店及展示店
七天优品	七天优品	进口自营、实体店加盟
寺库 奢侈品	寺库网	网站、APP、店面自提、招商及加盟

免税店提货。2016 年 2 月新颁布的《口岸进境免税店管理暂行办法》在国内广州白云、杭州萧山、成都双流等 16 个城市增设口岸进境免税店。中国境内免税店有 6 种类型：①进出境口岸免税店，②供船免税店，③运输工具免税店，④外交人员免税店，⑤外汇商品免税店，⑥海南岛的离岛免税店，全国大概有 262 家，主要设在北京、上海、深圳、珠海等几个城市进境口岸。免税税种：关税、进口环节增值税和消费税。以国旅日上、中免商城两家主导，在上游供应链方面，拥有绝对控制，国际上绝大多数的奢侈品牌都是其供应商。线上下单、机场提货，以天猫的环球免税店项目为代表，通过引进各国免税店直接入驻，实现 O2O 跨境购物体验：消费者在出国前、出国中，通过天猫国际提前购买海外机场免税店里的商品，在归国时，直接去机场免税店自提。其实，早在 2012 年韩国乐天免税店就推出了中文版购物网站，中国游客可以在上面提前购买免税商品，结束在韩国的旅游回国时方便领取。然而，免税店一般都在国际机场的境内关外，并非是日常消费可以触及的。例如海南离岛旅客中的岛外旅客进行免税购物时，一年内将不再受免税购物次数的限制，只要年度免税额不超过 1.6 万元即可，旅客也可以在离岛免税商店开设的网上购物平台进行选购，凭身份证件和登机牌在机场隔离区提货点提货后携运离岛。

进口跨境电商与线下实体商家合作，推广社区直销，日本 KWE 于重庆约一百多家罗森便利店内展示洋货铺上有售的商品，罗森按照实际销量收取手续费；苏宁易购则将其 O2O 触角延伸到海外，通过收购日本零售连锁乐购仕 Laox 布局跨境 O2O，其电商平台的商品可以在乐购仕门店出手，而乐购仕则为其国内平台供货；境外提货，携程网推出“随行购”，线上购买并预约提货时间，游客回程前会有人把其购买的商品送到酒店或机场的提货点，供游客带回，对于要为朋友代购的游客来说，可以不需要金钱往来了。

3.2.10 进口跨境营销机遇

不论是线上还是线下，集客引流提升交易额是零售根本，进口跨境电商的营销与国内电商“手法”非常接近，当然方法论与出口跨境电商营销也是相通的，具体操作略有区别。目前，国内跨境电商“正规军”在经营模式、平台运作及物流配送方面日益成熟，营销成为最能“看得见”的比拼，营销措施贵在快准狠，冲击势广、余味绵长，否则容易模仿。

一是社交媒体。在移动互联网时代，人群的垂直细分，人与人之间相互的影响力和连接都被放大了，要利用社交属性强的特征，引入消费场景。电商与粉丝的即时互动，粉丝经济已经成为共识，更能贴近精准营销。微信、微博等 SNS 平台让线上流量变得更为碎片化，但名人、网红、达人、大 V、KOL 等引流和影响力资源，随时都可能引发传播效应，并成为强效而长期的站外引流。而购物场景的多元化，又意味着营销场景的多元化，但务必注意聚集焦点。

二是移动化。移动端购物早就已经不是趋势了，就是现在，跨境网购移动端比重竟超过 80%，在 PC 时代汇聚大规模流量的规律，在移动电商时代有了新变化。淘宝 VR 虚拟购物、波罗蜜的移动视频互动、洋码头的买手直播，通过身临境外的体验式让其在国内引爆。移动端跨境电商进口是重要发力点，甚至是可以超车的地方。跨境电商 APP 体量虽小却是市场的前锋，Higo 平均每周人均开启 24 次，小红书平均开启 22 次，小红书订单 100%来自移动端，移动端的用户粘性都很强。

三是垂直化。区域垂直、品类垂直、人群垂直的专业化是不能做大足以做强的唯一选项。中国消费者跨境网购交易频率指数较高的国家，都是被热衷于上线国家馆的跨境电商平台所推动，随着选品更加分散、非标，居民海外网购目标国/地区正趋于分散。而国内消费人群正由一线向二三线城市延伸，下一级城市的消费者对外国品牌的了解渠道少，这对进口电商来说无疑是个利好机会，网易考拉的数据显示，二三线城市用户的海淘消费份额占比为 64%，已经超过份额 30%的一线城市用户，成为海淘的主力军[①]。而三四线城市消费可获得性更弱，展现了巨大的消费能量，拥有进口商品的大型商超，成为跨境电商 B2C 的线下市场。

四是服务。通常，促销打折成为电商运营的核心工作，进口电商们偏好利用

① 范志勇、毛雪峰等，新华 EID-VISA 中国跨境消费年度指数报告（2015），2015 年 7 月 20 日

SEO、网络广告等推广营销，利用抵用券、专享红包等吸引用户注册或下载 APP，然后通过电话号码注册，绑定会员便于后期短信营销。但单一的价格战营销，对维护客户难能持续。要把潮品播报、全球直供、售后无忧等服务，作为打动客户的营销卖点，进行策划包装。例如 Amazon，在对顾客的营销诉求点上标榜：纯正海外购、实时国际价、跨境及时到、服本地化，充分利用了其全球商品采购及配送网络优势。大部分平台支持短期内无条件退货，但缴了税，退货门槛太高，多是电商自己内部消化，无法重新销售，而且要谨防买家“正品掉包”。

五是造势策略。电商企业的网络营销覆盖远超传统渠道，营造氛围或营销事件，更善于最大受众范围的宣传，大型网购节日已经影响了整个零售及物流业。所谓跨境进口，卖的就是洋货，自然少不了引进“洋节日”，继“双 11”后“黑色星期五”“感恩节”“圣诞节”等，都已被大家瞄上，在这个旺季大促档口，借机抢用户。与巨头抢流量的获客成本日益水涨船高，要设计不同品类占比、价格区间，爆款、引流款、利润款三个层次，滞销品及时清仓。

3.3 进口电商格局

海关总署一纸新政，跨境电商新政让不少玩家黯然离场，与其说是竞争洗牌，更像是搭台不稳造成的“踩踏”。但国内在线零售格局几乎已定，规模效应愈发难破，曾经撑到 C 轮的明星项目“蜜淘”难逃厄运，自营类巨头逐渐由垂直向综合发展，国内电商寡头的入场，让市场迅速进入胶着态势，战略性亏损不过是资本暴力驱逐对手的委婉说法。从市场格局来看，进口电商的参与者有平台系、独立系、创业系、零售系、亚马逊及海外系等，第三方入驻型平台属天猫国际一骑领先，买手型的独树一帜，体量和资金量相对大的独立平台，特色的创业型垂直平台，以及行货普货与跨境电商混卖的零售大卖场。

境外	上游	模式	下游
品牌商网店	口岸服务平台	平台模式	转运物流
电商平台	导购优惠	国内零售 O2O	邮件/快件
传统零售商	供应链采购	自营综合	保税仓
买手/代购	贸易商	自营+平台	国际货代
	海外仓	自营+垂直	境内配送

而从整个产业生态链而言，还有贸易、金融、物流等相关行业，进步斐然。共同推动了社会的消费升级，以及整个零售业的整体价值升级和成本结构优化。

未来跨境电商竞争格局重在两极，一是“得流量以揽天下”，二是“得供应链以令诸侯”，供应链强健、产品线丰富，流量转化成销售。天猫和京东主要优势还是靠流量带动增长，亚马逊则采取稳健策略，依靠自身全球采购的供应链优势，其他跨境电商则艰难支撑。

3.3.1 先行者：买手大军

中小微商及分销商，专注单一区域或品类，依靠第三方平台入驻，毛利走低只为营生，但他们对引导消费者及培育跨境市场起到关键作用。在淘宝、洋码头、街蜜等上面的高质量买手，也有一大批忠实的“拥趸”。扫货直播，买手们更容易让消费者尝试新的非标品，业界曾经有一句话：1000 个买手都在推同一个产品的时候，这个产品一定会成为爆品。也就是说，在塑造爆品的能力上，现阶段买手的影响力甚至比 B2C 平台强①。但买手质量的参差不齐，让代购信用一直受到质疑，如不能退换货、假货、假小票、翻修货、偷税漏税、虚假营销、炒作爆款等，但又不得不承认，商品丰富度和实时性上买手是无敌的，许多海外难买的好东西只有买手买的到。买手是靠粉丝在生存，失信造假，生意必不能长久。为了拿到充足的款式和足够的折扣价，职业买手一般会和品牌专柜的销售建立良好的关系，斗智、斗勇、斗体力，拥有很强大的“情报网”。货源有限的品牌折扣商品都能提前知道款式和数量，以便进行抢购和部署，以防当天限购。不少大买手学会提前大量备货，顶级买手则建立专业的团队运作。跨境电商进口 B2C 是不会取代 C2C 的，买手这个行业也在不断升级。洋码头剑走偏锋是跨境进口里极少数走 C2C 的，依靠移动端海淘、扫货直播、主打非标品等创新体验脱颖而出，聚集了数百万海外认证买手，值的期待。他们是起早贪黑的行业先行者，勤劳的人从未落下。

3.3.2 探路者：独立自营

自营这种较重的模式虽然投入成本较大，多出于对供应链的掌控需要。网易考拉、唯品会、聚美优品等，跻身第一梯队。考拉海购依托母公司网易 7 亿用户的资源倾斜和流量导入，拥有强悍的后台及前端，独有“媒体+B2C 电商”特性②，订单量一度稳居第一，拥有海外团队，掌握海外货源，鲸吞杭州、宁波、郑州和重庆等试点城市 20 万平方的保税仓，并继续在宁波扩建 25 万平方，保税仓总面

---

① 朱俊强，揭秘：海外买手的生存之道，微信公众号：跨境电商内参，2015 年 11 月 30 日

② 跨境电商鹰熊汇，15 家独立跨境电商平台最新估值一览，http://www.ikjds.com/，2015-09-14

积在跨境电商中排名第一。聚美是电商中快速转型跨境进口的成功案例，以日本、韩国美妆产品快速切入跨境，跨境保税进口一度居全国第一，聚焦化妆品、母婴及奢侈品三大品类，在郑州保税区拥数万平米保税仓。进口跨境电商也许是国内电商最后一次混战，也是改写国内电商格局的机会和新增长点。实力派“内功”略高一筹，少壮派“招式”不济，风光一时的蜜淘，从落败到倒闭表面看是融资问题，实质上是盲目扩张导致现金流等难以持续，频繁低价促销的经营策略，通过单一爆款低价、折价销售来获得消费者的关注，在一定程度上抢占了市场，但正面硬拼是不具有可持续性的。不同于本土电商通过频繁打折促销来帮国内厂商消化库存，进口供应不稳、库存率较低，而且大多都是现金交易，物流周期又长，功力架不住招式，必出现断货、断流等“内伤”问题。行业的探路者必然要历经艰辛，马拉松式持久跟跑贵在掌控节奏。

3.3.3 领跑者：境外平台与品牌

其他境外品牌商网店和电商平台，以及所有被中国消费者访问到的境外购物频道，都是站在行业需求的制高点，商品是他们的第一优势。绕开复杂的海淘过程，诸路烽火无不伺机而动。如果说有哪一家电商拥有把全世界的商品带到中国来的能力，非亚马逊莫属。海淘用户大部分的目的地都是亚马逊在全球的各个站点，分析全球用户的访问来源，就显示了需求来源。2014 年“双 11”，亚马逊中国上线“海外购”，用户无须跳转到美国亚马逊网站，直接中文搜索、浏览海外商品。2015 年后，亚马逊打通了中国和美国商店的账号，国内用户可以直接购买亚马逊全球的商品，下单支付便捷，流程与国内购物一样，2015 年中国消费者在亚马逊全球站点购物花费总额同比 2014 年增加了 6 倍多。亚马逊在京津沪等地的运营中心，直接对接海关系统，以保证通关时效，并设立独立的 Prime 包裹处理区域和快速处理通道。对海淘来说最难控制的跨国运输部分，在亚马逊不过是左手倒右手，无须经过转运公司，这些都是竞争对手所无法企及的。虽然有些品牌商不情愿跨境电商破坏其销售体系和供应链，制定全球的价格体系也是一个挑战，但二三线中小品牌及大型商超的跨境动机更强。例如 M&S、eMart、JCPenny 等国外传统零售日子也不顺畅，如果在中国没有合资或合作影响，则挺进方式更加直接灵活。沿途危机四伏的领跑者，把握方向感最重要，中国欢迎你。

3.3.4 主导者：零售与平台

淘宝、京东、苏宁等国内电商巨头，采取不同形式涉水跨境电商，以维系现有的江湖地位。流量、资金、供应链、海外拓展能力是跨境电商起步的必备要素，大佬们的困难主要是后两者，海外供应链问题是所有跨境电商的共有难题。天猫国际的招商模式一脉相承于国内，以开放的平台战略和流量资源优势吸引商家入驻，以平台商家的成长来反哺平台的壮大。阿里的零售业务未来将聚焦四个方面：提升消费者体验、繁荣生态、赋能商家和升级消费。洋品牌从海外引入国内，如果只是简单地入驻平台，脱离有效的本土化运营，恐怕只会沦为品牌展示。因此，通过大规模引进 TP 第三方运营服务商，来帮助国际品牌更好落地。天猫国际供应链和物流体系依赖于菜鸟物流及保税仓等支撑，TP 同样采取入驻模式，对服务商的资质有相应的标准要求，就像淘宝店铺养活了一批店铺代运营机构一样，供应链和物流配送的运营商也将成为猫国际电商生态的一部分。银泰、天虹、广百等传统零售商业绩一路下滑，转型 O2O 并覆盖跨境商品已成事实。行业的主导者不求最快，但求最稳，不管谁去开荒，只要是块好地咱就跟去占上。

3.3.5 颠覆者：创业帮派

巨头可以通过渠道与补贴的方式把价格压低，但创业公司经不起长时间消耗。巨头的加入让跨境行业过早陷入恶化的价格战，初创企业受制因素太多，供应链正在构建、运营仍处薄弱、资金还没到位、海外尚未拓展。虽然，在行业培育期，市场足够大，为创业公司的成长留下不少机会，很多公司也寻找到自己的一席之地。不利的是，对零售这一最强调规模效应的商业领域，新进入者门槛极高，加上线上流量被垄断，引流成本极高，跨境电商的获客成本行业均值已经达到百元，而缺乏赢利环节，让企业无法自身造血成为致命的打击。据估计，创业型线上跨境电商的流量成本普遍占到 GMV 的 20%甚至更高，京东号称全品类综合毛利率 12%，即使 Costco 毛利率也不超过 15%[①]。经济下行、资本寒冬、流量陷阱、沉重的跨国供应链和政策的不确定性，使得有充沛“余粮”的巨头或“独角兽”才不用担心生存。没有好装备的新手要在混战中求生，这个 Game 如何 Play？只求战神谋圣相助，依靠专业化团队，田忌赛马，必出险招；否则，唯有傍大树。要做行业的颠覆者，必然要舍生忘死只求一搏，最后发现还是活着最重要。

3.3.6 谁会是赢家

人民币贬值，上游采购价上升，下游不断流血促销“自杀式”抢用户，大多

---

① 山涛杂谈，老司机带你看清跨境进口电商行业生态圈，雨果网，2016-12-19

数爆品都是吸引流量的炮灰。大型电商平台的流量集聚短期不会改变，但移动化已试图让流量碎片化，未来的跨境进口，供应链垄断还很难，谁在海外的供应链有优势，谁才能脱颖而出。没有谁可以采遍全球，到每个国家或地区都可以做到供应链比较优势，以点到线的垄断。而面对资金周转不灵的尴尬，就只能小范围谨慎经营，较强的融资能力是持久战的必要保障。团队要有跨境电商基因，有擅长运营和海外供应链管控的人，有行业格局观和正确的战略落地。拥有良好的地方政府及海关关系是加分项。电商模式生来各有特色，最终却越长越像，剩下的可行模式一定是通吃型。初期，“大哥”和“小弟”的起跑线没有差太远，最终还是会回归到零售层面的竞争。另外，能不能淘金谁也不确定，但卖铲肯定有市场，物流及供应链服务商要趁着行业整体向好的趋势，忙前跑后，利用物流优势积极探索前端贸易、分销及供应链金融等其他领域。与其说是市场淘汰赛，不如坦诚说是自己淘汰自己，无论什么样的市场总有人做得好，也有人做得差。在万亿级的跨境市场立足，难说谁会是固定的角色，今日泗水亭长，他日破楚称王，Take it easy，拥抱变化。

3.4　进口通关便利化

进口通关的问题远比出口复杂，每个国家都是对进口贸易管得更严。传统国际邮件方式的进口，通常限于居民互寄个人物品，缺乏电子化手段进行监管，如果全部跨境进口 B2C 都按传统邮件方式通关，没有电子凭证，海量邮件将难以全面监管，容易造成走私漏税情形。同时，各地海关进出口监管方式及力度不统一，存在监控盲点，如查验方式、查验力度与查验效率之间的匹配。而按一般贸易方式通关，现有通关申报、查验流程只适用于 B2B 大宗货物，不适用“量小、品杂、单多”的 B2C 模式。因此，针对跨境电商的海关监管模式应运而生，即直购和保税。

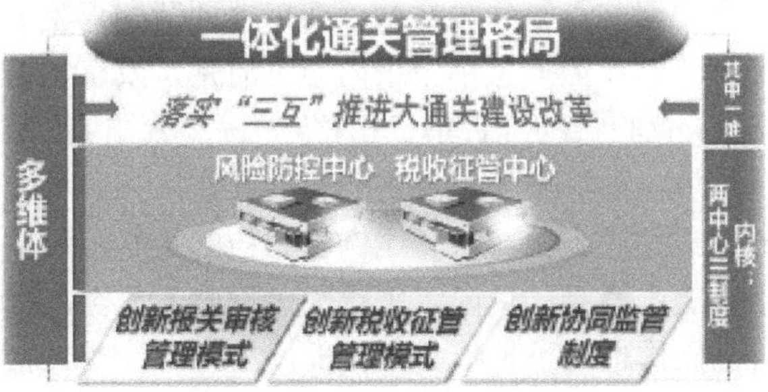

海关通关一体化战略部署

在详解两种新模式之前，先介绍一下我国的海关管理体系和流程。目前，中国海关正在全力实施《海关全面深化改革总体方案》，预期在2020年完成，届时货物通关将更加便捷、高效。全国通关一体化改革主要由“两中心、三制度”构成——风险防控中心、税收征管中心。3个制度分别是创新报关审核、税收征管的管理模式，以及创新协同监管制度。改革明确的方向正是“一次申报、分步处置”，从“先审后放”向“先放后审”，加快通关便利化。“一地注册、多地申报、全国报关”实现报关企业在一个直属海关注册登记后，无须再设立跨关区分支机构，就可以到全国所有海关、所有口岸和海关监管集中的地点，实现“全国42个海关如同一关”的格局。根据贸易及物流特性选择，通关一体化有5种：口岸清关、属地申报口岸验放、属地申报属地放行、转关和区域通关一体化。在海关特殊监管区和保税监管场所也能适用区域通关一体化，目前很多外贸企业已经用得很熟，而跨境电商本就和保税、特殊监管区密切相关，了解一下区域一体化通关很有必要。目前，国内已实施京津冀、长江经济带、东北地区、丝路经济带、泛珠江三角洲区域等五大区域通关一体化。

3.4.1 海关及进口查验

海关的基本职能包括税收征管、出入境监管、保税监管、进出口统计、海关稽查、知识产权海关保护、打击走私、口岸管理等，跨境电商涉及的就是进出境货物的监督管理。与海关一起工作的检验检疫独立于海关的部门，由商品检验、卫生检疫、动植物检疫等三个部分组成，检查人员和货物是否符合卫生标准，与跨境电商有关的是商检。边检即边防检查，主要是对出入境人员及携带物品的检查；而安检主要是查违法物品，保障交通安全。既然是监督管理，那么就要查验货物，商检是查质量卫生，具有一票否决性，不合格即无法入境。而海关查验是要确定申报的真实性，商品的归类、价格及产地等信息，落实国家的税收和贸易管制措施等情况。因此海关查验相对复杂，在申报环节和查验放行环节，只要海关关员在进行人工审单时认为报关单申报内容不清楚，或有任何疑问，便可以人工操作下达布控指令，查验货物是否单货相符，贸易类会出具《海关查验通知单》，而邮件、快件以及跨境电商等小件，流水线直接操作。查验可以分为人工查验和机检查验，可以抽查或彻底查验。查验比例及布控的策略，海关会根据企业的通关历史记录、信用等级、商品的风险水平等因素调整。如今，报关有点像公司的会计管理，可以自己操作也可委托报关行代理，2014年“简政放权”海关总署废止“报关员”资格核准，只要备案即可。总之，进口申报环节很重要，无论是哪种通道都务必“按期、如实、规范”。

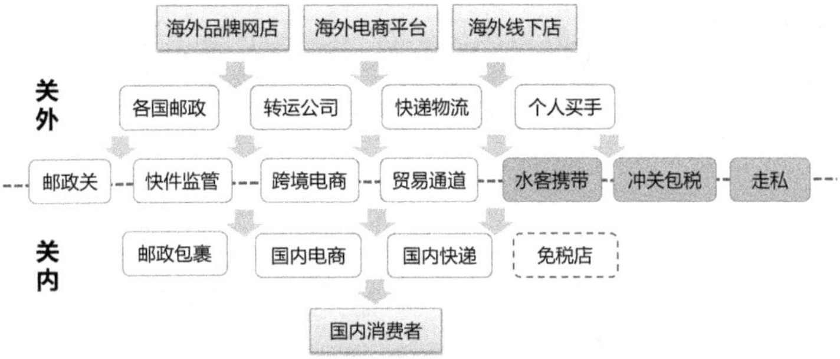

进口跨境电商产品通关进境渠道示意

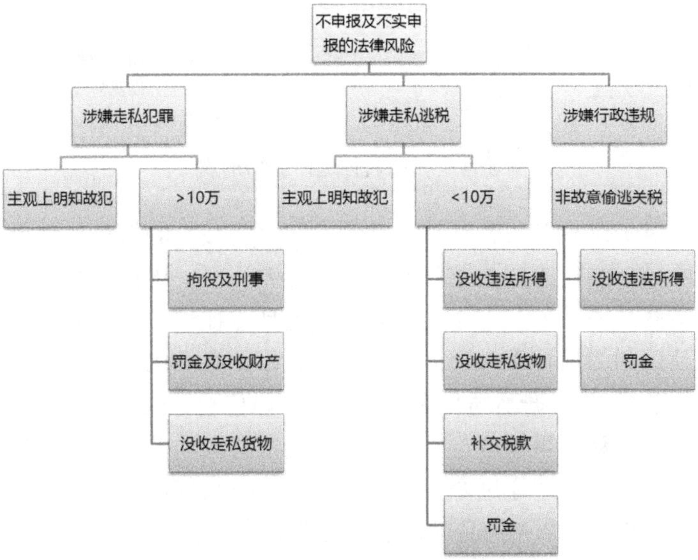

个人行邮物品申报查验法律责任示意

3.4.2 进口通关模式

在出现跨境电商之前，邮件、快件及贸易是三类合法通关形式，水客、灰色渠道及走私等非法渠道也是存在的。随着进口包裹量剧增，相当一部分跨境电商进口就被扣上了“灰色海淘”的锅。货物及个人物品类快件在通关中几乎每票必检，经海关审核无误并符合有关规定的，海关在申报单上加盖放行章，但不能排除低报漏报货物价值来逃税的情形。邮件的申报和查验流程相对简便，海关对个人邮递物品实行抽检查验，清关抽检率具有随机性，只在超出“自用、合理”标注等情况下，才申报纳税等海关手续。海关因人力、物力、效率等因素，无法逐票对每个零碎的邮包进行拆包查验判断货值、商品种类是否符合监管要求，而且还要断定是否是个人使用还是转手倒卖，因此包裹有个综合抽查率，意味着部分的海淘快件邮包可能不被征税，便形成了基于这些漏洞的“灰色清关”。同时，正常通关流程的拥挤也在一定程度上刺激了非法渠道。

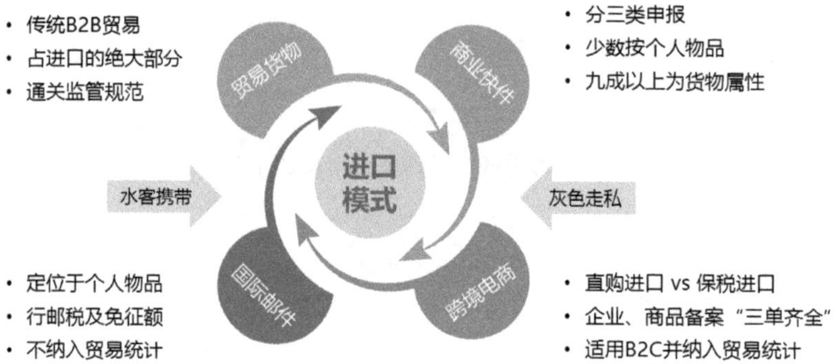

通常存在的六种进口货物形式

各国海关对于进出口实物都有“货物”和“物品”的划分，两者按“是否有贸易属性”区分，纳入不同的监管框架和制度流程下，申报要求、进口税率及法律责任。入境商品清关的基本原则是对个人物品免征税、少征税，对贸易物品在符合国际贸易规则的前提下合理征收。货物，采取贸易 B2B 方式下的监管，通常为“一关三检”，海关根据不同货物征收关税、增值税、消费税，商品须申请商品检验、动植物检疫和卫生检疫，单证必备、税费必缴，关境监管的税收风险更多在于货物同报关单不符，通过企业信用管理及抽查来规避。物品，采取行邮（行李和邮件）方式监管，个人物品进口要“如实申报”，原则上须按法律要求主动申报，按章缴纳“行邮税”，个人享有免征额，但尺度上突出“自用、合理数量”，越界则会被视为“货物”。

跨境电商不是一般贸易，因为进口一方是消费者，消费者购买商品不是为了贸易或转售，而是自用；但跨境电商也不是个人寄送的物品，是电商企业的一种进口贸易销售行为，现有的个人物流监管流程也无法适应如此大规模。2014 年 56 号文执行之后，标志着跨境电商的合法化，享有税收优惠和新通关便利。跨境电商两种进境通关模式“直购和保税”都是基于电子化。海关商检与电商、支付、运输渠道及仓储企业的系统对接，多方协同作业、信息共享，利用企业、商品、用户等信息备案，“电商企业提供的报关单、支付企业提供的支付清单、物流企业提供的物流运单”三单信息一步到位，自动合成清单、集中向海关申报，实现跨境电商进口的“一次申报、一次查验、一次放行”。新模式下，跨境电商的全程信息向政府与海关透明化，便利居民海外购物、实现进口散件阳光纳税，帮助政府利用大数据实现科学、透明、规范的管理。

3.4.3 跨境电商新流程

跨境电商试点在几个城市启动后，由于各项监管流程的细节尚在探索中，海关总署也没有统一版的系统平台，新系统仍需靠总结试点经验来建设，于是乎各地电子口岸或经贸委组织下的类似“中间业务平台”应运而生，即跨境电商公共服务平台，也即后来所说的跨境电商“单一窗口”。各地通过公共平台的搭建，使之成为电商、支付、物流、仓储、邮政、消费者与海关、商检、国税、工商、外管及相关政府机构之间信息共享的桥梁，完成企业备案、商品备案、订单、运单、支付单、物流状态及消费者身份等统一信息交换并在电商外贸统计、辅助查验、风险管控、结汇退税、地方补贴等管理方面发挥了重要作用。

中华人民共和国广州海关企业注册登记业务申请书

企业名称：	组织机构代码：
未在海关注册登记企业 □注册登记/备案	○进出口货物收发货人 ○报关企业 ○报关企业分支机构 ○特殊监管区域双重身份企业 ○对外加工生产企业 ○保税仓库 ○出口监管仓库 ○临时注册登记单位 ○进出境运输工具负责人○所属报关人员
□跨境贸易电子商务类型，请勾选： ○电子商务企业 ○物流企业 ○电子商务交易平台 ○支付企业	

资料来源：广州海关，http://guangzhou.customs.gov.cn/

以跨境直购进口为例，整个运作链条分为几个环节：海外商品集采、国际物流（包括海外集货仓、海外清关以及干线物流）、进境报关报检清关流程、国内快递的落地配。运作的前提是相关企业及商品信息都在海关或跨境电商服务平台提前进行备案，不少地区商检、海关是独立的，能进入的商品各地政策也有不同。当用户下单付款后，国内跨境电商企业会产生订单及支付数据（或支付企业提供），为了申报通常还要消费者提供身份信息，物流企业根据电商企业传输过来的数据，产生运单数据，此为“三单”，数据会全部传输到企业备案的跨境服务平台，服务平台再将数据传输到海关管理平台（海关内网），“三单”和“申报单”进行数据对碰，然后海关开始审单。同时系统布控，海关抽出进行现场查验，比对数据、实物等各项信息。正常订单经后台对比后被“数据放行”，完成清关，反馈结果会从管理平台经由服务平台，发送给申报企业。实物清关放行后进行派送签收。

跨境电商公共服务平台

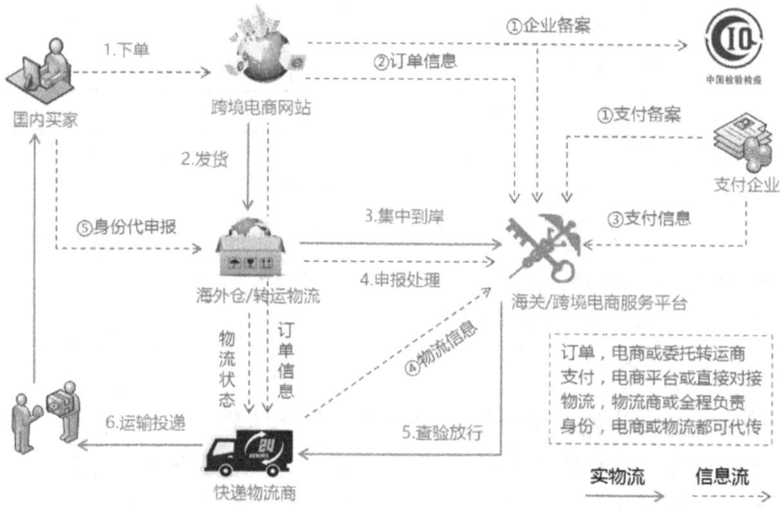

跨境电商直购进口流程示意

商品备案后，在进境申报环节，申报企业必须填写HScode，海关以此计算税率。申报主体，通常保税进口为监管场所企业，直邮进口为国际物流商。用户收到的包裹里通常附有《跨境贸易电子商务进出物品申报清单》，上面不仅包含了消费者购买商品的清单编号、订单号、订单信息，还有商品进境和报关的海关名称、商品原产国，以及身份、税费等信息，这张清单海关持有一份，消费者一份，表示所购买的商品是经过合法报关清关、商检检验、海关审核的。无法提供“三单”电子信息的跨境电子商务零售进口商品，按规定以一般贸易执行。理论上，对于发生在那些没有与海关联网的电商平台（外国电商网站，如SkinStore）上的交易，如果快递、邮政企业能够统一提供“三单”信息，代传并承诺承担相应法律责任，那么也适用此政策。

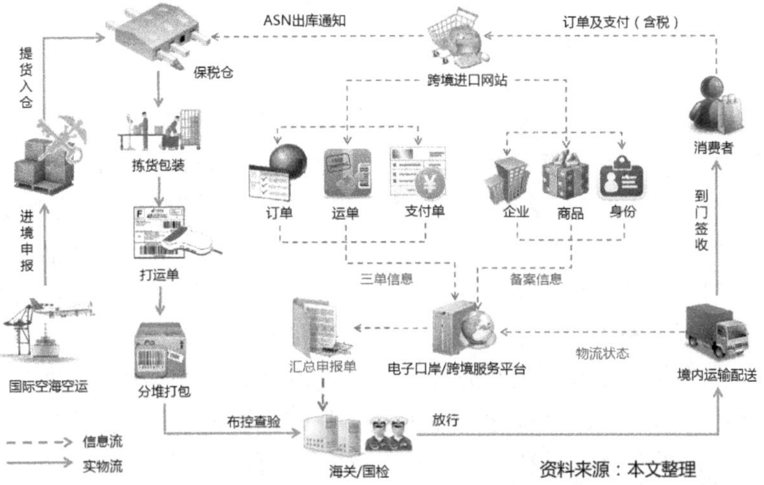

1. 企业/商品在海关/国检备案
2. 海外集货到境外代理海外仓
3. 批量打包及订舱发运
4. 在海外进行海关清关出境
5. 货物通过国际运输抵达口岸
6. 进境申报并理货入保税仓
7. 订单/支付/物流三单推送
8. 拣货/包装/出库及物流对接
9. 申报出区进境/出仓核销
10. 国内快递承接派送到门

跨境电商保税进口的数据流及实物流

保税进口复杂在于增加了一个进保税区的环节，与出区的申报信息要求类似。按跨境电商新政要求，保税进口商品不仅要备案，而且如果不在“白名单”里，还要像传统贸易一样向海关提交进口许可证件，申报清单内的商品不再免于检验、检疫，直购商品免于验核通关单。办进口许可证与电商市场发展，完全不在节奏，所以目前受行业呼吁暂缓执行。但长久来看，入区申报不会仅仅像现在这样只备案即可，尤其对于非试点城市，如果要做跨境电商保税进口，则完全可以按海关 1239 监管码的新流程来操作。

在征税方面，早期的跨境电商税就是行邮税，税率低于贸易综合税，因此商品价格优势凸显，成功引导了跨境电商进口的飞速发展。电商惯用的分单形式达到免征额以下，使实际承担的平均税负进一步降低。试点城市属地海关会为每票税额 50 元以上的订单形成一份税单，然后按月为电商企业形成一份大税单。这种模式下的进口电商，若定性为个人物品则不允许再次销售。而实际上许多海淘店类以小型的贸易商，打擦边球，从海外进货、在境内转售。

3.4.4 行邮税如何计算

行邮税，顾名思义，就是行李和邮递物品进口税的简称，它是关税、进口增值税及消费税三者合一的替代税种。“行”指的是入境时旅客随身携带的行李物品，“邮”指的是通过邮政渠道从国外邮寄到国内的物品。在跨境电商的直邮业务中，涉及的是“邮”而非“行”。由于，它针对的是非贸易属性的进境物品，税率普遍低于同类进口货物的综合税率，征了行邮税其他税就不征了。行邮税只针对个人非大宗物品，根据海关相关条例规定，对超过海关总署规定数额、但仍在合理数量以内的个人自用进境物品进行归类、确定完税价格和使用税率，进而征收行邮税，税额若不超过 50 元，行邮税是免征的。行邮税计算公式较为简单，不同物品税率不一样。为了保持与贸易及跨境电商综合税之间的平衡，海关总署 2016 年第 25 号公告（关于《进境物品归类表》和《进境物品完税价格表》）确定，税率由原来划分的四挡改为三挡，略有提升。这两个表，就是对进境物品进行归类并确定完税价格和适用税率的标准。据了解，早期国内物资商品匮乏，经邮递渠道进出境物品总量较小，从照顾侨眷出发，海关根据国家整体政策，对进出境个人邮递物品给予一定幅度的免税优惠。根据形势发展，行邮政策几经调整，随着国内商品极大丰富，大部分进境邮件个人物品不再用于亲友间馈赠，而是个人消费。

表：个人邮寄物品进口的规定

原则	个人自用、数量合理	
限值	港澳台 800 元、其它国家和地区 1000 元，超过限值且单件不可分割的可按个人物品办理。	
起征	≥50 元	
计算公式	税款 ＝ 完税价格×税率	
税率	15%	音像、手机、电脑、家具、食品、饮料等。
	30%	纺织品、服装、鞋靴箱包、家电厨卫、自行车、玩具、钟表等，及其它两档之外的物品。
	60%	珠宝首饰、高档钟表、烟酒、彩妆、香水等。
完税价格	具体列明遵照《完税价格表》，没有在列的按相同物品同来源地最近时间的市场零售价。	

通常，国内消费者因旅游、出差、留学等原因到国外，在国外顺手为自己或亲朋购买的东西，然后携带进入国内的，即所谓的“人肉代购”，都是以出入境旅客行李的名义通关进境的，根据海关总署 2010 年第 54 号文《进境旅客所携行李

物品验放标准》免税额度为 5000 元。另根据财政部《口岸进境免税店管理暂行办法》，允许个人在口岸进境免税店增加一定数量的免税购物额，连同境外购物额总计不超过 8000 元则享有进境免税优惠。海关要求这种随身行李的物品，以"自用、合理数量"为限，超出这个限度的就需要办理手续和交进口税。事实上，各海关人力有限，除了深圳、珠海等边境口岸，常规过关检查相对弹性，很难对低频进出境的个人造成太多影响。然而，现在很多海淘及代购买手大量使用邮政包裹寄回国，甚至为了降低邮费成本而和海外邮政公司签订代理协议，用邮件方式通关。如果进境被海关抽查到，发现超出了免征税额，就会征收所谓的行邮税，但有些经营进口货物被拆分成多票，伪报为个人物品，利用个人物品免税额优惠规定，通过邮递、快件渠道进境，逃避海关税收和贸易管制，即所谓"灰色通关"。海关总署 2010 年第 43 号文《进出境个人邮递物品管理措施》规定邮寄进关的物品都应纳税，只是自用、合理、经核算税额 50 元以下等这些条件下予以免征；限定物品价值。海关核算标准并非按照采购小票上的价格，而是依据"完税价格表"。超出规定限值的，按照规定，应退运手续或者按照货物规定办理通关手续；当然，如果邮包内物品无法分割又属于自用，超出限值也可按个人物品手续办理通关手续。

2013 年跨境电商试点开始，政策上同意入境时已有订单且收货人为个人的，适用行邮税。这让合理避税公开化，例如，保税进口通过对大额订单拆单、销售价格较低的商品等方式，使商品免征税避税。虽然海关总署对试点城市一再强调跨境保税进口的"四限"：限品种、限企业、限金额、限数量，并禁止非试点城市运营，但行邮税明显的优势一定程度冲击了传统贸易。为此，考虑到国内市场的经营秩序，以及关税政策间的平衡，跨境电商新税制产生了。

3.4.5 跨境进口税详解

进口缴税主要有三种，关税、增值税和消费税。关税，是世界各国海关对进出境的货物或者物品普遍征收的一种税，关税和非关税措施是衡量一个国家市场开放度的主要标志，关税又分进口税、出口税、过境税，按从价、从量等方式征收。进口增值税，即进口环节征缴的增值税，是以环节增值额为征税对象的流转税。消费税，主要针对小部分高价值的进口消费品，个别还要加收奢侈品税。不同的进口方式，纳税种类会有差异，传统贸易口货物通常要三税合缴。因此，单纯说关税下调惠及国内消费者，实际自中国加入 WTO 后关税已下调不少，但很多商品反映在终端价上的折让却不够惊喜，因为还有其他税种，若该商品渠道商或品牌溢价较为强势，那么降低关税的举措对于终端价格的影响微乎其微。

不同通关模式进口税计算方式

税种	征税范围	计算公式（从价计征为例）	一般贸易	邮件快件	跨境电商	免税商店
关税	进出口货物	商品完税价=商品价格+国际运费+保费 税额=应税货物数量×商品完税价×关税率	✓	×	×	×
消费税	进口，主要是烟、酒、化妆品、首饰等	计税价格=（完税价+关税）÷（1-消费税率） 税额=计税价格×消费税税率	✓	×	70%	×
增值税	进口货物	税额=计税价格×增值税率	✓	×	70%	×
行邮税	入境个人物品	税额=商品完税价×商品行邮税率（综合税）	×	✓	×	×

备注：货物价值 + 运费 + 保险 = 完税价格

从2016年4月8日起，经国务院批准，财政部、海关总署、税务总局联合下发《关于跨境电子商务零售进口税收政策的通知》，为避免工业原材料等商品通过跨境电商零售进口渠道进境，扰乱正常贸易秩序，同时便于日常征管操作，对跨境电商零售进口实施新的税收政策及清单管理。跨境电商不再适用行邮税及免征税额，关税暂设为零，暂按法定应纳综合税额的70%征收。单次交易限值为人民币2000元，个人年度交易限值为人民币20 000元，超过单次限值、累加后超过个人年度限值的单次交易，以及完税价格超过2000元限值的单个不可分割商品，均按照一般贸易方式全额征税。与同期发布的新版行邮税及贸易综合税对比，跨境电商新税总体有升有降，比如奶粉、纸尿裤等爆品，按传统贸易综合税率约30%，而跨境电商新税11.9%优势明显；行邮税15%有免征额，两者优劣要看商品完税价而定。一般贸易申报价格为进价，还有进项发票冲抵，而跨境进口征税的税基是按照销售价来执行，虽然11.9%看上去比一般贸易低，但优势已经缩水，反而变成一般贸易分流了跨境电商。另外，跨境电商完税价格包括全程运费，计税基数大于行邮，用外贸术语来讲，以前的离岸价FOB纳税改成到岸价CIF纳税，纳税成本将最终转移到消费者头上，部分电商依赖物流企业代缴税款，增加了物流企业的资金压力。

不同通关模式下的税率对比

商品	一般贸易货物			个人行邮物品	跨境电商
	关税（最惠国）	消费税	增值税	行邮税	综合税70%
电子产品、母婴奶粉、日化护肤品、服装鞋帽等	5%～10%	0	17%	15%	11.9%
红酒	14%	10%	17%	60%	18.9%
高档手表及饰品	11%	20%	17%	30%	25.9%
彩妆及高档化妆品	10%	30%	17%	60%	32.9%

新政的出发点主要是对试点经验的总结。一是政府没得利，影响长期税收总量。2015年全国税收收入约12.5万亿元，其中进口三项税合计约1.5万亿元，占比约12%，作为重要税源，影响国库可是大事。新税与一般贸易税率接近，并取消免税额，最大限度地解决国家税收流失问题，让一般贸易和跨境电商这两个进口通道更加公平。二是冲击内贸市场。一般贸易进口商经过多年经营，获得进口品牌的代理授权，要花巨资和长时间铺设分销渠道，并承担约30%的进口贸易税。跨境电商渠道的低价倾销和近乎不受限制的清单，玩坏了这一格局。保税进口，实际上属于商业贸易，“保税进、行邮出”的政策先例属于“破格”试点。较高质量和较低价格的优势，长期看可能会倒逼我国生产企业提高产品质量，但短期内会使得中国增长乏力的实体经济受影响。三是操作规范化。跨境进口在2014年大规模兴起后，在国家海关监管政策不明朗的情况下，通过拆单、分包、冒名等攫取“灰色税惠”，各地管控程度不一，税差带来套利机会。政府为跨境电商量身定做的“单品税”，减少各地操作差异化，鼓励传统进口企业向电商转型，征税对象转向电商企业。

跨境电商网站直接代征税及年度个人额度海关查询

但政策对跨境电商依旧保持积极态度，重申“循序渐进、适时调整、逐步推广”，与原行邮税限额相比，跨境进口单笔交易额放宽了一倍，对于低价高频的商品来说，不啻以是一则福音，省去了个人物品50元以下免税的分拆烦琐，既节省了时间和包装浪费，也很绿色环保。虽然实行了年度合计封顶，再资深的“剁手族”用上全家的身份证消费额度也够了[1]。同时，为了增加有效供给，2016年9月，财政部取消部分化妆品消费税，利好日化线产品，关税提到了15%，但跨境电商综合税，整体降了一半。而且，对于自海关放行之日起30日内退货的，可申

① 李文正，新税制风暴来袭，跨境电商如何规避风险？，虎嗅网，2016-02-29

请退税，并相应调整个人年度交易总额。

3.4.6 检验检疫与正面清单

跨境进口新政所涉及的税制变化，虽然上涨了一些，但行业普遍尚能接受。除了新税制，还有一个变化是“商品清单管理”，这一发堪比吹灯拔蜡。税改前跨境电商只有一张“负面清单”，上面写着什么商品不能进口。官方说法是，进口高风险电商商品实施第三方检测结果采信制度，低风险的只需提供销售证明或者合格声明[①]。税改后，变为“正面清单”，规定只可以进口什么商品，即以财政部发布的“跨境电子商务零售进口商品清单”为准。表面看“正面清单”统一了各个口岸可清关的产品，产品细分将更规范，能提高进口通关效率。但“正面清单”要求进境须查验“通关单”成了这次新政的症结所在。“通关单”即入境货物通关单，是国家质检总局授权的出入境检验检疫机构依法对进境货物签发的已经办理报检手续的证明文件。向海关报关时须提供通关单或单号，否则将予以退单处理。进口商想要取得通关单，须提供原产地证、合同、发票、装箱单、运单、相关许可/审批文件、食药监部门颁发的相关检疫证书等单证（化妆品还需提供中文标签样张、外文原标签和化妆品成分表等材料），填报《入境货物报检单》向国检部门报检，建立商品底账。和海关查验相比，进出口检验检疫更侧重对货物本身的物理、化学特质的检验，以判定其风险。进口电商商品及其包装物、铺垫材料、运输工具、集装箱的检疫查验及除害处理等工作按照相关规定执行。报检通过后，国检部门才会出具《入境货物检验检疫证明》及《入境货物通关单》。

据统计，清单内约36%的编码在“法检目录”内，需要凭通关单验放，其余都不需要通关单即可办理海关通关手续。但与跨境电商海量的进口品种相比，这清单上的货品仍十分有限。以前很多可以在跨境电商进口的商品，如今都榜上无名，这意味着，都要既包括申报时的备案资料（如卫生证书等），又包括具体的检验检疫实施（如抽样查验等）。然而，进口化妆品、食品及保健品等商品还须在食药总局注册备案，办理手续时间少则数月，多则一年以上。而且，大多数跨境电商企业难以达到与海外供应商直接合作的要求，那些市场采购、批发商拿货的中小型进口跨境电商，多为海外扫货，即采购团队或买手在海外商超、卖场等地大量购买商品，这种模式显然无法取得原产地原产地证及合同等单证，这将迫使大部分商品不得不下线。因此，“通关单前置”成了这次新政真正的杀手锏。国检、海关为了弱化通关单对行业的影响采取的做法是：一是对跨境直购进口免于签发

① 宁波出入境检验检疫局，《宁波口岸跨境电子商务检验检疫监管暂行办法》，2015-5-22

通关单，二是将通关单的签发环节设定在入保税区的“一线”，避免在“二线”出区时对小包裹逐个签发，并将通关单无纸化对接海关，提高通关效率。

《关于跨境电子商务零售进口税收政策的通知》发布后，影响超乎预期，“要求 2016 年 4 月 8 日后启运的跨境电商进口商品，须满足正面清单及清单备注要求”，一时间风声鹤唳，行业信心受挫严重，供应链渠道受到很大冲击。新政实施半个月后，宁波、杭州、深圳、郑州的进口 B2C 跨境电商订单下滑比例均超过 60%，国外澳洲奶粉市场经历恐慌，A2/SW/BM 等几家股票大跌，德运 CEO 被迫离职，爆品花王纸尿裤进价一度腰折，可见中国跨境市场对国外品牌影响之大。政策不得不急刹，协调内容出台，正面清单制度暂缓一年，但仅限于前期获批的十个跨境试点城市，第二批试点不在其中。朝令夕改，其实政府颇为为难，其本质在于，该如何确定进口 B2C 跨境电商这个新兴业态的本质，同时保证税收公平、贸易公平、消费品质量安全可追溯，需要高度的智慧。2016 年 11 月商务部又临时通知延长跨境电商零售进口监管过渡期，显然还没有成型的手段。过渡期之后，正面清单也只适合那些国内电商有大规模需求的品类，当然也适合一般贸易进口，对于跨境长尾小众产品，履行注册和检验等手续依然困难重重，很少有跨境企业能达到一般贸易的通关单要求。达不到规模经济，跨境电商也不会轻易被挤向贸易。未来，跨境进口的商品要按照“货物”来监管，保税进口的监管近乎与一般贸易画上了等号，让跨境电商失去准入门槛低，长尾产品将直接被切除，加剧同质化竞争……根本来说，进口零售渠道还是要趋于公平，线上线下不会永远是两种态势。

3.4.7 进关“无间道”

政府加强了对跨境电商的监管，不少人预测这一变动利好直邮。但政策的方向是明确的，双管齐下，同步加强防范和打击“灰色海淘”。国务院发布《贯彻实施质量发展纲要 2016 年行动计划》，明确指出“加强对跨境网络交易中邮递、快件渠道的监管，严厉打击利用电子商务平台以及跨境电子商务中邮递、快递渠道实施的走私违法活动和通过‘蚂蚁搬家’等方式进出口侵权假冒商品的违法行为。”核心要点是希望从业者走正规的跨境“三单对碰”通关。转运公司提供的“冲关包税”，即基于个人包裹的海关抽检概率，或报关的时故意低报，政策较松的时候就可以过，严的时候会被扣下，再重缴。此类非常规清关方式，不多讨论。

中国香港是个好地方。作为自由贸易港，毗邻深圳，除了烟、酒等个别物品外，入港大部分商品并不征税，很多诸如电子产品、奶粉等商品的价格都比内地便宜，于是就有了“港转”及水客人肉托工，专业的“水客”往返于中国香港和内地，代购代运，从中赚取差价或工钱，甚至形成了避税产业。“人肉代购”超出限值的应该交进口税，如果刻意逃税不交，就可能会构成走私，走私进来的商品即所谓的水货。还有以直通车等方式运到深圳走私的通道，整车包裹从中国香港拉过来，直接交税清出来，运作不明、风险很大。“港澳自由行”实施的十年间，内地旅客在中国香港购物消费增长了5.3倍，2013年由于内地旅客的购物消费撑起了中国香港1/3的零售业①，但“一签多行”和自助通关E通道，水客多次往返深圳与中国香港两地，加重了走私泛滥。水客“化整为零”将私货带入境内，再在境内“化零为整”重新包装后销售牟利。一时间，中国香港各大超市、便利店的奶粉频繁遭到“水客集团”扫货倒货，出现供应紧缺，严重影响到本地居民的正常消费，最后逼迫中国香港限购。至今，仍有许多进口商先通过海运等方式把货物批量运输到中国香港，如全球各地采购国际名牌奢侈品，再通过各种途径运输入关，最后在内地的豪华门店或电商等渠道销售。如今，中国香港旅游业热度下降，很多实体店下滑严重，但“水货客”现象说明境内海淘及跨境物流存在巨大需求，这里线上销售仍有巨大机会。

常见灰色通关及非法走私方式

国际邮件	少报漏报货值，赌查验概率、逃行邮税
个人快件	货物类快件以个人物品入关，逃进口税和增值税
水客	以人肉携带个人行李的方式多次进出境
中港车	持中港车牌的货车，在从香港返回广东时携带货物
小三通	利用台湾与厦门的小三通，将货物从金门运输到厦门
越南车	货物运到越南岘港，再从岘港返回广西凭祥时携带货物
水路大飞	从外海运往内陆沿海，海上大飞快艇、非法批量入境

合法渠道或时效不足，或成本高企，若正经报关交税进来，那么很多商品需要交40%以上的税，食品奶粉及化妆品等备案商检流程又长。有些进口商便铤而走险，大宗地下走私入境，不仅严重违法，还存在黑吃黑私吞货物的现象。没有合法性即没有安全性，没有安全即没有一切。所以，进口商真正能做的是基于各口岸的政策稍微差异，合规地把当地政策红利运用到极致。

3.5 物流渠道

物流是跨境电商最不可控的环节，进口也是。相关领域的物流企业包括贸易

---

① 张亮，广发证券，“阳光海淘”再迎重磅政策利好 跨境电商物流空间广阔，2015-3-13

商、国际快递、邮政包裹、转运公司等。客观地说，国内的消费者已经被淘宝和京东等平台国内物流的出色体验给惯坏了，但为了获得心仪的进口商品，海淘消费者普遍降低了物流体验的预期，跨国收货大部分时长在两周左右，1 周以内的不足 10%。完税进口的传统贸易物流是批量运输，时效慢但可控。而跨境电商进口易出现丢件、损坏、甚至掉包等问题，对于奶粉等食品还可能因为运输存储不当而变质，主要因为涉及的物流形态和运作环节较多。由于电商订单已形成，消费端的收货紧迫性，国际运输的组织更加灵活且不可控因素增多，加上进出口海关管控等因素制约，至今为止还没有哪家跨境电商或相关物流企业能彻底保障全环节如同国内物流一样顺畅。跨境物流与其通关方式密切相关，通过商业快递的方式运输入境，以快件通关；发运邮政的国际包裹，则按个人物品行邮通关；直购进口可能用到海外仓与集货运输，保税进口则离不开保税仓，两者都是三单对碰清关；所有物流渠道一旦入境，国内段物流基本等同于国内快递，时效方面比较可靠，就看价格与地域的差别。

跨境进口物流服务的每个环节的时效性或许可控，一旦串联起来就可能衔接“梗阻”。国际运输段，海运时间太长，而且奶粉等一些食品不适合走海运，一般会选择空运。当然，保税进口大批量提前备货，一定程度开拓了跨境海运和洲际铁路运输。到了国内，清关速度与各物流公司实力有很大关系，机场转关时，从国际机场到保税区这块，最短也要一两天，流程没打通，排队也能耗死人。由于产品属性和运营模式的差异，还不存在完全替代的物流渠道，消费者及进口电商企业也会各取所需。

	境外集货	提供海外的取货、收货、验货
	海外仓	海外仓进出库管理及打包发运
	海外清关	完成海外出口清关
	国际运输	空/海运订舱将货品运至国内
	备货报关	备货入区备案与报关
	保税仓储	提供保税仓场地及仓内监管
	库内理货	分拣、包装、贴标及发运等操作
	进境清关	通过系统申报及电子清关
	国内派送	国内派送到门服务

3.5.1 邮政国际邮件

准确的“直邮”是指收发两端都是邮政，通过万国邮联的渠道传送数据，由两地邮政进行收寄、运输、清关和配送的交接承运。跨境电商新政推行以后，直邮迎来了一波反弹，大量海淘转运选择邮政包裹，以个人物品形式邮寄回国。作为第一跨境物流通道，邮政有几大突出优势。

一是广泛性，邮政在大部分国家还是专营的，网络发达，境外发包找个邮局简单便捷，到了国内可投递到门。行邮通道是按“负面清单”管理[①]，可邮寄商品范围广。二是安全性，有各国邮政信誉背书，国际干线运输以航空直航为主，两端海关及交接有专门通道，确保了邮包操作可控。邮政不属于快件，但个人物品禁限寄的法规是通用的。三是报关手续简单，邮政报关不是快递走的商业报关，邮办海关简称邮关，是隶属于海关的一套独立监管通道，邮政向海关提供进出境邮政业务单证，包括收发邮件路单、封发清单、CN22/23 报关签条及报关单等，即可批量清关。收件人收到邮政通知后要如实申报进口物品，由本人或代理人至报关大厅填写《进境个人邮递物品申报单》，提交相关材料并交税，如收件人身份证、购物发票或其他购物凭证。或直接去邮政 EMS 官网及微信查询预约，完成在线申报及税费支付后，EMS 投递上门。这些手续相对快件要简便很多。四是运费低，邮政包裹资费普遍低于商业物流。当然，还有一点就是低税的吸引力。

邮政包裹在海关属于进出境个人物品监管范畴，不纳入贸易统计，行邮税的好处已经说过，是国家对个人的普惠关照。因此，中国海关明确要求，禁止物流企业代理境外邮政包裹入境时使用邮关，只有外国邮政自己承揽的，并按照万国邮联规定单式交由 EMS 在国内投递的包裹可以使用邮政清关，即必需邮政企业端到端的服务。然而，每年有上亿元的国际邮包涌进来，在既有清关逻辑下，几乎不可能实现完全的阳光化[②]。

通常，海关对邮件总申报单先预审，将明显要交税的挑出来，再布控过 X 光机，同屏比对发现情况再进行查验。查验力度直接决定通关效率，有时严打非法代购及走私，很多口岸应税 50 元以上物品，都要开箱查验；超限值的，即便用户愿意交税从邮关转普货通关也颇为复杂，要委托清关公司；如果是婴儿奶粉，申报时甚至要提供收件人小孩出生证明或户口簿；如果申报时弄虚作假，则涉嫌蓄

① 农业部和国家质检总局第 1712 号公告《中华人民共和国禁止携带、邮寄进境的动植物及其产品名录》，2012-3-2

② 杨钦，打通物流、清关、采购，海淘走向全产业链时代，《天下网商·经理人》2015 年 2/3 月合刊

意走私违法。同时，行邮通道的处理能力有限，一个口岸一天能处理邮件量跟海关人员及设备配置有关。随着海淘市场引爆直邮，通道堵塞，严查则加剧堵塞，这一点也是邮政包裹时效问题的关键环节。例如，日本邮政不堪重负，规定进出口单次超 20 万日元的物品加收海关申报手续费。清关上独一无二的便利，个人行邮受到全球法律保护，作为法定正规的国际物流渠道，邮政这条路通路始终是首选。

3.5.2　商业快件直邮

进出境快件，也称商业快件，是指进出境快件运营人以国际快递形式承运进出境货物、物品。我国海关将进出境快件分为三类：文件类，是指法律、法规规定予以免税且无商业价值的文件、单证、票据及资料；个人物品类，是指海关法规规定自用、合理数量范围内的进出境个人物品；货物类，超过个人物品限值类快件。商业快件清关流程规范，要求逐件清关，每个包裹的申报信息都要由报关行录入海关系统，提供收件人的身份证信息，所以相对严格。快件营运公司在特定时间内，根据货物属性向海关递交三类快件报关单，不同于邮关的个人申报，快件是由运营人代理货主完成清关手续，并缴纳关税，海关税票上的抬头是快件公司，当然快件公司会向货主收取。

分类	区别	监管方式
A 类	快件进出境文件及单证等快件	其他
B 类	个人物品类进出境快件	行邮物品
C 类	低值货物类进出境快件（价值<5000 元）	一般贸易

根据《进出境快件监管办法》各类快件报关单的单式及证件要求不尽相同，海外电商直发中国或转运物流，主要以 B 类个人物品类申报通关，快件运营人向海关提交 B 类报关单、快件分运单、收件人身份证影印件和其他单证。B 类快件的限量、限值、税收征管等事项，海关标准与邮政渠道类似，若购买价格是《进境物品完税价格表》列明的完税价格的两倍及以上或 1/2 及以下的物品，进境物品所有人应向海关提供真实的购物发票或收据。开箱查验时，无小票则按完税价计税。小票或其他购物凭证必须是海关认同的，否则海关还会按完税价计税，无规定完税价格的海关会参考市场购买价值进行估价。事实上，据海关总署对国内 5 家最大的商业快件公司调查显示，其中 95%以上的快件商品是按照进出口货物向海关进行报关，海关纳入货物统计范畴内，仅有不到 5%的比例是按照个人自

用物品向海关申报[①]，大量快件是C类入境的。

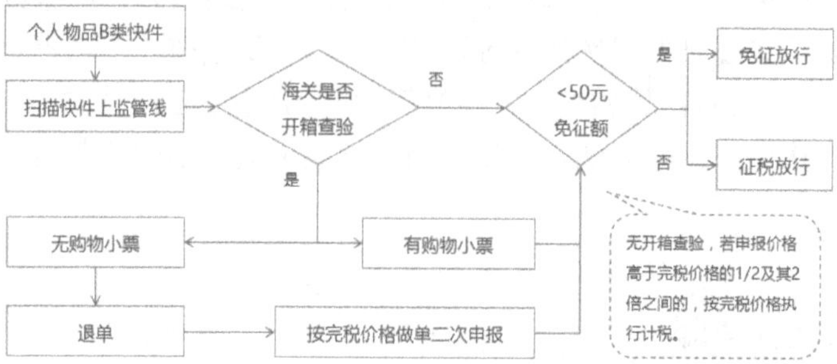

商业快件现场海关审价征税操作流程

案例1：客户申报内装2罐0.9千克的奶粉，总计1.8千克，申报价格为120元/千克，总价值为216元；系统执行完税价格为200元/千克，2罐×0.9千克×200元/千克＝360元，对比用户申报价格，其在实际完税价格360元的1/2和2倍之间，则系统默认将总价值调为360元，此时将产生关税＝360×15%=54元。

案例2：客户申报内装3罐0.9千克奶粉，总计2.7千克，申报价格为95元/千克，总价值为256.5元；系统执行完税价格为200元/千克，3罐×0.9千克×200元/千克＝540元，申报货值低于完税价格1/2，则系统仍按256.5元计算税金，此时产生关税＝256×15%=38.4元，低于个人物品50元的免税额，可免征放行。但如果海关开箱查验，内无购买凭证或不能证伪，海关会要求退单或按完税价格申报，届时产生关税2.7×200×15%＝81元，不予免征。

C类监管方式为“一般贸易”，要按进出境货物规定缴纳税款。有些清关难度大的货物，快件运营公司也搞不定，需要客户自己去找报关行自清关。如果货值超限，只能从快件转D类一般贸易普货清关，由货主提供相应的单据，以自己的名义向海关申报清关手续，海关出具的税票则是货主的抬头了。虽然同属贸易监管，对于散货和跨境电商这类比较急需的包裹而言，快件比大宗贸易更能体现灵活高效的优势。DHL、FedEx等四大快递的第一优势就是快，当然价格也远高于邮政和华人转运，国际段运输起重、续重计价高，每个快件还有信息录入费、清关及配送等其他费用。即使通过一些代理，能够拿到一定的折扣价，但动辄上百元的运费还是海淘一族难以承受的，市场使用率不高。

① 姜明，海通证券公司，平台核心是“正品+价格+物流+售后”传统物流介入保税模式中前端，2015-2-4

3.5.3 集货与转运

集货与转运是目前流行的跨境物流运作形式，性价比优于纯国际快递，它突破了邮政包裹、商业快件、海外仓及国际空运等传统模式，是一个组合形态。前几年，大部分境外电商不支持跨国直邮，转运公司借机成长起来。这一运作模式的核心是利用国际物流的断层，抓住了环节规模效应。选取合适的集货仓库，揽收足够量的包裹，批量发运降低航空订舱成本，到国内再转廉价的快递配送。中国与欧美等地的贸易不平衡导致物流资源也是失衡的，中国出口的空运仓位很紧张，但回程运能很多。从洛杉矶到上海的空运价格低至 5 元/千克，这与大型快递的报价简直是天壤之别。成本与规模优势是很多低廉的华人快递存在的基础，他们的主要收益来源于运费、打包及存储等费用，清关费及关税多是透明的。搭建一套基于互联网的用户、订单、收发货管理系统，签约合适的货运代理发货回国。根据入境口岸，通常有若干线路回国，甚至港澳线经转。除了海淘散户，随着跨境电商企业端物流需求的积累，这类快递的效率和体验也在快速改善。很多转运公司逐渐向综合国际物流服务提供商发展，如海带宝首家依靠海淘转运上市。

更快清关	提前备案、产品归类，全程电子清关，用户下单后集中发货，跟踪商品通关进度
规范安全	灰色清关，有法律风险且时效不可控，正规渠道降低运作风险，全程物流可追溯
更低成本	集货订舱、及时发货，海外华人操作，低运费、低操作费、低清关费，税费信息透明
全程系统	系统 API 接口实时同步订单、清关、物流等信息，实时返回货品及订单状态，全程可视
更简流程	跨境物流一站式服务，承接中间大量专业操作及管理，电商专注于采购与前端，合作高效

转运的左膀右臂是运输资源和通关能力，清关仍是在贸易或物品清关的大框架下，主要通道就是快件进口和跨境直购进口，都需要收件人上传身份证。为了帮助客户合理避税，境外都会为客户提供多件合并或混装分箱等服务，限定同一收货人每天只能有一个包裹，对于单价较高超出海关限额的，每个包裹限发一件，降低被税风险。实际上，由于电子化过关操作困难，监管套利越来越少。为了拓展进境口岸，如非试点城市，有条件的都可以多尝试当地各种清关流程。海关非联网的跨境电商，理论上可通过快递代传三单数据，但电商网站、支付等仍要在跨境电商通关服务平台做商务备案。

境外集货更接近于海淘的本义，商品囤积于海外，品类更丰富，与用户需求的多元化、个性化趋势相匹配。这种物流运作有利于长尾非标及高价位商品的进境，客户群正日益广泛，宝贝格子等跨境电商非标品已达八成[①]，“本地化采购+海外仓集货转运”已成行业新标配。对于物流企业而言，满足和经营用户的需求，关键是对物流资源整合及成本控制，依赖系统集成上下游及电子化通关。

3.5.4 海外仓与香港仓

由于新政施行，所有试点城市跨境保税进口都遭到了滑铁卢，谁都意想不到前线攻城略地的时候后方失火，直接刺激了直邮及海外集货仓，很多跨境电商在中国香港和海外建仓。大量“货庄”涌入中国香港拿仓，中国香港一时又成为“避风港”，短时间致使本港仓库的价格抬升了 30%-50%。香港仓的优势在于产品准入资格低且有供应链优势，适合的产品线长。中国香港虽然租金高，但免税优势无敌。跨境电商的货物通常小而杂，来自不同国家，进出港调配货物比较灵活。从其他国家设进口海外仓，通常主要考虑几个因素，网购消费税、国际航空资源、仓租及人力成本等，都是目前中国进口商品集中度最高的区域，并绝对避免二次转运。如美国，集货仓通常设在免税州，西部或俄勒冈或东部的特拉华；在德国，法兰克福是航空集散地首选。从境外发货前，非常考验物流企业的本地化运作，仓储、清关及与当地合作伙伴协作等。如果没有特别大的量或利润，达不到集运规模，要慎重考虑海外仓，运营成本太高。海外仓发货的流程连贯性，从国际物流全程跟踪查询看，给了消费者更多商品保障上的信任。时效和体验不确定性说明不是所有的品类都适用海外集货。很少有物流公司能保证网络覆盖全球，大型电商平台也在与境外本地物流商合作，京东与日本 Yamato 合作，依靠对方完成日本集货、报关及发运等。为提升采买和物流效率奠定基础，分地区菜鸟、考拉等也布局了十多个海外仓库网络。

3.5.5 保税仓

小规模的跨境 B2C 模式无法撑起整个跨境电商进口，B2B2C 成为主攻方向。保税区内建仓，使用跨境电商保税进口 BBC 模式，可以极大地改善跨境网购的速度体验。先备货后接单，国外商品整批抵达国内海关特殊监管区域和保税监管场所——如保税区、保税港区、保税物流中心等，商家根据消费者下单情况，商品

① 易观智库，海外直邮模式跨境电商专题研究报告 2016，2016 年 6 月

从保税区直接清关发出。消费者退换货体验如同国内电商，海关的商品备案及溯源机制，规避以往海淘灰色进境的风险。同时，“拼箱海运+保税仓”可大幅低物流成本，高效批量引入国外产品，货物进入保税区，理货后再报关，入仓处于保税状态（出区时才缴税），滞销产品也可以不缴出口关税直接退回海外。保税进口适合规模经营，实力较为雄厚的跨境平台趁机扩张，成为获取市场份额的重要手段。一时间保税仓成为争夺的“粮仓”，资源的稀缺性，直接导致试点口岸的保税仓租金大涨。除了抢资源投入大，保税进口在各个试点城市，政策执行细节也不一样，入驻前置手续烦琐。通常，跨境电商选择保税仓及配套服务公司后，通关、支付必须跟海关已准入的公司合作。总体来看，经过几年的市场培育，从前端消费者的反馈来看，这一发货方式已经被普遍认可，只要不断有品类能继续通过保税进口走通，整个跨境电商市场会越做越大。但有时想法很美好，现实很残酷。

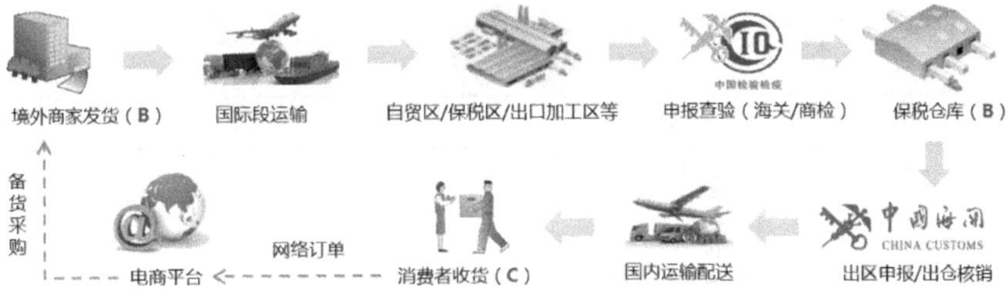

跨境电商 BBC 保税进口流程示意

首先是经营风险。保税模式下，备货提高了资金占用成本，库存、滞销及汇率的影响不容回避。正如人民币连续贬值，以高汇率从美国提前运到保税仓的商品迅速集体贬值，售价却无法变化，集采压力骤增。常规化囤货需要稳定的供应链，爆品同质化，很多跨境电商的产品授权来自国际商贸公司，中间辗转经过多个供应商或经销商，没有品牌的直接授权，加剧货源不确定性。对于需求小或不稳定的长尾，库存的管控成本大，不划算，不如空运直邮。与此同时，保税仓容易滋生假洋货及假授权，不管各大 B2C 平台如何宣称正品，从流程上看，保税仓最方便“洗白”。比如，商家拿一批仿品去海外兜一圈再放到保税区，经“保税区一日游”拿到海外发货凭证和入境许可，消费者无从辨别。因此，保税仓备货天生适合大电商，拥有可靠的资金链，利用本身品牌影响为其背书，提高费者的信任度。

另外，就是已经坐实的政策导向，跨境 BBC 借电商之名行贸易之实，已几乎被新政打回原形。目前进口“1210 保税电商”，只适用于跨境试点的首批十个城市，彻底绝了打擦边球者的念想。新的“1239 保税电商 A”则已经完全放开，内陆城市只要具备监管条件的保税仓都可以开展该业务，保证按“一线”进区时验核通关单。如此下来，稀缺变成标配，保税仓原有优势堪忧。历经政策的波动，企业也变得更加谨慎，折中的规避风险做法是，降低对目前试点城市保税仓的投入，将相当一部分品类转向海外仓，两条腿走路，基本形成了“日用爆品保税进口、贵品长尾海外空运”的局面。

跨境电商进口两种形式比较

模式	进口 B2B2C 保税备货	进口 B2C
购物	从已备案电商平台网购，均有累计限额	
始发	境内关外、保税港区	境外
物流	整批入仓、区内打包、包裹出仓	小件包裹
时效	出仓后 3～5 天	送货 1~2 周
查验	集中查验、出仓核销	过 X 光机、同屏比对
费用	快递运费及跨境电商税等	运费、处理费、通关费、跨境综合税
适用	资金雄厚、备货量大、品类集中	代购、海淘、境外电商、长尾品类

3.6 进口供应链

相比国内电商，消费群都在国内，但跨境的供给方在国外，从前台电商运营的角度看大同小异，而从后端供应链和渠道管理的运作看，差异巨大。在“商品（供应链）-销售（转换率）-渠道（流量）”链条中，直扼跨境电商进口命脉的是供应链。期初，国内爆卖迅速带动境外货源市场的升温，尤其八成的进口商品是纸尿裤和奶粉，品牌也如数家珍，即进口需求到境外“供应链=买货”，畅销品只能现钞现货，供不应求，众多贸易公司也遭遇货源渠道问题。正当下游烧钱烧出了一个上游行业时，“淘金潮”席卷全球，一年半载立马挤破头，有钱的资本大鳄、有激情的创业青年、有流量的电商企业、有贸易经验的进口商……扫货、直采、品牌合作、代理采购，各路拿货“齐聚华山”，疯狂的需求让海外品牌和零售都蒙圈了，友邦无不惊诧，抢货！做的人多了就开始拼价格，放低身段，甚至海外供应链争夺战伤及国内线下代理。如今在新政的打压之下，需求端遇冷，但供应链管理并不存在所谓零库存，不压这头压那头，保税转向直邮，海外仓是将库存囤在境外，积压在上游供应端。

进口跨境电商已步入全产业链竞争时代，对各环节资源把控能力的要求不断提高，但核心仍然是商品。跨境电商进口的供应链模式太重，运作链条太长，所需资源支持和异常情况太多。压力仍然是资金链，电商平台一旦结算周期拉长或滞销，则会被压货款。而汇率波动时，提前锁汇的大订单又能有几个。打造稳固的供应链，就攥住了跨境电商进口的七寸之处。

3.6.1 "全球扫货"的问题

从法律角度来看，代购应是一种委托关系，代购提供的是服务，并不对产品负责，理论上完全可以不接受退货。通常，代购本身并不违规，只要向海关申报并纳税，就是合法的。但代购以个人物品入境又被二次销售出去的处于监管"盲点"，根据海关新规，从境外代购大量商品偷逃税款，不依法申报，达到一定额度即可被认定为是涉嫌走私的违法或刑事犯罪。国家食药监管局也认定，"进口或销售未经批准或者检验的进口化妆品"行为，应依法予以查处。"水货"是低价王却供给不稳，"现货"全靠扫货，扫来的也是当地零售价，就算能退税，那么与免税还是有区别的，加上中间手续及经转费用，如果电商平台销售价不是倒贴，这类拿货很难实惠。由于中国消费者对海外产品的巨大需求，代购在海外各地纷纷抢购奶粉、纸尿裤等国人需求旺盛的商品。代购现象已经给境外奶粉业带来了混乱，在澳洲及德国，华人代购、留学生等横扫商超，出现了随处可见的"奶荒"。

案例：墨尔本和悉尼部分超市用中文标明每人限购 2 罐婴儿奶粉，但却用英文标明可以购买 4 罐，借此来防中国代购的哄抢；在德国慕尼黑，许多华人早上 8 点到超市排队等待奶粉开售；在荷兰，有两位青年为了表达对代购的愤怒，在阿姆斯特丹街头向华人泼奶粉。驻德国大使史明德在接受采访时说，"一些在德留学生不好好学习，天天买奶粉做代购，被邻居举报，警察去一看，家里满地纸箱子全装的是奶粉。人家说你从事了与自己身份不符的活动，给驱逐了。"

3.6.2 供应链模式

跨境电商中间供应链的兴起主要是两方面，即货源无法直供和运作链条太长。

但母婴品类有其特殊性，国内用户目前只认几款爆款品牌，且用户看重原产地。如果无法与其直接签约供货，则都是在用“复合供给”，如国外经销商、批发商、商超或电商扫货、买手、国内进口商等。国外零售巨头进货渠道差不多，亚马逊、麦德龙、好事多、沃尔玛等，初级价差最小。而进口跨境电商，不同商品的进货渠道不同，八仙过海、各显神通，价格有高有低，品质参差不齐也就不奇怪了。初级价差就在电商和进货渠道的各方角力中产生。有的电商只能通过代理商或经销商拿货，被中间环节不断抬高成本；有的电商直接与境外品牌合作，从厂家拿第一手货；还有的只能靠从次级采购商分拨“窜货”，或商超散买集货。目前，主流跨境电商的采购决策大多数是根据订单信息或者历史销售数据形成，向供应商采购或者通过自建团队进行自采。

若没有品牌授权，当找不到货源时，有些供应商会站出来说他们有货，不排除鱼目混珠的掺假情况。大的电商平台与境外采购合作，不会冒险采用不明来路的货源，经验证明，一旦“信任危机”，影响是不可估量的。所以，都会亲自或请竞调公司去实地考察和走访，查看一些工商账务情况。而大部分中小电商都是通过微信、聚会、活动认识供应商，并不能很好地判别供应商资信和能力，需要谨慎对待[①]。供应链中常见“箱单不符”，到货延期还可以理解，但那些版本不符、飞单跳票、保质期欺骗的行为是不能容忍的。而对于货源方，不同的采购渠道对资金压力不一样，行情变化快，首要保住资金流转。当面对国内巨大的采购需求时，对货源方短期组织货源能力，资金、仓库、人力都要有要求，很多小采购实际没有这个能力，只能把货源供给有资金和整合能力的大货源方。博弈的另一面，国内大批量进货的电商平台习惯了供应商账期，既是资金合理运用，也考虑跨境供应链不确定因素多，账期是一个避险的方法。这时有资金现付的始终能优先获得供给。随着海外商品品类的逐渐扩大，供应商尤其是品牌供应商资源匮乏，大部分跨境电商在采购环节尚无法形成绝对竞争优势。供货渠道的不确定，也是新政“通关单”无法落地的关键。

Top1 韩国	Top2 日本	Top3 法国
膨化食品	卫生用品	红酒、固态乳制品
面膜、化妆品	巧克力	奶油、干酪
牙刷	冲泡饮品	香水、精油、化妆品
LED 灯饰	饼干	矿泉水
家居百货	碟碗盘	箱包

① 跨境进口老歪，史上最全跨境进口供应链模式总结，微信公众号 jinkoulaowai，2015-11-21

1．货源紧俏

当国内平台流量厮杀，抢拼谁先死时，国外供应链争夺同样激烈，好的爆品往往就几件，如何形成差异化竞争，关键不在价格而是能否供应充沛。一方面原产地域限量。外国当地需求是比较稳定的，尤其是日常生活消费品，品牌商不会突然大量增加供应，而中国的爆炸性需求的猝然切入，需求并不稳定，如果大量增加库存，品牌商要投资扩张生产线，但并没有那么简单。另一方面渠道冲突，国外知名品牌的热销商品大都有固定的销售渠道，或已经在中国建立生产和线下区域代理，不会贸然开辟跨境电商渠道冲击传统线路。即便有些热门海外商品例外，也都会选择多平台开放合作。由于这些国外厂家无法适应中国的爆卖模式，"非正式"进货渠道就占据了主流。从阿里的内贸进口批发数据来看，最受国内市场欢迎的三大进口国是韩国、日本和法国。

2．授权代理

品牌授权已成为跨境电商产业链上避免假货的一个关注焦点。例如，美妆产品的渠道和货源问题一直是行业的隐忧，没有授权，即便直采直邮，暴利之下仍屡现以次充好。力争获得品牌商或大型国际零售商的授权，直采减少了中间的流通环节从而获得了较低的采购价格、定价优势大，具备厂商品牌背书，使得货源的质量有保证，同时保证货源的稳定性。尤其对于非标品类，分散采购难以争取上游话语权，正品保障机制也难以确立。未来，规模领先的平台或零售巨头更容易与海外品牌商直接对接，"一手货源"往往更容易拿到，商品资源分化也将逐步显现。跨境供应链端已经由原来巨大的信息差开始转为透明，跨境电商和国外货源直接对话的机会正在增多。

3．从经销商自采

厂家通常不会直接和贸易公司合作，会把产品委托下一级批发商。海外品牌经销/代理在保证本国供给充足情况下会分拨货物给跨境电商，通常该渠道的价格相对于厂商直供的定价偏高，有时会遭遇厂商不承认货物正品资质。同时，难以保证货物供应，容易导致卖方市场的出现，从而在价格上和货源稳定性上对采购端形成冲击，增加采购垫资。为了甄别货源品质，很多跨境电商采用"聚焦战略"，专注于几个国家，锁定可靠渠道，以点带面。但也不能以偏概全，类似汽车的"平行进口"，非授权进口仍有很大的空间优势。还有一种，从品牌方的国内总代分销体系采购，传统渠道商走一般贸易形式进口，原产地可溯源，但成本更高。

4. 散买集货

代理采购没有能力和国际品牌直接合作，拿不到代理权限和上级渠道时，只能从“最末端包抄”，从国外小批发商或零售商买货。这种方式增加了成本，拉长了周期，但算得上供求缝隙中的一股溪流。海外商超扫货是比较草莽的采购形式，国外普通消费者也只能拿到零售价，没有价格差，甚至还要加跑腿费，而爆款容易断货、限购，品质及供应也无法保证，有一定法律风险。在缺口较大或临时性采购需要时，企业才会采用该类方式。这类货源组织，以华人为主，在当地有一定人脉、仓库及资金等资源，不限于厂家拿货、渠道批发、商超扫货等方式。不同于奶粉等限购品，箱包服饰等轻奢类，电商可组建海外精英买手团队，积累进货经验，掌握海外市场运作，与经销商建立合作关系，及时以促销价锁定爆款。

5. 代理采购

代理采购俗称跨境进口供应链 B2B 供货。这类多以上市公司、国际物流和贸易商转型为主，资金雄厚是关键，集中体现为批量采购货物，保税区分销 B2B 给各家电商，账期能力强。在早期传统贸易中，他们熟悉贸易规则和国外渠道或货源，或在为代购或电商平台转运供货中积累了资源。一是采购能力，积累上游资源与正品质量把控，从品牌、规模、成本、效率等方面，完成代理谈判、采购计划、快速补单、规模集采、订单履行等。二是代理品牌卖货，成为国外二三线品牌分销商，降低了建立品牌知名度和分销网络的成本。三是物流执行，打通从国外到国内终端的资料备案、报关检疫、打包代发、物流仓储、配送等所有环节，满足单品小批量发货，降低下游库存，供应方式可境外自提、FOB、CIF 等。深圳怡亚通、信利康、朗华、富森等老牌进口供应链服务商，大多专注于传统行业，整合了一批各地的代理商，有的偏分销代理，有的搞供应链金融。偏跨境电商进口的有不少创业公司，例如，海豚供应链，主要为中小海淘提供正品进口货源，产品采购和代理发货，拥有多个海外仓及保税仓，自建欧美采购中心，历经多轮融资，获得品牌商汤臣倍健注资。再如跨境通旗下五洲会、笨土豆、一通百、洋萌、海欢网、通淘等供应链服务商，业务链大同小异，常见的保税仓一件代发等。由于业态延展性大、现金流水惊人，B2B 供应链服务正迎来资本关注。

6. 买源 OEM 模式

几乎所有零售的货源都差不多，毛利掐指即算，难决胜负，只能挺进上游再上游。跨境电商进口相当火爆的 Swisse 保健品，多年前就已经在中国做过大肆的推广，但始终没能办下国家质检总局规定的准入批文，因而在国内市场无法流通。

然而，随着跨境电商通道的打开，让合生元砸下重金收购这一品牌。中国企业跨境并购案例在增多，跨境进口目前几个热销澳洲品牌都有中国股东。当大家还在努力争取进口代理权的时候，过不了多久，或许发现这些品牌都被中国并购了。

7. 分销、代销、直销

由于跨境电商境外采购、入驻保税门槛较高，大部分小电商有做跨境商品的需求，但缺少这种能力，跨境代发就有了生存的空间。很多供应链公司，扮演了批发商的角色，以保税仓或海外仓为主，如淘宝、微店、微商、O2O 等中小电商提供跨境商品一件代发。淘宝全球购商家有近 40 万家，大部分都涉及进口商品，不能作为海关备案的主体，也没有进行跨境进出口申报的资质，很多中小电商进入跨境领域都以代发开始。这就形成了批发商在天猫国际供货，淘宝店铺负责代销，加上阿里 1688 进口已经对接了 150 个国家和地区，提供大量的批发货源。若不是微店微商，这个市场真要被阿里垄断了；依靠尿布师、行云全球汇、51din、友店、阿峡谷等货源，朋友圈的微商及个人分销也已泛滥，例如海带网，跨境购物 B2B 网站，提供一站采购全球母婴货源商城，招募海淘分销商、微商、线下门店的加盟代理商；唯品会的“唯享客”分享导购工具，蜜芽孵化的“妈米计划”分销平台，号称让用户分销赚取佣金。

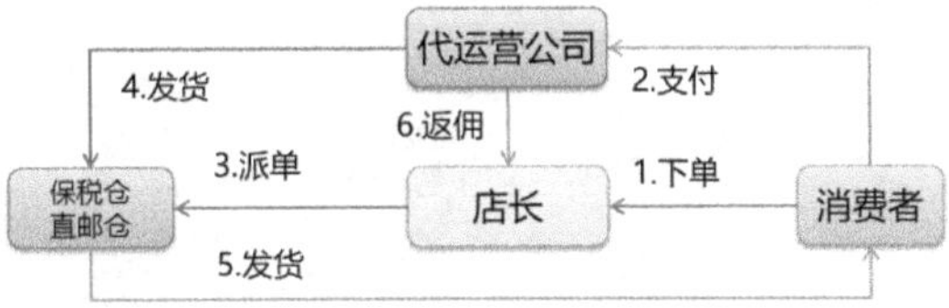

跨境进口线下分销

要做到小电商轻运营，自己备货难度很大，要把更多资金和精力放在获取新客户和网店运营中，这种提供批发、代发供应商的存在很必要。

3.6.3 跨境供应链金融

供应链服务的范围没什么边界，除了销售交易，核心业务之外的都可以叫供应链服务外包，供应链金融主要帮企业解决供给过程中的资金周转问题。从不同业务线审视供应链服务，一是供应链执行或物流外包，是偏下游和初级的，重资产的仓储运输、轻资产的货运代理，跨境电商领域，如贝海国际、启明星、心怡物流等；二是业务分销，通常以贸易商、经销商、批发商等角色示人，掌握货源、厂商资源和渠道支持，很多 B2B 供应链企业就是做这个的；三是采购与生产，这个比较高阶，大名鼎鼎的香港利丰，依靠对上下游环节的把控能力和专业性，被品牌商或零售商全权委托。这些服务输出主要是赚取服务费，供应链金融可以理解为增值服务，如押汇、代付、保理、融资等，几乎无法游离于具体服务之外，否则就变成担保贷款了。跨境进口供应链金融的场景，贸易商对上游海外品牌商现金采购，而对跨境电商有应收帐期，贸易商承担了供应链金融的角色促成了交易，那些看起来谈笑风生红极一时的跨境电商，说不准背后就欠着一屁股采购款待还。

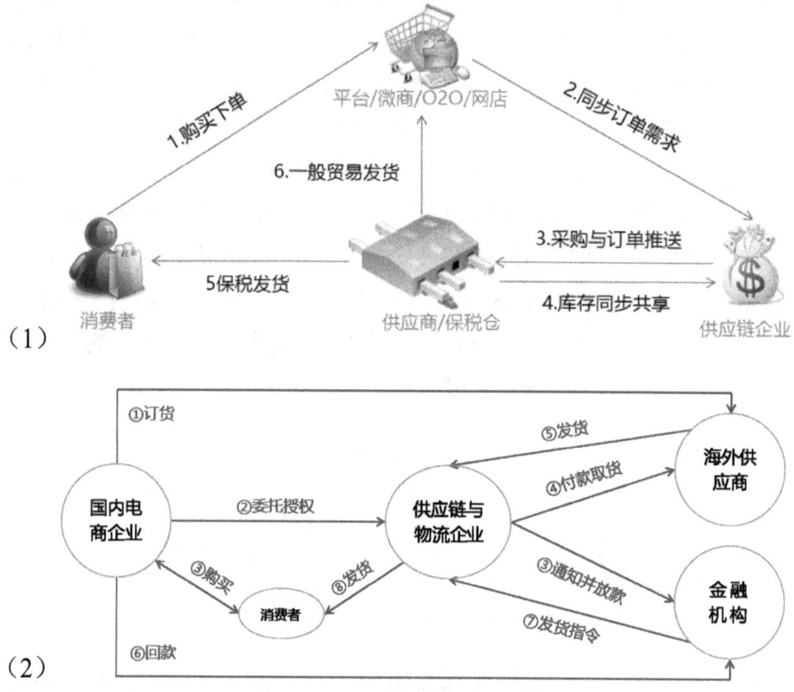

跨境电商供应链金融两种运作模式

3.6.4 谁是“链主”

可见跨境电商供应链这条跨国航班已经挤满了各色客商，大家从短暂的政策套利进入洗牌期，仍不忘争取抢占更多的节点，实现全渠道布局。说到进口供应链，毫无疑问 Walart、Metro、Laox 等境外零售仍是老大，品牌商也要让三分，回到探讨跨境进口格局，此处应有更多遐想；而国外拥有代理权和贸易额的中间商，神龙见首不见尾，是跨境电商争取的对象；对于著名品牌的授权，当前“标品不标、主流不主”，海外还有大量货源品牌等待挖掘。除此之外，随着补贴、库存、物流和运营成本上升，对于进口跨境平台来说，考验的是把控供应链能力，大平台可主导整个链条，而中小 B2C 企业，没有能力建立自己的供应链体系，这就考验其寻找合作商的能力。

而供应链这个江湖也在风起云涌，一是多板块，做全程供应链服务，做海外多品、多国、多仓、多口岸，涵盖进口物流、分销、供应链金融，如 4PX 转运、卓志、UEQ、威时沛运等，从跨境物流、保税仓及口岸清关等解决方案，向货源分销拓展。二是更垂直细分，不能做多就要做强，个别领域精耕细作多年，与品牌商有良好的合作或多货源渠道，如格格家专注进口食品，豌豆公主专注日本商品供应链，以及一些韩品、澳洲专线等。三是代理品牌，提供海外采购、国际货运等购销服务的同时，代理部分副线品牌，面向国内小电商、微商提供分销或代发服务，或直接提供进口在线零售。

3.7 跨境进口试点城市

在国家开启跨境电商试点之后，对进口的刺激远大于出口，被长期“禁锢”的进口渠道一片沸腾，甚至社会上不少人认为跨境电商就是进口。2014 年是中国跨境进口元年，电子商务通关服务试点城市是上海、重庆、杭州、宁波、郑州，之后广州、深圳、天津、福州、平潭陆续加入，此时各地都把跨境进口当成重点。各大试点城市纷纷扩建保税仓、扩编跨境园区，并趁着筑巢引凤的契机，号召各大品牌电商企业、物流企业及各大零售商品企业入驻，一时呈现出非理性繁荣。各试点口岸对政策解读差异和执行标准略显浑水。物流及选品布局复杂，考虑与传统一般贸易利益平衡问题，试点口岸也都在摸着石头过河，对检疫标准、保税类目的控制，各部门在政策落实过程中一边探索一边调整，政策环境涉及商检、税务、外汇、海关等，各环节变动皆对全局影响。

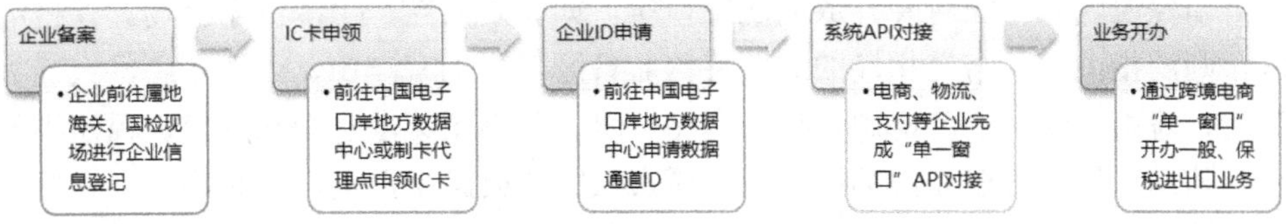

试点城市公共跨境电商平台一般对接流程

国家推动改革试点允许试点中适度试错。首批试点开始，郑州、宁波、重庆等地走货十分顺畅，上海、天津等地都属于严格按章行事，变通性小，进口量相对较小。随着运作积累，各地逐步探索出了一些经验路子，推出相应的跨境电商公共服务平台。进口电商日益壮大，国内“海淘族”预计到 2018 年将增至 3560 万人，年消费额达到 1 万亿元人民币[①]。政策试过了就要普及，对未来的判断是“试点之后无试点”，以后具备口岸及海关监管条件的城市都可以去做跨境电商，不再区分试点与否。海关总署 2016 年第 57 号公告明确了“跨境电商进口统一版”系统接入，对于各地“单一窗口”是个震荡，商检及国税的统一接入似乎指日可待。最近济南海关辖区 9 市可以“自动”享受到和跨境电子商务试点城市相当的税收和监管政策[②]，实现“一区多园”。总之，政策与市场都还不够扎实，可探索空间都还很大。

3.7.1 保税区

跨境电商表面上好不热闹，真正闷声大赚的是那些在保税区有仓的“地主”，除了前海宝宏、宁波富立、招商物流、中外运等内资，外资在仓储领域的参与度也很高，如丰树、安博、盖世理等知名仓储企业，电商自建仓储的需求量急剧攀升，菜鸟、普洛斯、嘉民先后在北上广杭郑等多个城市布点仓储中心、电商物流园。瞄准试点城市的巨大商机，各大跨境电商也都在各地进行着重复的建仓和对接工作。谁能更早完成平衡度更高的布局，谁就能发展得更加稳健。保税政策的优势有四点：外国货物入区保税且只检疫不检验、国内货物入区视同出口并享有退税、区内交易不征增值税和消费税且不实行进出口许可证管理、货物出区入境按进口相关规定报关征税。综合保税区通常是具有保税港区功能的海关特殊监管区域，享有相关税收和外汇政策，集保税区、出口加工区、保税物流区、港口或航空港等功能于一体，实现“境内关外”的自由贸易形式，可以发展国际中转、配送、采购、转口贸易和出口加工等业务。保税区，即保税仓库区，级别低于综合保税区，包括“保税仓储、出口加工、转口贸易”等三大功能，全国分布较多，如太原武宿、重庆西永、上海外高桥、深圳福田、盐田港和沙头角等。空港保税区，即保税区设立在对外开放的航空口岸，如北京天竺、上海浦东机场。保税港区，则泛指港口及与之相连的海关特殊监管区，如上海洋山、天津东疆、大连大窑湾、海南洋浦、宁波梅山、重庆两路寸滩、江苏张家港、山东烟台、福建福州等。陆港保税区一般在内陆经济中心城市铁路、公路交汇处，具有物流、仓储、商务等功能，产业聚集和辐射周边，如成都综保、沈阳综保、长春兴隆等。跨境电商进口商品是可以按监管要求在区内流转的。

---

① 前瞻产业研究，站在跨境电商的风口 传统商贸企业转型方向与策略报告，2016 年 3 月

② 济南海关辖区 9 市享受跨境电商试点政策，记者李冬阳，济南日报，2016-10-31

试点城市	保税仓区域 （截至2016年估，单位：万平方）	仓储面积
广州	空港 南沙 黄埔 流花	40
杭州	空港 下沙 下城	60
上海	浦东空港 外高桥 松江 嘉定 洋山港	50
郑州	郑东空港 保税物流中心 出口加工区 东站	60
宁波	空港 保税区 栎社 梅山 杭州湾	40
深圳	福田 盐田 机场 前海湾	60
重庆	空港 寸滩 西永 巴南南村 沙坪坝	100
天津	空港物流区 保税区 东疆港	40
福州	马尾	5
平潭	平潭	2

3.7.2 上海“跨境通”

上海作为国家中心城市，是经济、金融、贸易、航运中心，依托自贸区的优越条件是跨境电商发展的风水宝地。上海以自贸区为禀赋，开展多个跨境电商园区，成为进口电商集散地和仓储运营中心。上海经济发展形势较好，能够为跨境电商提供一定的支持，自建进口平台“跨境通”。2013 年年底“跨境通”平台正式上线，该平台由上海东方支付公司建设运营。公共平台企业对供应链段把控过度，如消费者通过“跨境通”网站订购商品，要求保税区注册企业必须使用东方支付，或在自贸区寻找有资质的代理企业。采用直邮模式的境外商户必须在国内设立分支机构或委托第三方机构处理售后服务事宜。采用自贸模式，企业就必须入驻自贸区开设账册企业，或在自贸区寻找有资质的代理企业。跨境通销售的产品类别主要是母婴、保健品、箱包、服装服饰、化妆品等快消品，与跨境电商平台类似。2016 年 1 月，上海跨境电子商务公共服务有限公司正式成立，该公司将作为跨境电商公共服务平台的建设运营主体，承担线上的“单一窗口”建设运营，成为上海电子口岸的重要组成部分。为进出口电商和支付、物流、仓储等企业提供数据交换服务，为海关、检验检疫、税务、外管等部门提供信息共享平台。近期该平台将重点推进跨境电商出口 B2B 通关服务。作为中国经济风向标的上海，拥有全国最优越的区位优势，目前宁波与杭州许多货都是通过上海转关的，海、陆、空港十分发达，邮政互换局及商业快件口岸处理规模大。打造纯展销一体化的经营模式，推动产地直达的贸易模式和线下体验店。

3.7.3 重庆“e 点即成”

重庆这两年风头最劲，在悲观的宏观经济下依然连续 GDP 全国增速第一。重庆是中西部地区水、陆、空型综合交通枢纽，形成了电子信息、汽车、装备制造、综合化工、材料、能源和消费品制造等千亿级产业集群，金融、商贸物流、服务外包等现代服务业快速发展。这里最先试点了跨境电商四种模式全业务，率先在全国搭建政府主导的“零审批、零收费”跨境电商公共服务平台。2014 年 6 月，重庆跨境贸易电子商务公共服务平台“e 点即成”上线①，实现企业、订单、支付、物流等信息统一接入。重庆海关通过推行“全程电子通关”和“汇总纳税、清单验放”作业模式，在全国率先实现跨境电商先理货后报关的通关措施，取消申报中间环节，大幅提高通关效率，并率先在推出小 3C 跨境进口管理办法，畅通了货物进境渠道。重庆本身空运不发达，在直邮方面临近的成都更有优势。“渝新欧”铁路对跨境电商是很好的运输大通道，铁路适合备货，从德国到中国从以前海运的 45 天左右缩短到两周时间，回程运费相对其他渠道更便宜。重庆市政府提出的“大力发展新型服务贸易”的政策目标，提速重庆及西南地区跨境贸易交流，发挥江津产业优势，引领重庆汽摩及零部件、机械制造等传统支柱产业的转型升级和市场拓展。重庆两路寸滩保税港区，内陆唯一拥有水路口岸及空运口岸的保税区，也是重庆自贸区核心区域，可辐射中西部地区 7 个周边省份，大型跨境电商入驻可较好地辐射内陆地区。

重庆跨境电商服务手册

一般出口	一般进口	保税进口
1）企业备案	1）企业备案	1）企业备案
2）商品备案	2）商品备案	2）商品备案
3）订单申报、电子审核	3）电子交易	3）电子交易
4）物流管控、实际离境	4）通关审核	4）通关审核
5）归并申报	5）物流管控	5）分拨出区
6）出具出口退税联	6）税款入库	6）物流管控
		7）税款入库
资料来源：重庆跨境电商服务手册，2016.9		

① 彭福林，前瞻网经济学人，2014 年中国六大城市跨境电商政策试点大盘点，2014-12-29

3.7.4　宁波“跨境购”

虽然宁波两边受上海与杭州的挤压，但宁波的跨境电商发展的有声有色。宁波是现代化国际港口城市，是浙江省乃至华东地区海运远洋贸易的集散地和物流中心。宁波保税区主要从事跨境电商进口，且依托保税仓优势，大规模开展“保税备货”，也支持一般进口海外直邮。要做跨境电商的企业必须在宁波注册公司，这样做，能够将入驻企业捆绑在保税区中，无法轻易离开，跟广州的模式刚好相反。2014 年 12 月，宁波保税区政企通服务平台完成验收上线，“跨境购”平台类似上海的“跨境通”也卖东西。宁波保税区有着扎实的基础，自 2010 年开始，宁波保税区着手打造进口商品市场，已初步形成了保税区内和宁波进口中心近 30 万平方米的进口消费品展示交易平台，引进会员企业 600 多家，建成了全国最大的实体进口商品市场。此外，进口商品的追溯体制也比较完善。检验检疫对保税商品按照风险分类监管，要求电商加贴防伪溯源二维码。商品到达宁波空港后，除少量包裹需要海关国检拆包查验外，其他大部分包裹只要信息完整，即可通关放行，通关效率很高。网易考拉海购在宁波保税仓总投资 5 亿元，规划建设 4 个独立仓库，拟建总建筑面积 25.6 万平方米，仓库落成后，日处理单量将达到 20 万单。

3.7.5　郑州“e 贸易”

郑州，位处中国地理中心，是全国重要的交通主枢纽、物资集散地，每年都会举办全国性大型商贸活动。但搞跨境电商，郑州区位优势基本没有，因为不靠海，但如此蓬勃最主要是“政策加身”，又获批国家中心城市，政策红利红的发紫。2014 年，郑州开通了“e 贸易”通关平台，开启进口模式。郑州的进口模式十分任性，别具产品特色，80%的产品都是化妆品，全国跨境电商进口的化妆品主要在郑州，基于如此，唯品会、聚美优品等化妆品进口巨头目前都在郑州。相较于其他口岸而言，郑州对化妆品清关的政策比较稳定。郑州在进口货物预检验方面，对特殊监管区内拟进口的法检货物，预先实施检验，凭借预检验的凭证便可分批核销放行，提高了通关效率。“秒通关”已成为郑州吸引跨境电商纷纷入驻的“法宝”之一。郑新欧铁路开通后极大地拉动了郑州的跨境贸易。2015 年河南全省跨境电商贸易额 50 亿美元，约占全省贸易额的四分之一，跨境电商正逐步成为外贸发展新的增长点。预计到 2020 年，全市跨境电商交易额达 2000 亿元。郑州保税国际进口商品直购中心 O2O 体验店。跨境电商的发展也促进郑州对空港的建设，郑州机场从一个区域性机场发展成为全球重要的航空物流枢纽，航空物流企业相继入驻，货运航线网络覆盖全球主要经济体，连续 3 年货邮吞吐量保持 40%以上的增速。近年来，河南省制造业发展迅猛，贸易需求增加，电子商务产业集聚效应初步显现，2015 年手机产量占全球手机供货量的 1/7。郑州跨境电商综试区将把做大、做强 B2B 作为主攻方向，进出口并重，并对开封、洛阳等地推广“一区多园”。

3.7.6 广州“状元谷”

广州是中国的“外贸窗口”，每年的广交会吸引了大量的客商及投资者，几乎与世界所有国家和地区建立了经贸联系。广州有海港、全国第二大空港，同时有中国香港作为中转口岸，区位优势绝佳。广州是从事跨境电商的先导城市，许多政策其他城市还在讨论中的时候，广州已经开始试行了。整个广东，海关队伍占全国近一半，有 7 个一级关，广州是自贸区，还是粤港澳一体化便利区和海上丝绸之路的起点之一，这里有唯一的海关总署分署，所以在政策上常常“先知先觉”。做跨境电商，若没去过广州学习，那真算不上起步，跨境新政最先起于粤广。先行者探路，广州对政策的拿捏还是比较有度的。商检相对比较谨慎，其机场清关对奶粉等产品的检验检疫比较严格，并根据企业管理类别实施分类通关“提前申报、货到验放”，提高通关验放效率。值得称道的是其对跨境电商及物流企业的开放管理，在广州开展与跨境电商相关的工作，只需要备案即可不需要在当地注册企业，参与者众，形成别具一格的物流商主导，竞争也更激烈。广东作为第一外贸大省，广东跨境电商交易额占全国交易总额的七成，已建成 11 个跨境电商园区，几种运作模式及通关方式都走得通。2014 年 11 月，广州正式开通“21 世纪海上丝绸之路”跨境电商平台。当地政府近期也在重点抓出口，对跨境电商制定专项的退税保障基金。

3.7.7 杭州“跨境一步达”

杭州空港不算发达，靠的是两大“护法”效应，政策倾斜、产业聚集。作为试点先锋，许多支持政策首先会在杭州试行，电商旗帜阿里巴巴的存在也让杭州成为绕不过去的热点。自 2014 年 5 月开园以来，杭州综试区引进平台电商、垂直电商、物流企业等，2015 年 3 月，国务院批复设立中国（杭州）跨境电子商务综合实验区，明确要求通过制度创新、管理创新和服务创新为全国跨境电子商务健康发展提供可复制、可推广的经验，先行先试。杭州跨境电商外贸综合服务平台“单一窗口”比较成功，协同整合与工商、税务、工商、质检、外汇、邮政等口岸管理部门，涉及企业备案、电子订单、电子发票、电子税单、电子运单、电子申报等诸多方面，该平台是此前跨境一步达的升级版。截至 2016 年年初，杭州目前有 3 个跨境电子商务园区，合计有下城、下沙、空港、临安、江干、萧山、余杭、邮政速递等 12 个产业园区。国内龙头电商纷纷入驻，园区已形成完整的跨境电商产业生态系统。除了跨境园区之外，杭州还入驻了进口电商线下 O2O 体验店和进口超市。杭州跨境电商产业链完整，周围集中着大批中小外贸企业。根据《浙江跨境电商 2015-17 年规划》及《中国（杭州）跨境电子商务综合试验区发展规划》，杭州意欲到 2017 年年底打造成全球电商服务平台，建成一个集信息共享、金融服务、智能物流、电商信用、统计监测、风险控制为一体的系统，杭州将会成立 5000 多个跨境电商公司，10 多个跨境电商工业园区，20 多个跨境电商孵化平台，布局海外仓 60 个[①]，联合海关、财政、地税等部门，对电商出口投保给予补助，届时预计出口交易额将达到 300 亿美元，进口交易额也将达到 100 亿美元。

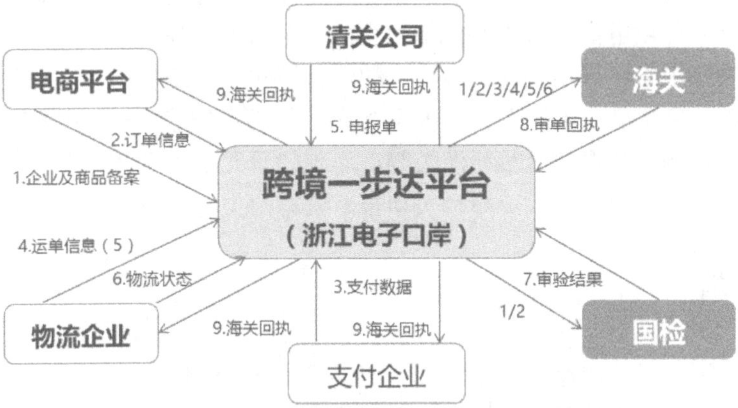

杭州跨境电商公共服务平台“单一窗口”

① 姜明、汪立亭等，海通证券，浙江跨境电商战略提速 产业链迎来爆发性增长，2015-03-15

3.7.8 平潭/福州“融达通”

国家制定政策都要通盘考虑，在战略方位上，平潭与福州的跨境试点与自贸区建设，实现两岸共荣。中国台湾每年有大批量货物从福建几个口岸清关进入内陆，而且其国际航线以及国际运力都是富余的，除了通过三通获取中国台湾货物外，还能将国际货物在其据点进行中转。平潭是对中国台湾重镇，是对其“新特区”，开通多条至台中、台北航线，拥有自贸区、海峡跨境电子商务和经济合作的试验区三区叠加的区位优势，与中国台湾快件物流已实现无缝对接。平潭全岛都是海关特殊监管区，全岛封关运作，“入区检验监管、出区核销放行”，也引入了O2O线下体验店。但是面对跨境进口电商，平潭的局面并未打开，跨境进口大部分属于非刚需产品，加之交通不便利，优势发挥不明显。

福州拿到跨境电商试点城市的资格，为有效整合跨境电商管理服务，在出口加工区设立集跨境电商监管中心、保税仓储、执法机构等设施于—体的跨境电商综合保税物流中心，采用“前店后库”的运营模式。在监管场所实现关检共享跨境电商仓库，建立自动化的商品在线检查系统，实现关检“一机两屏”，保障商品快速通关。福州市政府联合福州海关等口岸部门研发了“融达通”跨境电子商务通关服务平台，实现一站式三单通关申报，支持四类跨境业务模式。

3.7.9 深圳

深圳市跨境电商公共服务通关作业平台

深圳是搞外贸和跨境电商的福地，特区一旦出手，其他区域将黯然失色。按照区位条件来说，深圳跟广州持平，陆运、海运比广州更发达，背靠中国香港的航空集散，能够弥补深圳在空港上的劣势。深圳的保税区功力最深，庞大的制造业集群与 300 多万外贸大军形成已经数十年，很多跨境试点在这里并不算新鲜。深圳的国际化程度远非其他城市可比，进出口规模居全国外贸大中城市榜首，深圳跨境电商业务占全国总额的 50%以上，堪称谜一样的存在。而进口资源底蕴之深厚，且不说不计其数的水客与代购，深港直通车等便利条件，使得整个中国香港都是深圳的“保税区”。深圳前海自由贸易试验区是“特区中的特区”，随着国家利好政策的释放，跨境电商各种模式跑的驾轻就熟，凭借先进的供应链优势，形成进口消费品集散中心。深圳不拘於前海一处，其福田保税区、盐田综合保税区、机场保税物流中心等多个海关监管区的跨境运作也相当活跃。深圳的痛点在市场机制上，由于目前在深圳有部分企业一家独大，在保税区拥有仓库，同时又兼做全段供应链，再加上管制因素，对深圳跨境电商市场造成了垄断，单个企业无法做到大体量进口，规模上不去[①]。

3.7.10 天津

中国的北方市场化程度整体低于南方。天津是北方经济重镇，也是环渤海地区经济中心、北方最大的综合性港口和重要的对外贸易口岸，背靠北京这个大消费市场，地理优势明显。2005 年 9 月，天津获批成为具备保税进口业务资格的跨境电商试点城市。天津政府推出条例，在自贸区的监管、创新和优势产业发展方面提出了具体规定，金融创新实现跨境电商出口结算的正规化；监管创新提升跨境电商进口消费的本土化，提升便利性；开放外资准入，帮助外资跨境电商企业落户自贸区进入中国市场。然而实际落地与政策设计差距甚远，至少进度上非常迟缓，东疆保税区、滨海新区、天津港保税区之间相互竞争，谁都想抢占跨境电商份额，缺乏统一协调和入口平台，管理上有些内耗。跨境商品线下 O2O 体验店，在自贸区中心商务区开业，在北京开业“东疆进口商品直营中心”，以超市的形式进行进口商品的零售和批发。

3.7.11 跨境电商综合试验区

跨境电商综合试验区是通过制度创新、管理创新和服务创新，实现跨境电子商务自由化、便利化、规范化发展的综合改革试验区，与自贸试验区一样，是政策创新的高地。简政放权、放管结合，既可以吸引大中小企业集聚，促进新业态成长，又便利有效监管，支撑外贸优进优出、升级发展。2016 年 1 月国务院决定在合肥、成都、大连、青岛、苏州等 12 市新设跨境电子商务综合试验区[②]，复制

① 铃少，跨境电商内参，年度盘点：国内跨境电商试点城市实情汇总，2015-12-14

② 一关通，第二批跨境电商综合试验区政策详解，雨果网，2016-01-12

推广杭州“六大体系、两大平台”经验做法。“杭州经验”面的“两大平台”则为线上“单一窗口”和线下“综合园区”，“六体系”也是依附于线上单一窗口平台的，因此各试点城市的监管思路将趋于一致，各地通关服务平台都将升级成单一窗口模式：实现政府部门间信息互换、监管互认、执法互助，汇聚物流、金融等配套设施和服务，为跨境电子商务打造完整的产业链和生态圈。一区多园，事实上为地方政府的地域拓展提供了政策背书。

杭州跨境电商综试区“6个体系2个平台”的经验总结

六个体系	两个平台
一、信息共享服务体系 二、金融服务体系 三、智能物流体系	一、单一窗口：与海关、检验检疫、税务、外汇管理、工商、商务、邮政等政府部门进行数据交换和互联互通，建立覆盖B2C和B2B的“单一窗口”，形成“电子围网”构建“三流共享”的数据底层
四、电商信用体系 五、风险防控体系 六、统计检测体系	二、综合园区：完善线下生态圈，采取“一区多园”布局，有效承接线上“单一窗口”平台功能，积极加快产业集聚，推动传统企业转型升级、区域特色优势与跨境电商融合发展

跨境电子商务的规模很有限，在整个外贸当中比重很小。但增速很快、潜力非常大，开展试点工作就是让跨境电商对外贸的贡献由量变到质变，从潜在的变为现实的。跨境电商综合试验区是政府想打造的互联网+外贸的大通道模式，因此重点考虑的是全国外贸进出口规模排名前30位的省市，同时兼顾东中西部的合理布局，让企业能够更加自由、更加便利地开展对外贸易。比如，之前北方沿海区域没有试点城市，导致很多日本、韩国商品都是空运到郑州再清关，综试区放开后，青岛、大连等地将使企业在从事日本、韩国跨境电商业务的便利性大大提升。新设的“跨境电商综试区”，除了之前试点城市的升级扩容，还新增了几个外贸重点城市。

成都是西南地区的科技、商贸、金融中心和综合交通枢纽。成都有望形成跨境电商的西部中心，根据规划，成都将力争在2018年初步形成“一都一府三中心”的跨境电子商务发展格局。为跨境电子商务平台、中小经营主体、供应链、仓储等企业提供基础环境，实现海关、检验检疫、外管、国税等授权范围内的部门信息共享，并争取国际邮件互换中心成为全国第四大口岸互换局。成都在空港保税物流中心重点发展网购保税进口，兼顾特殊区域出口。

合肥是华东地区综合交通和通信枢纽之一，是长江经济带发展战略的重要节点城市，皖江城市带核心城市，按照规划，合肥综试区依托安徽（蜀山）跨境电子商务产业园，以快件、邮件为物流支撑，构建通关、结汇、退税等政府服务职能。在布局进口贸易平台方面，将投资进口商品O2O展示体验中心、跨境电商大厦、国际商品展示交易中心，实现年进口额300亿美元，力争成为中部地区最大的跨境电商进口门户。

合肥跨境电子商务通关服务平台

合肥跨境电商综合试验区

苏州承接上海制造，对外贸易发达，拥有媲美深圳的高科技制造集群，近年来在跨境电商方面狂飙猛进。突出本地特色和优势，着力在跨境电子商务B2B方式相关环节的技术标准、业务流程、监管模式和信息化建设等方面突破，用新模式为外贸发展提供新支撑。

青岛拥有国际性海港和区域性枢纽空港，是重要的国际贸易口岸，跨境电商综试区建设将围绕建立“国际贸易信息流引领发展、监管服务窗口一体化、区域合作协同发展”三大机制逐渐展开，重点在B2B模式先行先试，“中韩海运直购进口”是国内首个开展海运跨境电商直购进口的城市，跨境电商公共服务平台使用效率、通关和退税速度优于其他试点城市，是对韩经贸的新地标。

大连海运物流便捷，是东北门户，与日本、韩国、朝鲜和俄罗斯远东地区相邻，是对日本、韩国外贸的重要城市和出海口，腹地覆盖整个东北地区。随着《中韩自贸协定》的生效、跨境电商大规模的入驻，大连跨境电商综合实验区，创立“四位一体”（跨境电商+旅游采购贸易+保税电商体验+保税展示展销）运营模式，释放对外贸易和传统产业集聚能量，激发创业创新活力[1]。大连港冷链物流园成为中国唯一集保税港、专业冷藏船泊位、集装箱码头和港口后方冷库群于一域的专业化冷链物流中心。

3.7.12 跨境电子产业园

与国内电商产业园的建设是一样的，跨境电子商务综合试验区，催生了一批针对跨境电商的产业园，到2016年3月，我国已有跨境电子商务产业园50多家[2]，市场化资源整合持续火热，形成物流、金融、培训、电商等跨境电商产业主体的聚集式发展，以及一区多园的格局。国内的商务园区属政策“跟风草”，牌子大概经历了“科技园—>电子商务园—>跨境电商园”，随着跨境电商政策的完善，跨境电商产业园的招商引资、财政补贴、专项基金等各种优惠政策逐步取消。未来跨境电商产业园将在政府规划和产业政策的窗口引导下，通过市场化的运行机制和分享体制的构建，实现多赢互利基础上的行业聚集和产业转型，整合上下游企业，以跨境电商及外贸企业为核心，引入航空、物流、支付等关联企业，打造完整的产业链条，促进技术交流、产业协同、参股合作等合作形式，才有望在众多的跨境电商园区中突围。具备国际化经营能力的，还可以在北美、西欧等成熟地设境外产业园，帮助国内外贸企业开辟“据点”。由于政策上明确提出推动跨境电子商务创新应用，对生产企业、外贸企业、中小企业利用跨境电商开展对外贸易提供必要的政策和资金支持，跨境电商园目前仍会是招商热门。

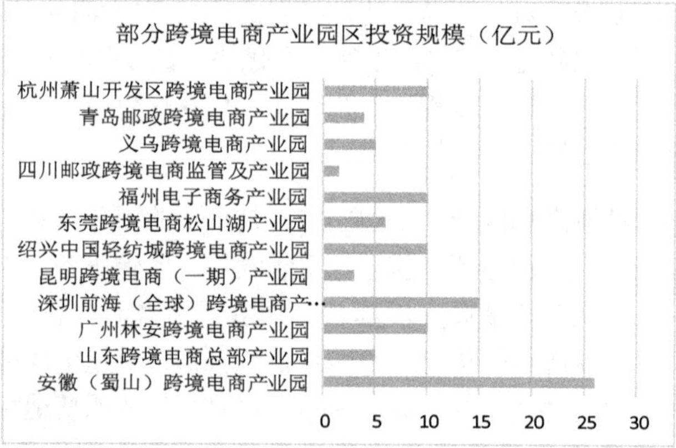

① 袁孝尚，第一物流全媒体，一文看懂12个跨境电商综合实验区，2016-03-11

② 前瞻产业研究院，跨境电商产业园发展模式与产业整体规划研究报告，2016年3月

3.8 行业动向总结

对进口跨境电商而言，政策、市场、运作、融资为“四大险情”，任何一险足以置之毁于旦夕。当初，在需求旺盛的卖方市场，只要多多益善地卖产品即可，众咖云集，一切景象欣欣向荣；随着新政推出、消费者热情下降，市场重建新规，大潮退去，价格刺刀互搏，一批外强中干的企业被淘汰了；沉淀下来的，必是开源节流的管控行家。企业发展的进化规律：低阶的是产品和营销，高阶的是运营和管理，顶级的是战略与资本的竞争。进口供应链与销售链关键节点是运营效率的提升，保障资金流成为生利造血的基础；此时，谁先得到公开资本谁就有了暂时的免死符，至少大局上有了卡位之优势。

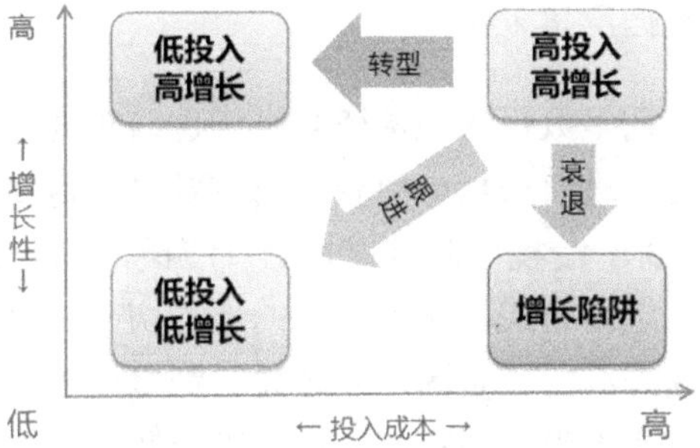

一是政策面，宏观因素人人平等。新政在设计上，注重政策的合理性，“先发展后规范、先试点后推广”的分步实施节奏偏紧。其后，虽多次释放善意，重建行业信心，海关监管模式创新与完善仍是当务之急，完善各地公共服务平台“单一窗口”也刻不容缓，保税园区管理者还要大力探索更多优惠政策，形成区域特色。我们看到地方政府代正在以更大的力度来支持和发展跨境电子商务，切实帮外贸企业提升能力、实现转型，让外贸电商走得更快些，在全国各地生根开花。

二是竞争不止，“贪便宜、不忠诚”是网购用户的特征，很大程度也因为产品同质化、商户过度营销，随着跨境用户需求逐步升级，电商必须从模式、选品、转化率等各方面深入培养用户粘性和忠诚度。国内电商的竞争激烈程度，说是红海胜似黑海。以往单纯以价格战引客的“烧钱圈地”渐渐事倍功半。未来，各平台须围绕其核心用户，寻找赢利点，从“能卖什么”转向“用户需要什么”。综合考虑获客渠道和成本，减少供过于求的产品及不必要的促销，选品变成了对多元化、个性需求和情感的满足。为了维持流量，仍无法放弃通过大规模采购和可靠货源、账期，拿下稳定的爆品订单。从过去的历史看，垂直电商都打不过综合电商，活下来的寥寥无几，跨境电商如何破这个规律？仍有想象空间，“妈妈们”的消费能力是无穷的。

三是修内功，用户越来越精，单纯的爆品低价已是强弩之末，提升心动的消费感受，未来的制高点将取决于差异化落地与供应链效率。跨境进口与国内电商融合、模式及服务多元化、商品竞争转向供应链竞争，依靠技术手段更新，回归零售本质。进口企业淡化自身跨境光环，为减轻政策造成的波动，平台开始拓宽商品渠道和品类。跨境 O2O 体验店是新品类体验式推广的方法，但要提升线下展示和交易模式的引导性，否则转化率不高，徒增成本。关于模式，决不能单纯认定谁的好与不好，要看你站在什么角度和具备怎样的能力，如同国内也许京东的服务体验远远好于天猫，但两者利润差距仍然很大。零售业普遍切入跨境购，与超级电商斗，更多将人、财、物、力向提升用户体验方面倾斜，提升跨境商品流通速度。除了账期，把握汇率采购。

四是战略方向，早期多数投入大量资金进行进口布局的跨境电商，发展方向较为单一。资本市场对于进口跨境电商企业的投资已变得谨慎，考验企业核心竞争力的关键时期已经到来，跨境电商有很长的供应链，里面有足够的空间去挖掘，要避免照搬国内的传统电商模式，从有优势的地方切入。消费升级、品质升级，当用户不再关注产品是海淘的还是国产的时候，跨境概念才会被淡化，融入内贸型电商，或成为生活方式类消费门户，或成为以消费能力为划分的垂直平台，然而这一天要到什么时候，取决于国内商品何时与国外品质看齐。模式轻重不是最关键的，关键是无法被取代，各企业应着力打造无法被取代的独特产品体验。任何企业都没有成长的天花板，并购融资还会继续，拥抱变化，大海航行靠舵手。

面对跨境电商，国外品牌商与传统零售的态度是颇为暧昧的，货比三家，电商对于他们其实是个双刃剑，不得不说这种迟疑就是跨境电商的机会。供应链是软肋，进口商品投诉率激增，2015 年海淘投诉占网购所有投诉的 16.55%，荣登黑榜前三甲，主要是海淘及代购的居多。物流企业的机会就是为这些国外品牌创造可靠的通道。根据淘宝全球购针对近 5000 名海淘用户的调研数据显示，有 3 年以上海淘经验的人数占比达 40%，6 年以上的海淘经验占比 10%，钟情于进口商品的消费者群体比想象的庞大。用户是行业的主人，跨境电商前景仍然光明，供应链、物流等行业参与者依然机会多多。

第 4 章
海外仓

当前我国出口大幅下滑，政策更加向出口倾斜。与过去几年大力扶持跨境电商有所不同，当前的政策导向开始有所侧重，出口 B2B 模式成主流，推动企业走出去的“海外仓”成为政策扶持的重点。商务部 2015 年发布《“互联网＋流通”行动计划》，将推动建设 100 个电子商务海外仓①。2016 年的政府工作报告明确提出“扩大跨境电子商务试点，支持企业建设一批出口产品海外仓”。从 2014 年《关于支持外贸稳定增长的若干意见》这个文件开始，国务院在后续的跨境电商政策文件中均谈及“海外仓”。《关于加快培育外贸竞争新优势的若干意见》中提到，鼓励跨境电子商务企业通过规范的“海外仓”等模式，融入境外零售体系。在 2016 年“两会”上，李克强总理强调要支持企业建设海外仓，鼓励电商企业“走出去”建立海外营销渠道，要做好 B2B 以及 B2B2C 跨境电商，海外仓尤其是公共海外仓的建设和利用是关键，“通过公共海外仓建设，完善与跨境电商新业态相匹配的海外仓储物流体系和配套服务网络，逐步建立形成遍布全球重点区域的‘跨境电商采购+海外展示交易+集散分拨配送+售后服务保障+当地市场拓展’海外仓模式”。其实从 2013 年起，行业内就已掀起了一批海外建仓潮，物流一直是跨境贸易的瓶颈之一，出口电商在物流过程中的丢失、破损、延误是交易纠纷的主要因素。超级大卖或大型物流企业纷纷建设海外仓，为跨境电商提供“先备货、后交易”的服务模式②，直邮改 FBA 或海外仓发货模式，以减少差评或 A2Z 投诉，提升店铺信用评级。

跨境电商火爆，对配套跨境物流水平的要求也不断提升，对便利高效的海外仓储物流需求逐年攀升，海外仓 Overseas Fulfillment 不是一个单纯的跨境运输或库存方案，而是对现有市场上所有物流运输方案的全面整合，形成一套一站式的整体解决方案，本质是整合。海外仓不是在海外建一个仓库就好，而是以仓储为核心的综合物流配套体系，包括大宗货物运输、海内外贸易清关、精细化库存管理、个性化订单管理、包装配送及售后服务等，对经营海外仓的企业综合能力要求相当高。海外仓是欲做大跨境电商的必要优化，而杀手级应用则是出口运营本地化、进口供应链前置。对于出口海外仓，商品面临着和众多国外本土品牌及电

---

① 商务部办公厅关于印发《“互联网+流通”行动计划》的通知，2015-05-15

② 易观智库，中国跨境电商产业研究报告之出口篇 2014，，2014 年 8 月

商的竞争，而在这种竞争中，成为中国制造的海外支点是最大价值。

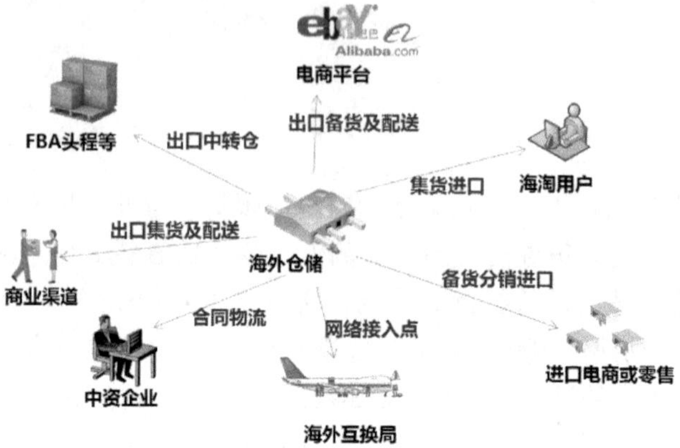

海外仓储多种功能定位

4.1 市场前景

海外仓，“买全球：跨境进口的海外集货，卖全球：跨境出口的海外备货”。跨境进口新政实施后，保税进口突发熔断，直邮进口为主唱，海外直邮不要求有通关单、有更多商品可以做，海外仓作为海外直邮的集货和中转枢纽，成为绝大多数进口电商的刚需。但因为整体成本考虑，用于库存管理的进口海外仓还较少，库存停留较短。下文主要以出口海外仓讨论为主。

海外仓多次被政策推上了风口浪尖。据不完全统计，我国超过 200 家企业在境外设立了的各类海外仓，海外仓数量超过 500 个。在地区分布上，我国企业设立的“海外仓”主要集中在美国、欧州等发达地区；国别上主要有美国、英国、德国、澳大利亚、俄罗斯、加拿大、荷兰、比利时、西班牙、日本等；形式上以租用仓为主，自建仓较少；数量上呈快速增长趋势，2014 年以后设立的海外仓占一半以上。广东、福建、江苏、浙江的企业走出去设仓数量较多[①]。2015 年国内外贸电商订单总量为 1.6 亿单。据不完全统计，国内 82%的订单是从国内直发的，这意味着有 2880 万单是从海外仓发出的。市场潜力肯定是巨大的，目前年发 300 万单以上的第三方海外仓巨头就有 4 家以上，此外国内还有 50 多家第三方海外仓，还有许多大卖家选择自建海外仓。根据 Amazon 卖家调查，70%的卖家只通过海外仓发货，20%的卖家采用一半直发一半海外仓发货，55%的卖家会把 FBA 作为主要海外仓发货方式，对这部分卖家而言，自建仓的发货量占比为 10%～30%左右。

① 王珂、左娅，海外仓：为跨境电商添翅膀，人民日报，2016 年 8 月 11 日 09 版

估算下来，全国至少有10万卖家没有使用海外仓，海外仓的潜在用户非常之巨。

经营海外仓的企业，第一类是电商平台型企业，如eBay Winit、Amazon FBA等，通过服务体系延伸为平台上的跨境电商卖家提供更健全的服务。第二类是出口大卖家，面对配送慢、退换货、清关查扣、丢失破损、无追踪状态等问题，海外仓实现了服务前置，拥有这样的境外服务点，可以发挥很多想象空间，这类海外仓是完全自营式。比如，兰亭集势的海外仓从欧洲拓展到了北美，后来又建立物流开放平台。第三类是传统外贸企业，出于对自身跨境业务发展的支撑，缓解物流成本高企及压缩配送时长等因素，提升平台交易量，备货海外仓，同时可以为其他跨境电商企业提供一站式海外仓服务。第四类是第三方，以国际物流、货代企业为主，这类企业具备强大而专业的国际物流服务能力，专注于经营跨境卖家的物流服务，万邑通、出口易、中邮、递四方、飞鸟等都是较早涉足海外仓的专业公司。短短几年，出口用的海外仓又要泛红，国人每个领域的血拼水平实为令人发指。美国、欧洲、澳洲太多海外仓，而俄罗斯的仓不好解决，受当地政策的影响，巴西这块的市场更难做。卖家的成长周期也不容忽视，让一个日均十几单、几十单的小卖家去使用海外仓、去自建海外仓，那是不现实的。

4.1.1 卖全球的优势

出口海外仓是指跨境电商卖家按照一般贸易方式，将商品批量出口到境外仓库，在线完成销售交易后，将商品直接从海外仓发出，送达境外消费者。跨境出口电商的竞争日益加剧，对本土化物流服务的要求也愈加严苛。一直以来，直邮物流存在着各种痛点，建成标配的海外仓，似乎已被认为是化解良方。海外仓提具有升本土化优势，拓宽选品范围、降低清关障碍、减少转运流程、降低破损丢包率，增加退换货等增值服务。如果直邮可以解决跨境物流问题，海外仓不会兴起。当产品结构趋于稳定，物流模式也将变得成熟。每当旺季航空线路不堪重负，海外仓发货还是优势显著。海外仓还具有中转作用，很多卖家有同时使用海外仓与FBA仓（亚马逊提供的供发货业务），旺季时可以直接从海外仓调货到FBA仓，或接收处理FBA的退货。具体优势如下。

海外仓基本运作流程

一是提升曝光率、订单转化，增加销量。拥有海外仓库存，更改物品所在地，轻松成为海外卖家，当地客户在选择购物时，一般会优先选择当地发货，以缩短收货时间，买家在搜索产品时，位置在买家所在国的列表会比在其他地区的排名靠前，从而增加产品的曝光率，提升店铺的销量。

二是短运输时间，减少买家物流纠纷，缩短货物回款周期。海外仓减少订单响应及发货速度，提升物流配送品质和效率，使得各种规格的商品均能按时、保质完成配送。

三是扩大选品范围，海外仓拓展了跨境物流配送的适配性，诸如家居、园艺、汽配等大件、重件，及高价值商品提供了有力保障，进一步拓宽了中国制造出口的品类。使用海外仓，卖家选品可以无限扩张，有些产品使用期很长，如烧烤炉、机电床、狗屋、家具等，市场需求量大，零售价格和毛利都高。如今，很多外贸工厂也通过跨境电商，砍掉多层中间商，借助海外仓做生意。

四是降低卖家跨境物流成本，通过海运集装箱运输货物，能够克服单个商品走普通空运的限制，尤其是由于各种原因不能运输的物品，借助规模效应，批量运至海外，有效降低物流成本。本地派送与国内快递类似，基于“爆品下沉”前置到仓，周转速度摊薄仓租，整体下来物流成本还是有优势的。

五是升级售后服务，提升客户满意度。利用海外仓进行售后服务，包括时效、货物退货、换货等售后服务。实现有竞争力的本土销售，提高店铺的满意度。海外仓离消费者很近，可以退换货甚至维修，提升了本土化服务的体验度，有利于刺激客户二次购买，促进产品的精准销售。

六是提高产品的售价，增加毛利。品类的扩大促进销量提高，发货速度快、售后服务好，得到国外买家的认可，摆脱恶性低价竞争，有利于卖家积累更多的资源去拓展市场，进一步扩大产品销售领域。

4.1.2 哪些适合海外仓

多数卖家关注在体积小、价格低的产品，大件、重货等海外高需求的产品，受限于运输条件，只能望而却步，海外仓突破了这一限制，开辟了选品空间，也就开辟了中国制造输出的通道。但是，并不是所有的产品都适合海外仓，销量、成本和运营等问题还有待商量。海外仓选品，精打细算才能见效。典型有以下几类。

一是“三高”商品，体积超大、重量超限、价值超高的产品，直邮无法满足其物流需求，快递包裹无法运送或费用太贵，如家具、园艺、灯饰、汽配、户外等品类是海外仓的上佳匹配，注意包装标准化，通过海运批量运到海外仓，物流成本能大大降低。二是品牌商品，商家品牌觉醒，方便精品化管理，品牌商品需要用品质和服务来实现品牌溢价，海外仓能够实现的服务正是品牌的需求，未来中国制造的品牌商品将会成为主流需求，海外仓凸显服务价值必为标配。三是低值易耗品，非常符合本地需求的快消品，以及那些需要快速送达的产品，最好是热销的单品，因为库存周转快，卖家不用担心压货的事情，如工具类、家居必备用品、玩具、3C 配件、爆款服装等。四是国内小包快递无法运送的产品，如带电产品、液体、膏状类产品，高风险和高利润的产品，以及便于清仓的长效标品类，周转不快、不愁销路，都会有强劲的表现。

不同选品对物流运作的要求

现在，欧州、美国、日本、澳大利亚等发达国家的海外仓都较为成熟，拉美、非洲、东南亚及俄罗斯等新兴市场的海外仓，因为政策法律等因素制约仍在摸索中。如果订单不是很多，不要过早设海外仓，折中办法是可以将卖得不错的一部分产品放到欧美的海外仓，或先发一部分货量去尝试。海外仓优势显而易见，负面效应也不容忽视。

4.1.3 海外仓要注意的事项

通过海外仓，原来笨重、泡货、易碎的商品也可以进行跨境交易，当地发货。但海外仓并非完美，很多人误以为海外仓，只是在海外租个仓库，用 Excel 管起来即可，忽略了后续库存、资金占用、当地法规、尾货等连带问题。仓库是非常重的资产，如果要自建海外仓，则需要巨大的前期投入和精细化管理。而仓库管理人员素质、效率以及系统支持等都很关键，想要达到 FBA 仓储运营中心那样的效率还有很长的路要走。海外仓要注意的事项如下。

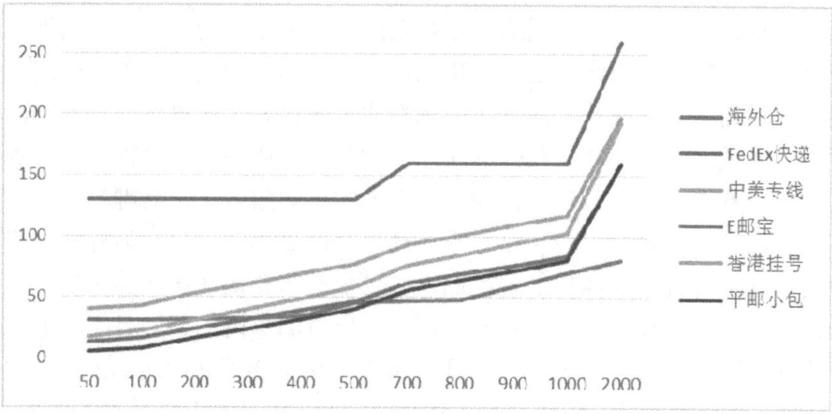

备注：选品合适、运营顺畅的条件下：
费用：海外仓<FBA 海运<FBA 空+派<直发，速度：海外仓>直发>FBA 空+派>FBA 海运。

出口跨境物流模式资费比较（单位：元、克）

一是关于费用，只有在选品合适和运营顺畅的条件下，海外仓综合成本才会低。若选品出错，则付出代价会很大。订单太少平均仓租负担高企，轻小价低的产品不如直邮，一旦出现滞销更是每日贴钱。不同国家地区仓储及配送费用也不同，可以对不同发货方式做个对比。另外，分段成本核算要精细，头程运费、清关税费及配送费等，不能单纯看仓租优惠。二是库存问题。货物在海外仓必须有一定存量，货物一旦发出去就变成看不见摸不到的库存，过多的存货会占用企业大量现金流，这会让卖家有资金压力。因此，卖家要做好库存分析和销售周期的把握，尽量控制发货节奏及安全库存，根据销量补货，避免产品滞销、脱销的情况出现。比如服装、鞋类等季节性强的消费品，中小卖家要考虑淡旺季的备货策略。三是运营风险，因为是贸易出口+境外本地运营，海外仓有其特定的跨国风险。首先，产品是否符合进口国当地质量标准、是否有侵权，此类情形很容易被海关查扣；而如果因产品质量问题，引起客户投诉，仓库都可能遭到查封，那就血本无归，甚至殃及鱼池了。其次，入境关税及在线销售税 VAT 也是无法回避的问题。此外，除了 FBA 和自建仓，异地管理，使用海外仓关键要选好有信誉的服务商，因为货物要全部发给对方，但跨时区信息沟通不便，货损、结算及退货等异常协调，谨防关门跑路查无所踪。

4.2 海外仓运作

最先使用海外仓的基本上都是大卖家，依靠自建仓加快物流速度，提升服务和客户体验以及加速资金周转，也加速了行业的马太效应，规模优势凸显。中小卖家看到 FBA 的契机，乘之追击，但 FBA 坐地起价又濒临爆仓，各路卖家纷纷寻找第三方海外仓，使得海外仓发展进入一个混战期。据说，很多欧美华人华侨利用自家车库或院落做海外仓，到国内拉生意，这种方式尽管价格低，但其专业性和存货安全是很大的问题。事实上，从正规物流公司或大卖家的角度看，纯出资自建仓，涉及选址、租仓、人员招募、派送资源、招商等一些列问题，要全程外聘必须的法律、税务及财务等专业服务。以美国为例，各州商法和税法都不同，严格又复杂，各类行业协会及税务监管等部门，常针对中国商品的知识产权及质量安全等方面漏洞下手。

对于初试海外仓的卖家，首先要快速打开局面，如备货方面，选好主打产品，头程开始用“空+派”尽快完成从交货到入库；开始销售一段时间后，分析各 SKU 销售情况以及走势，再根据预测进行补货；如果销售情况很好，且量很大，可以考虑启用海运，而海运要 30～40 天，量大时启用海运才划算；若店铺形成常态化的销售转化与提升，则对海外仓的依赖也进一步加强。随着海外仓的成熟，将出现类似淘宝代发货模式，一种新的跨境电商代理生态链，即大卖家依靠海外仓备货，然后通过自营和发展代理形成多渠道销售，小卖家作为下游代理，为大卖家提供流量和订单①。

4.2.1　自建或第三方

中国是制造大国、出口大国，但无论是工业品还是消费制成品，主要是贴牌代工，以品牌+自主全球分销网络出去的极少，这样也就谈不上直销和售后了，贸易一锤子买卖，跟海外本地化运营没半点关系，所以跨境电商之前，在国外也很少看到服务于国内品牌商的专业物流海外仓。当然，随着华为、海尔、联想等优秀企业国际化步伐的加快，这个领域的海外仓需求也在缓慢增长，但相比之下，跨境电商所带来的突破是史无前例的。自建、租用、FBA 仓均属于海外仓，自建难度最大，FBA 最成熟，但对选品规格限定多、入仓严、成本高，客户无条件退换货使之无法二次销售，第三方海外仓服务更灵活。Amazon 基于“跨境配送网络、全球云仓体系”，毫无疑问已经是全球最大的海外仓运营商。消费者常倾向于购买使用 FBA 的产品，卖家对海外仓的需求确实在增长，但为了排名和转化，更多的需求流向了具有流量和服务优势的 FBA 手中。在亚马逊销售的中国卖家大多数都通过 FBA 发货，其龙头地位无人可撼。如今 FBA 店大欺客，在全球拥有 90 多处仓储中心，很多人可能有感于大卖家自建海外仓的先见之明，事实上，他们

① running-fruit，从海外仓火爆来看未来跨境电商的分化，雨果网，2015-02-03

很多也是被逼出来的，无限扩张的品类对包装、物流及售后的专业性要求剧增，前几年第三方海外仓还不完善，直邮已经不能承受之重，后端运营已达极限，只能自建海外仓。

自建海外仓对大卖家而言，就是建一个海外分支，涉及人财物的问题颇多，资金压力、货物安全、运营风险等不得不面对。财力不足、不够专业绝不要贸然启动自建海外仓，从起步到层层搭建成一个完整的经营体系，将消耗企业大量的资源和精力。如果只是把海外仓作为直邮的另一种补充，最好交给第三方海外仓，所谓让专业的人做专业的事，即便规模较大也可以合作租赁。当然，如果财大气粗另当别论，可投资或收购国外仓储物流公司直接搞定。

中邮海外仓

第三方海外仓，有一部分是卖家转型，凭借在市场打拼的敏锐嗅觉，发现这一旺盛需求而转型做物流服务商。依托境外华人社区以及海外公司的管理经验，从自有海外仓拓展到平台化服务，在专注于自己擅长的领域的同时，发挥资源共享的效应。不过，平台对于自营商品和在库其他商品很难一视同仁，还会通过分析来扩大自身选品的优势。第二是货代、物流类，从专线、空海代、清关等起家，拥有优势的运输资源和清关能力，资金雄厚、业务规模大的，甚至是目的口岸的庄家，通关、退货、转运等服务是其特色。2017 年，FedEx 也涉足海外仓，推出 FedEx Fulfillment 仓储，类似 FBA 的一站式物流网络服务，企业客户将商品储存至其美国及加拿大仓库，后续订单打包及配送由 FedEx 全权处理。还有的，在海外代理网络较强，在某些国家或区域，通过物流合作伙伴能够提供分拨仓储和门到门的终端配送服务。第三外贸类，掌握国外买家资源的物贸一体化企业，长期扎根于某个商品领域，传统为直客 B2B 定制化一站式服务，有一定资金积累及仓储条件，背靠国内的供应商资源，或基于某些核心大客户的业务需要，搭建海外仓平台。还有些小型海外仓，属于贸易、转运或华人创业公司，由于缺少直客资源，多限于局部小范围运作，但可对细分领域或大客户提供精品服务，船小好掉头，“小而美”也是第三方海外仓发展的一个方向。

行业不断涌入，如何在众多新晋海外仓中租用可靠的服务，服务、时效、价格等因素，都是基于其是否具备以下几种专业能力的评价。一是大宗运输，国际货运代理及承运人航线上的资源，保证稳定的头程舱位和高质量的操作水平，及时补货上架，海外仓常常在整合物流资源的基础上兼营专线。二是海内外贸易清关，商品五花八门，对于外贸清关的能力要求颇高，符合各国海关政策法规的各项要求，降低税费成本。三是仓储管理，电商对仓储库存以及订单处理的准确率要求很高，加上每日大笔的订单量以及高频率的退货，海外仓库内作业至关重要。国外人力成本高昂，免租期、仓租优惠、本地快递折扣等价格因素往往体现的是管理水平。四是技术，平台抓单、库存管理、先进先出、批次要求等，没有连贯的系统支持是不可想象的，而库内的拣选、包装、发运等环节应用自动化技术以提升服务效率及可靠性。五是服务，努力提供全程一站式门到门服务的同时，加强本地化举措，如提供特殊包装、简易修补、FBA 中转、退换货、报税、转售等增值服务；或者专攻特定的垂直品类，如家具、汽配，把品类服务做到极致；同步海外仓新政策，对接某些新平台、拓展尾程物流渠道等。海外仓企业要清楚地知道自己的优势和资源，找准在整个价值链中的位置。

4.2.2 海外仓选址

插旗布局是一种战略考量。目前，国外真正需要和适合开展海外仓的国家非常集中，全球选址比较成熟的就那么几个，如美国、德国、日本等。如果隔着墙在 FBA 仓旁边建自营海外仓，就算想狐假虎威，成本也架不住。亚马逊在美国有 60 个运营中心，其实就是仓配一体，密集地网络联结各大机场或港口，避免了远距离的长途运输，缩短运输时间。海外仓的订单流及入仓成本是选址关键因素。

市场在哪仓在哪，海外仓第一站必是美国。美国国土面积大，物流仓储门槛较高，选址要靠近重要港口和交通枢纽，靠近人口密集区，华人劳工资源丰富，仓库存量多等。根据行业数据，全美电商订单，美东占 50%，主要分布：佛州、纽约、宾州、北卡；美西占 25%，分布加州及华盛顿；其他地区占 25%，如南部得州及北部芝加哥等。这样，美国海外仓基本锁定在东西岸及南部少量，包括 Amazon 仓库的分布也基本如是。除了就近消费区选仓，降低运费、时效提升，劳动力、免税州及仓库存量等因素也很关键，因为境外拓展很难一步到位，仓库的扩张和搬迁随着业务发展不可避免，要长远考虑。基于以上分析，美东地区的新泽西州 NJ 绝对是首选，比邻纽约、仓库集群、华人聚集、交通发达。据称，南部德州的电商占比为总量的 11%左右，是第三大派送目的地区域，适合在国际港口城市休斯顿设仓覆盖美国南部地区。西部首选加州 CA，或俄勒冈 OR 免税州，这里华人员工比东部还要容易招聘，如在洛杉矶，交通方便，还可方便地雇佣到比较低廉的墨西哥和非裔做工，那里的工业城仓库租金也适中。大多数中资海外仓主要是任用美国当地的华人库管和操作员，除了成本控制、华人勤劳、文化沟通方便外，雇佣美国本土劳工还要面临的烦琐复杂的法律法规等。租仓库则更复杂，从与中介洽谈、律师审核、房东洽谈到设备购置进场，周期很长，而美国仓库约七成被犹太人掌握，跟他们做生意要格外小心，比如对环保、防爆、工会、修葺等细节的处理。因此，建海外仓首先要解决本土化问题。

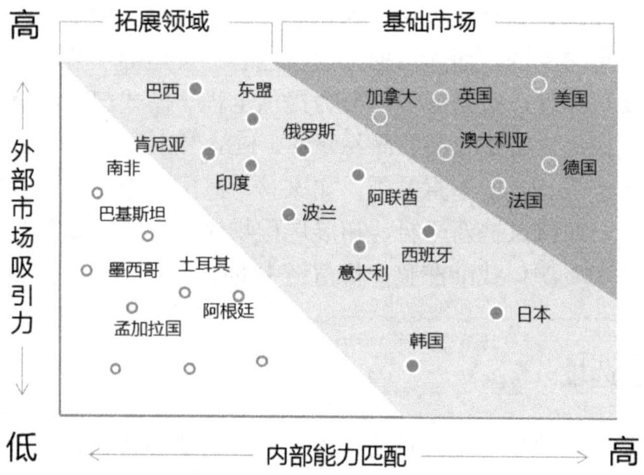

全球跨境电商及物流市场成熟度匹配

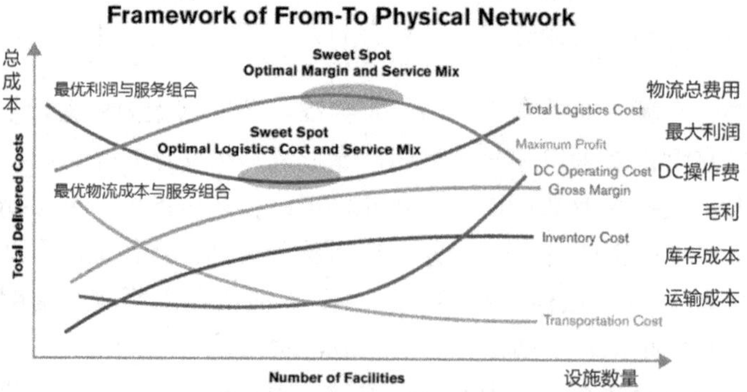

供应链仓储选址规划示意

美国仓也可以部分覆盖加拿大，但由于起征点比较低，货物过去可能产生关税，时效也不佳。如果在加拿大设仓，地域太广，通常是选温哥华或多伦多，城市群附近；澳大利亚也是地广人稀，但高度城市化且消费区域集中，设仓只能在东岸的悉尼、墨尔本或布里斯班一线。物流发达的地方仓库选址要容易很多，例如日本地域狭小，快递时效几乎不受地点影响，海外仓集中在从大阪、名古屋至东京之间的这一带近郊，并侧重于仓库本身配套情况。英国围绕核心大伦敦地区，外延相连的朴茨茅斯、伯明翰及利物浦等都有可选之地，使用英国当地仓储的，一定需要注册 VAT，并且进行季度申报。类似的德国，空港法兰克福仓库最集中，港口不莱梅、工业城杜塞、铁路港汉堡以及邻近法国的斯图加特等都有各具特点的物流中心；而旁边的比利时与荷兰，也是靠海临港，还能有些避税政策。德国也要 VAT，按照德国联邦税务局的规定，海外商家和个人纳税者在德国本地的经营和服务活动没有免税金额，无论业务大小都需要注册申报，在头程商品进口到德国海外仓时先缴纳进口税，当商品在德国境内销售时再产生的销售增值税 VAT。诸如，亚马逊在莱比锡、4PX 在汉堡、万邑通在不莱梅、出口易在柏林、斑马及中邮在法兰克福等。

新兴市场的海外仓很难搞，国情特殊有待考量，主要三个原因：关税壁垒、法规薄弱、物流落后。俄罗斯，中国跨境电商过去全靠直邮，海关对包裹的重量、体积、价值都有一定的限制，境内广袤的投递范围，时限几乎失控。俄罗斯海外仓以解决配送时限为主要目的，理论上可将直邮的 20～50 天提升至 3～10 天。但难点是贸易清关，很少有卖家有这个通关能力，海外仓要为卖家提供全方位的综合贸易服务，海关查扣很任性，后续频繁补货带来的税费也很高昂，所有的产品认证、保险、完税、商检等准入要求齐全。中心城区占主要需求，莫斯科周围是重点。俄速通、旺集、捷网等相继推出莫斯科海外仓，本地人工及商业快递成本较高，目前看效果并不明显。

4.2.3 边贸及边境仓

为了距离目标市场中心足够近，西欧的租金和运营成本很高，很多企业开始在波兰、捷克、西班牙等地建仓，交通与通关也是主要考量。区别于海外仓位与境外目的地，边境仓则位于商品输入国的相邻或相近的国家。在实际运作中，边境仓的优势主要体现为有效规避商品目的国的政治、法律、税收等风险，并充分利用区域自贸的物流政策，从而保障物流效率。例如，有大卖家采用从国内进货到东欧海外仓再发莫斯科。目前流行的中俄边境仓严格来说是邮局的分拣周转仓，不是境外仓，有别于海外仓的贸易链条。由于与中国接壤和经济水平的原因，俄罗斯远东地区居民对中国的认同感更强，对中国商品的需求也更强烈。绥芬河、满洲里等中俄边贸口岸，过境方便，再经俄罗斯境内空运中转至莫斯科，将头程和尾程的时效提升。面向两岸三地、东盟、上合组织和东北亚等周边区域的跨境合作，边贸是一种便捷的形式，中哈边界的霍尔果斯也是未来重要的陆运和铁路集货点。

4.2.4 运营成本

海外仓远观前程似锦，近看得风顺水的并不多。从仓库经营者角度看，问题不在于营销，而在于成本。一方面是海外仓运营的成本，另一方面是卖家的库存成本，运营成本又转嫁成卖家的仓储物流成本，在电商薄利的大趋势下，严重削弱了这一渠道的优势。

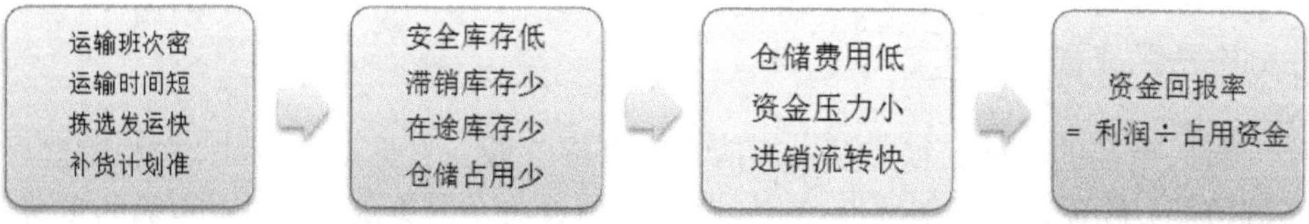

首先是仓租，美国的海外仓年租金是 90～110 美元/平米，英国的海外仓年租金为 80～100 英镑/平米，德国的海外仓年租金为 70～100 美元/平米，澳洲的海外仓年租金是 100～130 美元/平米，普遍是国内大中城市的两三倍。必要的固定资产投入不可缺省，托盘、货架、叉车、传送带、PDA 等硬件设施及办公装修，隐形的 IT 系统投入同步跟进。其次就是人力，发达国家的人工成本普遍高昂，在美国仓工人的最低时薪 10～15 美元，抵得上国内软件工程师的水平。然而，想要让海外仓运转，光有员工、场地、设备、物流渠道还远远不够，安保、税务、仿品被查、汇率波动等问题，都需要精打细算一番。以一个 1000 平米的美国仓为例，租金是 8000 美元/每月，需要个 5～6 个当地员工，摊平仓库经理，保守工资是 2200～2500 美元/每月，不算代交劳工保险、失业险等，加上各种办公耗材、包装材料、水煤电、租赁保险等其他杂费，这些大概为 1000 美元，这就意味着每个月需要付出 2.2 万～2.5 万美元左右的成本。以每单 1 美元的收益来算，需要一个月 2 万～2.5 万单才能保证不亏本，平均下来每天要处理 1000 单，如果不是按件计酬的华人兄弟，没有自动化辅助，能完成目标的一半已经顶天了。加上电商订单的波动性，人力配置始终是海外仓运营的第一难题。第三是库存，备货不当或货物销售不畅对仓库和卖家都不利，但很多卖家在选品和库存分析方面专业性不

足，大量存货产生了资金占用和无效仓租的双重成本，只有产生订单才是双赢。

不亏损已成为经营海外仓最大的考验，第三方比自建仓及自己雇佣操作员要便宜一些。虽然仓库在日常运营上为了控制成本能省则省，但也不可能随意减少拣货打包的操作人员，仓库的安全性与合规性有关的都省不得，卖家的基本服务诉求也省不得。未来，海外仓在降低成本措施方面可能会朝两个方向发展，要么是有针对性选择一类卖家及产品，提升库内流程一致性及标准化服务水平；或者是，做大库，并从长远考虑增加自动化处理，提升人均劳产率。离开规模不要谈成本、离开成本不要谈物流，有了单量，头程集运和尾程配送才有好价格，这些都是联动效应。

4.2.5　海外仓流程

海外仓运作流程业内一般分为三段式，头程：国内集货送到海外仓，库内：订单操作及库存管理，尾程：出仓配送及售后服务。海外仓本地管理其实跟国内电商仓一样，需要从仓储空间规划、储位规范、SKU 编码、拣选流程等方面一一设计，下面先说说两程情况。通常，海外仓全环节物流运输涉及多个合作方，在货物周转的过程中，委托关系及交接工作需要全程管控。能够全球多地布局的海外仓企业屈指可数，同时具备货运代理、国际贸易、清关等资质并长期经营于海外的更是凤毛麟角。便捷可靠的海外仓系统是自动高效驱动业务流程的基础，具有良好 IT 能力的海外仓企业会在这方面有比较明显的优势。

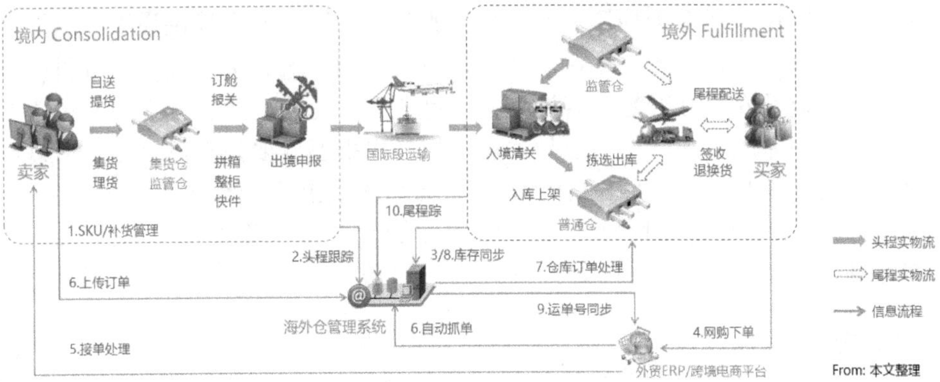

海外仓信息与实物全流程运作概览

1．头程

头程备货送仓，卖家可以选择自送或海外仓全程负责，前提是海外仓运营商有足够的承运和清关能力，很多海外仓为了规避交叉风险或连带责任，多鼓励卖家委托代理自行送货。海运拼箱或整柜是主要国际段物流方式，空运头程更适合紧急补货。如果自送，卖家要在提交海外仓入库单时，明确货物明细及运输方式、承运商、运单号等信息，作为ASN到货通知，便于仓库验货入库；卖家需要自行安排货物国内外清关及税费支付，都要以税后交货DDP的贸易模式发货。此时，空海运的清关文件和装箱单等随货文件，海外仓不能体现为进口商或付税人或货物所有人等角色，只能作为承运商的送货地址。卖家自行包装时，单包超过50磅要堆码托盘、限重标准等，否则可能产生整柜散装卸货费；入库单信息或预约不准确会导致卸货、入库及上架延误，收货押车、押柜等额外费用。有些海外仓提供“进出双清”及提货方面的服务，多在口岸拥有公共集货仓，统一进行收货查验、打标、包装打托、产品拍照、复合称重等增值服务，负责进仓入站、订舱、国内港口报关及目的国清关、托运至目的地，实现一站式跨境运输及含FBA的送仓服务。货物库上架后，卖家就有了库存，可以去线上销售了。注意，为了物流成本和库存最优，头程频率要科学安排。

2. 清关

直邮走的邮政清关方式，其借用海外仓批量发货，是大宗货物贸易清关方式。各国贸易清关体系很成熟，但清关资质要求高、认证检查严格。如果卖家没有清关代理，很多做FBA头程、双清专线的物流商都能提供类似服务。出口清关，海外仓还不同于普通外贸销售，退税手续不完整，前文提及的外贸综合服务，海外仓BBC出口服务模式（B商家/B海外仓/C海外买家），比跨境电商B2C直邮出口更加方便操作，不限于物流运作，外贸服务商可以为卖家提供通关、收汇、退税、融资等一站式服务。进口清关，首要的是卖家所有货物确认符合目的国相关质量参数及安全标准等，若这点不满足，后续免谈。货物入境通常由收货方或报关代理完成清关，价格必须如实申报，申报要素要完整。例如，所需要的进口商及收货人信息（美国EIN/IRS号、欧洲EORI号、澳洲ABN号等），如日本海外仓必须要由进口权的公司名义清关。进口关税、增值税和杂费等税费一般要预付。

3. 尾程

前文介绍过境外配送，与海外仓落地配的选择类似。发达市场的快递企业不多，但产品类型及服务层次明显，时效、价格区别很大。尾程主要关注：一是订单处理时效，在订单产生后，仓库人员会即时收到出库任务，由于时差，在24小时内及时拣货、包装、出库，最能反映海外仓运营水平。二是配送产品选择，配送渠道的选择别有讲究，主要维度是快速高价、慢速低价、重件大包，但也有考虑商品价值、客户要求、淡旺季等因素。有时为了获得用户一个好评，使用更好的快递权当是营销支出。海外仓出货规模越大，越能拿到更好的本地大客户折扣。三是追踪反馈，完成发货后，海外仓及时提供配送物流单号，卖家上传平台。因为在本地发货，客户对于时效与可追踪的要求提高，海外仓要辅助提供查询、监控投递或退回情况，便于卖家掌握。

4. 售后增值服务

在跨境电商业务中，会存在大量的退换货需求，直邮条件下基本只能重发。海外仓就方便多了，可以帮助卖家处理很多售后，包括每个环节都可以做很多增值服务。退换货需要逐件验收，比较耗费人力，如重新整理、清洁、包装、贴标，甚至检测维修，有的组装和识别难度较大，降低处理效率。当吊牌或标识丢失，还要从 SKU 图库查找或等待国内卖家反馈。如果被退回的货物已经残次，无法二次销售只能放到坏货区待销毁，若还可以进行二次销售，则进行二次上架，并优先匹配销售订单发货。退货的隐性成本太高，要尽可能减低退货率，当遇到顾客反馈产品问题时，卖家客服应首先使用优惠券等利益安抚消费者。

海外仓可提供丰富的本地化服务支撑

物流服务	清关服务	销售支持	金融服务	海外推广	行政服务
头程集货+专线	进出口代理	买家直采	代收货款	土著地推	海外公司注册
海外仓配一体	商检服务	展示寄售	仓单质押	国外展会布置	商标品牌注册
转仓调拨	报关报税	质检及打码	保理业务	产品展示厅	税务 VAT 服务
退换货	产品归类	测试维修	库存融资	媒体推广	法律支持
换标及包装	WEEE 等单证手续	退运服务	仓储金融	小语种推广	海外接待

坏货及滞销品运费高、手续繁，基本没必要运回国。若滞销的货物还能清仓处理，则要及时“割肉止损”，过季、过质保货物，残值不抵仓租时，可能成为废品，只能予以销毁。在 FBA 中，有瑕疵的退货都会被归类到 Unfulfillable 库存中，无法再以 FBA 的方式贩售。欧美有比较严格的治污法律，手机 3C 电子类产品的回收处理，销毁也要付一笔环境保护费。针对这个生意，海外市场上还衍生了专门处理卖家退货“存货报废”及滞销品“死货”服务商。因此，使用海外仓，商家要注意集中销售资源，促成产品热卖，及时倾销，加快流转，现金流比利润更重要，如今 FBA 对在库久的商品都要加收超期仓租。

4.3 海外仓库内管理

仓储作业环节及管理目标

仓储生产主要分为如下几个环节： 1．验收：根据 ASN 检查收货商品数量和质量 2．上架：将验收的商品摆放到货架储位 3．拣货：根据订单将需要的商品从货架取下 4．复核：核对订单、商品、重量等信息 5．包装：将商品打包或装箱打托 6．发运：按路向或承运商等规则分堆交运 7．盘点：核对库房内商品数量 8．移库：商品在不同货架间移动整理或补货 9．转仓：将商品在不同仓库间调拨	多：规模，仓库吞吐量大、收入规模大，多货品、多货主、多存量，单位面利用率高、容积利用率高等 快：效率，指物货的交期短、库存周转快，收货、拣货、包装及发货等环节时效快，人均劳产率高 好：质量，收货质量、存储质量完好，作业准确、库存无误差 省：成本，物货库存的资金占用成本，仓储成本、呆滞成本、脱销成本、配送成本等 管理“四化”方法论： 复杂的事情简单化，简单的事情标准化 标准的事情流程化，流程的事情自动化

管理仓库看似简单，其实大有学问，复杂度决定方法。仓库的管理，包括场地及人财物的多维度管理，并以货物这一流动资产为管理中心。任何一项管理活动，都会涉及“效率、质量、成本”三个目标，物货管理也一样，由于相互制约，所以要追求三者的平衡和共同最大化，由于物流规模的重要性，海外仓管理目标可以浓缩为“多快好省”。海外仓的库内管理与国内电商仓没有太多区别，主要兼顾跨境及所处国外环境的特殊要求。仓储管理的边界比较清晰，用三个字来概括：收、管、发，“规划合理、流程科学、动作规范、数据准确”这四个方面是海外仓管理水平提升的基础，库内作业的每个环节都要借助系统记录：一规划，合理的库内规划是存储容积率、流程效率及运行安全的基础。二流程，是将事情分解后又形成特定的组合，好的流程可以减少损耗和浪费，如特定的系统逻辑和退货处理流程。三动作，仓库管理制度是约束人的行为，正确防护和管控，如安保措施、存储堆放原则，清楚的账目、完整的单据。四数据，是基础的基础，精准的 SKU 管理与盘存安排，确保实物、信息与账单的一致性。而这些设计，最终都将体现在海外仓系统上，多平台的全渠道对接，做到全球库存共享和协作，实现海外仓服务表里如一。

不同于传统仓储的大宗货物进出仓，电商仓储的特点是“大进小出”，其复杂性不在于面积大小或存货多少，而是多货主、多品类、快进快出、高频订单、波动周期等难题。商品种类越多、规格越杂，促销高峰越多，库内的作业组织及效率保障挑战越大。物流是对货物的时间与空间两个属性的管控，海外仓是以空间换时间，以境外暂存提升配送时效。但面积绝非越大越好，业内常噱称“仓库越大、库存越多”，有效利用是核心。海外仓限定了时空条件，以时间抢空间就是指仓储的作业速度要快，周转快了，需要的空间就越小，反之相反。而且，线上的销售机会稍纵即逝，订单处理的时间非常有限，更不能懈怠。这些特征决定了仓库布局、货品摆放、拣选方法、劳动力绩效、计费等一些列问题。

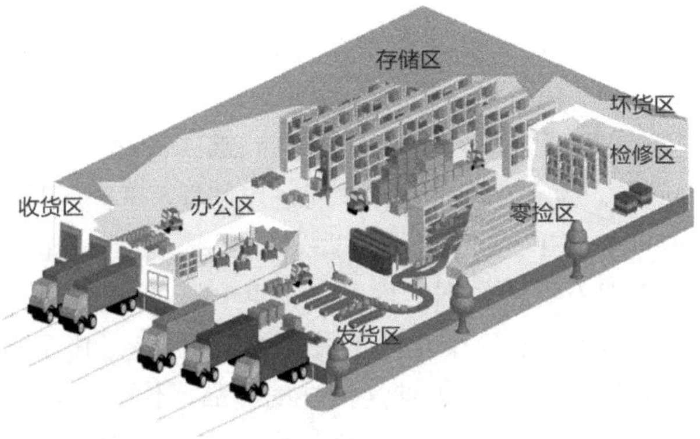

库内规划示意

4.3.1　库内规划组织

仓内区域规划要结合库内条件及业务量设计，如办公区、出货区、进货区、零捡区、储存区、包装区、耗材区、退货区等常见功能区，要有明显的分界线或区域特征，包括必要的作业通道、消防及安全隔离带等。科学合理的规划利于对库存商品进行妥善保管，快速、准确、便捷地完成拣选，提高效率减少误差。以整箱或栈板方式储存的存储区人员活动最少，陈列架密集的零捡区则活动最多，如果有自动化辅助设备要特殊布局，区位图、货架、储位、安全标识、宣传标语等分门别类布置到位。仓储管理，首先要学习日本的 5S 方法，包括整理、整顿、清扫、清洁、素养等方面，为了把空间高效利用，货物定点、定位、规整摆放，减少误用误送，做到“工完场清”，让物品摆放一目了然，减少找寻时间，杜绝工业伤害，营造清爽的库容库貌。其次，再以 5S 为基础，借助于 PDCA 质量改进计划，从紊乱中找出秩序，持续提升运作水平：货位优化、多级盘点、异常流程等，实现操作程序化、信息化。仓储安全生产要尤为强调，装卸搬运设备、货物交接、临时用工、商品轻重长短不一，这些都使得现场安全环境复杂，应排查安全隐患，制定应急响应预案，严格遵守操作流程和作业规范，守规矩是保证安全的基本原则。海外仓有仓管、制单、客服、结算、客户经理、收货员、拣货员、包装员等职位，由于时差原因，很多跨境订单与作业是异步的，不像国内具有实时性，但同样不能延误，否则一耽误就是两天，海外仓要做好排班及与卖家的沟通。库内作业是动态的，缺乏标准的工作最容易出差错；无法流程化的工作最容易浪费人力；任何流程设计都惧怕波动，每当旺季大促时，前端卖家手忙脚乱，后端仓库作业更是通宵达旦；出色的现场调度可以做到作业现场忙而有序，精准且高效的仓储作业保证了订单履约效率。

4.3.2 SKU 的重要性

商品 SKU 是仓储管理的基础，跨境电商的 SKU 管理更是贯穿始终，包括选品、销售、包装、清关、运输、库存等一系列运作过程。每种商品对应唯一的 SKU 编码，即最小库存单位的单品，如品牌、型号、配置、等级、花色、包装、价格、产地等属性与其他商品存在不同时，均可定义为单品。SKU 与仓储管理的复杂度直接相关，这就是为啥服装和汽配是两个最难管理的业态。由于海外仓是多货主，这就大大增加了 SKU 的多样性，即便是同样的商品，不同卖家也会定义成专属的 SKU。从仓储系统角度看 SKU 编码，精确的商品信息，决定了其存放条件、拣选方法、包装单位及发运条件。规范 SKU 就是要卖家提供完整的产品定义，保障中英文报关、准确拣货等后续流程。为此，海外仓大都要求定量包装及最小包装贴签，散装无包装只适用于租固定储位。对于多品类运营的跨境电商，如果只有采购和销售能力，盲目扩张 SKU 是大忌，到底需要上架多少 SKU，要有试错概念，要定期砍 SKU，处理滞销品，提升精细化运作。

4.3.3 入库管理

入库含收货和上架，WMS 支持 PO 或 ASN 或盲收方式，但为了账务清晰，海外仓通常要求按预告收货。理论上，收货要做到“来货质控”IQC（Incoming Quality Control）核单、清点、质检，第三方海外仓通常不对质检负责，或作为增值服务。收货，可按托/按箱收，或部分收、交叉转运、整理堆码后再上架。上架即货物入储位，可按特定逻辑，区域随机、补充原库位、围绕其附近上架、定义上架顺序等，多货主条件下多采用随机上架。退货的入库，处理客户不良产品，先入退货区，质检、加工包装后再入储位。对于代发 FBA 头程或转仓，可借助 WMS 的越库功能 Cross-docking，避免不必要的入库程序，将货物直接转至发货处。上架后即形成可销售的库存。入库环节看似容易，如果签约了很多大货物、慢销品、季节品的客户，又对新货的到货时间、数量不了解，稍有不慎就要爆仓、无法上架，同时大小货混合操作效率是极其低下的，目前很多海外仓巨头都已刻意控制货物分类。另外，还有上轻下重、中间常用、不得阻塞通道及消防等规范，稍有忽视可能影响其他环节效率，大型仓库甚至要对月台堆场进行管理。

4.3.4 订单处理

订单处理 PPS 是海外仓的核心任务，拣货 Pick→包装 Pack→发运 Ship，根据订单实现自动化批量发货，目标就是力保客户订单能顺利发运。由于涉及多个环节，订单处理的“木桶效应”最短板是拣选。接收客户订单，海外仓不存在国内电商的平行仓订单匹配，系统自动完成对订单的库存分配、审核、组合波次、任务下发等工作。

拣货的核心方法是波次 Wave 计划，利用运筹学原理，合理平衡作业负荷及资源效率，自动指引拣选活动。波次将多个订单汇总后再以某种标准进行分类，形成一个拣货批次，批次中的拣选任务再被分配给拣货员。因此，波次就是最大效率的优化订单并且生成作业任务，在生成波次的时候需要考虑非常多的规则和逻辑，匹配路向、订单量、优先级、快递产品、商品规格等约束条件。“摘果与播种”是两类基础拣货法，针对电商订单特性，分级、分时、分区、分 ABC 频次等，仓库可以形成各种各样的作业模式、拣货策略，并作为波次的分析和持续优化的条件。例如大仓库，有时需要适当分区拣货，兼顾时窗分批、作业区域等组合优化，员工熟悉商品位置，可提升拣货速度和准确率，避免遍历所有货架。拣货员有超过 70%的时间是用于反复行走的，平均每个拣货人员一天大致要行走 20～25 公里的路程，降低行走强度至为关键。任务管理确定了仓库人员执行过程及范围，系统指示库位拣货，实时扣账，并提供最佳路径拣选，如 W 型、S 型等优化拣货路径，减少行走。如果要完全避免行走，只能靠仓储自动化“货到人”AGV 技术了。

典型电商仓库拣货方法

摘果式	直接去库位拣选对应的商品，可用于紧急订单、大件、异型商品的订单拣货
播种式	不同订单进行汇总分类拣货，然后再各分拨到每个订单，适合订单重合率高
边拣边分	拣货周转车有多个格子，对应不同的订单，适合重合率高、轻小件拣货
总拣式	订单汇合后直接拣货到包装台，以 SKU 匹配订单，直接复核打印，省去装箱单，适合客户集中单一品类下单，即一张订单只要一两种相同商品，一单到底

拣货完成后，进行“复合、包装、称重、贴单”，单据打印包含运单、发票、购物清单、宣传品等。完成包装即可发运快递了，并做最后的复核查对，避免错

发、漏发，形成装车清单，清点交接、运费登账、库内清理，出库完成扣减库存。海外仓移库的情形少见，仓库搬迁的难点在于订单不能中断，旧仓继续发货，同步将囤货迅速运往新仓，尽量做到多线程同时进行。应对促销活动，关键是临时人力的培训与排班计划，确保作业信息可追溯分析，少数的发货异常往往耗费极大的追查处理精力。

4.3.5 库存管理方法

库存如同进餐，多了少了都无益。海外仓备货考验的是企业自身对于市场的判断力和销售经验，库存量往往很难把握，无论是滞销还是脱销对卖家本身来说都很不利。很多出口跨境电商之前都是采取现买现卖的模式，库存很少，也就形成了忽略库存管理的习惯。但当企业使用海外仓，或销售规模大起来时，会发现退货、备货、库存不准、库存超龄等问题，造成了大量的资金占用。库存是零售业及电商的利润黑洞，甚至成为压死企业的大山，如凡客服装，库存积压造成严重的资金链断裂。库存周转、销售、毛利、资金链本质上是相关的，高效的库存周转能够带来更好的资金利用率。例如，大货季节变化性非常高，而且资金成本非常高，所以大货卖家一般宁可断货也不会占据库存。海外仓库存管理，包括盘点、对账、批次跟踪、库存调拨、补货、下架等功能。对于卖家而言，重点关注库存准确性、滞销及缺货等运行结果，例如补货，库位不足或达临界值海外仓可从存储区自动补货，但如果库存短缺，则要从国内备货补发。

财务报表上的“存货”金额，通常会计只考虑库存价值对应的资金占用，没有考虑资金的利息支付，资金周转的收益=库存额×毛利率，可谓隐性成本之大。

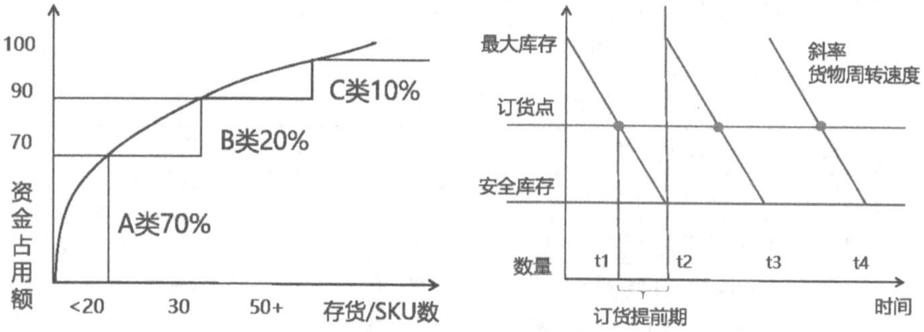

库存分类管理及补货方法

库存数据具有实时性，分为采购在途、发货在途、在库库存、冻结等类型，要分类合计，尤其注意“可销售库存”的监控。库存周期是衡量产品销售是否健康的一项重要指标，即单位库存售出所需时间，了解行业相关基准指标，定时盘点统计滞销率。盘点即盘库，通过清点、过秤和对账等，检查仓库实际存货的数量和质量，查明存货盈亏的原因，发现超期或损毁的存货。库存差异，多由错漏“收、放、发”引起，海外仓要及时查账调平，避免超期商品形成坏账，引起双方赔付争议。SKU 越多，库存管理挑战越大，可借助 ABC 分类控制法，通过分析，将“关键少数”找出来，并确定与之适应的管理方法，抓重点、事半功倍。通常，A 类库存货值高、占库存空间及 SKU 不多，C 类相对货值占比小但数量不小。通过压缩总库存量，释放被占压的资金，使库存结构合理化，避免好货没库存、差货库存多。库内拣货布置也适用 ABC 方法，少数畅销品被上架在离包装台较近区域，减少拣货步行距离。

保持销售连续性，健康库存需要及时补货，但盲目补货也是库存积压的一个原因，畅销周期是短暂的。常见有两种补货模型，一是经济订货量，根据单位产品支付费用最小原则确定订货；二是再订货点，由于需求量或销售周期的不确定性，使用合适的“安全库存”来缓冲或补偿不确定因素。安全库存也只是参考，不要成为实际运作的教条限制，线上销售的波动性大、可预见性差，市场判断的偏差要及时调整，决不能拘泥于某种库存优化模型，模型都是建立在较为成熟的市场模式和假设条件下的。理想库存基于需求预测，通过模拟产品未来的一个时间点，提前做出备货、降价、退货等处理。但这也是最难的，再多的销售数据也只能呈现事实和趋势，在月均价格、市场需求回归等模型的干扰下，决策并不易。据称，京东能做到 28 天智能预测，保证商品量和限购率，自动调拨和补货。FBA 库存的预测比较模糊，对箱数、尺寸与重量等限制，对及时补货可能造成影响。

总结，库存管理是供应链里的顶级技能，跨境电商要做到两个基本点，一是爆款销量大，就不能断货，必须设一个库存预警值；二是动态补货，基于销售情况做库存分析及补货周期分析，保证库存最合理的值，没有永远的热销品，谨慎判断是否还要恋战。

4.3.6 海外仓计费

海外仓实际发生的成本，包括仓租、物流、人工、设备折旧、耗材等。换成卖家的核算视角，付出了头程费用、关税、仓租及处理费、本地配送费等，以及库存损耗。初期，为了提高海外仓经营效益，不少服务商提供了精细化的服务和计费体系，入仓费、托盘费、提货费、单证费、查验关税、退货费等。随着行业竞争发展，过于复杂的计费项逐步合并简化，尤其是要求卖家头程自送的，加上促销免租期，最后只涉及操作费、配送费及个别增值服务。大卖家也可以采用租用固定面积或储位的包月方式，而单品 SKU 数量成为仓库作业复杂度的关键因素，逐渐被海外仓商家纳入报价体系。由于季节性因素太突出，也成为计费调整的一个方面，例如 FBA 就统一提高第四季度的配送费用、月度库存仓储费、库存配置等服务费，货损及滞销库存还会有长期仓储费用。为了保证健康的财务体系，海外仓要求客户税费预付，每个订单的环节物流成本一目了然，以实际发生即时扣减。

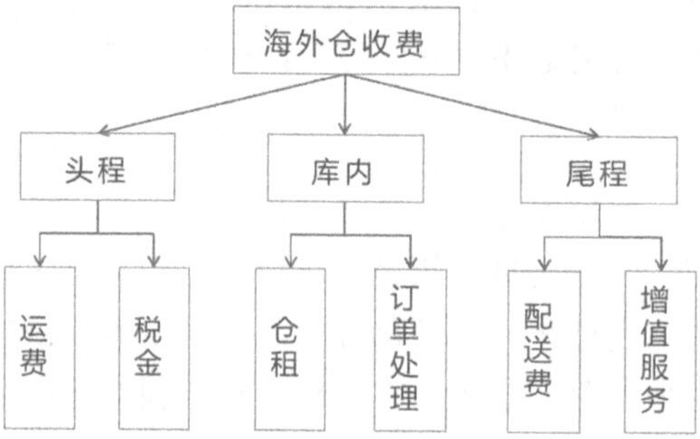

买家付款	$6.98
亚马逊所收费用	
FBA 每笔订单配送服务费：	-$1.00
亚马逊物流基础服务费：	-$1.06
亚马逊物流配送费：	-$0.50
佣金：	-$1.05
卖家账户余额变动	$3.37

海外仓一般计费项及 FBA 计费示例

4.3.7 绩效管理

仓储管理乃至大部分物流作业都是重复性的、枯燥乏味的事情，就算是最先进的亚马逊仓库，标语为“workhard.havefun.makehistory”（勤奋工作、心态愉悦、创造历史），员工基本上也还是体力劳动，要能够举起 49 磅的货物，每天站立或行走 10～12 小时。毫无疑问 Human nature is lazy，如果对仓库管理缺乏有效的考评和激励手段，没有人愿多搬一个箱子。而没有量化的标准就无所谓指标，所有的量化指标体系还是围绕“多、快、好、省”这个四个目标，仓库吞吐量、月均库存量、收发正确率、容积利用率、入库及时率、库存准确率、发货及时率、签收率、破损率等。考核的目的不在于惩罚，而在于评估及优化，在于从数据分析中找到规律并运用，从而找到降本增效的得当方法，如平衡任务分配、减少怠工，提高全员劳产率，减少错分、错发、超时等问题。在评价仓库资源利用的绩效时，常用仓库面积利用率和容积利用率。除了存储区，海外仓很少用平库，不同规格的商品，平库的仓库面积利用率指标变动较大；多层平衡式货架，要计算货架有效利用率。另外，很多指标是一个时点概念，例如发货错误，一定影响收发正确率，但不一定会影响到库存准确率，发货错误如果在核定库存准确的时点前被有效纠正，将不会对库存准确率产生影响。对卖家而言，商品的动销率越高，滞销产品就越少；库存周转率是一个重要数据，表示同额资金的利用效率，周转越快，说明相同存货产生的销售收入越大、利益越高，其体现整个公司的现金流与供应链运作水平。

> 部分仓储量化指标公式：
> 1．仓库吞吐量=入库量+出库量+直拨量
> 2．月均库存量=(月初库存量+月末库存量)÷2
> 3．库存年周转率=货物销售成本÷库存平均余额
> 4．收发正确率=(吞吐量－收发差错量)÷吞吐量
> 5．货物完好率=(平均库存量－货损量)÷平均库存量
> 6．物品缺货率=缺货次数÷用户需求次数
> 7．单位仓储成本=年货物储存费用÷月均库存之和
> 库存周转率，举例：
> 企业在一个季度的销售额为 200 万元，其季度初的库存价值为 30 万元，季末的库存价值为 50 万元，那么其季度库存周转率为 200/[(30+50)/2]=5 次。相当于该企业用平均 40 万在一个季度里周转了 5 次。

4.4 海外仓技术

国内京东、菜鸟、苏宁等都在研发仓储技术，Amazon 早已布局了完整强大的仓储物流体系，而 eBay 不在物流方面有实质性的布局和措施，业务模式略显式微。大卖家 FBA 占比很高，自建仓的发货占比不断降低，物流和人工成本也急剧增高，从物流角度看，不少卖家自营仓库是亏损的。而开放服务型的第三方海外仓，必须面临不断拓展市场、扩大业务范围，争取解决更多客户的难题。在跨境电商整个业务链条中，承接的服务越多，对系统能力的要求越高。本地化诉求所需要的服务，必须以降低海外仓成本为前提，这必须依赖于技术。自动化立体仓库，投入资金成本相对要大，长远看仍有必要。现代仓储技术，包括装卸、搬运、计量、输送、单元容器等设备技术，条码、传感、RFID 等为代表的数据采集与识别技术，软件系统、EDI、优化模拟等信息与仿真技术，自动分拣、辅助搬运、存储等自动化技术，以及笼统的物联网技术。

4.4.1 海外仓系统

在如今这个软件定义的世界，想了解一个业务最好的方式是去学它的系统。

物流偏重流程执行的过程管理，“无系统不流程”，系统是物流业中枢，与信息流不同步的物流是失控的物流。云仓储 Cloud 的概念源自云计算，提供集约化计算能力。云仓首先是以多仓为据点的、通过信息和运输贯通的物流网络，其次是网络内的库存分布逻辑。在这一模式下，多分仓或平行仓，充分运用全社会的资源，做到迅速快捷经济的仓配送服务。智能分仓和智能调拨，以需求分布特征进行合理的库存决策。假如在欧美，不同地理设有多个分仓，那么在备货策略上就不得不考虑订单分布与物流时效等因素，而不同仓的相同备货，也必需靠系统来计算最优成本与时效，决策订单履行方。亚马逊全球云仓平台，在精准的供应链计划的驱动下，多库联动，就近备货和预测式调拨。供应链领域，软件主要分计划、执行和管理几类，仓储系统 WMS 是典型的 SCE 执行系统，四面墙里、承上启下。市面上成品 WMS 软件，很多功能看起来差别不大，系统的价值不是由购买的金额决定，而是由与流程的匹配程度决定，面对规模性作业，性能和可靠性也很关键。

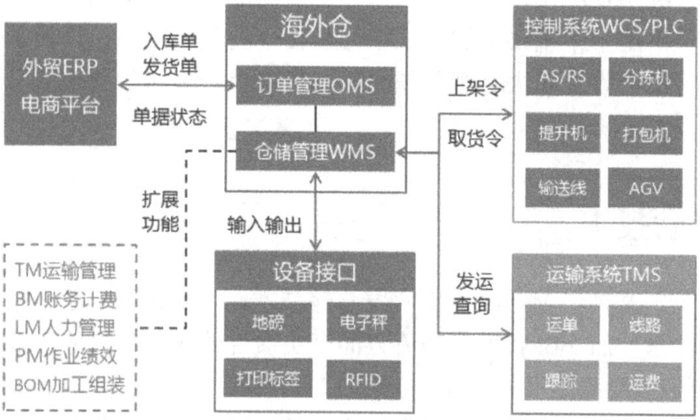

海外仓系统功能结构

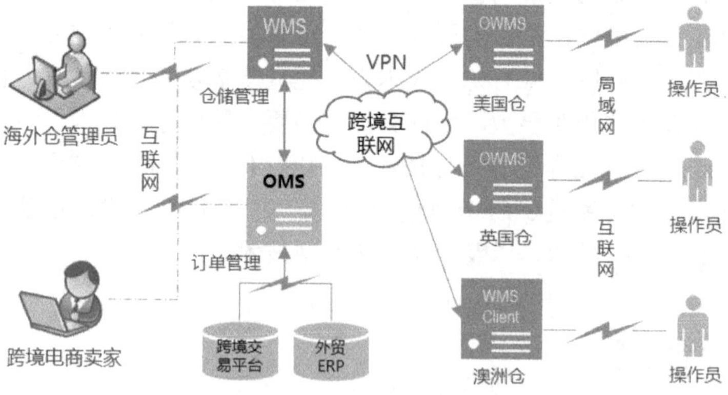

海外仓系统部署结构

海外仓 WMS 要适应海外本土员工使用，获取上游电商平台、订单系统、外贸 ERP 的计划指令，控制并跟踪库内作业过程，与外部自动化及设备集成。企业依据海外仓系统提供的数据，建立计件、追溯和质量等统计，通过系统规范流程，设立绩效指标保证流程执行的规范性，实现精细化运营。海外仓 WMS 与外贸 ERP 的关系，ERP 仓储模块面向财务核算，集中在采购辅助以及库存成本的归集计算，强调结果管理，WMS 则专注于过程控制及结果输出。不像 CRM、HR 等管理系统，WMS 没有大量“云化”，高频交易且实时性要求高的系统放到云端，可能影响内部作业稳定。但海外仓的开放服务模式下，外围与电商的订单衔接必要 SaaS 应用，跨境电商不关心海外仓内部流程，只在意服务结果，WMS 本身不需要个性化。如今，也有对 WMS 拆分后的云化，如标签打印、WCS、自动化及硬件集成等本地部署，其他应用逻辑放到公共平台。

4.4.2 仓储自动化

人工作业的效率有极限，商品在拣选、清点、运输和装卸过程中易产生缺损等质量问题，智能化物流终究是未来趋势，高度自动化的“无人仓”已经接近现实。欧美发达市场的劳动力成本高、效率低，自动化仓储将是海外仓规模化发展的必由之路。围绕 WMS 和 WCS 仓储控制系统，集成存储容器、搬运输送、拣选、条码检测、控制系统组成的高度自动化的作业系统，成套系统则包括自动存取 AS/RS 系统、高密度立体存储技术、高速分拣系统以及 AGV 自动导引运输车等，提高仓储利用率、拣选准确率和效率，降低货物破损率。传统的灯光拣选、RF 手持拣选、语音拣选等，都还是“人找货”模式，机器人 AGV 作业颠覆传统电商物流中心作业模式，通过作业计划调动 AGV 实现“货找人”。亚马逊的智能机器人 Kiva 技术，实现库区无人化，各个库位 AGV 自动排序到作业岗位，作业效率、行动里程要比传统的人工提升 2～4 倍，DHL 也在其仓库提供 EffiBOT 自动手推车机器人。2016 年京东的“无人仓”首度曝光，AGV 搬运机器人、shuttle 货架穿梭车、DELTA 分拣机器人、六轴机器人等黑科技悉数亮相。

亚马逊 Fulfillment 仓储中心实景

亚马逊仓储技术还有很多值得研究，其大数据应用炉火纯青，精准预测库存、智能拣货算法、包装分拨、配货规划、运力调配及末端配送等方面，数据驱动贯穿始终；亚马逊的 Cubi Scan 仪器会对新入库的中小体积商品测量体积，随机存储和混放，实现见缝插针的最佳空间利用，保证每个员工的任务均衡；独特发货“八爪鱼”分拣工作台，快速包裹分路向；AWS 技术能力输出之后，亚马逊输出物流服务，例如为网易考拉海购的宁波保税仓提供仓储运营服务，为其搭建系统、设计全流程的运营体系。

4.5 海外仓趋势

早期做海外仓的企业都在经历扩展后调整，高昂成本与前端卖家营销、订单规模的匹配有个优化的过程，如今伴随亚马逊全球开店及 FBA 的火爆又开启新一轮扩张。从总体来看，目前说海外仓发展到了拐点有点言之过早，直邮转移本地发货的趋势不可逆转。海外仓并非“万金油”，有些市场不能做或是乏善可陈。海外仓是跨境电商行业发展的一个重要里程碑，不能仅仅把海外仓作为一个物流的提升行为，而应该全方位地评估海外仓可能带来的各种潜在机会和挑战。

一本地化服务升级，海外仓是对跨境电商在供应、服务、成本、客户体验、精准销售的全方位整合，成为跨境电商展示品牌、售后、咨询的窗口。海外仓的这种整合属性，决定了它服务的不断优化升级，客户体验升级，产品的升级换代，品牌效应的提升。海外仓让许多厂家可以直接把货发到目的国，进行直销，把货落到当地，与当地公司贴身肉搏，从而倒逼国内厂商树立真正的服务意识、品牌意识、质量意识。

二低价竞争，免仓租成为竞争常态。除少数大型海外仓外，很多新兴中小海外仓开启了免费模式，这就意味着第三方海外仓只能通过运费、操作费及增值服务来赚钱。部分海外仓巨头资金雄厚，仓库多、平台渠道、货源广，经营海外市场多年，更多的订单能拿到更低的配送价格。中小型第三方海外仓为了争取客户免收仓租，通过提供更快的发货和回复速度、退货服务、便利的退款和保险、个性服务等来填补收益。想要虎口夺食，除非 FBA 政策转变、巨头的战略转移，这种鱼龙混杂的市场只能先靠价格清洗。

三电商平台推动海外建仓，将带动第三方海外仓发展，海外仓促进了平台向 B2C 转化，繁荣了大卖家的独立站点。Amazon 早已看穿一切，平台将继续走向大卖家占领的主力人群市场，特殊小众的人群卖家直邮补位，小卖家在外围游走，生存下来的都具备独特的产品特色或营销特色，成为大长尾的一部分。因此，全球布仓首先满足的是主流消费区，优势产品将是品牌化的畅销品，明显的地域区分将会弱化。残忍的是，具有优势的海外仓将直接成为平台的推荐物流渠道，绑定更加紧密。目前海外仓，单打独斗或过于分散，急需大型物流企业担当输出，在欧美等设立跨境物流园，承接国内业务，新兴市场考虑保税仓，与大贸和品牌企业合作，提供全链条海外运营中心。国际快递、邮政包裹、专线等物流产品将作为互补物流渠道继续在跨境电商物流行业生存，这类产品将更多地为 C 端服务，并不意味着没落。很多海外仓商家染指全程物流及头程专线运输，而中间商将成为大物流企业的收货点。

第 5 章
国际物流

国际物流是不同关境交易主体的物流活动，泛指国际贸易场景下衍生的物流运作及投资合作等，也可以把服务与跨境电商的国际物流活动理解为“跨境物流”。高效的物流将人、企业、市场和机遇连通，有助于提高生产率和民生福祉，国际物流水平对国家外贸竞争力及经济增长至关重要，帮助企业整合全球价值链和获得贸易机会，是构建跨境电商供应链的基础支撑。连接到全球物流网络的能力取决于一个国家的基础设施、服务市场和贸易流程。发达国家与落后国家之间的物流绩效差距仍然很大，交通运输条件、法规体系及海关与边境管理效率越好，所在地的经济贸易市场环境越可靠。

降低物流成本是一个世界性问题，过去十几年中，物流业随着电子商务而崛起，中国物流业以世界独有的模式拉低了整个社会物流成本并大幅提升了运作绩效。虽然城市快递市场已趋于饱和，而无论是农村市场还是跨境电商，对于快递公司的网络能力都有着更高的要求，已经实现量级的大快递向产业链上下游蔓延，市场的竞争格局将会不断变化。因此，服务于传统贸易的国际物流已不能完全覆盖跨境电商的需求，物流仍远远落后于跨境电商的国际化进程，众多国内快递开始涉足这一被国际快递巨头霸占多年的市场。物流业与实体领域的关联甚密，特别是贸易增长放缓，加大了物流业网络重组和创新的压力，物流业议题的重点也发生了变化，很多“互联网+”概念下的新型物流企业，以及专业物流市场都还有很大的创新发展空间。

5.1 物流业及其国际化路径

物流是与宏观经济发展高度相关的服务业，不存在脱离实体的物流，也不存在无须物流的实体。经济发展是推动贸易的决定因素，贸易是国际物流发展的决定因素。作为产业结构调整及升级的重要支柱，目前，现代物流分属多业态，包括仓储、运输、合同物流、流通分销、快递及包裹、货运代理等在内的庞大体系。全球物流业市场的规模没有确切的数字，由于物流成本较高，若以 2016 年中国 GDP 超 70 万亿元来推算，我国物流业市场规模超过 12 万亿元，位居世界第一，甚至远高于美国。在经济增长、第三产业发展、城镇化进程等背景下，社会物流总额保持高速增长。国际物流作为大物流市场的一部分，在国家政策支持、贸易自由化和便利化所趋、跨境电商投资增长、网上跨境消费旺盛等有利因素下，发展态势前景十分可观。跨境物流成为国家一带一路战略的重要组成部分，服务于跨境电商产业链，既有重资产物流服务，也有第三方轻资产配套服务商，根据跨境电商每个环节的刚需服务，围绕成本、效率、体验等核心诉求，衍生出很多创新的运作模式。经静态测算，以当前进出口跨境电商交易额 2 万亿元计，保守 20%的物流费用，跨境物流市场规模超过 6000 千亿元。

5.1.1 国家政策

物流作为复合型服务业，其运作水平很大程度体现了经济运行的绩效水平。物流对于促进产业结构调整、转变发展方式、提高国民经济竞争力和建设生态文明等方面的作用，被国家提到战略高度。据世界银行计算，2015 年中国物流成本占 GDP 的比重高达 16.6%，高于世界平均水平 5 个百分点，而日本的企业物流成本占产品销售额的比重，维持在 5%左右的水平，美国的比重数据为 7%～8%。造成这一原因是多方面的，比如市场结构、流通体制、商品价格水平、产销地域距离和产业布局不均衡等原因都会影响，但不得不说这其中有巨大的优化提升空间，降低物流成本是企业的“第三利润源泉”，能够更好地服务实体行业。

近三年部分国际物流相关政策文件
《服务贸易发展“十二五”规划纲要》
《关于加快国际货运代理物流业健康发展的指导意见》
《工业和信息化部印发推进物流信息化工作指导意见》
《物流业发展中长期规划（2014—2020 年）》
《关于促进快递业发展的若干意见》
《全国电子商务物流发展专项规划（2016-2020 年）》
《关于开展电子商务与物流快递协同发展试点有关问题的通知》
《邮政业发展“十三五”规划》
《电子商务“十三五”发展规划》

近年来国家加大了对物流业的扶持力度，相继推出了一系列支持物流业行业发展的政策及发展规划，面对新的形势，我国物流业将以质量和效益为中心，寻找战略突破口，培育竞争新优势，以转型升级应对物流“新常态”，并计划到 2020 年基本形成“布局完善、结构优化、功能强大、运作高效、服务优质”的电商物流体系，构建开放共享的跨境电商物流体系。为电商物流企业的国际化和海外并购提供法务、商务和税务方面的信息支持，推进海外并购审批、外汇便利化等。

完善海关、检验检疫、邮政管理等部门之间的协作机制，推动国家之间、地区之间检验检疫标准互认，发挥电子口岸、国际陆港等“一站式”通关平台优势，实现进出境包裹便捷通关，将跨境电子商务的订单、支付、物流、质量安全等信息集成为综合通关数据，推进跨境电商物流的便利化。

快递的政策上，推进“三上三进三向”，促进快递企业海外服务网络建设，加强海外布局规划，提升整合能力，包括资源整合与技术整合。跨境物流是可以开拓的一片新绿地，鼓励快递企业发展跨境电商快递业务，加大对快递企业“走出去”的服务力度，在重点口岸城市建设国际快件处理中心，探索海外仓。鼓励各类资本进入快递领域，鼓励企业通过合并、收购和重组整合资源，加快形成若干家具有国际竞争力的企业集团，鼓励“走出去”参与国际竞争。有综合性网络和服务的规模化物流企业，纵向能够加强企业对产业链渗入，横向能够优化物流网络覆盖、整合更多社会资源，提高物流效率。

5.1.2 行业划分

物流本身的定义略显抽象，是供应链活动的一部分，也是为了满足客户需要而对商品、服务以及相关信息从产地到消费地的流动和储存进行的规划、实施与控制的过程。根据《国民经济行业分类》，物流囊括了“交通运输、仓储和邮政业”，又因不同维度包括铁路、公路、水上、航空、管道等运输业、装卸搬运和运输代理业、仓储业、邮政及快递业。根据国家质检总局和国家标准委联合发布的《物流企业分类与评估指标》，物流企业又可以粗略地分为三类：运输型、仓储型和综合服务型。目前，大物流业的分类主要有两个视角：服务提供方或细分实体领域。交通运输中基于资产密集型的基础设施投资运营类，较少算到物流中。大部分讨论的物流话题，是狭义的成品及消费品物流，非生产资料类的物流服务。

<table>
<tr><th colspan="2">从服务提供方角度</th><th colspan="4">从细分实体领域</th></tr>
<tr><td>第一方物流</td><td>生产或流通等物资提供者自己完成物流事务</td><td>按物品属性</td><td>按服务模式</td><td>按工具属性</td><td>按目标行业</td></tr>
<tr><td>第二方物流</td><td>物资需求者自己解决所需物资的物流问题</td><td rowspan="3">普货
生产物资
冷链
生鲜
危险品
工程大件
宣传品</td><td rowspan="3">快递
零担快运
合同物流
大宗运输
整车专线
仓储
国际货代</td><td rowspan="3">汽运
铁路运输
水运
空运
多式联运
管道
保税仓</td><td rowspan="3">电商物流
汽车物流
服装物流
家居配送
农产品物流
钢铁物流
化工物流</td></tr>
<tr><td>第三方物流</td><td>专门从事物流，提供交易双方的部分或全部物流功能的外部服务提供商</td></tr>
<tr><td>第四方物流</td><td>基于行业数据和物流技术，从事物流规划、整合与共享服务，电商、物流 SaaS 等</td></tr>
</table>

由于分类标准的不确切，我国物流总费用占 GDP 比重的统计口径可能也不够精准，从目前快递业看，全程运费与订单客单价的比例低于发达市场。只看消费品市场，从服务需求的角度，排除特殊因素，物流服务的产品主要限定于“时效+件重”两个制约，由此决定企业经营范围及运输工具的选择。涉及跨国市场，国际物流的发展比国内难度要大，不少传统物流业或贸易公司转型升级或产业链延伸，通过拓展和延伸其对客户的物流服务，不断向现代国际物流升级靠拢，必须经过多年的沉淀具备客户和网络双重优势。

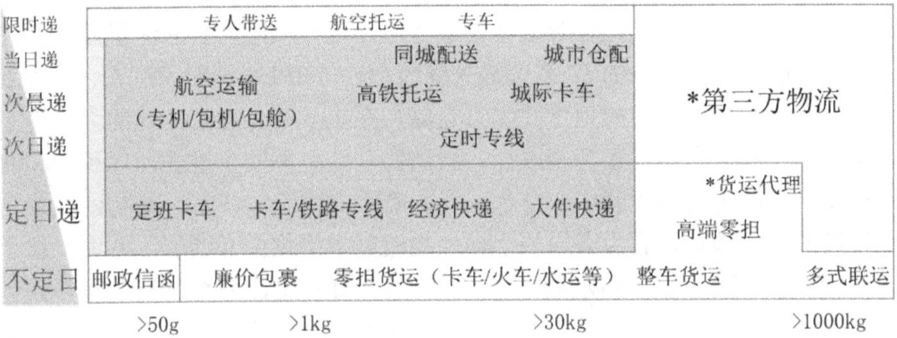

不同维度的物流行业划分

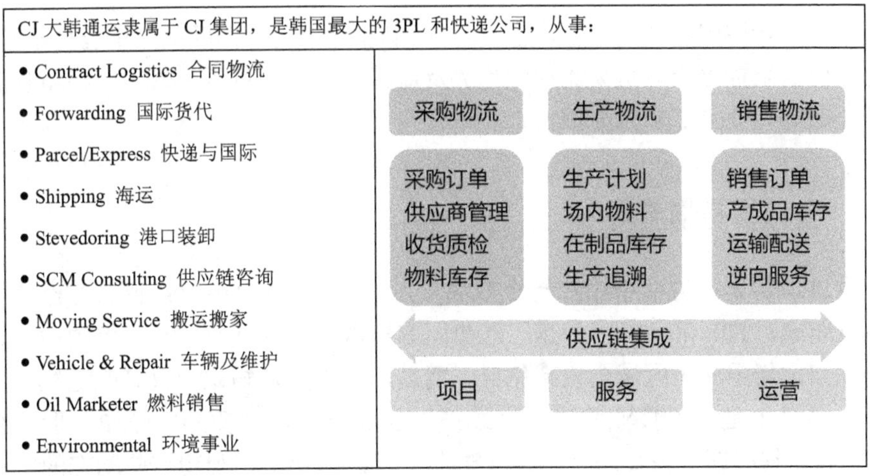

至此，可以把物流公司的业务模式分成几类。（1）快运包裹，通常有固定的交货时间，集中在广泛的标准化轻量级包裹的运输，是门到门的服务，运输存储多是在服务供应商自己的网络中进行，需要网络规模效应。国内快递企业数量多，同质化竞争严重，国际市场限于航空网络及运营能力，格局长期稳定。（2）合同物流，也称第三方物流 3PL，客户和物流服务供应商之间的中长期合同关系，包

含了各种综合物流解决方案或供应链定制化服务[①]。在合同关系中，物流服务的范围具有很大伸缩性，因为较高的投入期及系统耦合度高，顾客转换成本高，具有进入与退出的壁垒。3PL 的品牌、整合及项目管理是关键能力，整合自身和外部资源，满足客户不同供应链环节的物流服务。（3）配送，利用自己的网络为特定类型的货物进行配送服务，到终端用户或销售点。这个市场非常分散且具有地区性，细分市场有很高的准入壁垒，这是由于特定商品的不同特点和需求所导致，需要使用特定的交通工具和存储方式进入自己的仓库和分销网络，跨国市场我们可以看成是很多个分割的配送区域。（4）货运代理，纯粹是轻资产的商业模式，货运承揽人从运营商购买运输容量转售给客户，运作风险与贸易流量波动相关，长期承运人的关系和复杂的 IT 系统是关键能力，与 3PL、无船承运人、无车承运人（truck broker）有相通的地方。（5）仓储，在电子商务仓配一体的大环境下，国内单纯的仓储运营企业正急剧减少，仓储的功能也不同于过去，保税仓和海外仓都体现了跨境电商的运营中心角色。（6）第四方物流（4PL），最初的概念是一种无资产的商业模式，它为客户的运输和物流需求提供全套的解决方案，这个意义正被"物流+互联网"的创新模式实现，在车货匹配、运输跟踪、服务众包、运力竞价、智能技术等领域，电商平台代买卖双方决定物流选项都可以笼统地归到这一范畴。

大型综合性国际物流企业，往往服务范围无所不包。国际高端市场处于垄断，从跨境电商来描绘全球贸易流动的趋势及对其相关服务供给的影响，跨境物流及物流金融等行业宝矿亟待挖掘。

5.1.3 全球贸易物流网

在进口和出口方面中国都是全球第一，GDP 和消费规模超越老美也依稀可见。近年来，TPP 和 TTIP 暴露了欧美国家抢占国际规则制定话语权的动机。这两个框架重新定义了区域关税减免自由贸易，在投资及知识产权等广泛领域统一规范，名义上是为科技业和"数字经济"争取自由，实质是中国加入世贸组织 WTO 后面临的新一轮贸易壁垒。战略上，一方面要密切观望这些动态的实质性进展，另一方面加快构建国家一路一带平台，构建国家的全球供应链战略，高标准自由贸易区是必然选择。目前，全球自贸区分为两种类型，包括国与国之间根据 WTO 相关规则签署自由贸易协定形成的自由贸易区（FTA，Free Trade Area），一国之内单方自主给予特殊优惠税收和监管政策而设立的自由贸易园区（FTZ，

① 罗兰贝格咨询公司，全球物流市场报告 Global Logistics Markets，2014 年 8 月

Free Trade Zone），以及采取自由港政策的关税隔离区。据世界自由区组织 WFZO 统计，目前全球已有 1200 多个自由贸易区，其中 15 个发达国家设立了约 450 个，占 35%；67 个发展中国家共设立近 800 个，占 65%。类型主要分为转口集散型、贸易为主型、出口加工型、保税仓储型等四类。FTA 是两个以上的国家或地区设立自由贸易区，如北美自贸区 NAFTA、美洲自贸区 FTAA、东盟自贸区 AFTA、中欧自贸区 CEFTA、中日韩自贸区、独联体成员国多边自贸区、南亚新型自贸区等。自由贸易区 FTA 对跨境电商进出口及海外仓的选址都有重要参考意义，比如中澳自由贸易协定的签署，中澳双方出口贸易中 85.4%的产品将实现零关税，来自澳方的 97%的税目实现“零关税”。减税过渡期后，出口澳大利亚将实现 100%零关税，跨境热销的澳洲进口奶粉、保健品、海鲜等都将受益。

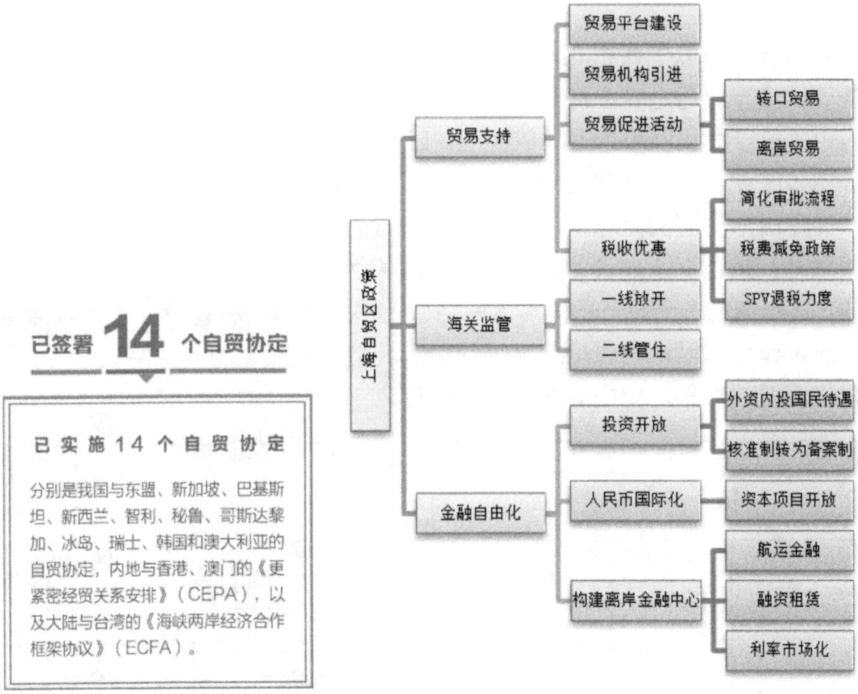

区域自贸区与上海自贸区政策

自贸区在世界整个国际物流体系中处于关键位置，促进经济一体化及区域物流发展，发展自贸区就是要逐步确立中国全球供应链核心枢纽地位，实现国际商贸的资金流、信息流、物流和商流的一体化，提高区域经济的主导权和影响力。国内自贸区 FTZ 支持跨境电商发展，主要体现在简化通关流程及创新运营模式。从 2013 年 9 月上海自贸区正式挂牌，我国有上海、广东、天津、福建四个试点自贸区，大部分创新内容是具有共性的，主要是政府职能转变、促进贸易便利化、知识产权保护、金融领域创新、优惠扶持、办事流程简化。上海自贸区：承载更多改革空间，陆家嘴、金桥、张江三个片区都在浦东新区，在更大的领域进行制度创新，强化上海的全球贸易中心地位。广东自贸区：推动粤港澳服务贸易自由化，加快经贸规则与国际对接，涵盖广州南沙新区。深圳前海蛇口以及珠海横琴新区。天津自贸区：服务京津冀一体化，位于天津滨海新区，涵盖天津港、天津机场、滨海新区等片区，重点发展融资租赁业、高端制造业和现代服务业。福建自贸区：与台湾深度合作及建设海上丝绸之路，3 个园区分别位于福州、厦门和平潭综合实验区。此后，国家又陆续在辽宁、浙江、河南、湖北、重庆、四川、陕西新设立 7 个自贸试验区。据统计，自贸区的通关效率提升明显，进口平均通关时间较区外减少 41.3%，出口平均通关时间较区外减少 36.8%①。

国际品牌及跨境电商企业入驻自贸区，具有方便设立采购中心、保税仓及离岸财务等优势，亚马逊在上海自贸区设立国际贸易总部，实现美国货物直邮及保税进口中国。自贸区以服务业开放为主，服务主体涉及港口、机场、贸易、制造、仓储等实体产业，这些产业构成了自贸区重要的产业链，以自贸区为核心的供应链也将促进国际物流的全球拓展。国务院颁布的《关于加快实施自由贸易区战略的若干意见》是自贸区建设的规划书，目标从“周边自贸区”向“一路一带”市场延伸，逐步形成“全球自由贸易区网络”。通关便利、服务贸易自由化对物流环境起了改善作用，以走出去战略来推动物流转型和模式创新，也将大幅提升我国的全球物流绩效水平，向中等发达国家接近。

分项	Total 总体		Customs 清关		Infrastructure 基础设施		International shipments 国际运输		Logistics competence 物流能力		Tracking & trace 可视性		Timeliness 时效性	
国家/地区	排名	得分	排名	得分	排名	得分	排名	得分	排名	得分	排名	得分	排名	得分
Germany	1	4.23	2	4.12	1	4.44	8	3.86	1	4.28	3	4.27	2	4.45
Luxembourg	2	4.22	9	3.9	4	4.24	1	4.24	10	4.01	8	4.12	1	4.8
Sweden	3	4.2	8	3.92	3	4.27	4	4	2	4.25	1	4.38	3	4.45
Netherlands	4	4.19	3	4.12	2	4.29	6	3.94	3	4.22	6	4.17	5	4.41
Singapore	5	4.14	1	4.18	6	4.2	5	3.96	5	4.09	10	4.05	6	4.4
Belgium	6	4.11	13	3.83	14	4.05	3	4.05	6	4.07	4	4.22	4	4.43
Austria	7	4.1	15	3.79	12	4.08	9	3.85	4	4.18	2	4.36	7	4.37
United Kingdom	8	4.07	5	3.98	5	4.21	11	3.77	7	4.05	7	4.13	8	4.33
Hong Kong	9	4.07	7	3.94	10	4.1	2	4.05	11	4	14	4.03	9	4.29

① 黄有方，上海海事大学校长，自贸区供应链发展与研究动态，在 2015 中国物流学术年会的主题演讲，2015-11-14

续表

分项	Total 总体		Customs 清关		Infrastructure 基础设施		International shipments 国际运输		Logistics competence 物流能力		Tracking & trace 可视性		Timeliness 时效性	
United States	10	3.99	16	3.75	8	4.15	19	3.65	8	4.01	5	4.2	11	4.25
Switzerland	11	3.99	10	3.88	7	4.19	14	3.69	14	3.95	12	4.04	14	4.24
Japan	12	3.97	11	3.85	11	4.1	13	3.69	12	3.99	13	4.03	15	4.21
U.Arab Emirates	13	3.94	12	3.84	13	4.07	7	3.89	18	3.82	18	3.91	18	4.13
Canada	14	3.93	6	3.95	9	4.14	29	3.56	15	3.9	9	4.1	25	4.01
Finland	15	3.92	4	4.01	16	4.01	30	3.51	16	3.88	11	4.04	16	4.14
France	16	3.9	17	3.71	15	4.01	20	3.64	19	3.82	15	4.02	13	4.25
Denmark	17	3.82	14	3.82	24	3.75	15	3.66	9	4.01	25	3.74	30	3.92
Ireland	18	3.79	25	3.47	22	3.77	10	3.83	20	3.79	16	3.98	29	3.94
Australia	19	3.79	22	3.54	18	3.82	21	3.63	17	3.87	19	3.87	21	4.04
South Africa	20	3.78	18	3.6	21	3.78	23	3.62	22	3.75	17	3.92	24	4.02
Italy	21	3.76	27	3.45	19	3.79	17	3.65	21	3.77	20	3.86	22	4.03
Norway	22	3.73	20	3.57	17	3.95	25	3.62	24	3.7	22	3.82	39	3.77
Spain	23	3.73	24	3.48	25	3.72	22	3.63	23	3.73	23	3.82	26	4
Korea, Rep.	24	3.72	26	3.45	20	3.79	27	3.58	25	3.69	24	3.78	23	4.03
Taiwan	25	3.7	34	3.23	26	3.57	28	3.57	13	3.95	31	3.59	12	4.25
Czech Republic	26	3.67	19	3.58	35	3.36	18	3.65	26	3.65	21	3.84	28	3.94
China	27	3.66	31	3.32	23	3.75	12	3.7	27	3.62	28	3.68	31	3.9
Israel	28	3.66	23	3.5	30	3.49	37	3.38	28	3.6	26	3.72	10	4.27
Lithuania	29	3.63	28	3.42	27	3.57	31	3.49	30	3.49	27	3.68	17	4.14
Qatar	30	3.6	21	3.55	28	3.57	26	3.58	29	3.54	35	3.5	35	3.83

资料来源：世界银行，物流绩效指数 Logistics Performance Index 2016，http://lpi.worldbank.org/

物流指数反应了这些国家的实际物流运作水平，对于做进出口贸易的跨境电商有重要参考意义。物流行业作为服务于商贸活动的辅助产业，对商品流动的效率具有很高的要求，而当下物流企业的小规模、碎片化、粗放式发展，极大地限制了物流行业效率的提升。空间上，大多数物流企业只能分段进行物流服务，分割运行、分头管理，利益链加长、效率降低，不利于形成全球化的物流系统和跨区域物流网络。

5.1.4 跨境物流

跨境物流，应对跨境电商及消费者的快速需求响应，只要是能够面向具有跨境物品传递需求的组织或个人提供跨境全程交付的服务，可以由第三方承运商（航空海运、国际快递、清关公司、各国邮政公司等）运输至世界各地，包括保税仓运营、海外仓租赁及代运营、境内外清关/转关、境外本地配送、国际运力资源获取及运输等国际物流项目上组合展开。物流行业是一种规模经济非常显著的行业，但这一复杂的运营网络，为小型跨境物流服务商提供生存空间。物流环节是跨境购物最大的掣肘之一，包裹无法全程追踪，整个过程“睁眼瞎”，成本高、配送时间长、清关障碍等几乎是各家跨境电商都会面临的难题。为了适合跨境电商业务的发展，跨境物流表现出极强的整合性及多态性，可以利用自贸区、货运代理、互联网技术、国际物流网络、清关及仓储等综合资源能力，对接海关、电商平台与消费者，系统性地提升整个跨境电商的效率；也可以利用强大的国际快递网络、清关能力及口岸关系、出口国海外仓和保税仓资源、航空海运货代体系和资源、采购及货源分拨能力、甚至强大的外贸风险管控等条件，成为跨境物流企业独占一方并壮大的依据。术业有专攻，跨境商品供应链的复杂度和分销渠道的深度远大于国内，中间因此存在精细化分工的机会。但最终，第三方跨境物流综合服务将会崛起，更统一、更顺畅、更可靠。比如，应对跨境电商促销，大促飚量是亢奋的事，但“最后一分钟下单”对物流企业而言，若不能全过程地预案、执行和应急，无疑是无法承载的挑战。中国正形成面向全球的高标准自由贸易网络，物流仍然是跨境电商的瓶颈，物流要走出去，必须研究中国出口制造业发展战略、大型电商平台国际化举措以及国内用户海外直购的诉求，作为国际网络扩展规划的参考。例如，设立海外据点，帮助消费电子企业全球发布及新兴市场扩张。

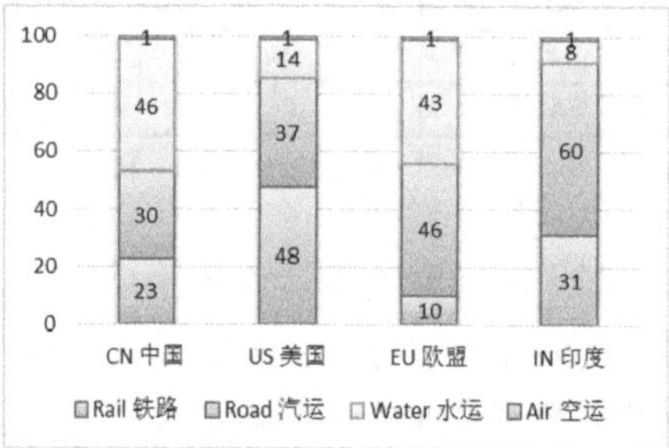

不同市场的物流条件差异

大电商平台的自建物流或整合服务是有益的补充，与第三方物流共存的局面将持续共存，跨境物流人才专业化要求也会越来越高。继 FBA 仓配一体方案，亚马逊在美国注册为无船承运人，租借几十架飞机及上千辆卡车，计划打造全球性物流网络。其绕开中间商，直接从全球商家收货，然后低价购买舱位，新业务将使亚马逊成为全球物流产业中心。商家将无须再向 DHL 或 UPS 等预订货舱，直接在 Amazon 实现 one-click-ship 无缝的、无中介跨境物流。亚马逊的物流一旦业务量足够大，在学会独立运营该业务后将逐渐摆脱第三方合作伙伴，从而进一步涉水金融服务领域，向商家贷款、处理国际支付、为商家提供客户和税收方面的咨询服务。这一策略与它进军云计算如出一辙，先是开发云计算技术供内部使用，而后逐步把它发展成一项业务，如今云计算已经成为亚马逊发展最快和赢利能力最高的部门。初期，亚马逊从未公开宣布云计算业务的远大前景，IBM、惠普及戴尔等传统 IT 公司基本上都忽略了亚马逊的威胁，现在它们都落在后边。

5.1.5　货运代理

轻资产的代理类企业是行业分工的进一步细化。我国超过 80%的进出口贸易运输和中转业务均由货代协助完成，进出口贸易的兴衰同步于货代产业的兴衰，一级国际货代市场已基本是垄断性竞争。国际货运代理介于跨境运输供需双方，有托运人 Shipper 和承运人 Carrier 之间的代理人 Forwarder，主要面向空运和海运两个运输渠道，即便在跨境电商领域，海运的货邮吞吐也远远大于空运，一条集装箱船能装几千个柜，抵上几百上千架飞机。正是由于外贸发达，中国的海运比例远高于其他市场。海运本身是一个巨型行业，海运物流是世界经济的晴雨表，是国际贸易的主动脉。向外部看，按运力和运量，全球物流业实际上可以视为以海运为主干，辅以航空、铁路、公路运输为补充的一个大物流系统[①]。海运主要解决的是港到港的问题，多类型的物流公司进行有效的协同合作，提供海空联运、海铁联运等综合性服务，最终形成门到门的物流能力。目前，国内的大型航运已初步形成了以中国为中心的星形航运网络，未来还需加强海外布局规划，努力打造出类似马士基、MSC、达飞等跨国巨头那样，布局于全球多个中心节点的网状航运网络体系。全球排名靠前的国际货代包括敦豪、UPS、泛亚班拿、德迅、辛克、德莎、伯灵顿、日通等，国内则有中外运、中远、建发、锦程、嘉里等。在国际小件业有“邮关不分”，而中外运则有“第二海关”之称，国有企业天然背书，在口岸服务及境外衔接方面实力较强。

据国际航空运输协会 IATA 发布的 2014—2018 年航空业展望报告显示，空运货物价值约占全球贸易的 35%，重量上只占 1%，快递占了很大比重。空运行业容量小，空运货物具有时效性强、货物本身价值高、货物尺码数量相对较小等特性，国际航空货运市场又有需求不稳定、运力分散难以预测及运能相对不足、客户群分散等特点，使航空公司难以独立完成整条产业链，从而货运代理需求强烈。空运货物中 90%需要国际货代不同程度地参与，二者具有较强的相关性。国际货代行业主营中介服务，公司自有专用型固定资产很少，是轻资产运营行业，提供

① IBM 中国物流行业白皮书：视野 定位 能力——站在中国物流新时代前夜的思考，2015 年 12 月

门到港、港到门、门到门、仓储理货、同行集运、海外配送和供应链融资等延伸服务。赢利模式主要是赚取订舱佣金、价差和增值服务费，影响运费成本的有三大要素：货运舱位整体价位、货运舱位预定方式（固定和非固定）和舱位装载效率。国际空运方面存在着航线少、货运飞机少、运能不足等问题，80%依赖于腹舱运输，运力受限[①]，这也导致国际空代长期存在的航线不清晰、效率跟不上、价格不透明等问题。货代公司支付的货机运费和陆路交通运费是主要的营业成本，其中航空货运运费占比达到 90%以上[②]，传统货代，货代和航空运输公司的结账期较短，与货主的结算期较长，需要货代进行大量垫资，中小货代运营资金链比较紧张。

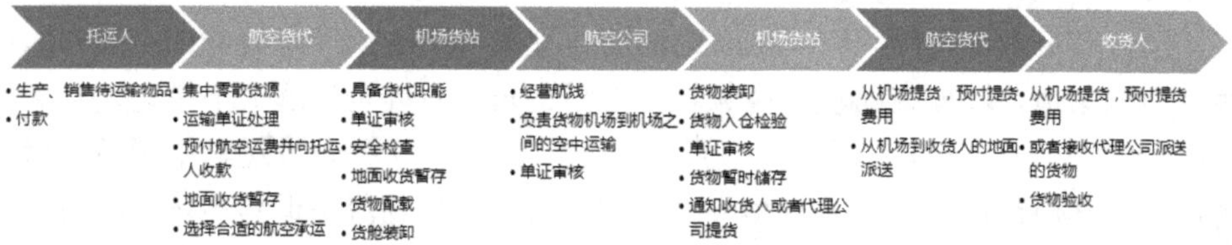

货运代理一般业务流程

货代服务意义在于帮货主节约精力，并专注承揽货物订单，帮助货主处理单据、换单交接、提货理货、报检、清关以及最重要的订舱，选择合适船期和价格等核心业务。但货代业存在的多层次代理与转包一定程度损害了服务质量与终端客户，传统外贸企业转型与跨境电商的兴起促使货主结构更加碎片化，中小企业客户与“长尾客户”的重要性将有所加强。互联网平台提供实时透明的订单信息，纰漏错误及信息不对称被削弱，去代理人、去货代变成一种趋势。一方面，向综合物流转型已经不可避免，满足一站式服务企业客户，标准化货运产品积累客户数据，实现时空上的最优配置。国内外大的货运代理商，比如 DHL、K+N 等，通过开发多元化的产品来发展新的贸易行业，联合了空海运代理及物流全程服务。另一方面，从整个国际航空货运发展的动态而言，拥有机队的国际快递崛起将是主流，凭借全球网络优势，近年来更将战略发展重点指向中国市场。虽然，这两年中国进出口整体形势造成航空货运市场持续低迷，几家国有货运航空都复苏乏力，但快递自营航空却提振显著，对 DHL、FedEx 这样的国际快递影响更是甚微，他们的客户以高附加值产品为主，线路上有显著优势。由于航空快递主要用于高端跨区产品，市场准入门槛较高，全货机运营必须达到一定规模方能显现运营效

① 常涛、陈卓，招商证券公司，大海淘时代 货代迎接“海淘”物流大发展，2015-03-22
② 汪立，安信证券公司，外运发展 互联网重塑平台 海淘迎风起航，2014-09-15

率。出口电商产品价值普遍偏低，难以成为直接商业快递客户资源。货运代理转型的国际集成商和资源整合商将分食这一市场，按照“本地经济型快递商接货-专线包机干线运输-境外经济型快递商送货”的模式发展，跨境领域 UBI、顺友、RPX、八达通、Cacesa 等是转型专线物流的代表。总体来看，国际货代还局限在各挣各的那份钱上，搞航空运力、渠道和路线是根本，少数成为最终发展壮大的线路运营商，愿从幕后走向台前、直接服务于商家的则更少，最多提供自营点和集货仓。简单说，国际货运代理近年向跨境电商配套服务商转型，依托的是行业先行、地缘优势、海关及经贸委等政府关系。

物流公司排名

No.	全美十大物流公司	全球十大物流（货运）公司
1	UPS Supply Chain	DHL Supply Chain
2	XPO Logistics Inc.	Kuehne + Nagel
3	J.B. Hunt Transport	Nippon Express
4	C.H.Robinson	DB Schenker Logistics
5	Expeditors Intl	UPS Supply Chain
6	Ryder Supply Chain	DSV
7	DHL Supply Chain	Ceva Logistics
8	FedEx Corp.	Panalpina
9	Ceva Logistics	Hyundai Glovis
10	Americold Logistics	Sinotrans

5.1.6 综合物流

国际综合物流是很多物流企业的终极目标，其价值主要体现在通过整合自身或外部的物流资源，为客户提供基于全球贸易供应链的全环节物流服务。3PL 是国内外物流业最重要的经营主体，是各类生产制造业和商贸流通业的物流解决方案提供者和组织者，通过调集自身的运输工具和仓储设施，以及采购、整合社会运力和仓储资源，促进企业内部物流的社会化。但绑定紧密的客户关系及高度定制化，这又会成为 3PL 发展的瓶颈，即便让每个项目以独立事业去运营，管理复杂度及对企业资源的要求也会指数级上升，非标准的物流服务和应收账款，会导致运营的极限。反观快递和网络零担行业，由于服务标准化，百亿级的存在已经很多。包括三大快递，3PL 仍是他们业务的重要板块，因为 3PL 是物流业发展最早和最成熟的市场群体，长于对规模性大客户及服务质量管控，能够对其他业务产生连带溢出效应。中东 Agility、法国 Geodis/SDV/Gefco、德国 Dachser/Hellmann、英国 Wincanton、日本 Seino/KWE/Yusen、马士基旗下 Damco、叶水福及嘉里大通等都是具有国际化特征的第三方物流商。

跨国制造业对国际物流及本地化服务的需求，以及贸易线路及全球化导致的流量变化，是这些跨国物流成长的关键。早年日本物流企业国际化的过程，就是跟随国内品牌商及投资业出海的过程。这些年，中资境外并购，联想、华为等品牌国际化，沈阳机床、徐工机械、中联重科等工业耐用品进军境外，售后配件及备件管理等都有很多物流需求，但地区差异造成国际贸易流通的障碍，国内还很少有国际化能力的物流企业可以支撑。加盟扩张是中国快递做大做强的路径，近期圆通、申通等都在寻找全球加盟商，但还无法像国内那样简单的复制，需要组织、流程、人员、技术等全方位的落地。圆通已启动海外方案，授权韩国、泰国、德国、美国、俄罗斯等地区的快递企业、海外仓及代购个体等海外加盟商使用其品牌。或者收购规模较小的竞争对手来填补特定的战略或地区差距，以获得立足平台，一步步走向“全球供应链解决方案”。

物流服务关键质控指标

还有以下几个热点。一是第四方物流，目前来看电商平台主导的开放式物流整合较为成功。比如速卖通的无忧物流、Wish 邮、DHLink 等，以订单大数据驱动物流服务，卖家通过在线发货、支付运费，统一结算。菜鸟网络致力于打造“跨境+快递+仓配+农村+末端配送”的全网物流链路+大数据联通、数据赋能等仓配一体化。二是冷链，进口食物和农产品冷链运输将成为两个关键的增量市场，过去十年，我国进口食品贸易额增长 4.5 倍，多数进口食品的门类需要冷链运输。三是物流园区，2015 年全国包括运营、在建和规划的各类物流园区共计 1210 家，比 2006 年增长 5 倍，口岸服务型园区、保税物流园区，以及“一带一路”中对于园区的硬性需求，使得未来数年将成为园区建设和运营的一个新高峰。四是跨境物流金融，依托跨境电商，对传统外贸金融服务颠覆式创新。

5.2　全球快递市场

除了综合物流商以外，其他概念上的物流偏 B 端客户，搞电商有关的物流，仓配和快递更靠近 C 端。快递业作为第三产业服务业，依赖于整个经济的发展和提升而增加服务产值，行业水平与社会发展的程度呈现正相关。快递业起源于 20 世纪 60 年代的美国，从早期小件货物的运输演化而来。当时，美国服务业与高新产业蓬勃发展，物流行业逐步出现物品小型化、时效要求高的特征，客户需求与邮政能力不匹配，现代快递业应运而生。当前快递市场空间大，下游需求较好，资本密集度高，现金流稳定。国内市场，数得上的大快递纷纷上市，所谓人员、车辆、网点的竞争，直接调档升级为资本的竞争，春秋进战国；国际市场，FedEx 将 TNT 揽入怀中，国际快递“三国杀”格局形成。从历年快递业务规模看，国际及港澳台快递业务量增速处于平稳水平，总量占比 5%左右，落后于国内市场，但单价远高于国内快递。跨境电商急速发展，带动近期国际快递高速增长，目前跨境快递主要被海外巨头及邮政企业瓜分，国际网络的布局也非一朝一夕，国内民营快递参与度不足。根据国务院发布关于促进快递业发展的若干意见，按照当前年均增速，到 2020 年我国将达到 600 亿件左右规模，收入达到万亿元规模。快递业作为经济新动能的组成部分，形势依然比传统行业要乐观。海量、高效、精准的物流配送。FedEx、DHL 等外资快递实力雄厚，信息化水平、自动化水平以及运营管理水平、人力资源水平远超国内，在品牌、服务、资金链上有明显优势，在利润率更高的国际快递业务上，占据了中国国际快递市场 75%的份额[①]。但外资快递受限于各方面的成本，在价格竞争上比较吃亏，国内业务份额几乎可以忽略。

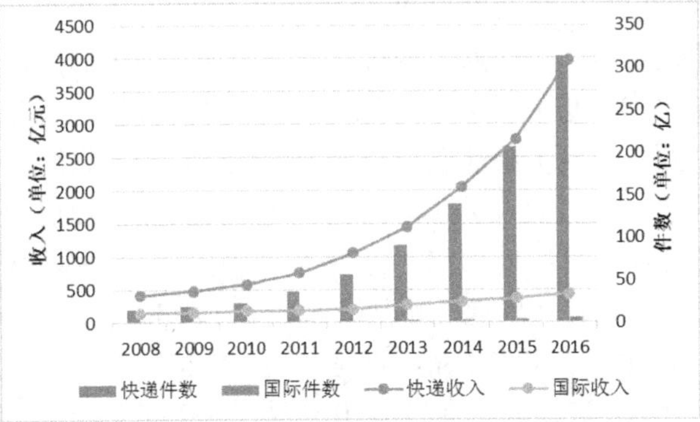

国际快递业务量及收入对比

DHL eCommerce 于 2014 年重组和成立，统领 DHL 电商物流业务，大中华区的总部设在上海，并于香港、深圳、广州、北京布点，两年来悄然扩张，提供香港、上海和深圳操作中心直发全球包裹服务、郑州直邮进口服务、海外仓服务。推出电商包裹专线，是抢占出口电商市场至关重要的一步棋。

① 王俊杰，申万宏源证券公司，高速成长 资本竞逐——2016 快递行业投资策略，2016-03-23

5.2.1 发达市场概览

所谓发达市场，就是一个有过充分竞争及历程长的进化。所有快递商都经历或面临着交通、科技以及人们生活方式改变所带来的机遇和挑战，除了经济周期的极端影响，各个区域市场形成了相对稳定的格局，一种竞争合作的共存势态。例如，西方邮政每年都会步调一致地例行上调资费标准 3%～5%，几乎是雷打不动。主要原因，可能还是外部实体经济的增长趋缓，庞大的基础投入形成了进入壁垒，即便是电子商务膨胀的现在，全球都没有中国这样疯狂的市场。最好的美国市场，美国邮政、FedEx 和 UPS 仍然牢牢锁定主要份额，在过去几十年的变迁交手中，三者的竞争从未休止，却没有新晋者。

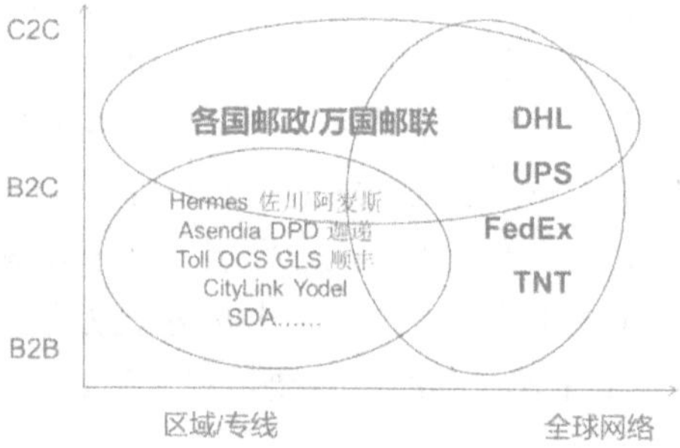

例子：Hermes 物流是德国多渠道零售商 OTTO 集团的成员公司，总部位于德国汉堡，在德国境内有 4 个物流中心，在欧洲拥有较完整的配送网络。其位于 Haldensleben 的物流中心是欧洲最现代化的配送中心之一，每天的高峰时段处理多达 25 万个电商订单。

不同快递商网络与市场定位

如今，美国邮政 USPS 把主要精力从一类信函业务转移到包裹业务，与 FedEx 和 UPS 角逐快件包裹市场。然而，仔细研究他们的年报，会发现竞争并非像国内这样凸显。商业快递往往善于提供干线及空运服务，邮政主要进行末端投递。美国邮政的信誉和无比强大的投递能力，任何商业公司无法媲美，庞大的人员队伍使其末端网络非常适合 B2C 投递，但它的客户营销、干线及处理分拨能力并不那么突出，处理传统邮件的资源条件很多不能发挥包裹处理优势，于是采购商业干线资源及承接投递，可助其缓解突出的人员成本问题。同样，两家商业快递碍于末端投递成本，只好将包裹递送至目的地邮局，再由美国邮政通过其末端网络递送到每个收件人手中，这样要比独自完成递送更加节省成本。FedEx 的 SmartPost 和 UPS 的 Sure-Post 两种与 USPS 合作的产品，正是中间的桥梁，其廉价经济性是海外仓落地配常见选择。例如，寄件人先通过 FedEx 网点寄递或 FedEx 上门取货的方式发货，FedEx 负责将快件递送至收件人所在的当地邮局，再由美国邮政将包裹寄给收件人。据了解，FedEx 通过 SmartPost 服务，平均每天发送约 200 万件包裹进入美国邮政的寄递网络，约占其地面业务的 1/3。同样，美国邮政也会利用 FedEx 和 UPS 的寄递渠道处理部分城市间的寄递业务，FedEx 正是 USPS

快件和一类邮件的主要航空运输者。据统计，2015 年，FedEx 向美国邮政提供了价值约 13.7 亿美元的服务，一举成为后者的年度最大供应商，UPS 则提供了价值约 1.54 亿美元的服务①。通过合作，三方都获得了各自的业务份额，客户则以合理的价格，选择了多样的可靠的服务，客户的品牌黏性会得到提升。2015 年美国内地快递市场约 1072 亿美元，UPS、FedEx、USPS 和 DHL 合占市场份额的 97%，形成典型寡头垄断格局。从 1998 年至今，剔除通胀和市场结构变化，FedEx、UPS 件均收入和件均成本基本稳定，平均营业利润率为 6.6%和 10.9%，UPS 业务量更大、陆运为主的快件结构导致其赢利能力显著强于 FedEx②。

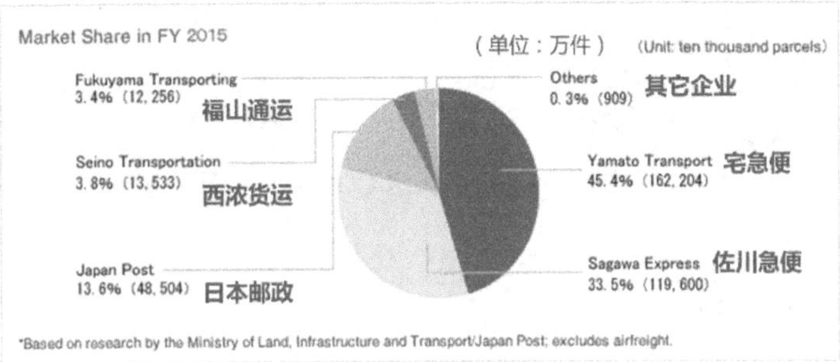

日本国内快递市场格局

其他典型案例是，日本市场由大和运输（宅急便）、佐川急便、日本邮政（2010 年收购日本通运）三家公司垄断，合计占据 92%的市场份额，其中龙头企业宅急便处于绝对领先，并提供各种增值服务与精细化运作，日本物流业无论是快递还是仓储，全球都算得上精益化管理的最高水平。欧洲几个大国各有份额较大的本地快递，而 DHL 占全欧国际快递市场份额的 41%，FedEx 并购 TNT 后，欧洲快递市场集中度还将进一步提升。法邮 LaPoste 旗下的 GeoPost 及 DPD 在法国市场占有率第一，据称是欧洲第二大国际包裹配送网络，整个 DPD 集团日投递 350 万件。Hermes 服务遍布欧洲，并在英国市场独占老大，网络仅次于皇家邮政 RoyalMail。荷兰 GLS 及该国邮政 PostNL 在欧洲市场活跃，为电商卖家提供配送解决方案。比邮 Bpost 是比利时最大的邮件和包裹递送服务商，在跨境包裹揽收及专线配送方面声名在外。此外，DirectLink 是北欧邮政 PostNord 的一部分，Purolator 快递隶属于加拿大邮政，爱沙尼亚邮政 Omniva 主要在波罗的海区域活动，意大利 BRT Bartolini 快递在当地领先，澳洲的当属 Toll 及 TNT。由于快递业

① David P. Hendel，Top U.S. Postal Service Suppliers for Fiscal Year 2015，http://www.huschblackwell.com/

② 常涛、陈卓，招商证券公司，护城河越挖越宽的公司 快递业集中度分析专题报告，2016-06-12

存在显著的网络效应+规模效应，要建立跨地域的服务网络，而且需要足够量的业务支撑，龙头企业才能将成本降低到社会可以承受的水平。马太效应下，龙头企业继续降低成本、创新服务，护城河越挖越宽，可以说快递最强大的网络能力“不在云、而在端”。

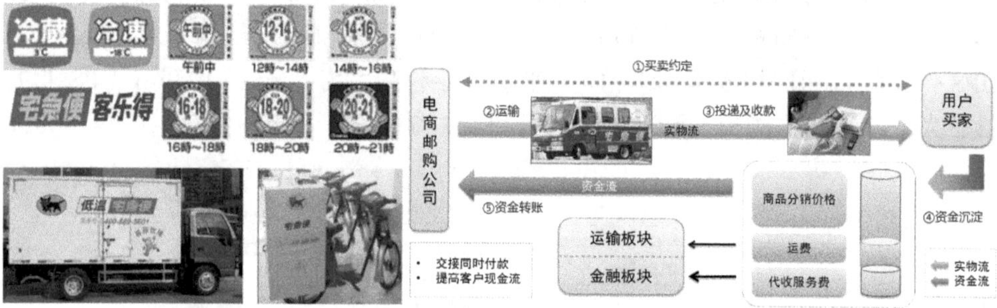

黑猫宅急便的冷链/定时派送/COD 货到付款等服务

5.2.2 全球邮政网络

邮政一度是被边缘化的夕阳产业，通信电子化一度是其衰落最大的助推，追溯历史，传统邮政本质上是以“信息传递”为主的政府专营组织，与押运货物的镖局，以及快递这种现代服务业均不同。所以，互联网化是从“信息”层面对邮政业做出质的影响，网络已改变了传统邮政业的供需关系，信函、报刊、汇兑等业务被网络服务冲击严重。而电子商务又为其提供了二次重生，在保有原全球邮政网络同盟的之外，众多有实力的邮政公司都另建立了商业快递企业以方便参与跨国市场竞争。与美国邮政相同，全球许多邮政运营商的最大优势之一在于，在本土范围内拥有密集的末端网络，几乎能将包裹递送到全国任何一个角落，提供了基于公共信誉的可靠服务。由于历史悠久、业务链很广，很多邮政都是兼有部分政府或公共职能的集团化公司，多个大型邮政公司是世界 500 强，如美国邮政 2016 年营业收入高达 704 亿美元，远高于 UPS。

万国邮联是联合国下属的专门机构，是商定国际邮政事务的政府间国际组织，成立于 1874 年，目前有 192 个成员国。联盟体系下的《万国邮政公约》是各国处理国际邮政业务遵循的基本法则，对邮件及包裹有明确的处理等级与服务标准。中国邮政则最早可追溯至 1896 年成立的大清邮政，目前拥有众多业务板块。2015 年我国跨境电商出口轻小件包裹约 10 亿件，其中通过中国邮政渠道占 68%，增长率 60%以上[①]，ePacket 已经成为大多数电商平台的推荐配送选项，邮政小包更是跨境电商使用最广的入门级物流。跨境电商之所以如此契合邮政的优势主要表现在：一、全球无盲点网络，依托各国既有邮政包裹网络，轻小件投递稳定可靠，而商业公司都有服务范围或有限的线路；二、价格优势明显，邮政包裹独霸天下，提供了最基础的物流服务，再血腥的商业服务价格怕也无法与之相比；三、无障碍清关，邮联框架下的本土清关能力是邮政的独门绝技。当然，在跨国交接的松耦合网络下，邮政网络也有显著的缺点：时效不稳定、异常状况，对邮件动态的客服咨询与追溯还需提升，在旺季网络是很大的挑战，跨国资源协调机制的改进。

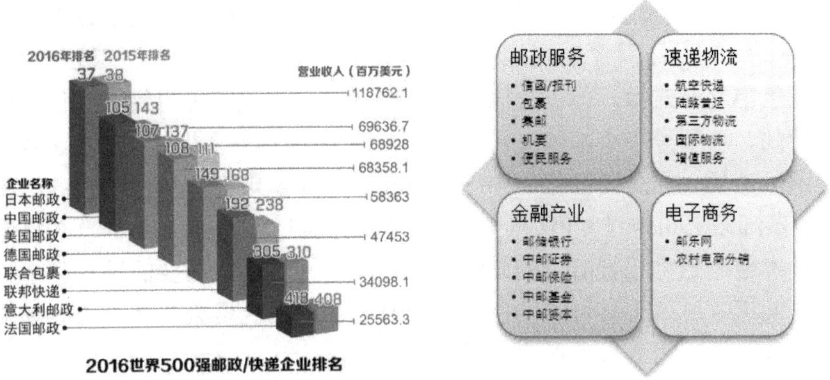

中国邮政世界排名及业务版图

万国邮联对此也进行了网络分层与服务创新。一、邮政特快专递（EMS，Express Mail Service）是定位于“一个全程时限可靠的全球邮政网络”的“高质量、高可靠、标准化”的性价比服务，对标商业快递市场，全球每年增速 10%左右，准时率在 90%以上。中邮 EMS 于 1980 年创办，是国内最早的快递服务商。邮政 EMS 现已发展成为全球快递公司，在欧美日韩印澳等海外设有诸多分公司或海外仓。EMS 大约 70%的跨境需求在亚太地区，而且地区内互寄比例占绝大多数[②]，EMS 独有的免费退回优势，是跨境电商高价值卖家的必备选择。二、卡哈拉邮政组织 KPG 是中日韩美澳及香港邮政发起的承诺质量服务，组织有要求要保证 98%的货物准时送达，逾期不到的有赔偿义务。三、国际邮政公司 IPC 与欧洲 5 个邮政运营商合作推出了简易退货解决方案，通过邮政网络退给授权此次退货的电商卖家，卖家为顾客提供一个邮资已付的退货标签，便利用户接受电商退换货服务。另外，全球邮政不断在推进物流追踪及通关等 EDI 标准，向海关申报验

① 李景，邮政物流转型要搭跨境电商“快车”，《经济日报》2016 年 4 月 14 日第 7 版

② EMS Cooperative，Positioning EMS for Growth Business Plan 2017–2020，Berne，2015-11

放后通过国际邮路全球寄递，实现跨境电商货物与邮件物流配送无缝对接，有效简化收货人在当地的申报手续。

如今的全球邮政，随着各个经济体的发展分化，表现出参差不齐的发展阶段。发展中国家及第三世界国家，很多邮政尚未市场化改革，甚至还是政府的组成部门，而小型发达国家的邮政甚至完全私有化。从主流趋势看，一是集团化，以日本邮政控股、意大利邮政集团和中国邮政集团等为代表，将传统业务扩张到多元化领域，并在金融领域尤为壮大。二是市场化，英国及荷兰等邮政私有化，甚至波兰等国将邮政服务社会化公开招标，很多国家邮政运营商除经营国内网络外，也经营国际和商业渠道，法国邮政下属的 GeoPost 物流集团包括 DPD、Seur、Chronopost 和 Exapaq 等子公司运营商业市场。三是专业化，很多邮政在国内快递市场的竞争中逐渐式微，但以德国邮政、美国邮政和澳邮等为代表，包括比邮、新邮、荷邮、港邮等中小邮政公司，专注并深耕物流市场成为地区领导者，并积极拓展国际市场。四是国际化，中国高歌猛进的跨境电商市场拨动着各国邮政的兴致，很多邮政公司绕过 UPU 框架，透过代理机制全球揽货。头程直飞目的国邮政清关，本地派送将托管给目的国邮政，避免了邮政小包需要的排仓和中转等繁杂，优先配送，时效上有可靠的保证。中邮与澳邮的合资公司赛诚国际物流，在澳洲、新西兰及东南亚等专线物流具有绝对优势。

5.2.3 DHL 欧洲快递王

DHL 在欧洲占有快递市场超过 40%的份额，除了美洲国际市场，在国内市场、亚太与欧洲国际市场中，市场份额均处于行业第一，是全球快递国际化程度最高的公司。DHL 全球员工人数超过 32.5 万人，空运机队超过 250 架，几乎能够为各种物流需求提供完美的解决方案。DHL 于 1969 年创立于美国旧金山，总部设在比利时的布鲁塞尔，2002 年与德国邮政合并，德邮控制了其全部股权并把旗下的敦豪航空货运公司、丹沙货代（Danzas）以及欧洲快运公司整合为新的敦豪航空货运公司，为此德国邮政集团更名为 Deutsche Post DHL。其后，德邮又接连收购了美国的空运 Airborne、英国的 Exel 物流，均并入 DHL 板块，逐步奠定了 DHL 难以撼动的物流巨头地位。相比其他几家物流巨头，德国境外营收占其 70%，更彰显 DHL 国际化程度之高。作为全球最大的综合物流企业，DHL 业务范围遍布超过 220 个国家与地区。整个 DP DHL 集团主营业务包括四方面：邮政、快递、货代与供应链。具体业务方面，目前公司是德国国内最大的邮政服务商，国际市场上在空海运代理、合同物流、快递服务业务方面市场份额均居全球第一。近期，或许是受到 FedEx 收购 TNT 的刺激，DP DHL 计划收购英国皇家邮政集团（UK Mail Group），令人观止。

DHL	德国市场	美洲国际	亚太国际	欧洲国际
市场份额	43.70%	18%	44%	41%

2015 年 DHL 实现营业收入 592.3 亿欧元，同比增 4.59%，净利润 24.11 亿欧元。各业务板块营业收入均衡，利润的最大贡献者为快递板块，贡献了超 50%的净利，赢利能力最强。中国是全球主要市场和生产基地，也是 DHL 全球第一大市场。DHL 在中国运营收入近 50 亿欧元，超过其在亚洲运营收入总额的一半。在跨境电商物流圈内，群英争雄，DHL 一直扮演着重要角色，为了在这急速变化的行业内谋求长远发展，决定成立 DHL eCommerce 公司，开始做电商小包，以切合市场定位。并在亚太区内分建立大中华区，以更贴近中国跨境电商群，启用全新的 DHL 电子商务深圳包裹操作中心，同时扩大上海与中国香港现有包裹处理中心的规模。由于缺乏境内揽收网络，DHL 在国内有很多代理，如递四方、百千诚、均辉、中环运和互联易等，还有很多大客户拿着协议折扣去代发货。DHL 于 1986 年与中外运合资成立了中外运敦豪，各持股 50%，为中国各主要城市提供国际航空服务。在中国中外运敦豪共设立分公司 73 家、速递中心 88 个，根据官方信息，中外运敦豪目前已居我国国际航空快递业的领导地位，市场占有率高达 37%[①]。依托于中德双方优势，中外运敦豪堪称是合资企业成功的典范，其保持了中国市场占有率的绝对优势，DHL 成为中外运发展的主要业绩来源，2015 年贡献了 85%的净利，且每年仍保持高速增长。

DHL 板块	营收占比	利润贡献
邮政	27.1%	39.9%
供应链	26.5%	16.3%
货运代理	23.9%	-6.5%
快递	22.5%	50.3%

点开 DHL 官网就会发现，它制定的物流解决方案涉及航天、汽车、化学、消费品、时尚、生命科学与保健产业、工程与制造、可再生能源、科技物流、零售等多个行业。DHL 为汽车产业提供的解决方案极具特色，核心服务包括进货至制造厂、仓储及订单处理、运输管理、场内物流、售后物流和第四方物流等服务。所以，短期内模仿这些企业现在的业务形态几乎是不可能的，其飞机还运过大熊猫！

① 贺国文，国金证券，跨境电商供应链整合者 快递价值需要重估，2015 年 12 月 16 日

5.2.4 FedEx 敢为人先

FedEx 是隔夜空运的开创，让快递真正体现了时空价值。FedEx 成立之初就立足于航空快递，是其对快递业最为精准的定位，历来 FedEx 首创的轴辐式航空集散网（Hub-and-spoke）在业内被奉为圭臬，目前仍是世界最大的快递空运公司，服务涵盖全球 200 多个国家和地区，拥有超过 20 万员工。如今的 FedEx 已并非单纯的快递公司，而是大型综合性物流集团，主干强大，枝干亦十分茂盛。FedEx 集团实际上由服务、快递、地面、货运等若干板块业务组成，四大板块相辅相成，分别由不同公司展开相关业务。FedEx 公司从 1973 年开始运营后便开启了传奇式"使命必达"，FedEx 依靠巨额风险投资孵化上市，如果失败了，或许人们就不会看到今天风险投资市场的空前繁荣。1975 年安装第一个投递箱，1982 年提供隔夜信件服务，孟菲斯机场超级物流中心显然要比灰熊队著名的多。FedEx 的全球扩张化战略就是不断并购，拓展国内外快递业、延伸其他物流运输业务。航空快递的开山鼻祖绝非浪得虚名，截至 2016 年，FedEx 已拥有 670 架飞机，自有比例高达 90%，确保日处理 450 万航空件，孟菲斯机场一直是世界最繁忙的货运机场。FedEx 在全球各地组网模式也类似，航线尽可能向区域枢纽集中，围绕枢纽形成辐射网，并根据货运需要建立次级处理中心。比如在亚洲，广州就是联邦快递的亚太区转运中心，始发地和目的地在亚洲的货物都会去广州进行转运。FedEx 关注并重点开拓电商物流市场，针对医疗保健、生命科学等高精尖行业以及艺术品和奢侈品行业，提供全面专业的运输解决方案。

FedEx 集团主要事业部

事业部	分公司	业务
快递	FedEx Express	航空速递
	FedEx Trade Networks	航空航海货运代理与报关
	FedEx Supply Chain	供应链与物流解决方案
	Bongo/CrossBorder	跨境实施技术和解决方案
陆运	FedEx Ground	小包裹地面运输
	FedEx Smart Post	代理邮政小包裹集运商
	GENCO	第三方物流逆向
货运	FedEx Freight	零担货运
	FedEx Custom Critical	紧急/温控/安全/特货
服务	FedEx Services	销售、IT、通信、后台功能
	FedEx TechConnect	顾客服务、技术支持等
	FedEx Office	文档和商业服务等

即使FedEx享誉全球，但是其国内业务占比依然高达70%以上。FedEx把2014年收购的Bong Intl更名为FedEx CrossBorder跨境公司，作为FedEx贸易网络的子公司，主要为网络零售企业提供电子商务技术方案，帮助企业解决各种跨境电商难题，包括监管合规、安全支付处理、多币种定价、信用卡欺诈保护以及全球消费者对接。Bongo可根据位置自动调整货币以及海关和运输成本，帮助购物者从海外零售商购买商品，向货运代理客户提供跨境服务，使B2B客户更容易计算较大规模运输的国际货运成本。FedEx于2015年并购北美第三方物流企业Genco扩展零售及电子商务市场，在美国，反向物流成本占消费品总销售额的8%～10%之多，而收购Genco强大的零售退换货处理能力正是FedEx看重的。2016年并购TNT纳入其快递板块，从近期财报来看还是物超所值，豪赚一笔。中国是FedEx国际业务发展最快、最具潜力的地区，中国区的员工数量接近万人，运营车辆近三千辆，地面操作站数量超过一千。

	FedEx (+TNT)	UPS	DHL
United States	1	2	3
Canada	1	2	3
Europe	2	3	1
Asia Pacific	2	3	1
Latin America	2	3	1

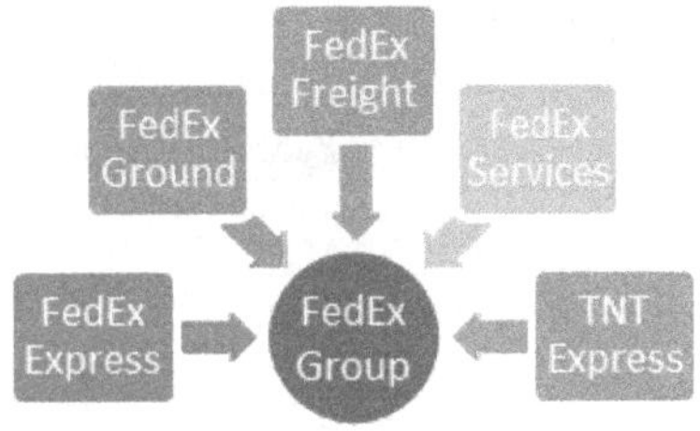

Rankings based on CY2015 company-reported data. Source: FedEx Market Development.

以“橙色炸药”著称的欧洲第二大快递巨头TNT，在三年前试图“委身”UPS，反垄断审查遇阻后又折价转卖给FedEx。TNT生于南半球，1946年成立于澳大利亚，从一辆货运卡车起家，一直在澳洲具有优势。到1996年被荷兰邮政KPN并购，TNT成为一个包含邮政、快递、仓储等业务的综合物流集团，如今大名鼎鼎的CEVA前身就是TNT物流。2005年TNT并购中国快运企业华宇，而后整合失败转手。TNT通过不断的合并与收购的方式扩张业务版图，并逐渐将业务重心迁移至欧洲，目前公司总部位于荷兰的阿姆斯特丹。除了空运能力，TNT最值得一提的是具有非常丰富、完整的欧洲干线网络，陆运系统服务于欧洲共计44个国家，网络包含20个国际转运中心，550个普通转运中心与仓库，公路运输能力强大到可以用卡车满足70%的隔夜至需求。这对于在欧洲实力相对不强的FedEx而言将能起到极大的短板补偿作用。整体业绩来看，TNT经营状况较为艰难。2009财年至收购前，TNT几乎年年亏损，这为被出售埋下伏笔。目前在中国和欧洲的国际快递市场上，TNT仍具有仅次于DHL的领先地位。1988年，TNT环球快递公司与中国外运合作，成立中外运——天地快件有限公司。2003年，TNT结束了和中外运的 15 年合作，选择超马赫作为总代理，迅速走向下坡路。笔者比较痛惜 TNT 没有被中国买下，国内企业错失一次品牌国际化机会。仔细分析 TNT 的财报，其本身运营能力并不差，就是“折腾”太多，各种整合失败，财务成本高昂。

图为 FedEx 为 Apple 公司提供的 48 小时时效的运输时间窗口分解，从中国深圳富士康 OEM 工厂至美国纽约的门店/零售店，跨国物流一站式解决方案。正如其在广告语中宣传的那样“在 48 小时内连接全球 90%的 GDP”，速度是 FedEx 立身之本和始终追求。

资料来源：Apple Store and FedEx，2011

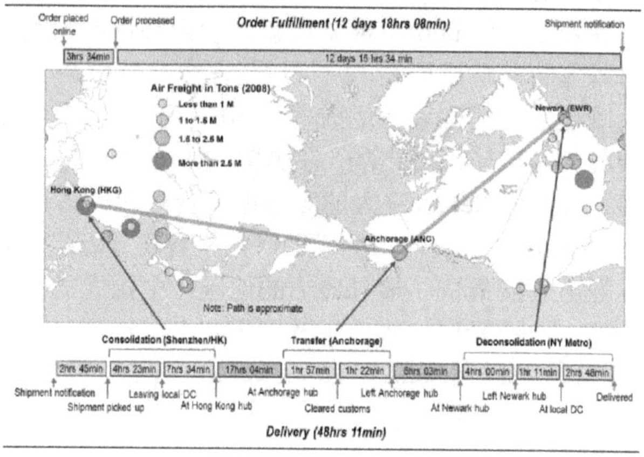

FedEx 为 Apple 公司提供的 48 小时跨境运输方案

5.2.5 UPS 硕大无朋

联合包裹服务公司 UPS 作为世界上最大的快递承运商与包裹递送公司，同时也是运输、物流、资本与电子商务服务的领导性的提供者。UPS 于 1907 年成立于美国，1988 年成立 UPS 航空，1991 年总部移至亚特兰大，于 1999 年上市，目前拥有雇员 44 万人，机队自有飞机 237 架，租赁飞机 413 架。在全美范围内拥有大型分拨中心 31 个，中小型分拨中心 1000 个，陆运车队高达 11 万辆还不算外包线路。“既生瑜何生亮”，与 FedEx 都是规模近 400 亿美元的重资产企业，两者也常被拿来对比。2015 年公司 UPS 实现营业收入 583.6 亿美元，净利润 48.44 亿美元，UPS 占据美国快递市场高达 45%，FedEx 运送的包裹量为 28 亿件，UPS 包裹量为 47 亿件，虽然 FedEx 的单件收入高于 UPS，但比较两者的单件毛利发现，UPS 的单件毛利要高于 FedEx，主要原因就是航空成本高，UPS 的陆运更加发达、赢利能力更强。近年来，FedEx 的业务结构逐渐转变至与 UPS 趋同，尤其是空运占比不断下降，陆运占比不断上升。不同于 DHL 的全球化，UPS 业务的基石是在美国本土的快递服务，分版块看，营业收入从高至低依次为美国国内快递、国际快递、供应链和物流板块，分别占总收入的 63%、21%、16%，利润的最大贡献者也是国内快递。从件均价上看，FedEx 和 UPS 的空运件均价在 20 美元左右，陆运价在 7 美元左右，远远都远远高于中国。

UPS 国际国内 ADV（日均包裹量）占比和单件成本

UPS 国际国内 ADV（日均包裹量）占比和单件成本				
业务	1998 年		2015 年	
种类	ADV 占比	单件成本$	ADV 占比	单件成本$
国内	92.02%	6.12	85.12%	8.04
国际	7.98%	13.3	14.88%	14.4

2015 年财报	UPS	FedEx
收入（亿美元）	$583.6	$474.53
净利润（亿美元）	$48.4	$18.2
营业利润率	13.1%	3.9%
净利润率	8.3%	3.6%

UPS 在 2015 年的年报中称，"当前和未来，我们面临着国内、国际各种服务类型公司的竞争，有的企业的成本和组织结构与我们存在差异，他们会提供一些我们所不愿意或不能提供的服务和价格。如果不能及时适应竞争，我们的财务和经营都将受到消极影响。"尽管优势明显，但面对市场变化，三大巨头也充满危机感，UPS 过去主要通过自身发展和合作经营进行稳健性的全球扩张。进入 21 世纪后开始战略性扩张欧洲和新兴市场的快递业务。2005 年 UPS 收购了中外运的中国国内包裹的运输业务，自 2013 年开始，UPS 谋求收购 TNT，但由于对快递行业的竞争影响过大，欧盟否决了这次并购。合理的公司架构、系统的解决方案、持续的科技创新和有序的并购步伐，国际巨头的发展壮大不存在任何侥幸，而是凭借实力和正确的策略一步一个脚印扎实走出来的。UPS 在中国市场有几个重大的投入，上海国际转运中心、深圳亚太转运中心，以及上海、杭州的医疗保健仓储配送中心，在中国拥有 6000 多名员工，90 多个场所。

2015 年两家公司收入结构

	FedEx							UPS					
板块	隔夜	经济	国际	货运	陆运	海外	其他	次日	经济	陆运	海外	国际	货运
占比	17.1%	6.9%	16.2%	20.7%	33.7%	2.6%	2.8%	12.9%	7.7%	51.6%	4.8%	17.9%	1.2%
2015 年两家公司收入结构，资料来源：公司年报													

近年来，UPS 反复提及业绩提升的转型战略：部署技术驱动的运营体系、提供独特而专业的行业解决方案、扩张全球网络、满足全球终端用户需求。如果说 FedEx 对航空快递是一心执着，UPS 则追求的是变中求胜，能够紧跟时代变化和竞争对手的节奏。UPS 会深入分析各种不测，如国内外监管政策的变化、日益严格的安全要求、隐私泄露或 IT 系统崩溃、劳工权益或财产损失诉讼，此外还有环保义务、并购或合作未带来预期收益等风险，这些都可能对企业的运营财务或品牌形象等产生影响。20 世纪，UPS 为了追赶 FedEx 在技术上的先行优势，在新技术上投资了上百亿美元，开发 DIAD 电子签名、GPS 定位与跟踪等至今仍很先进的技术手段，《财富》杂志戏称，UPS 是一个有卡车的技术型公司。1998 年，UPS

Capital 资本公司成立，为客户提供包括代理收取到付货款、应收款受让、库存抵押贷款、办公设备和仓储设备租赁等服务，为客户创造融资的方便。UPS 资本的创新财务服务，对现代商业结算是一项革命性的做法。国际贸易结算仅在亚洲地区业务量就达千亿美元以上，UPS 通过物流的辅助与延伸服务，形成另类全球性的金融机构。随着全球快递企业服务时效差距的缩小，新技术、新产品的研发和应用就成为"兵家必争之地"，UPS 之所以能如此快速地研发新技术并及时更新换代，是因为其拥有一支庞大的人才队伍。据悉，UPS 技术雇员人数超过 6000 人，公司每年在信息技术方面的投入超过 10 亿美元。

5.2.6 国内快递

比较中外快递服务，从时效、价格等纬度看，中国快递真的是又快又便宜，时效和性价比位居全球前列，以几块钱的价格，三五天送达，做到这个服务，无话可说。快递业发展对于刺激居民消费、便利居民生活具有重要意义，快递百亿级包裹及隐藏其后的海量仓储、分拣和运输等活动，既润滑了社会经济也解决了大量就业。同时，在公益、应急、环保及救助等公共领域快递也体现了重要的社会价值。相比于疲软趋势的"新常态"环境，快递业表现了绝对的抗周期性。据国家邮政局统计，2006—2016 年 10 年间，我国快递业务量复合增速达 50%，业务量从 2006 年的 10 亿件增长到 2016 年的 313.5 亿件，增长 30 倍，全国快递业从业人员达 200 万人，业务收入规模超 4000 亿元，并在 2014 年首度超过美国，规模全球第一。快递业务总量的爆发性增加是多种因素共同作用的结果，如网购消费常态化，城镇化人口集聚效应，社会化仓配发展，运输配送距离缩短……20 世纪 90 年代，长三角和珠三角的高度集中的加工贸易模式（前店后厂），产生了各自区域密集的、强度足够的快递需求；2009 年新《邮政法》实施，民营快递正式得到法律认可，行业监管与价格机制松动，而中国快递的加盟模式创造性地解决了跨区域服务的问题，也解决了中小民营企业内源性和外源性融资难的问题。如今快递市场仍处于高速增长期，新阶段呈现了新常态，具体如下。

一、规模与微利。为了争抢市场，快递业陷入"以价换量"发展模式，陷入"谁先涨价谁先死、谁不涨价谁等死"的险境。快递业属于典型的劳动密集型产业，人力成本占比较高，人工费占一般快递营业收入的 45%，运输费占 25%，行业利润不超过 10%。根据邮政管理局测算，2011 年之前行业的赢亏平衡点在 30 万件/天，随着单件均价缩水，平衡点已经增至 100 万件/天，快递竞争"增加规模、控制成本、发掘增值内容"已不可偏废。从 2005—2015 年，快递单价降幅超过 70%，行业处于微利微亏，随着劳动力的短缺与服务消费升级，目前已到极限，这也是集中上市的被迫之选。各家都在加大技术投入，从处理自动化及信息化等方面提升人均劳产率。虽然市场结构尚未定型，利润率不断下行，行业进入壁垒已大大提升，新进入者很难立足，排在八九位的天天快递 2016 年日收件量已达 400 万单，新进入者在短期内不仅需要大量的资本支出和人员投入，还需要极为快速的学习曲线。随着大型快递企业上市融资，相比其他中小快递公司，他们拥有压倒性的资本和规模优势，将成为未来推动行业并购的主体。实际行业净利率约为 3%-4%，加盟体系下总部大致瓜分 60%的净利，造成末端加盟商处境日益困难。

公司公开审计报告

公司	总资产（亿元）	净利率	上年净利率	毛利率	上年毛利率
申通快递	28.44	9.94%	10.07%	16.32%	16.75%
圆通速递	61.87	5.93%	9.08%	13.32%	16.40%
顺丰控股	347.17	4.16%	2.86%	19.78%	17.25%
资料来源：公司公开审计报告，2015 年赢利能力					

二、市场集中。市场分散、同质化竞争激烈是快递成长期的主要特征，如今几大家集中上市，获得资本的依靠，造就行业进入一种“卡特尔”式垄断竞争。一方面，这两年快递增速已经高于电商增长速度，电商增速已经有所下降，全渠道零售正成为现实，消费更加碎片化，基于社交网络及线下交易产生的快递服务为行业带来新的增长点。市场完全开放，冷链物流、快递下乡、跨境物流、供应链金融等开辟快递新战场，跨界合作，让快递转型综合物流跃跃欲试。另一方面，行业外，阿里、京东、苏宁等电商染指快递，倒逼一般快递转型升级，既有参与者一旦出局，新进入者又挡在门外，行业集中度一定能提升。目前，行业 CR8 的集中度也就 70%～80%，仍将存在部分拥有差异化或本地化竞争力的参与者，但市场份额普遍较小，成为低端“寄生者”或幸存者，总体上规模和价值最终会由领导企业“集大成”。资本介入后的档次分化，从业务量角度考虑，同时在跨境业务和航空业务中，与第一梯队内的差距在逐渐扩大。

三、运营网络。从运筹管理的角度，快递的物理网络可以概括为“点线面”三个维度：“节点”代表分拣处理中心，“线路”代表运输流转，“覆盖面”即通常所说的末端服务“最后一公里”。此前国内快递市场争论的经营模式：直营和加盟，其实已经走向融合。快递业经营特性，决定其核心是靠“组织结构、绩效体系”双轮驱动战略之车。伯仲之间的“通达系”已占据主流，加盟和直营核心区别是网络组织的开放和封闭、用人不养人。加盟是通过契约方式，在品牌使用、网络间接入、服务标准和市场指导价等方面对加盟商提出要求，加盟商的其他经营活动及自身能力建设均独立自主开展，自担成本，自负盈亏。直营，则是公司总部掌管所有权和经营权，人财物由总部集中领导、统筹规划，实行统一的核算制度，各直营店实行标准化经营管理，包括干线运输、枢纽转运中心、支线运输和落地配送。加盟制在较少投入的情况下，可实现网点的迅速扩张，提高网络密度和瞬间业务量的弹性，各大加盟制企业的网点数量都非常庞大，基本上是全国县级以上城市全覆盖，有的多达几万个。加盟模式的良好弹性很好地适应了我国近年来快递业务量爆发，但这种扩张过渡依赖市场增量，而且客户诉求的服务质量一直难以把控，如今加盟制企业无不在尽可能地上收除末端网点外的所有控制节点和线路，以加强运营管控。规模是快递竞争的基本要求，而直营则受制于末端成本压力及绩效机制的灵活性，一直在探索类似加盟的末端授权经营或员工创业计划。同时，为规避单一业务风险、具备组合服务能力，行业领导者都在加速多元化，网络就是一个货物流动的路由轨迹，这也让“仓、运、配”的组网模式更加复杂，冷链、仓配、零担、供应链、国际等新业务则要求全新的组织结构。

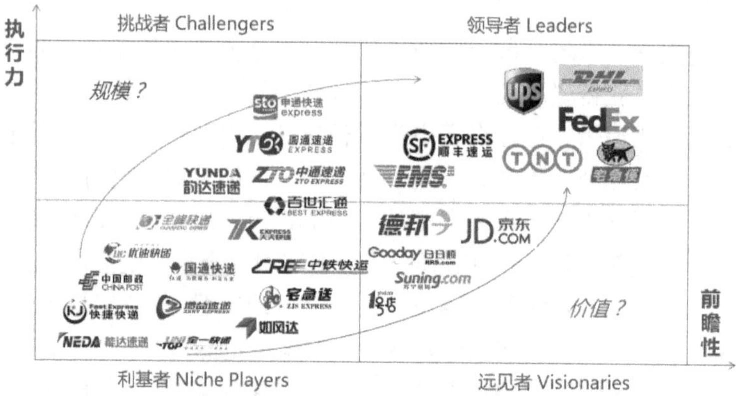

“规模+价值”的快递业进化趋势

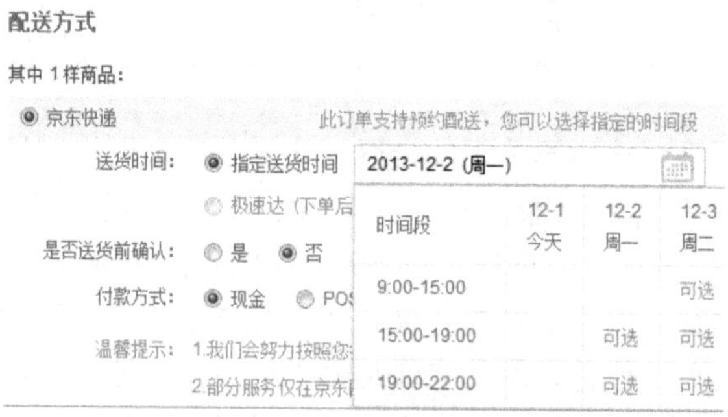

京东的精益化物流配送选项

四、创新发展。10 年间，网购市场规模复合增速达 71%，电商直接带动快递业务实现跨越式增长，如闪购、团购、单品定制、大促、跨境等电商运营模模式，直接导致集散式、点对点、网格化、仓配一体、云仓/微仓、区域配送、整车专线、联盟、跨境物流等各种组网模式被实践。构建超级网络 Supergrid，稳固灵活的“点、线、面”的全功能无尺度网络 Scale-free-network 是大型快递竞争的首要条件，在全渠道商业零售下，进一步要求快递企业综合供应链解决方案和全覆盖物流网络的创新。2016 天猫“双 11”全天交易累计物流订单量完成 6.5 亿件，前期揽收压力较往年更加集中，发件集中在部分重点城市，进口跨境电商直接贡献了国内快递业务量。“唯快不破”是 B2C 电商配送的首要策略，但从某种程度上说，与时效相比，消费者更关心的可能是确定性，这属于快递服务分级的一部分，平时不分区的全行业 T+2 投递率已达 65%以上，但环节瓶颈依然存在。符合电商的仓配网络是一个不可抗拒的趋势，依托技术投入的智能化运输、仓储与分拣中心是未来的重点突破。基于平台模式的资源共享及社会化物流也被广泛探索。以目前的运营水平，我国物流已经达到或超过发达国家，单价之低、规模之巨，运费相比淘宝客单价，只有 5%～7%的物流费用。按照阿里研究院测算，到 2020 年，整个网络零售将会超过 10 万亿元，全年包裹量将超过 1 千亿件，届时电商物流从业人员将超过 500 万人，快递业营业收入有望达到 8200 亿元[①]，这是一个容量足够大的创新舞台。

5.2.7 民营快递国际化布局

对于大型物流企业，如 UPS 及 DHL 等，已经很难单纯界定其是快递、货代、仓储或金融等企业属性，国内从事跨境物流的企业，短期无法拥有这种全面能力，必须通过灵活的“本地整合、全球适应”来获得比较优势。国内快递经历了筚路蓝缕的艰难求生，借助电子商务站稳脚跟，跨境电商再送一程，终于到了最近距离仰望国际快递巨头的节点。实物网，民营快递基本上经历了“点到点线路→区域网络→全国网络→多层次整合网络→海外线路/海外仓”等过程，京东等大型电商也建立了自己垂直一体的物流体系，涵盖了供应链管理的全过程，不仅渠道下沉形成配送全覆盖，并拥有超大型仓储和千万级 SKU 库存管理能力，海外广泛设进口仓。在 2016 年“双 11”，圆通单天揽收量达 6000 万件，处理吞吐能力已经超过 UPS 的 2000 万量级，具有深远影响。国内快递与四大家 DUFT 的真正差距是国际化网络，依靠快速投入，仓储相对容易复制，而国际网络及末端配送则几

① 北京交通大学、菜鸟网络，全国社会化电商物流从业人员研究报告，2016 年 5 月

乎不可能短期成型。中国快递的国际网络还无法撼动几巨头的国际定价体系，在国际快递的承担主体中，除了 DUFT 和邮政 EMS，其他快递多是通过代理方式参与，将快件转给合作方收取代理费。近期几乎每家快递都瞄上了跨境电商这块肥肉，借此向全球网络渗透，再挺进一个台阶。目前，国内快递涉足的国际业务，在海外先启动点的建设、再布线路，先易后难。依托境外分支据点，出口路向：商业快件代理、境外合作专线物流及少数海外仓，进口路向：代购及线上销售、集货转运物流（保税区提货不计）。

民营快递国际化发展与合作情况

中通	俄罗斯收购俄速通 20%股份 欧洲与法国邮局 LaPoste 合作
申通	与俄罗斯驿马快递合作 欧洲与荷兰邮政合作 收购美国优晟速递 与日本邮政、佐川、西浓合作
圆通	与 CJ 大韩通运战略合作 与俄罗斯 DCD 外运合推俄易邮专线 与日本西浓运输合推日本专线
顺丰	与与立陶宛邮政签订战略合作 开通美澳日韩泰蒙等出口线路
宅急送	与英国邮政 GLS 及荷兰邮政合作
韵达	成立欧美日韩等境外分支，进口转运

顺丰于 1993 年成立，总部位于深圳，当年靠中港件起家，借力快速发展的香港内地贸易，逐步抢占市场。于 2002 年转为直营模式，并扩展至全国性网络。目前，顺丰拥有近 34 万名员工，19 架自有全货机及 12000 多个营业网点。顺丰国际化进展迅速，非常看重跨境机遇，从 2010 年开始，先后在多个国家设立营业网点，目前已开通美国、日本、韩国、新加坡、马来西亚、泰国、越南、澳大利亚、蒙古等周边国家的快递服务[①]，“全球顺”是其主打的国际快递产品。2013 年 9 月海购丰运 SFBuy 海淘转运服务平台上线；2014 年“双 11”，顺丰优选的“优选国际”上线，聚焦于进口食品领域；2015 年，自营的跨境 B2C 电商网站“丰趣海淘”上线，极速保税和跨境直邮双线服务并行；2016 年携手俄罗斯本土电商 Ulmart，上线中国到俄罗斯的出口电商平台 Rumall 丰卖网。顺丰对跨境电商如此

① 王品辉、龚里，兴业证券公司，快递专题研究之二——行业历史及格局，2016-03-20

锲而不舍，可能与其从中国香港发迹的历史有关，如今进出境八成货物还是通过香港中国这个平台中转。

圆通，成立于 2000 年，总部位于上海，目前业务量级已是国内最大。2006 成立海外事业部，先后在东南亚、中东、北美等运作国际快件，2014 年，与 CJ 大韩通运合作，与俄罗斯 DCD 外运集团推专线产品，在德国建立转运。现已开通港澳台、东南亚、中亚和欧美快递专线。2015 年圆通正式启动全球速递项目，联合亚、美、欧等多个国家和地区快递企业发起成立了一个覆盖全球主要市场的“全球包裹联盟”网络，联盟内的成员将遵守标准的信息基础和运营流程，希望通过此方式快速打开国际市场。2014 年年底，旗下网购电商平台“一城一品”正式启动海外直购业务，为消费者提供原产地直供及地方特产，上线澳洲馆和日本馆，采取海外直邮的方式，主营母婴产品、乳制品和洗护等产品。圆通航空同时也正在准备国际补充运行审定申请，计划 2018 年引入大型宽体全货机，投入洲际航线运营，备战跨境物流。

申通，创于 1993 年，2013 年成立海外事业部，“申通国际”为申通快递的国际品牌，2014 年在冲绳建立第一个海外物流处理中心，成立申通俄罗斯远东公司，已与俄罗斯驿马快递、荷兰邮政等达成合作，通过与外商协作，和国外建立快件来往。现有服务范围已经覆盖日、韩、美、欧等全球 60 多个国家及地区，开通了中英、中美、中泰、中加等 11 条出口专线，为国际件的卖家或买家提供揽收、转运仓储、出口报关、国际运输、目的地国进口清关、订单管理、送货上门的跨境物流一体化服务。

中通快递，创建于 2002 年，总部在上海。2013 年年底，中通快递收购了俄速通 20%的股权，开始涉足中俄跨境物流，“中通国际”全称为“大誉国际物流有限公司”，于 2015 年 3 月上线，专门从事国际物流、国际包裹业务、跨境电商出口或进口业务，目前有中俄、中欧等专线业务。

百世，前身汇通快运，于 2003 年在上海成立，总部位于杭州，是一家在国内率先运用信息化手段探索快递行业转型升级之路的民营快递。2014 年 3 月，百世汇通正式进军海外市场，开通全球国际快件业务，百世汇通国际快件业务由百世汇通总部航空部运营，中国香港和中国台湾的快件则主要以专线为主，其他国际区域的快件与国际快递企业合作，并在部份线路上开通专线服务。

韵达，创立于 1999 年，总部位于上海。2013 年以来，韵达开启了国际化步伐，相继与日、韩、美、德、澳、印等国家和地区开展国际快件业务合作，逐步走出国门。2014 年 9 月，韵达曾上线了海淘代购网站“易购达”，后升级为韵达跨境直邮网站“UDA 优递爱商城”，定位于整合国内外优质产品资源的全球跨境品牌零售电商平台，上线美国服务中心官网，开始为国内海淘网购客户和全球华人提供美国仓储、转运及跨境物流运输查询务。欧洲服务中心在德国法兰克福，韩国、日本、澳大利亚等地设有分公司。

到此为止，占据国内快递 80%市场份额的七大快递公司，都已经开始跨境物流业务，虽然都还处于起步阶段，但在与国际的接轨中，跨境物流有更多的机会。对标大型国际快递企业，全球业务分布广泛，借鉴其发展脉络，或扬长避短，会发现并购是巨头迅速拓展网络的捷径。国际物流的并购以横向并购为主，过去两年，国际物流市场的几十宗并购案例中，并购金额超过 10 亿美元的有 8 宗，Fedex 是并购最大买家，通过并购进一步缩小了与主要竞争对手 DHL 和 UPS 的差距。然而，直接并购物流企业难度较大，整合能力及文化融合风险不可忽视，鞋只有穿过才知道是否合脚，要依靠自身优势寻找扩张动力。

5.2.8 快递跨国运营风险

国内快递国际化拓展的着眼点和落脚点在哪里？一是“距离上由近及远进行拓展”，先在新加坡、日韩等国家和地区开辟线路试水业务，待经营稳定后逐步拓展到北美、欧洲；二是“跟随国内原有主要商业类客户的国际快递需求进行扩张”，这可以有效减小业务开展初期的营收压力；三是“密切把握新机遇和新趋势”，市场需求是快递业务发展的风向标，海淘业务就引导快递企业有意识地拓展了欧美地区的进口服务。另外就是并购，网络拓展速度的重要性、优质标的企业的稀缺性都会刺激国内快递企业积极进行海外并购。自 1998 年以来，FedEx 累计并购超过 16 家公司，UPS 累计并购 40 多家公司。标的企业网络与业务拓展战略的契合性、企业规模、运营质量、股权结构的简单程度以及对出售股权的开放程度等，是企业在进行海外并购时更需要关注的因素[①]。国内快递国际化的风险规避如下。

（1）遵纪守法。每个区域市场，行业监管对品牌、资金、技术、管理等都有市场准入门槛，规避当地法律和政策风险是第一位。国际快递被 DUFT 巨头控制着，但这些企业也在国际化上吃过苦头。例如，由于中国法律和相关政策起初并不允许外资企业在中国经营快递业务，几大公司进入中国后的很长时间内都要借助与中国企业的合作来开展业务，以国际航空快递为主要切入点，十分循规蹈矩。

① 王宏峰，中国式快递价格战能赢得国际竞争吗？中国邮政快递报，2016-08-22

事实上，欧美等国家和地区的法律法规在细节规范和执行力度上更为严格。比如，2009 年，DHL 就曾由于向伊朗、苏丹和叙利亚三国进行非法运输违反了美国禁运条例，被罚款 940 万美元；2012 年，UPS 等 14 家企业，由于在 2002—2007 年间运行价格联盟、操纵货运价格，被欧盟罚款 1.69 亿欧元；2013 年年底，由于涉嫌配送走私香烟，纽约市起诉 FedEx，索赔 5200 万美元巨款；2015 年，法国监管竞争管理局对包括 DHL 在内的 20 家物流公司开出 6.7 亿欧元的巨额罚单……因违规经营被罚，此类事例不胜枚举。近年，中国企业在海外遭遇诉讼和罚款的新闻已屡见不鲜，其中很重要的一个原因就是企业对当地法律法规不熟悉，不知道很多在中国本土合法合理的行为在一些国家是违法的。这方面势必要加强“探路”，提前制定相关措施，做好应诉的万全准备。

（2）戒急用忍。无论企业实力如何，国际化欲速则不达，要稳步谨慎开拓国际网络。DHL 于 2009 年全资收购全一快递等三家公司，以拓展该项中国国内业务，在整合失败反复亏损后，低售退出内地快递市场；TNT 也曾收购华宇快运，以复制其在欧洲的陆运优势，然而也折戟败北。看准了市场，更需要做好一个很长的前期准备。从轻车熟路的中国内地出发，远赴人生地不熟的海外开展业务，这对中国快递企业绝非一桩简单的事。业内有太多的前车之辙，跨国之路贵在稳健，初期可按借船过河的合作形式，或先点后面的分步拓展。例如，UPS 进入中国之初，首先与中外运、海航等企业合作。

（3）因地制宜。企业管理水土不服是国际化的流行通病。如 2012 年，13 名 UPS 公司的员工，利用公司系统的“两次称重取小额重量”的漏洞，里应外合，侵占运费近千万元之巨；在公开披露的 DHL 管理全一快递的危机中，“飞单”成为首当其冲的问题，即业务员串通私揽订单。作为本身在管理上还有待进步的中国快递企业来说，一旦在海外运作，就要面对管理技术和理念，学习国际企业的管理方法，招揽本土人才，加强对当地国情以及市场和消费者的了解，制定本地化的市场和运营策略。

纵观 DUFT 几大国际快递的发展历程，在中国有其成功之处，也有一些失算的地方，这些都是中国快递海外征途中应该注意的。依托跨境电商，国际快递仍处在爆发阶段，不同的业务区段、不同的口岸流程，综合性全球一体化快递凸显了自己的优势，通用性、平台性、一站式，洲际运输独具优势，他们的业务结构和管理体系仍是中长期参考。

5.2.9 互联网+物流

> Google Express 用户每年可以选择支付 95 美元会费享受全年免运费送货，或是每单支付 4.99 美元运费。Amazon 大部分产品来自网络大小店铺不同，Google Express 的主要产品来自如 Costco、Whole Food、Kohl's 以及 PetSmart 等零售连锁店，谷歌本身只专心运作物流系统。

科技是第一生产力，关键是这一“力”如何促进“生产”。有评论认为，工业 4.0 智慧制造是接替互联网的下一个科技潮，以信息物理融合系统为基础，生产高度数字化、网络化和机器自组织，将对物流重新定义。尚不论及这种远景，至少物流正在进入移动互联和智能化时代。产业链上，传统物流模式从事简单的专项服务，功能是分割、单一，当物流活动分散在不同企业和不同部门时，各种物流要素很难充分发挥其应有的作用，造成资源的不均衡或闲置。互联网技术与风险资本的双重作用下，整个物流行业的大部分领域，包括同城配送、干线运输、仓储管理以及跨境物流等多个领域均有新型物流公司的出现。新物流的共同特征是，依靠数据优化社会物流资源，连 Google 提供的物流运营，与菜鸟网络的目标也是一致的，都是专注于系统和数据服务。一种是物流信息与交易平台，国内车货匹配型移动 APP 占主流地位，跨境物流领域以订舱为主。提供诸如船期、资讯、基础运价等信息服务，信息可获取的实时性高，平台汇集国际运力资源并提供预订交易，收录全球航空港口及国际物流服务商，实现货主（外贸制造）与货运代理在线交易，为货主提供包括空海运订舱、报关、拖车、仓库内装、保险等在内的一站式国际物流在线服务。如运去哪、大掌柜、航运城、九爪鱼等海运物流平台的撮合服务。另一种则是运营系统类，开发基于 SaaS 的物流运营类系统，并期望通过系统服务切入物流服务交易或数据增值服务，仓储、运输、配送、货代、园区、物流金融、报关等领域，软件服务可能是租赁或免费，提供保险、金融、规划等物流增值服务。物流信息交换的种类很多，物流运营中最基本的数据采集，与最高级的开放服务，是如今相对薄弱的两层，也是实现“可视、可控、可量化”的智能物流管理的突破口。如易仓 WMS、oTMS、G7，以及通途、马帮、店小秘等拥有物流发运的 ERP 软件。共享经济 Shareconomy 与大众物流 CrowdLogistics 的核心是物流资源平台化，无论自营整合或社会化资源池，信用保障、服务体验与增值服务将是国际物流未来的创新方向。

（1）移动技术，包括移动通信、移动设备和移动计算。物流本质是移动的，货物、运输工具、人员以及操作都是移动的，移动技术可普遍应用于物流各环节，如车辆定位、货物跟踪、指令调度、客户反馈等。如今，智能手机在消费者中普及并逐渐渗透到供应链中，纵观物流端到端的全过程，可视化程度越来越高，移动管控手段更加多样，通过技术驱动的业务改进与服务创新，实现了人机体验、监控过程及与客户互动。移动技术也成为诸多模式创新的基础条件，移动定位及数据采集、移动支付及实时结算、移动识别与隐私等都能得到应用。

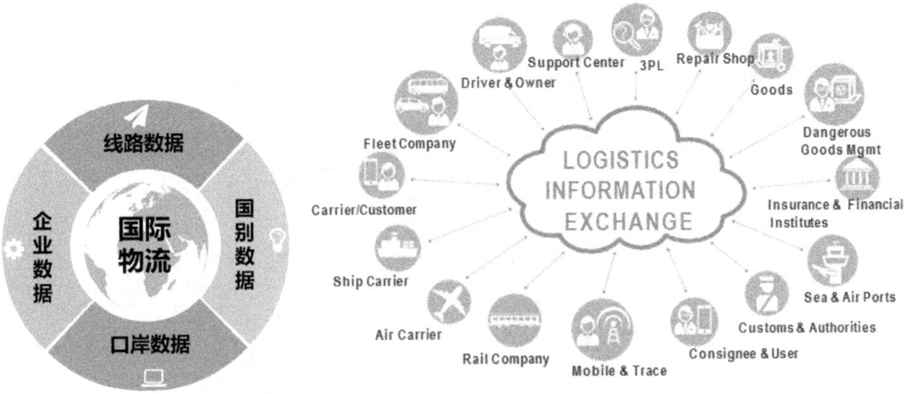

物流服务的数据交换

物流服务的 IT 组织框架

（2）大数据。物流是天然的数据制造业，地理、时间、重量、尺寸、客户、车量等伴随包裹的存储和流动所产生的数据，以及公共交通、气候、经济等外部关联数据，构成了企业的数据池。要实现以大数据驱动业务可在三方面进行改进：一是运营绩效，提升流程可视度、优化资源配置，降低成本、提高效率和稳定质量，例如根据历史数据圈定和拆分投递区、业务量预测预警、根据线路历史时限正态分布确定承诺时限、实时优化配送路线等；二是客户体验，精准客户定位与营销，增加客户忠诚度、客户挽留，如预测收发包裹的时间偏好、优化用户交互及服务感受；三是创新业务模型，从既有产品或产品组合中发现新价值，或基于数据分析建立新的业务模型。精准和预测是大数据的主要目标，但它解决不了“为什么”。

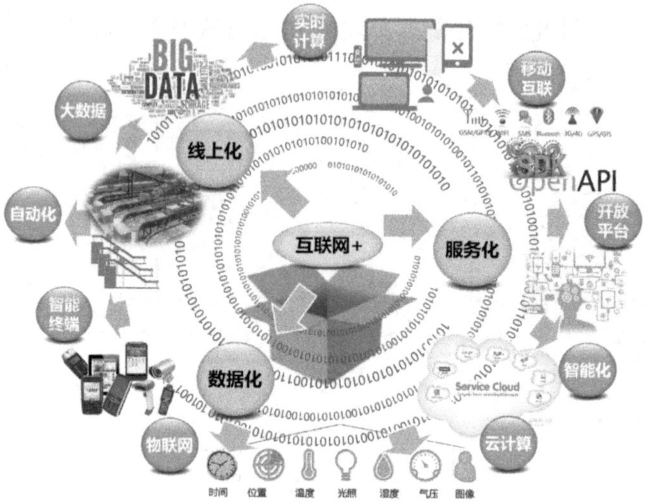

互联网+物流的关键技术路径示意①

（3）云计算与混合 IT。从软件即服务 SaaS 到现在 IT 全服务化，如基础设施即服务、平台即服务、存储即服务等，基于云服务的 IT 资源管理正颠覆企业信息化的传统路线。IT 资源和应用出现了社会化分层，智力重新积聚，成本、效率及可靠性方面，传统软件企业和企业 IT 部门将难以兼顾商业变化和技术保障。硬件价格一路走低，似乎一次性投入减少，但能耗、通信、维保、可靠性及扩展性等方面成本黑洞，云计算以效果作为投入的计量标准，将更节约 IT 投资。大型企业也将应用混合 IT 架构，企业在保持数据控制的同时利用“云组件”，私有云+公有云，IT 部门则更专注于快速改变的业务需求。

（4）消费化智能终端。智能手机更加灵活耐用，柔性屏、电池续航、三防、多模等提升，自带设备 BYOD 将成为趋势，将企业应用与员工自有智能设备统一，成为帮助 IT 轻资产化举措。可穿戴智能设备 Wearable Devices 也将应用到作业中，不仅作为自动识别与数据采集 AIDC 设备，还将实现更好的数据分享能力，解放劳动力双手，改善作业交互。如智能眼镜的应用场景，计算货物体积资费、影像采集和线路规划与指引等。

（5）智能运输。以无人驾驶、电动汽车、增强实境 AR 及低空无人机 UAV 等为代表，基于自动驾驶系统、车载以太网、车联网及实时遥控跟踪等技术，大幅改善人机混合体验和运营绩效。无人驾驶将有效降低物流人力成本，并使得运输过程更加安全可控；无人机可以向郊区、离岛及乡村投递，满足实时与应急服务，

① 孙韬，“互联网+物流”的关键技术路径，《物流技术与应用》杂志，2016 年 8 月刊

并用于企业内部规模运输；AR 则通过人机交互和深度学习实现信息驱动运作过程的模拟和自动化。

（6）传感与物联网。低成本传感技术的普及将让万事万物可数据化衡量，且采集维度多样化。数据透过移动设备间传输，将超过后台服务器间的集中式交换，从而信息与实物真正达到时空一致性，并实现流程的自驱动。案例以 FedEx 的 SenseAware 采集器和 Amazon 的 Kiva 仓储机器人 AGV 为前沿代表。

技术已经成为一种面向企业内部和外部的服务，要将科技引领上升到公司战略层面，兼顾优化和重组内部业务流程及外部商务模式，但技术创新不是突破企业管理的“道法术”。审视过去 10 年电商发展的机遇，以及过去 30 年快递业的成长，乃至过去 60 年邮政业的演变，一切都在变化，或许我们不乏对新现象动因的了解和趋势的研判，仍难于对自我本质的掌控和重塑。企业的定位是基于其独特背景、差异化及价值主张的客户选择与业务设计，新商业、新技术也要围绕自身定位与行业优势，若被动地去顺应外力，环境大势和商业力量充满未知，有些企业得到进化、有些覆灭，新浪潮下或已催生可以比肩 UPS 的新快递。

5.3 趋势和启示

电商是快递行业的基石，两者是一对紧密联系的共同体。是未来行业走势的关键变量，如果没有电子商务的兴起，快递行业或是一个十分平淡的行业，需求不会突然爆发，行业规模不会井喷。电子商务让中国快递走出一条独特的经营模式，成为全世界最高效的配送网络。去中介化和信息的透明，让电商竞争更为全面，对信息流量和平台“寄主”的依赖，已成为中小企业依靠的生态，电商平台已如同超级 ERP 粘附庞大供应链，物流也不例外。于此同时，利害相生，竞争驱使商家提供更多商品 SKU 以试图从长尾效应中获取利润，并为出售低价低利商品而不断努力降低物流成本和改善配送体验，新零售更加凸显全渠道化的选择，新物流服务、新技术应用，仍将紧紧围绕上下游需求展开。

目前快递公司拓展国际市场，主要依靠与国外快递合作互为代理，或部分进口线路利用国际航空腹舱带货，并没有形成实际规模网络。国内行业增速趋缓终将触顶，融资平台搭建完成，行业主题都将是并购整合，胜出者将拥有更具广度、更具深度的快递网络，而他们也将可能成为未来的国际快递巨头。并购可以大大缩短国际化的进程，不过国际化风险挑战巨大；收购标的时，关键是看双方互补性及网络重合度，重合程度越低、经营特点越是各有所长，其整合后所释放出的空间自然也越大。

时间即价值，无须赘述，速度是快递区别与其他运输的第一要求。如同自然环境，市场中每个企业的生存方式和获得竞争力的基因不尽相同，在以服务为核心的快递业中也存差异。纵观国际 DUFT 几大龙头快递，都提供全能物流服务如 3PL、货代、供应链、金融等业务线。在多元化策略下，快递将是大部分衍生业务的基础。物流的规模经济效应，企业常希望找寻其他路径去平衡综合成本，做商业多元化尝试都是这个目的，但很多物流企业尝试做电商或跨境进口，没有特别的竞争力，因为电商的核心是基于零售的运营，卖货思维，物流是服务。

可见，物流比电商要难搞很多，亦虚亦实，与物、与人都要打交道，三灾利害不能逾越，人情世故不能绕开，追其本质摆脱不了镖局、信使之名，受人之托、忠人之事，实谓“情系万家、信达天下”乃事业长久之根基。其实，在物流业，好的执行力通常做什么都能所向披靡。

第 6 章 跨境创新

跨境电商这片蓝海澎湃了一小段时间，历史不长却波澜纷繁，诸多勇立潮头的弄潮儿崭露头角。机会还有没有？只要“制造业转型、外贸出口、消费升级”几个趋势不减，“卖全球、买全球”就是一门长盛不衰的生意，“递送全球”的国际物流服务一样川流不息。跨境电商是一个综合交叉行业，核心组成是“贸易、物流及信息技术”，这种多环节、关联和模糊的业态，让专注于某些领域的专业公司都能从中获益。从“理念/模式创新、产品/服务创新、管理/营销创新、科技创新”这四个方面出发：一方面密切关注消费者的需求，另一方面不断进行技术创新，只有将两者有机结合起来才能在创新和竞争中胜出。在观念上，人们经常会提及先行者的优势，通过起步早的时间优势，建立起规模经济、技术经验和销售渠道等方面的优势，筑起强大的市场进入壁垒。新环境下，先行的经验和学费甚至造成拖累和负担。未来世界的消费主力是年轻一代，而一些先行企业未必了解新生代的偏好和需求，导致产品或服务无法或不愿取悦这些年轻的消费者。这无疑给市场新进入者留下了颠覆的机会。未来 5 年中国消费增量将达 2.3 万亿美元，这个增量相当于当下德国或英国消费市场的 1.3 倍，三四线城市将成为拉动增长的主要动力，移动电商占据主要份额①。管理创新可使各生产要素和生产条件得到优化，从而为企业持续创新奠定基础。技术创新是成本与效率的钥匙，强化企业的抵御市场风险的能力。信息经济正在成全球经济发展的引擎，电子商务成为实体经济的“组成”。

6.1 投资热点

互联网的创业机会往往是问题导向，而投资领域则是“注意力在哪儿、钱就在哪儿”。传统商业的经营模式和赢利手段套路陈旧，市场活动的封闭性与信息不对称造成很多需求“痛点”，使得开放互联的新技术借机突破。曾经的不成熟、不规范是海淘给人的印象标签，正是这种良莠不齐的春耕期，成长了很多创新进口电商；而进口物流过程的延误、丢失、破损、扣关等头疼问题，又产生了很多跨

① 贝恩咨询公司，互联网品牌化和品牌互联网化 2015 年中国电子商务市场研究报告，2015 年 11 月

国转运物流；上游供应链的难以把控和货源的难以甄别，又有了进口供应链服务商。出口大卖家一步步积累到今天，很多已经公开上市，然后继续频繁运作资本，很多上市公司的“故事”里少不了跨境电商与国际物流的话题。如跨境通，入股前海帕拓逊、广州百伦、深圳通拓、跨境翼和易极云商，以及上海飞书广告及深圳澎湃孵化器等跨境电商服务企业，成为聚能势大的跨境电商综合体。行业的关注点如下。

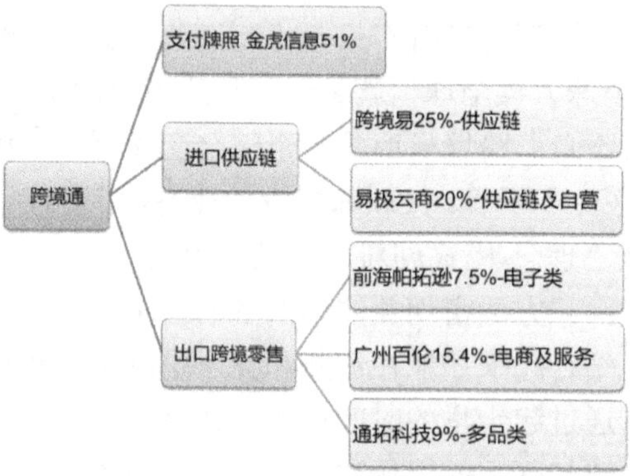

跨境通公司的投资领域

一是商品具备差异化、具有超值品牌运营优势。跨境电商无论是进口还是出口，线上销售额、转化率、网站流量及独立访客等指标，最终体现为商品销售，不少出口独立站都是靠品牌支撑。商品的核心竞争力在于能否提供个性需求和情感满足的服务。二是在全渠道跨境生态的构建中取得局部突破。随着中国跨境电商越来越成熟，相关的配套产业也随之出现，这给创业者留下更多的机遇，针对电商的新业务模式将成为新一轮热点。不论是水平扩展还是垂直整合，均是以用户为中心的。水平扩展是满足用户一切可以满足的需求；而垂直整合则是完美地满足用户某方面的需求。交叉扩展，先垂直再水平更容易，垂直整合已经构建强大的价值链话语权、团队能力和控制能力。三是从 C 端转向 B 端，流量竞争急剧削弱销售获利，其兴也勃焉、其亡也忽焉，上游供应链又成为关注点；平台竞争加剧卖家有了更多的选择，创业平台也在争夺中国商家资源，放出更多有利招商政策。

通常，创业者在种子轮融资到 A 轮融资生存率较高，其后每一轮融资发展都面临“进化”考验，但产品失利并不意味着创业团队出局，较多成功创业者都是从原有失败产品的基础上转型、创新、重生[①]。而拥有融资渠道，已成为企业应对市场竞争的长效手段。

① 阿里研究院、36 氪、友盟，“移动互联网+”：中国双创生态研究报告，2015 年 7 月

6.2 互联网＋新经济

当前，国家政策、社会经济、产业发展及物流行业等大环境都在大调整和大变革中，制造业转型、服务业发展和促进消费成为新常态，互联网经济是当前市场最为活跃的组成。线上生意的繁荣只是表象，基于互联网或移动互联的创新模式不断将传统的应用和服务重构或再生，证实了科技引领发展的实质。互联网已演变成一个超时空的巨大网络经济体系，价值创造层面上越来越突破我们原有的局限。技术改变商业模式，数字化转型全面革新了商业规则，重构了经济社会的“信息基础”结构。

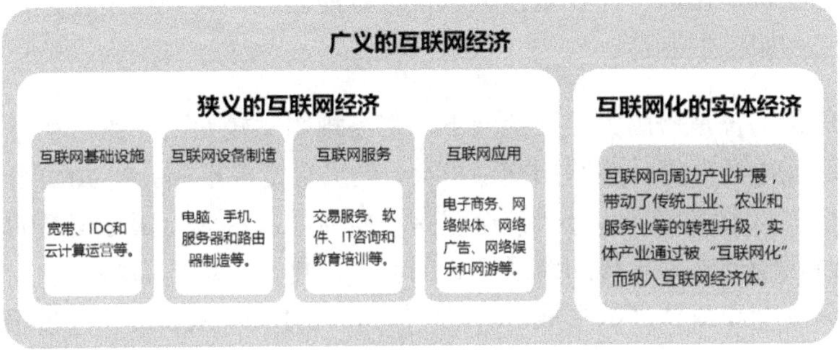

互联网经济体构成[①]

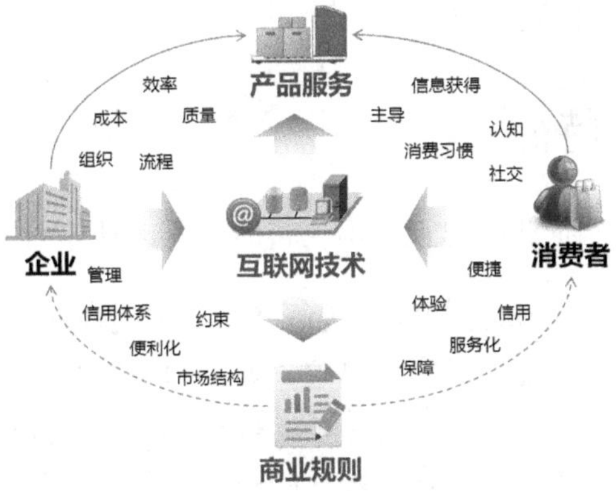

互联网经济生态规则

移动互联、云计算、3D 打印、物联网及智能化等新概念正如火如荼，新科技浪潮将信息社会的大幕彻底打开，这是技术创新大爆发的时代。因此诸如传媒、金融、零售、旅游及租赁等以信息为核心的服务业最先被互联网化，而属于贸易、

① 阿里研究中心，信息经济前景研究报告：从新兴市场国家到互联网经济体，2013 年 4 月

制造业、工农业的相关领域同样也在被新技术渗透。IT 已从过去几十年计算机软硬件的范畴，外延至黏合了各领域的技术手段，成为企业的、产业的和经济的信息化，并对社会生活、经济规律、市场格局以及企业管理等各方面产生了颠覆式影响。新一波互联网浪潮将助推中国向基于生产力、创新和消费拉动型经济增长转型，“数据即信用、网络即市场、实时即效率”。互联网支撑大众创业、万众创新的作用进一步增强，国务院印发《关于积极推进“互联网＋”行动的指导意见》明确 11 项行动计划“协同制造、电子商务、高效物流、人工智能、益民服务、创业创新等”，推动互联网由消费领域向生产领域拓展，构筑经济社会发展新优势、新动能、新格局，引领新常态。“互联网＋协同制造”特别提出，提升制造业数字化、网络化、智能化水平，在重点领域推进智能制造、大规模个性化定制、网络化协同制造和服务型制造。

在全球化下曾是跨国大企业的天下，贸易规则比较熟门熟路，如今中小企业现在依靠跨境电商赢得一些跨国交易机会，但仍有诸多不顺。到 2020 年，全球跨境电商消费者总数将超过 9 亿①，全球跨境电商零售将成为国际贸易的重要组成部分，新时代全球贸易主体和贸易方式的巨大变化，跨境电商将促进互联网时代国际贸易新规则和新秩序的形成。eWTP 作为《2016 年 B20 政策建议报告》中的重要倡议，具体措施包括孵化跨境电子商务规则，解决中小企业利用互联网参与全球经济，核心是“推广跨境电商试验区最佳实践、低于一定交易额的免税、提供高效的 7/24 小件物品通关便利”等措施。

6.3 组织管理新特征

在新经济常态下，企业组织管理出现新的特征，具体如下。

一是供需结构变革。中国宏观经济政策开始从需求管理向供给侧的重大转向。政府直接介入经济活动可能引发市场风险，如金融信贷黑洞、产业结构扭曲、产能过剩、地方债务危机等。驱动经济增长的最有效动力是依靠新技术革命和制度创新，切实提高全要素生产率。在网络经济中，消费者完全处于供应链中心，居民消费进入休闲时代，而供应端的流动性和穿透性促进了大规模社会化分工协作。

二是管理组织创新。经营管理领域的新思潮、新概念已经不断涌现，冲击着传统商业经营思维。着力提高供给体系质量和效率，新兴产业、服务业、小微企

① 阿里研究院，贸易的未来：跨境电商连接世界 ，2016 中国跨境电商发展报告，2016 年 9 月

业作用更加凸显，生产小型化、智能化、专业化将成为产业组织新特征。扁平化、去中心、消灭中层、无边界、业务外包、联盟制、合伙人制、自组织、阿米巴、小组制、海星模式、混序、众包……无处不体现着“以人为本”的社会共识。很多电商企业，内部推行买手小组之间的竞争，鼓励和培养小组的独立经营意识，并设计分成原则。知识经济时代，组织的创造性主要取决于员工能否学习新技能和接受新角色，能否适应数字化市场发展的节奏和需求变化。

三是交易结构改变。透明竞争下，电商玩到最后变成“零和博弈”，只剩平台这个奴隶主，离共赢越来越远，不得不考虑“逆向互联网”。传统生产周期和库存必须要配备规模市场需求，通过网络低成本收集低密度需求，控制库存、释放个性需求。长尾经济、创客、众包、维基、分享经济等都是对这一模式的多角度描述。理想化的 C2M（Customer to Manufactury）模式，将中间环节统统砍掉，用户先下单再生产，消除万恶的库存，当然这几乎不可能。C2B 的场景在传统贸易中是不可能出现的，至少是一个较长的反馈过程。传统贸易形式下，整个全球供应链有一道道中间渠道环节，最后才到终端的消费者。这一端的中国制造商完全不知道国外那一端终端消费者的需求，有任何的质量问题或是个性化需求，传统出口贸易下都无法得知。但 C2B/C2M 对跨境电商的意义，即通过个性化营销捕捉碎片化需求，构建“拉动式配销、柔性化生产”的供应链体系。客户定义价值，典型的如通过建立“消费者社区”，让客户反馈意见，甚至鼓励其参与到产品的研发设计、生产制造、品牌传播中来。

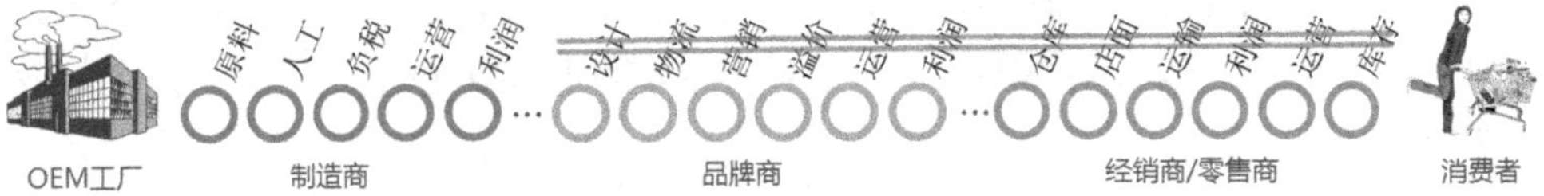

理想的 C2M/M2C 供需模式

跨境电商解决了传统贸易遇到的典型问题，互联网是一个没有边界的媒介，具有全球化和非中心化的特点，平台化解决了信用机制，多品种、小批量、快速交货来捕捉市场需求，供应链端根据不同 SKU 畅销、平销、滞销实际需求情况进行连续补货，保证不断货、浅库存，实现拉动式的配销体系①。全球 C2B 对中国制造的升级，定向爆发触达目标市场消费者的能力，还要柔性化生产，供应链具有足够弹性，产能可以根据市场需求快速做出反应。无须海外自建渠道，跨境电商可以灵活地让中国商家直接接触海外消费者，提供营销、供应链、销售一揽子

① 翁晋阳、Mark、管鹏、文丹枫，再战跨境电商，人民邮电出版社，p26~27，2015 年 2 月

解决方案的平台能力，第一时间拿到消费者的反馈，进一步优化商品，开发新的商品。记住，去掉中间环节也不会有持久的额外利润，恩格斯说自由市场下一切会趋于社会平均利润，道理依然是这个道理，新模式只是新，但不是超能的。

6.4 跨境电商服务生态

新行业在刚开始发展的时候都是粗糙的、简单的，跨境电商也一样。错过了进口风、出口潮，大家未必都要去注册品牌、创建网站、开设店铺和当卖家，反而也可以给这些跨境卖家做服务、做供货、做配套，从供应链到商标、从平台到推广、从支付到物流、从保险到售后，每一个环节都可以衍生成为一门专业化的生意，即对主流行业进行外围支持的淘金潮“卖铲业”。电商无处不在，意味着“服务电商 Service eCommerce”也将无处不在。跨境电商平台或进出口供应链体系，自下而上可分为“基础设施层、开放层、服务市场层、垂直产品层等不同层面，最终为小微企业、消费者、自由连接体等“产中消”提供全面的辅助服务[①]。为满足海量买家的个性化需求，众多卖家越来越专注于电商交易与营销，催生出专业化分工并蕴含网络效应的电商支撑服务业和衍生服务业。试验区、创业园、电商基地，各类底层服务都来介入；物流、支付、采购、清关等支撑服务聚集一起，用市场的力量，把各个主体间的价值链串起来；翻译、培训、设计、认证、法务等后援服务悉数登场，通过面对面的服务，形成一种生态关系。电子商务服务业在不同领域、不同层面的扩展与协同，极大地展现了一个新兴产业集群的兴旺景象，服务市场总体规模也在逐年扩大。跨境电商服务业涉及物流、金融、法律、人才、信息服务、教育培训等多种行业，以互联网技术为核心。下面列几个行业常见的服务。

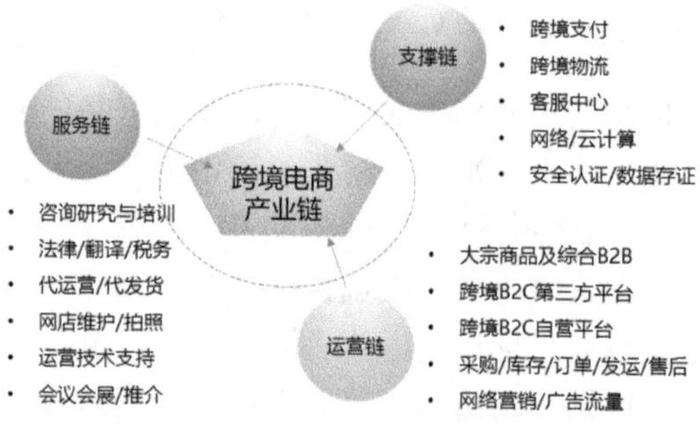

跨境电商的关联市场

① 阿里研究院，2016 阿里巴巴商业服务生态白皮书，2016-3-3

1. 电商运营。这是非常广的服务范围，从网站管理、网店装修、优化与设计、产品拍照及商标注册，到企业内部管理的环节外包、隐私和信息安全等，售后客服外包给海外本地；外贸 ERP、选品及定价、关键词分析、进销存、移动 APP 及发运管理等软件是更大一类工具；运营监控类，竞品图形、描述、Reviews、Q&A、发运方式、价格参数、日销量、Listing 流量等竞争分析与跟踪。

2. 咨询与培训。经济数字化经济的就业市场，技能及跨境市场的更新速度更快，知识型员工提升对个人和企业都有必要，如海关商检的合规性、特殊监管区域、进出口申报禁忌、出口结汇退税、UN38.3 航空危险品运输、AEO 认证、监管查验、许可证管理、转关押运、贸易商品归类及估价、退关等。

3. 跨境人才。国际化业务对专业人才的依赖日渐突出，对兼具行业知识和高技术技能人才的需求会很大，人才流动及外部招募，更要加强培养内部人才梯队，构建具有创业精神的内部团队和组织结构。

4. 翻译。跨境电商的本地化运营离不开语言本地化，网页翻译、产品专业描述、客服跨语言即时通信、实时互译双语呈现、自动母语化界面、多平台多语言一键发布、专业语料库、邮件自动翻译、人工校对双管齐下等，如行云网多语种翻译、Actneed 多平台自动翻译刊登。

5. 法律服务。做贸易，进出口法律风险规避不可忽视，关注各国海关商检的最新法律动态与实践，海外注册、侵权应对、许可证、报税 VAT、跨国转移定价、海关稽查、专项法律审计等。

6. 营销分析。跨境引流费用高企，单客获取成本也一路看涨，但黑帽手段受到压制、垃圾邮件过滤及黑名单让邮件营销渐渐垂暮、网红引流费用不菲，同质化产品的营销越发困难，买流量的真金白银如何发挥最大效用。数字广告分析有巨大潜力，中国广告业的规模大约仅为美国的 1/4，将媒体网站流量转化为收入，在线营销将向细分人群、精准投放、效果营销及精品营销发展。

6.5 技术与数据

这次科技浪潮，以云计算、大数据、移动互联网为核心的创业显现出小微化、生态化、去中心、低门槛、敏捷性的诸多特点，全民网商的“草根创业”奇迹，其经济价值正在逐步地扩大和蔓延，这一切活动和价值的背后都离不开云计算的支撑，网店设计开张、营销宣传、买卖双方互动、支付、信誉背书、物流等海量需求都在云计算和大数据的辅助下顺利进行[①]。阿里为商家和软件服务商提供的聚石塔云计算服务，目前支撑了淘宝和天猫上 96%商家的订单系统。众说纷"云"，云计算基础的 IaaS/PaaS 已经被互联网寡头占据，创新集中在多租户 SaaS 方案，支持多点、多用户、实现底层资源的高效利用。越来越多的企业互联网应用向云平台迁移，例如跨境电商必需的域名 DNS、云主机、VPN 及 CDN 等。移动端持续发力，"手淘"依旧迅猛，移动互联网促进网络消费与生活的无缝连接，进一步激发和释放消费者隐性的个性化需求。从全球范围来看，移动化的浪潮依旧会持续下去，专注、体验与模式的创新仍然能够挑战巨头。

常见管理软件 SaaS 服务

互联网时代的软件市场也出现了分裂，一类传统型企业或公共服务类仍抱守残缺坚持固有商业 B2B 技术定制服务模式，部分的尝试新技术、新应用，还无法形成技术掌控和运用的能力。例如，IBM 跨境电子商务解决方案的技术框架，包括交易、支付、物流、金融及与政府监管平台对接，只能对政府或园区有吸引力。新一类以互联网企业及初创科技公司代表的更加灵活和草根性的"技术业务一体化"，这主要得益于管理人员的新技术化思维、技术进步以及信息工人的俯拾皆是。亚马逊上的百万卖家 90%使用工具软件进行销售，55%使用运输软件，卖家 ERP、物流发运 TMS、海外仓 WMS 等经营管理软件，大量 SKU 管理与跨境网站数据同步、并发运维，传统高大上的供应链管理软件，如今已经是平常卖家的手头必备。在国外，库存管理 InventroyLab、订单管理 Linnworks 及运输工具 Stamps.com 等是最流行的，但国内有更多本土选择，超级大卖基本都用自己开发的软件。国

① 中国电子信息产业发展研究院，云计算：DT 中国发展之基—云计算及阿里云生态系统的社会经济影响，2016 年 1 月

内的卖家客户群体十分庞大，选品工具、定价分析、进销存优化、运输方案及客服反馈 Feedback 工具、全角度客户智能分析与监管，仍有迫切的需求。

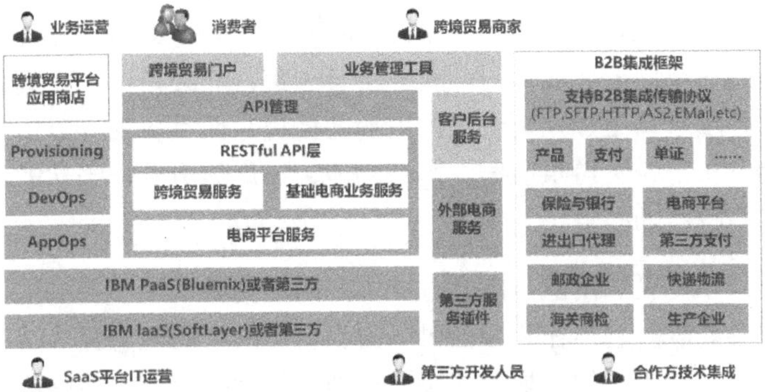

资料来源：IBM Smarter Commerce Brochure；本文整理

IBM 跨境电商基于 SaaS 与 B2B 集成的技术方案

数据是未来的核心，以信息为核心纽带的资源整合将产生规模性边际和增值效益，控制信息资源即形式上收集了实物资源。数据分析是个很有意思的枯燥活儿，适合分析型性格的人操刀。马云说“人类已经从 IT 时代步入 DT（Data Technology）时代，让数据和计算能力成为普惠经济的基础。”，再来回顾阿里的外贸信用保证服务就是完全基于数据的。如今，信息产生的媒介和方式更加机器化，数据的价值密度变低了，实际上，所谓大数据的本质应是数据的资产化和服务化，在于数据价值的萃取。既可以直接挖掘数据中规律性的价值，也可以用于支撑上层业务模型的设计。例如，通过追踪用户跨屏设备、跨媒体行为、消费数据、移动社交等全网行为轨迹，进行全渠道的精准营销和供给评估。

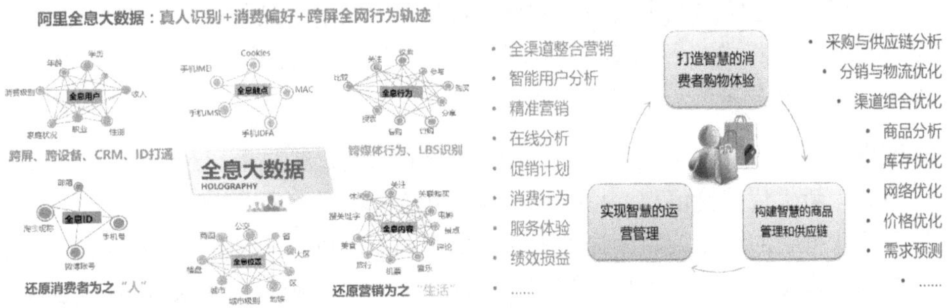

资料来源：阿里妈妈 CMO 珍如：DT 营销新时代，IBV 分析①，本文整理

阿里电商全息大数据与 IBM 零售业大数据价值分析

① 谢宏、詹颖，IBM 商业价值研究院，大数据助力中国零售业转型，2015 年

6.6 跨境电商的机会

“生手怕熟手、熟手怕高手、高手怕失手”，多数行业，成功者破坏性创新的窘境都很难自我突破，互联网领域尤甚，危机并重，所以不存在“来晚了”一说。当十多年前外贸电商开始萌芽时，我们不曾想到，其会在今天受到如此强烈的关注。如今，跨境进口更加贴近于国内电商的处境，而且更加倚重所拥有的线下资源，如海淘及买手、上游供应链、跨境物流、口岸能力等，当然若做得好，每一个环节都还是投资的热点。

跨境出口相对更加离散，配套行业生态的不完善增加了更多机会。做为一个中小卖家或者兼职，怎样在有限的时间内上更多的产品，怎样寻找火热的产品，使用怎样的工具会更方便，如何多渠道精细化营销引流，如何降低跳出弃单，提高转化率……大卖家挺进小语种与新兴市场，避免过度依赖平台打造独立站，外贸 B2B 平台势头重启，利用出口政策打造规模等。跨境物流市场的专线、海外仓火爆异常，新零售亦将全面影响物流的发展，线上线下一盘货，服务产品一体化，物流服务数据化、线上化。跨境金融激流暗涌，跨境支付、收款与保险服务，PingPong、易极付、华甫达等初创公司很多；外贸综合服务商，提供退税贴现、阳光结汇、供应链融资、跨境物流保险等信用服务。还有前面提及的跨境电商外围服务，定制类服务、运营外包等，有时山寨抄袭也能做的更好。

品牌化是零售业永恒的话题，品牌不会消亡。没有电子商务，企业利用线下渠道打造品牌，国内电商兴起，出现了大批的“淘品牌”；如今跨境电商大行其道，中国制造走向世界，手机、无人机、VR 等具有科技含量的产品集体出海，是塑造品牌的又一时机。2015 年，Anker 继续成为 Amazon 移动电源的销售冠军，销售额达 8 亿元。这样的一个根植于中国的品牌，俨然成了老外眼中的国际化品牌。标准化与品牌化将成为各大卖家的重点业务，在各个细分行寻找突破。一个品牌可以是一个“独角兽”。

国内电商花了 15 年颠覆了整个中国传统商品的价格体系，这个全球供货体系还要多久，新生代的价值观、品牌观、购物习惯将左右未来市场。纵观过往，技术进步和商业机会的结合的确会提供更加宽松的切入时机，例如相对顺利地进入跨境电商的某个位置。然而，人们常犯的是“起了个大早、赶了个晚集”，科技进步的故事精彩纷呈，与自我发展相得益彰的情形却乏善可陈；或者，拥有一时的优势便开始肆无忌惮地扩张，忘记基本的商业规律。互联网创业公司俗称“快公司”，长得快、挂的快，经营策略和管理手段，达到一定规模量级就要做适当调整。所谓，得不到的永远在骚动，被偏爱的都有恃无恐，面对机会既要有魄力，又要稳重。

结语及致谢

这年头，常常看到很多颠覆式概念或新事物，过了一段时间又说要“回归本质、不忘初心”。我们正处于一个巨变的时代，最关键的是如何建立观察变革、拥抱挑战的思考框架。互联网为我们带来的全新逻辑和框架，跨境电商成功地将中国供应链与全球零售体系相融合，是技术与商业模式共同创新的结果，贸易市场规则也在潜移默化。“一入电商深似海，回首物流无尽头”，这两件事都很难，但做难事必有所得。

专业性的东西，IT、电商及物流等社会热点行业，如果仅凭知道诸多概念或曾经一些积累妄称精通，一定是笑话，仍只能算是初级的。行业急剧变化，管理是一门实践，吃过米与会种田还相差很远，更不要说是农业种植专家了。只知道概念，而不明白各种模式，即便掌握了运作，仍要摸索其中的技巧，尽信书不如无书，一是学习能力，二是立即行动。

相比行业智库，创新概念很突出，听那些千年狐狸话聊斋，感觉很有道理却不知所措，真的是 so lame，可能的确不在一个层次吧。所以，自己深知井蛙不可言喻海，人微言轻或词不达意，请多包涵指正。网络之无远弗届、商业之无利不往，一本书无法洞察全部、预知所以，自感跨境实战经验仍显单薄。身临跨境电商的蓝海，不是每个人都能成为弄潮儿，国际物流的环球网络，也不是谁都可以纵横四海，我们真正要做的是找准方向去实践和创造，预测未来不如即刻行动，未来已经开始。

放眼寰宇，彼得·德鲁克说：“我们生活的这个时代充满着前所未有的机会：如果你有雄心，又不乏智慧，那么不管你从何处起步，都可以沿着自己所选择的道路登上事业的高峰。”

感谢家人的支持。感谢朋友们的帮助。

至此，希望您能从中获益，谢谢！

The End

行业资讯参考

1．雨果网（cifnews.com）

2．福步外贸网（fobshanghai.com）

3．跨境鹰熊汇（yxh168.com）

4．eBay 外贸社区（community.ebay.cn）

5．速卖通大学（university.aliexpress.com）

6．亚马逊全球开店助手（haimai.amazon.cn）

7．亿邦动力网（ebrun.com）

8．天下网商（tianxiawangshang.com）

9．艾瑞咨询（iresearch.com）

10．36 氪（36kr.com）

11．虎嗅网（huxiu.com）

12．阿里研究院（aliresearch.com）

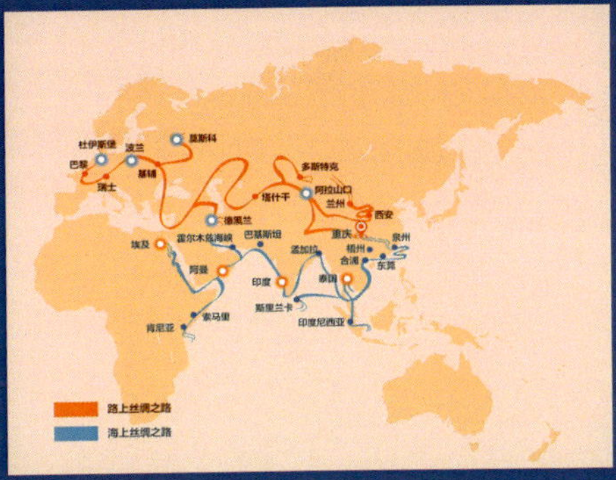

▲ 一带一路

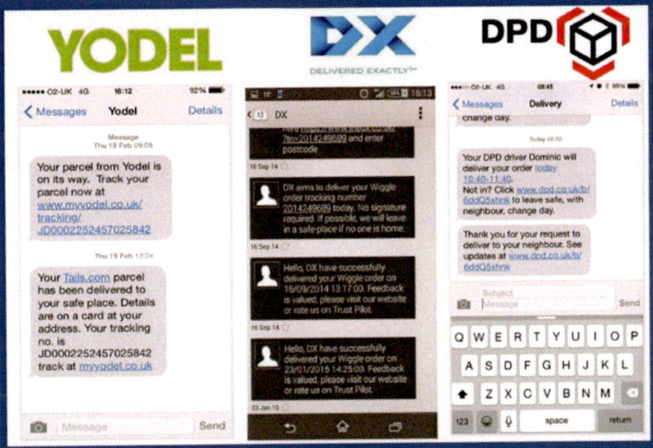

▲ 欧洲快递短信通知Communications Notify

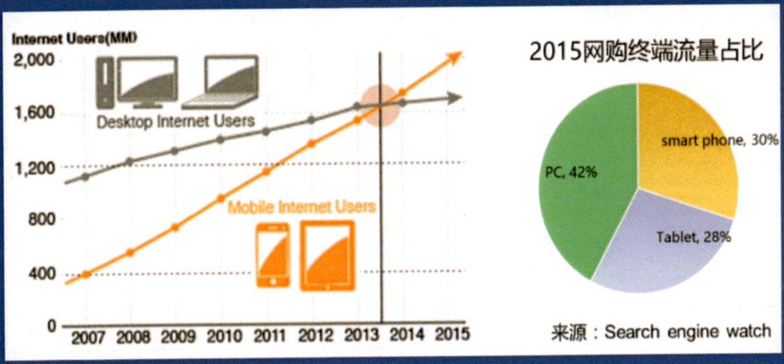

▲ 网络流量移动化

▲ 出口海外仓运作流程示意

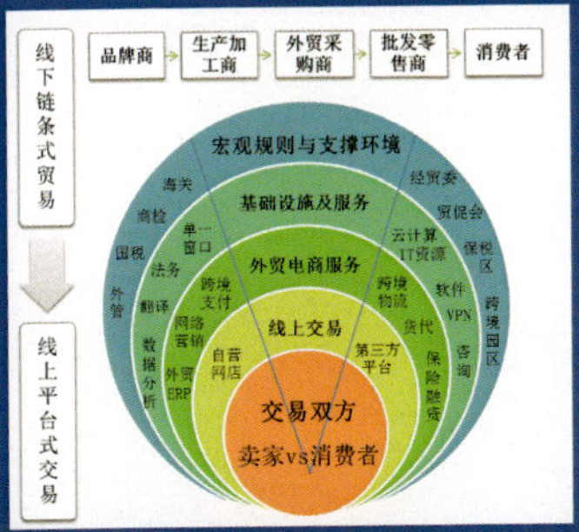

▲ 传统“贸易链条”向“网络交易平台”转变

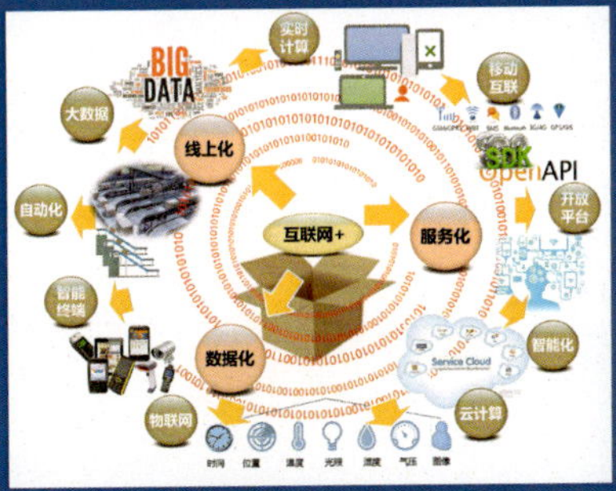

▲ 互联网+物流的关键技术路径

▲ 中邮海外仓

▲ 跨境物流图谱

▲ 国内快递市场格局分化示意

▲ 合肥跨境电商产业园